21世纪全国高等教育应用型精品课规划教材

工程图学

主　　编　郭纪林　顾吉仁　钟良伟
副 主 编　罗会藩　李玉满　李国辉

北京理工大学出版社
BEIJING INSTITUTE OF TECHNOLOGY PRESS

内容简介

本书是根据教育部工程图学教学指导委员会关于“工程制图课程教学基本要求”和国家标准局最新发布的新标准，在充分总结各院校工程制图课程教学改革研究与实践的成果和经验基础上编写而成的。内容包括机械制图的基本知识、正投影的基础知识、立体的投影、轴测图、组合体、机械图样的常用表达方法、标准件和常用件、零件图、装配图和AutoCAD2007绘图基础等。全书以培养学生读图和绘图能力为主，将精选的制图内容与计算机绘图软件相结合，力求适时、精练、实用。

本教材可作为本科院校、高等职业技术学院、高等专科学校的非机类专业教材，也可供有关的工程技术人员参考。

图书在版编目（CIP）数据

工程图学/郭纪林，顾吉仁，钟良伟主编．—北京：北京理工大学出版社，2009.8

ISBN 978-7-5640-2617-2

Ⅰ．工…　Ⅱ．①郭…②顾…③钟…　Ⅲ．工程制图—高等学校—教材　Ⅳ．TB23

中国版本图书馆CIP数据核字（2009）第141381号

出版发行／北京理工大学出版社
社　　址／北京市海淀区中关村南大街5号
邮　　编／100081
电　　话／（010）68914775（办公室）　68459850（传真）　68912824（发行部）
网　　址／http：//www.bitpress.com.cn
电子邮箱／chiefedit@bitpress.com.cn
经　　销／全国各地新华书店
印　　刷／三河市南阳印刷有限公司
开　　本／710毫米×1000毫米　16
印　　张／19.5
字　　数／357千字
版　　次／2009年8月第1版　2009年8月第1次印刷
印　　数／1～4000册
定　　价／34.00元

责任校对／陈玉梅
责任印制／边心超

出版说明

21世纪是科技全国创新和社会高速发展的时代，面临这个难得的机遇和挑战，本着“科教兴国”的基本战略，我国已着力对高等学校进行了教学改革。为顺应国家对于培养应用型人才的要求，满足社会对高校毕业生的技能需要，北京理工大学出版社特邀一批知名专家、学者进行了本系列规划教材的编写，以期能为广大读者提供良好的学习平台。

本系列规划教材面向机电类相关专业。作者在编写之际，广泛考察了各校应用型学生的学习实际，本着“实用、适用、先进”的编写原则和“通俗、精炼、可操作”的编写风格，以学生就业所需的专业知识和操作技能为着眼点，力求提高学生的实际运用能力，使学生更好地适应社会需求。

一、教材定位

· 以就业为导向，培养学生的实际运用能力，以达到学以致用的目的。

· 以科学性、实用性、通用性为原则，以使教材符合机电类课程体系设置。

· 以提高学生综合素质为基础，充分考虑对学生个人能力的提高。

· 以内容为核心，注重形式的灵活性，以使学生易于接受。

二、编写原则

· 定位明确。本系列教材所列案例均贴合工作实际，以满足广大企业对于机电类专业应用型人才实际操作能力的需求，增强学生在就业过程中的竞争力。

· 注重培养学生职业能力。根据机电类专业实践性要求，在完成基础课的前提下，使学生掌握先进的机电类相关操作软件，培养学生的实际动手能力。

三、丛书特色

· 系统性强。丛书各教材之间联系密切，符合各个学校的课程体系设置，为学生构建牢固的知识体系。

· 层次性强。各教材的编写严格按照由浅及深，循序渐进的原则，重点、难点突出，以提高学生的学习效率。

· 先进性强。吸收最新的研究成果和企业的实际案例，使学生对当前专业发展方向有明确的了解，并提高创新能力。

· 操作性强。教材重点培养学生的实际操作能力，以使理论来源于实践，并最大限度运用于实践。

北京理工大学出版社

前　言

本书是根据教育部工程图学教学指导委员会关于“工程制图基础课程教学基本要求”和国家标准局最新发布的新标准，在充分总结各院校工程制图课程教学改革研究与实践的成果和经验基础上编写而成的。

随着社会和科学技术的进步，特别是计算机技术的普及与发展，工程制图课程无论是课程体系、教学内容，还是教学方法与手段，以及现代科技对人才培养的要求等方面都发生了深刻的变化。为了与这种发展变化相适应，除了在本书中尽量反映现代科学技术和新知识、新内容外，还将陆续推出与教材配套的教师教学辅导系统和学生学习辅导系统的电子化教材，以适应现代化教学方法与手段的需要。

本书主要有以下特点。

①坚持基础理论以应用为目的，教材内容的选择及体系结构，完全适用本科、专科的教学需要，力求体现本科、专科的教学特色。

②为适应非机类各专业的教学需要，不仅在教学内容的选择上有一定的广泛性，而且所选图例尽量涵盖各专业需要，以满足非机类不同学时、不同专业的教学需求。

③计算机绘图采用 AutoCAD 2007 最新版本，并精选内容，做到在允许的学时范围内，达到能绘制二维图形的目的。

④在组合体和零件图中，增加了构形设计内容，旨在激发学生的学习兴趣，又利于培养学生勤于思考和创新的精神。

⑤标准新。本书全部采用《技术制图与工程图学》最新国家标准及与制图有关的其他标准。

全书共 11 章，主要内容有制图基本知识、正投影的基础知识、立体的投影、轴测图、组合体、机械图样常用的表达方法、标准件和常用件、零件图、装配图、其他图样和 AutoCAD 2007 绘图基础。

本书可作为普通高等学校本科、高职高专的非机类各专业，50～90 学时工程制图的教材，也可供有关工程技术人员参考。与本书配套的郭纪林主审的《工程图学习题集》由北京理工大学出版社同时出版。

本书由南昌理工学院郭纪林、顾吉仁、钟良伟主编，罗会藩、李玉满、李国辉副主编，参编本书编写的有：郭纪林（绪论、第1章）、罗会藩（第10章）、顾吉仁（第6、第8章、附录）、钟良伟（第5、第7章）、李玉满（第2、第4、第11章）、李国辉（第3、第9章），其中南昌理工学院于尊厂、张建伟、刘冬花等参与本书的部分编写工作。

本书由南昌大学张汝星教授审阅，江西机电学院郭建华副教授和江西航空职业学院兰纯辉副教授也为本书的编写提供了许多宝贵意见，在此一并致谢！

由于编者水平有限，书中缺点、错误在所难免，恳请读者批评指正。

编　者

目　录

绪　　论

0.1　本课程的研究对象和任务

在现代工业生产和科学技术中，无论是制造各种机械设备、电气设备、仪器仪表，或加工各种通信电子元器件，还是建筑房屋和进行水利工程施工等，都离不开工程图样。所以，图样是表达设计意图、进行技术交流和指导生产的重要工具，是生产中重要的技术文件。因此，图样常被喻为“工程界共同的技术语言”。作为一名工程技术人员，不懂得和掌握这种“语言”，就无法从事工程技术工作。

工程制图就是研究如何运用正投影的基本理论和方法，绘制和阅读各种工程图样的课程。本课程是工科院校学生一门必修的重要技术基础课，其主要任务是：

①学习正投影的基本原理及其应用。

②学习利用绘图仪器工具、计算机及徒手绘制工程图样的方法与基本技能。

③培养初步的空间想象力和形体构思能力，能阅读常见的、较简单的零件图和装配图。

④熟悉《技术制图与机械制图》及其有关的国家标准，具有查阅有关标准手册的能力。

⑤培养学生认真负责的工作态度和严谨细致的工作作风。

0.2　本课程的特点和学习方法

本课程既有理论又重实践，是一门实践性很强的技术基础课。因此，学习本课程应坚持理论联系实际的学风。在学好基本理论、基本方法的基础上，应通过大量的作业练习和绘图、看图及上机实践，加深对课程知识的理解与掌握。尤其是只有通过多画图、看图，才能培养扎实的绘图基本功，提高自己的画图、读图的能力。

此外，由于图样是生产的依据，绘图和读图中的任何一点疏忽，都会给生产造成严重的损失。所以，在学习中还应注意养成认真负责、耐心细致和一丝不苟的良好作风。

第 1 章　制图的基本知识

学习完本章，应该掌握如下内容：

◆ 技术制图中有关图纸幅面尺寸及格式、比例、字体、图线和尺寸注法等基本内容

◆ 绘图仪器与工具的使用

◆ 几何作图

◆ 平面图形的线段分析和尺寸注法

1.1　制图基本规格

图样是产品或工程设计结果的一种表达形式，是产品制造和工程施工的依据，是组织和管理生产的重要技术文件，是"工程技术界的共同语言"。为了便于交流技术思想，对图样必须作出统一的规定。国家标准《机械制图》中统一规定了在绘制工程图样的过程中应共同遵守的画图规则。

国家标准简称"国标"，代号"GB"。在 GB/T 14689—2008、GB/T 14690—1993、GB/T 14691—1993、GB 4457.4—2002 和 GB 4458.4—2003 中，分别就图纸的幅面尺寸及格式、比例、字体、图线和尺寸注法作了规定。

1.1.1　图纸幅面及格式

绘制图样时，优先采用表 1 - 1 中规定的基本幅面尺寸。

表 1 - 1　图纸幅面尺寸（mm）

幅面代号	A0	A1	A2	A3	A4
$B \times L$	841×1 189	594×841	420×594	297×420	210×297
a	25				
c	10			5	
e	20		10		

图纸可以横放或竖放。图纸无论装订与否，均用粗实线画出图框线和标题栏框线。需要装订的图样，其图框格式如图 1 - 1 所示，一般采用 A3 幅面横装或 A4 幅面竖装。不需装订的图样，只需将如图 1 - 1 所示的尺寸 a 和 c 均改为表 1 - 1中的尺寸 e 即可。必要时可将幅面加长，对 A0、A2、A4 幅面的加长量应

按 A0 幅面长边的 1/8 倍数增加，对 A1、A3 幅面的加长量应按 A0 幅面短边的 1/4 倍数增加。

图框用粗实线绘制。

每张图样都必须有标题栏。标题栏的位置应按如图 1 - 1 所示的形式配置。必要时，也采用如图 1 - 2 所示的格式。看图的方向与看标题栏的方向一致。

国家标准对标题栏的格式、内容和尺寸作了统一规定。制图作业的标题栏最好采用如图 1 - 3 所示的简化格式。

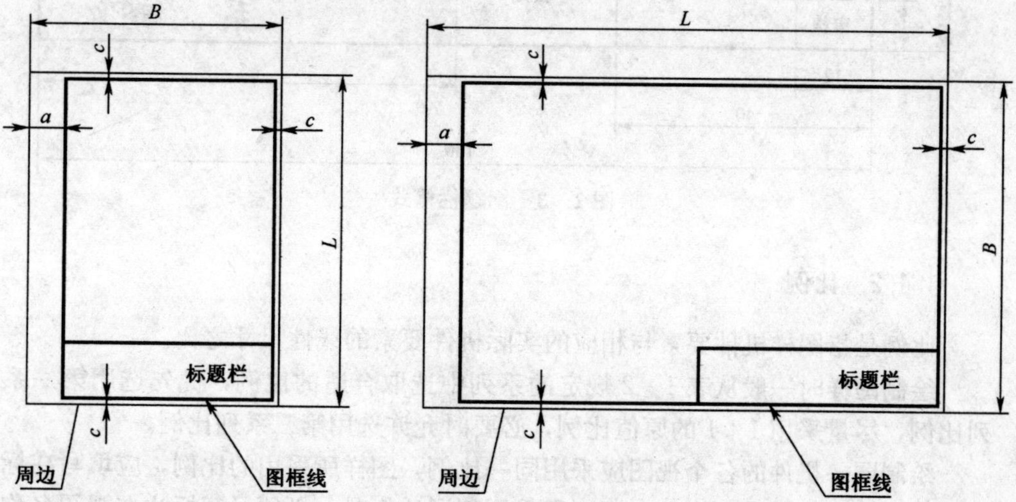

图 1 - 1　需要装订的图框格式

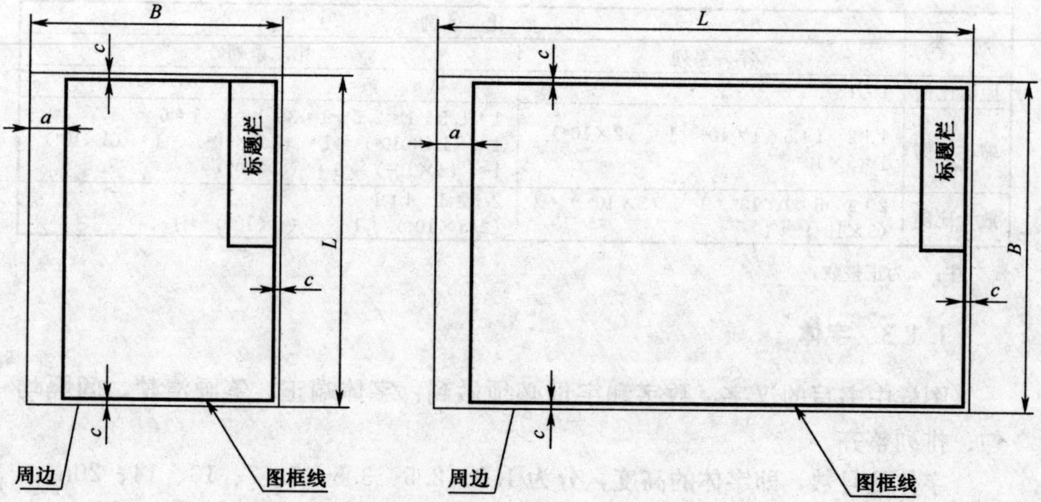

图 1 - 2　标题栏配置的另一种格式

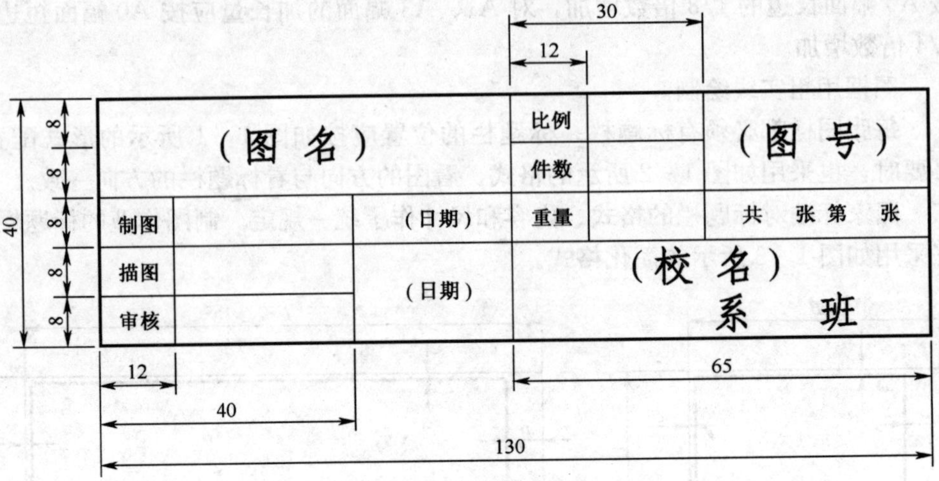

图 1-3 标题栏格式

1.1.2 比例

比例是指图样机件要素与相应的实际机件要素的线性尺寸之比。

绘制图样时一般从表 1-2 规定的系列中选取合适的比例，优先选用第一系列比例，尽量采用 1∶1 的原值比例，必要时允许选用第二系列比例。

绘制同一机件的各个视图应采用同一比例，图样所采用的比例，应填写在标题栏的“比例”栏内；当某一视图需采用不同比例时，必须另行标注在视图名称的下方或右侧。

表 1-2 绘图的比例

种类	比例	
	第一系列	第二系列
原值比例	1∶1	
缩小比例	1∶2　1∶5　1∶10^n　1∶（2×10^n） 1∶5×10^n	1∶1.5　1∶2.5　1∶3　1∶4　1∶6 1∶（1.5×10^n）　1∶（2.5×10^n）　1∶（3×10^n） 1∶（4×10^n）　1∶（6×10^n）
放大比例	2∶1　5∶1　10^n∶1　（2×10^n）∶1 （5×10^n）∶1	2.5∶1　4∶1 （2.5×10^n）∶1　（4×10^n）∶1

注：n 为正整数。

1.1.3 字体

图样中书写的汉字、数字和字母必须做到：字体端正、笔画清楚、间隔均匀、排列整齐。

字体的号数，即字体的高度，分为 1.8、2.5、3.5、5、7、10、14、20mm，其宽度约为高度的 2/3。为了保证字体大小一致和整齐，书写时最好先按所选字号的高宽尺寸画好格子。

汉字应写成长仿宋体，并采用国家正式公布的简化字。汉字的高度不宜小于 3.5mm。长仿宋体字的书写要领是：横平竖直，锋角分明，结构匀称，高宽足格。汉字的基本笔划有点、横、竖、撇、捺、提、钩、折，如图 1-4 所示，长仿宋体汉字字体示例见图 1-5。

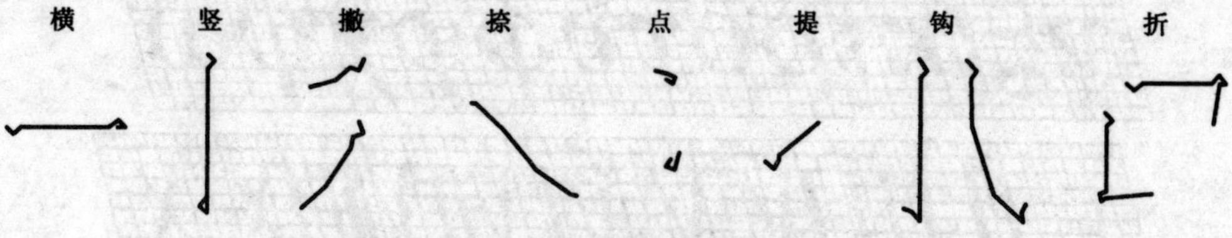

图 1-4　汉字的基本笔划

图样中的汉字、数字和字母必须写得

字体端正 笔划清楚 间隔均匀 排列整齐

图 1-5　长仿宋体汉字字体示例

数字和字母有斜体和直体两种，通常采用斜体，斜体字头向右倾斜，与水平线成 75°倾角。数字和字母分为 A 型和 B 型，A 型字体的笔划宽度为字高的 1/14，B 型字体的笔划宽度为字高的 1/10。用作指数、分数、极限偏差、注脚等的数字及字母，一般采用小一号的字体；图样中的数学符号、物理量符号、计量单位符号及其他符号应符合国家有关法令和标准的规定。数字及字母的示例如图 1-6 所示。

图 1-6　数字、字母及其综合示例

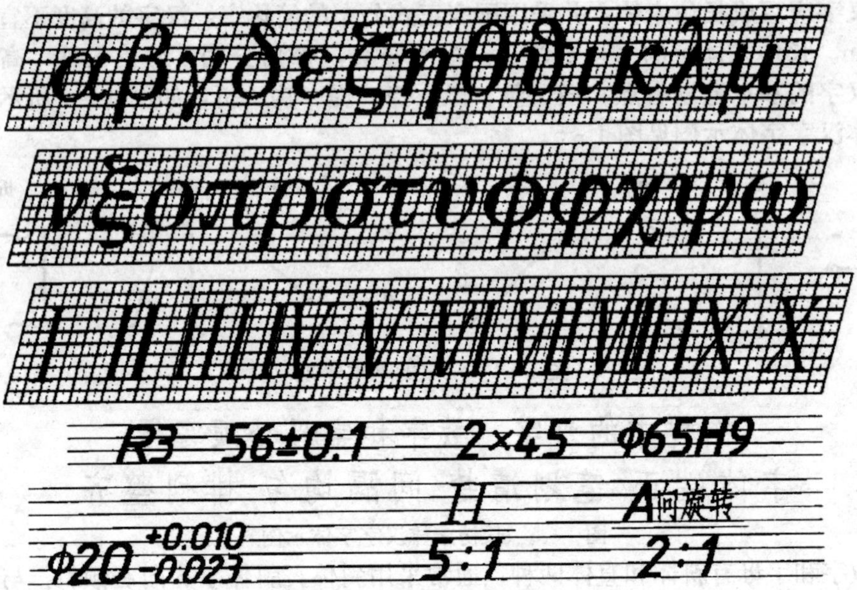

图 1-6　数字、字母及其综合示例（续）

1.1.4　图线

绘制图样时，应采用如表 1-3 所列中规定的各种图线。表 1-3 及如图 1-7 所示列出了各种形式图线的名称、形式、宽度及主要用途，其他的用途可查国家标准。

表 1-3　图线的名称、形式、宽度和主要用途

图线名称	图线形式	图线宽度	主要用途
粗实线	b	b	可见轮廓线、可见过渡线
细实线		约 $b/3$	尺寸线、尺寸界线、剖面线、引出线及重合断面轮廓线等
细波浪线		约 $b/3$	断裂处的边界线、视图与剖视的分界线等
细双折线	3～5　30°　20～40	约 $b/3$	断裂处的边界线
细虚线	2～6　1～2	约 $b/3$	不可见轮廓线、不可见过渡线
细点画线	10～25　2～3	约 $b/3$	轴线、对称中心线等
细双点画线	10～20　3～4	约 $b/3$	极限位置的轮廓线、相邻辅助零件的轮廓线等
粗点画线	10～25　2～3	b	有特殊要求的线或表面的表示线

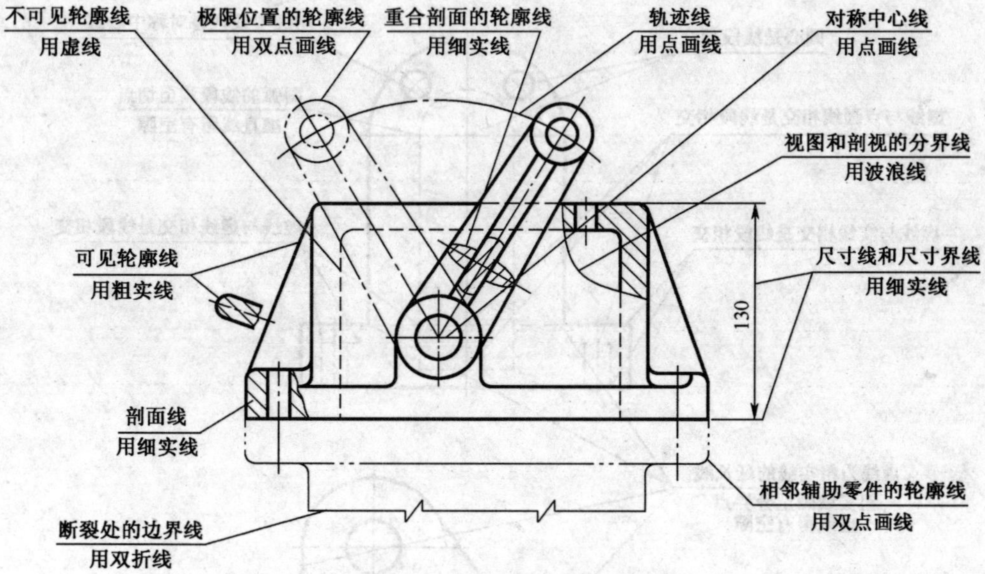

图 1-7　图线的应用示例

图线分为粗、细两种。粗线的宽度 b 应按图的大小和复杂程度确定，在 0.5～2mm 之间选择，细线的宽度约为 $b/3$。图线宽度的推荐系列为：0.18、0.25、0.35、0.5、0.7、1.1、2mm，其中 0.18mm 应避免采用，在本课程的制图作业中粗线一般选用 0.7mm 为宜。

绘图时通常应注意以下几点。

①同一图样的同类图线宽度应基本一致。虚线、点画线及双点画线的线段长度和间隔应各大致相等。点画线和双点画线中的“点”应画成长约 1mm 的短画，短画不能与短画或长段相交。点画线和双点画线的首尾两端应是线段而不是短画。

②两条平行线间的距离应不小于粗实线宽度的两倍，其最小距离不得小于 0.7mm。

③绘制圆的对称中心线时，圆心应是线段的交点。

④绘制轴线、对称中心线、双折线和作为中断线的双点画线时，宜超出轮廓线约 2～5mm。

⑤在较小的图形上绘制点画线时，可用细实线代替。

⑥当虚线是粗实线的延长线时，粗实线应画到分界点，虚线应留有空隙。当虚线与粗实线或虚线相交时，不应留有空隙。当虚线圆弧和虚线直线相切时，虚线圆弧的线段应画至切点，虚线直线则留有空隙。

⑦粗实线与虚线或点画线重叠，应画粗实线。虚线与点画线重叠，应画虚线。如图 1-8 所示为图线画法的图例。

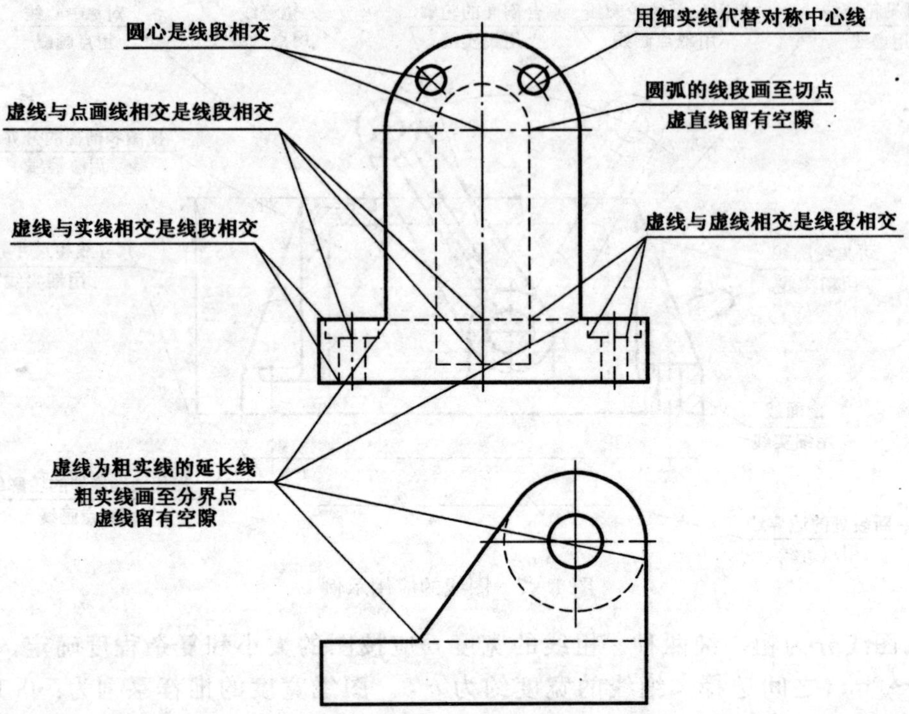

图 1-8 图线画法示例

1.1.5 尺寸注法

图样上的图形主要表达机件的结构形状，而机件的大小则根据图上标注的尺寸数值确定。标注尺寸是一项很重要的工作，一定要认真对待。

下面介绍尺寸注法的一些基本内容，有些内容在后面的有关章节中讲述，其他相关内容可查阅国标（GB 4458.4—2003）。

1. 基本规则

①机件的真实大小应以图样上所注的尺寸数值为依据，与图形的大小及绘图的准确度无关。

②图样中（包括技术要求和其他说明）的尺寸以 mm 为单位时，不需标注计量单位的代号或名称，否则必须注明相应的计量单位的代号或名称。

③图样中所标注的尺寸，为该图样所示机件的最后完工尺寸，否则应另加说明。

④机件的每一尺寸，一般只标注一次，并应标注在反映该结构最清晰的图形上。

2. 尺寸组成

如图 1-9 所示，一个完整的尺寸包括尺寸数字、尺寸线、尺寸线终端和尺寸界线。

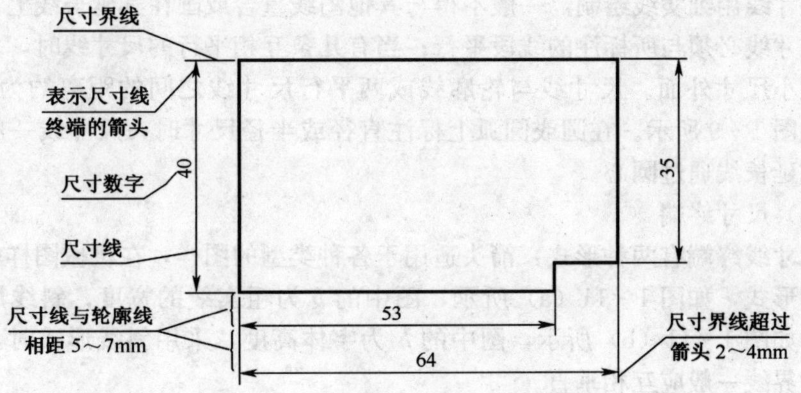

图 1 - 9　尺寸的组成及标注示例

（1）尺寸数字

尺寸数字一般采用 2.5 号。线性尺寸的数字一般应注写在尺寸线的上方或中断处，如图 1 - 10（a）、（b）所示。线性尺寸数字的方向一般应如图 1 - 10（c）所示的方法注写，并尽可能避免在图示 30°范围内标注尺寸，当无法避免时，可用如图 1 - 10（d）所示的形式标注。在不致引起误解时，对于非水平方向的尺寸，其数字也允许水平地注写在尺寸线的中断处，如图 1 - 10（e）所示。但在同一图样中，应尽可能按同一种形式注写。尺寸数字不能被任何图线所通过，无法避免时应将图线断开。

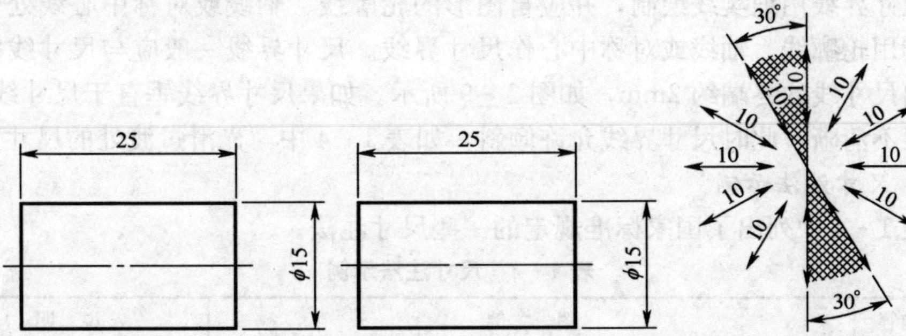

图 1 - 10　尺寸数字标注

（2）尺寸线

尺寸线用细实线绘制，一般不得与其他图线重合或画在其延长线上。线性尺寸的尺寸线必须与所标注的线段平行；当有几条互相平行的尺寸线时，大尺寸要标注在小尺寸外面。尺寸线与轮廓线或两平行尺寸线之间的距离约为 5mm 左右，如图 1 - 9 所示。在圆或圆弧上标注直径或半径尺寸时，尺寸线一般应通过圆心或延长线通过圆心。

（3）尺寸终端

尺寸线终端有两种形式：箭头适用于各种类型的图样，在机械图样中主要采用这种形式，如图 1 - 11（a）所示，图中的 b 为粗实线的宽度；斜线用细实线绘制，如图 1 - 11（b）所示，图中的 h 为字体高度，采用斜线形式时，尺寸线与尺寸界线一般应互相垂直。

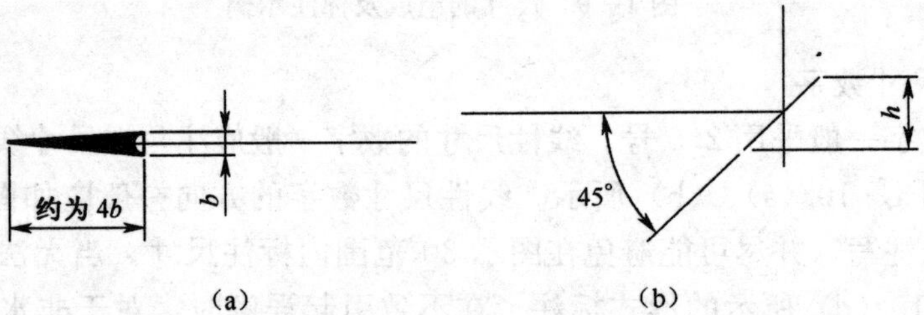

图 1 - 11　尺寸终端的两种形式

（a）箭头；（b）斜线

（4）尺寸界线

尺寸界线用细实线绘制，并应自图形的轮廓线、轴线或对称中心线处引出。也可利用轮廓线、轴线或对称中心作尺寸界线。尺寸界线一般应与尺寸线垂直，并超出尺寸线的终端约 2mm，如图 1 - 9 所示。如果尺寸界线垂直于尺寸线，则图线很不清晰，此时尺寸界线允许倾斜，如表 1 - 4 中“光滑过渡处的尺寸”。

3. *尺寸注法示例*

表 1 - 4 中列出了国家标准规定的一些尺寸注法。

表 1 - 4　尺寸注法示例

标注内容	图　例	说　明
角度	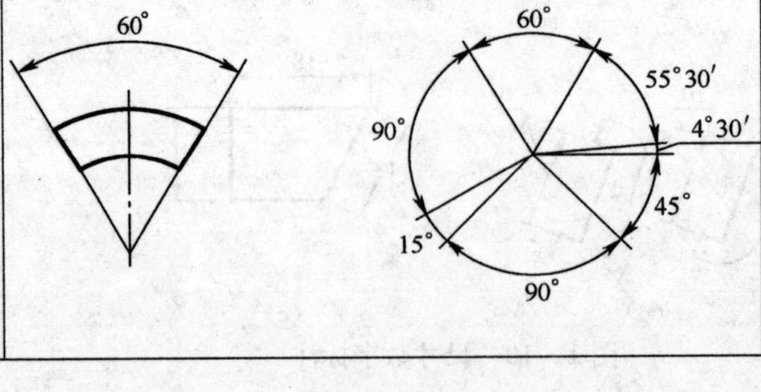	尺寸界线应沿径向引出，尺寸线画成圆弧，其圆心是该角的顶点，尺寸数字一律水平书写，一般注写在尺寸线的中断处，必要时也可注写在尺寸线的上方或外面，或引出标注

（续）

标注内容	图　例	说　明
圆	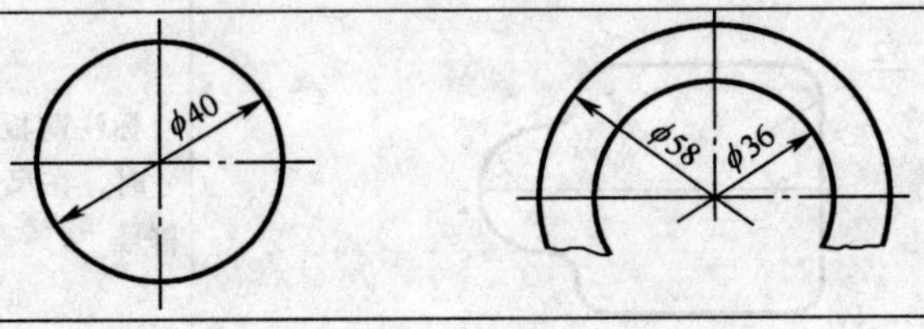	圆的直径尺寸一般按图例标注，在尺寸数字的前面加注符号“ϕ”
圆弧		圆弧的半径尺寸一般按图例标注，在尺寸数字的前面加注符号“R”
大圆弧	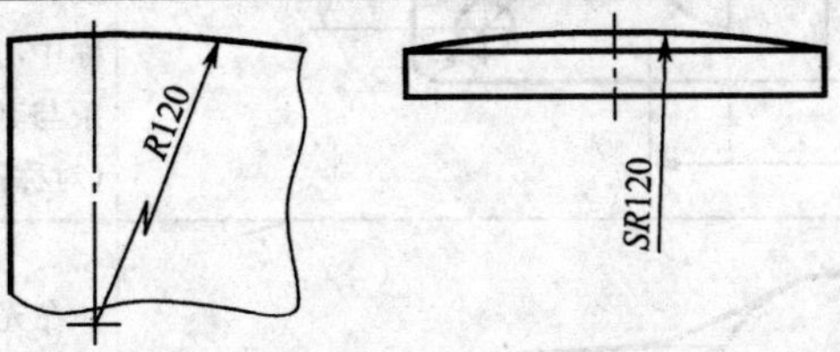	在图纸范围内无法标出圆心位置时，可按左图所示形式标注；若不需要标出圆心位置时，可按右图所示形式标注
小尺寸	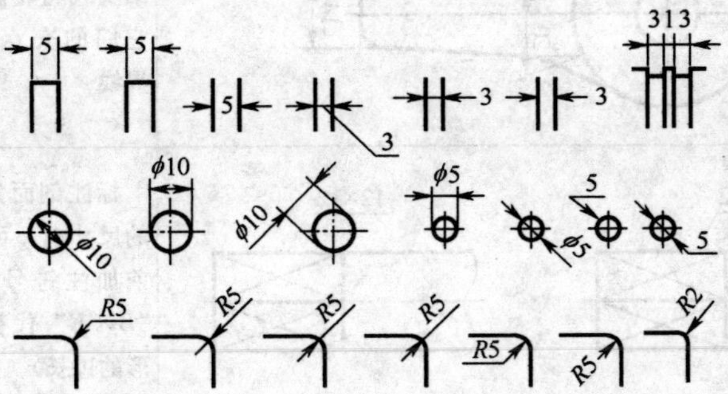	没有足够位置画箭头或注写尺寸数字时，可将其中之一布置在外面；位置更小时，箭头和数字均可布置在外面；尺寸数字还可引出标注；几个小尺寸连续标注时，中间的箭头可用圆点或斜线代替
球面	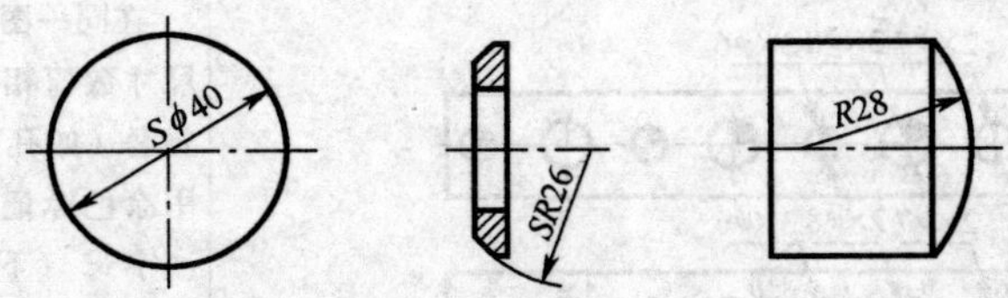	标注球面的直径或半径时，应在符号“ϕ”或“R”前加注符号“S”，在不致引起误解的情况下可省略（如右图）
弦长和弧长	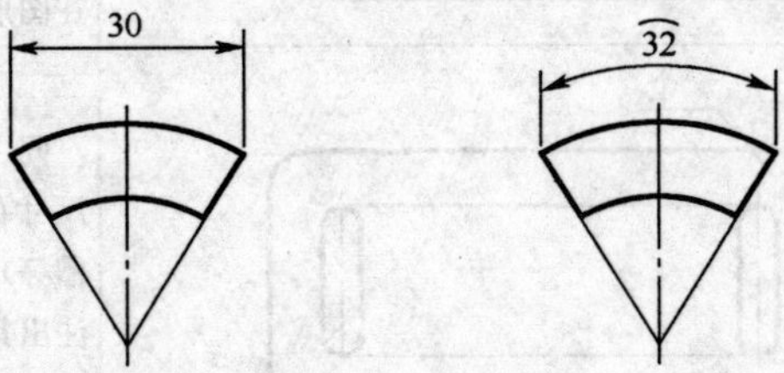	弦长和弧长的尺寸界线应平行于弦的垂直平分线。当弧度较大时，可沿径向引出。弦长的尺寸线应与弦平行；弧长的尺寸线用圆弧，尺寸数字上方加注符号“⌒”

（续）

标注内容	图例	说明
薄板厚度	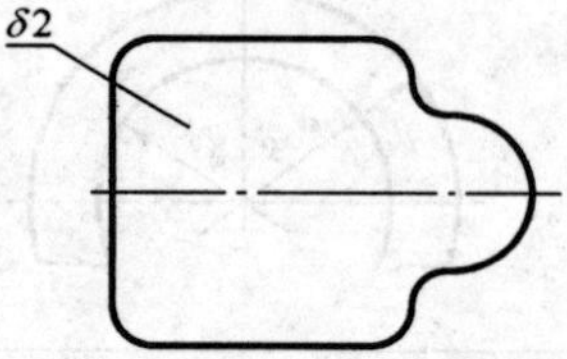	标注薄板零件的厚度尺寸时，在尺寸数字前加注符号“δ”
对称图形	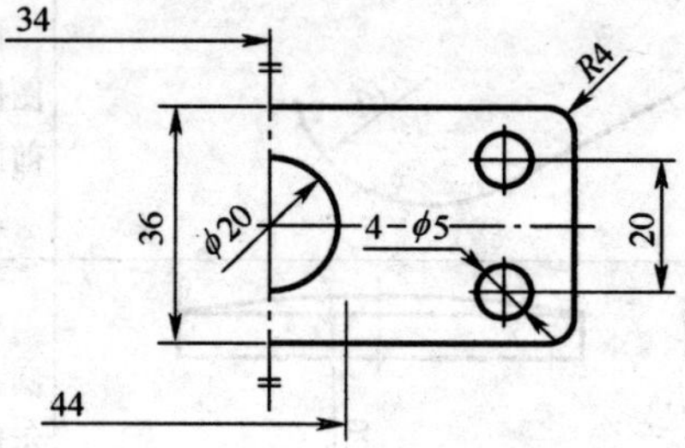	当对称图形只画出一半或略大于一半时，尺寸线应略超过对称中心线或断裂处的边界线，仅在尺寸线的一端画出箭头。在对称中心线两端分别画出两条与其垂直的平行细实线（对称符号）
光滑过渡处的尺寸	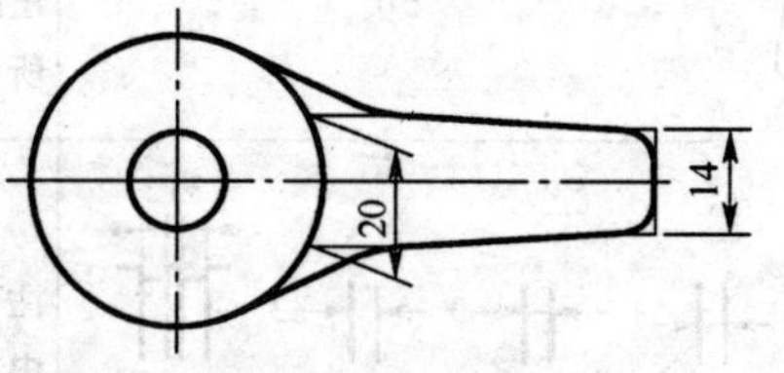	在光滑过渡处，必须用细实线将轮廓线延长，从它们的交点处引出尺寸界线
正方形结构	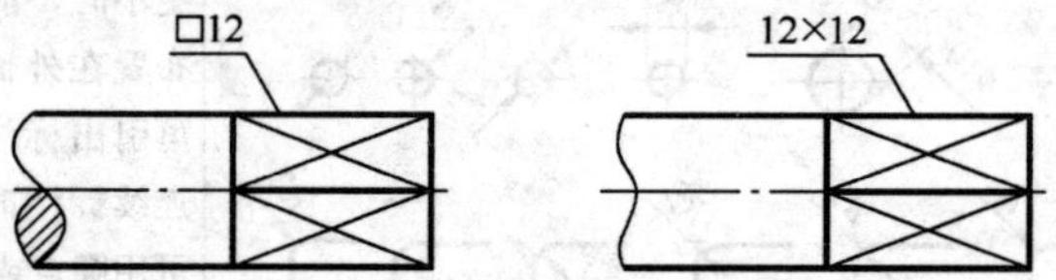	标注剖面为正方形结构的尺寸时，可在边长数字前加注符号“□”，或用“B×B”代替（B为正方形的边长）
其他	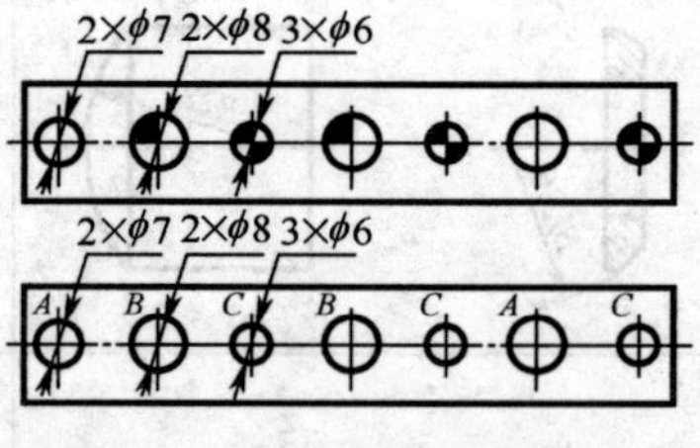	在同一图形中具有几种尺寸数值相近而又重复的要素（如孔等）时，可采用涂色标记（上图）或标注字母（下图）等方法。孔的尺寸和数量可直接注在图形上
	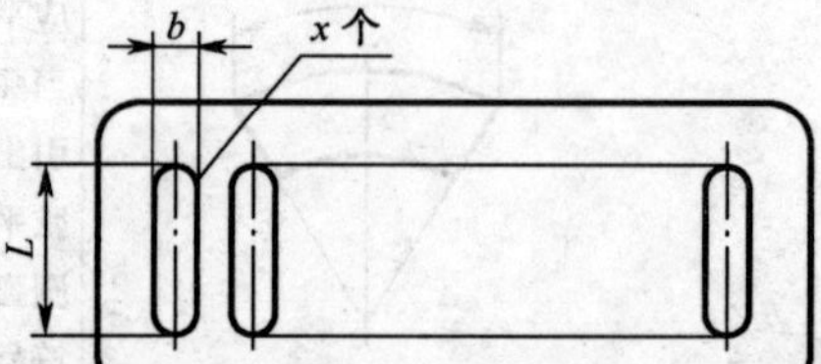	同一图形中，对于相同尺寸的成组要素（如孔、槽等），可仅在一个要素上注出其尺寸和数量

（续）

标注内容	图　　例	说　明
其他	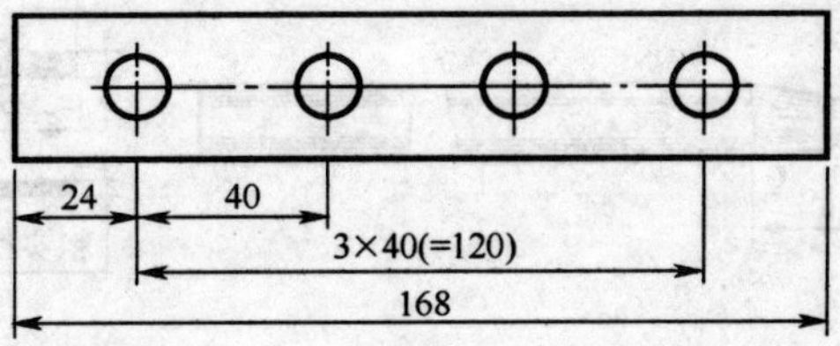	间隔相等的链式尺寸，采用图中所示方法标注
	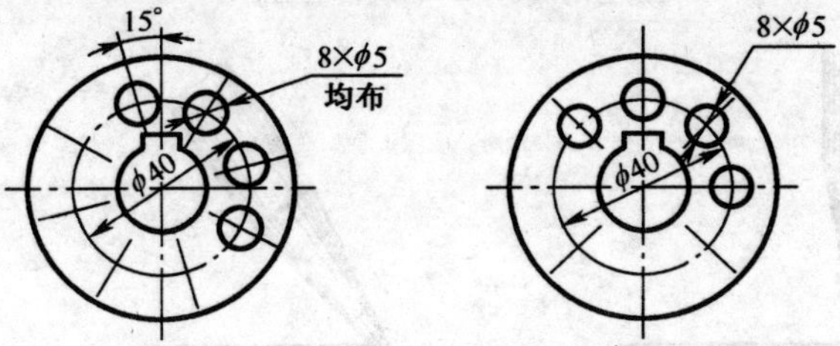	均匀分布的相同之处要素（如孔等）的尺寸可按左图所示方法标注。当要素的定位和分布情况在图形中已明确时，可省略定位尺寸和“均布”两字（如右图所示）

1.2　绘图工具和仪器的使用方法

正确使用绘图工具和仪器，既能提高绘图的准确度、保证绘图质量，又能加快绘图速度。因此，必须正确使用绘图工具和仪器。常用的绘图工具和仪器有铅笔、图板、丁字尺、三角板、比例尺、圆规、分规、曲线板、直线笔、绘图墨水笔等。

下面介绍以上几种常用制图工具的使用要点。

1.2.1　铅笔

铅笔笔芯的硬度由字母 H 和 B 来标识。2B 的铅芯比 B 的铅芯软；2H 的铅芯比 H 的铅芯硬；HB 是中等硬度。通常用 2H 铅笔画底稿，用 H 或 HB 铅笔画细实线、写字和画箭头，用 HB 或 B 铅笔画粗实线。

铅笔要从没有标记的一端开始削磨，以便保留软硬的标记。画底稿或写字的铅笔，把木质部分削成锥形，铅芯外露 6～8mm，写字和画底稿时，铅芯磨成锥形，如图 1 - 12（a）所示。对于加深图线的铅笔，可以磨成如图 1 - 12（b）所示的形状。

用铅笔绘图时，用力要均匀，不宜过大，以免划破图纸或留下凹痕。画长的细线时可适当转动铅笔，使线条粗细一致。铅笔尖与尺边的距离要适中，以保持线条位置的准确，如图 1 - 13 所示。

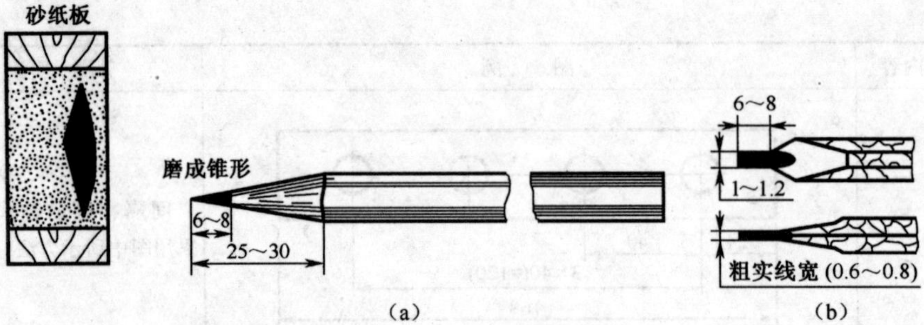

图 1 - 12　磨铅芯

(a) 细线铅笔削法；(b) 粗线铅笔削法

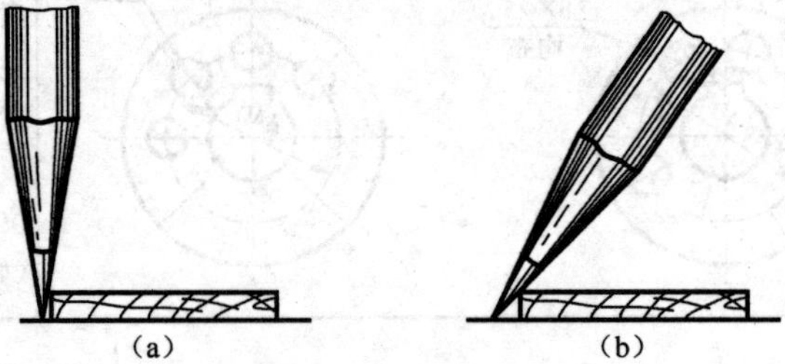

图 1 - 13　铅笔尖的位置

(a) 适当；(b) 不适当

1.2.2　图板、丁字尺和三角板

图板是铺放图纸的垫板，它的工作表面必须平坦光洁；它的左边用作导边，必须平直。

丁字尺主要用来画水平线。画图时，使尺头的内侧紧靠图板左侧的导边。画水平线必须自左向右画，如图 1 - 14 (a) 所示。

三角板除了直接用来画直线外，它和丁字尺配合可画铅垂线和与水平线成 30°、45°、60°的倾斜线，如图 1 - 14 (b)、(c)、(d) 所示；用两块三角板结合丁字尺还能画与水平线成 15°、75°的倾斜线，如图 1 - 14 (e) 所示。

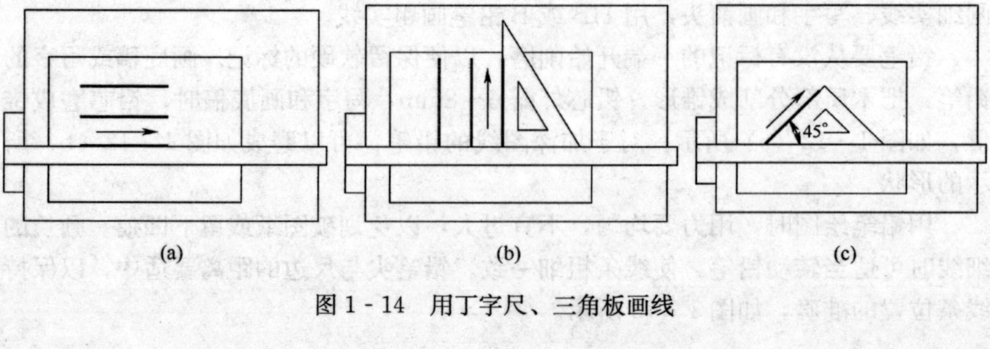

图 1 - 14　用丁字尺、三角板画线

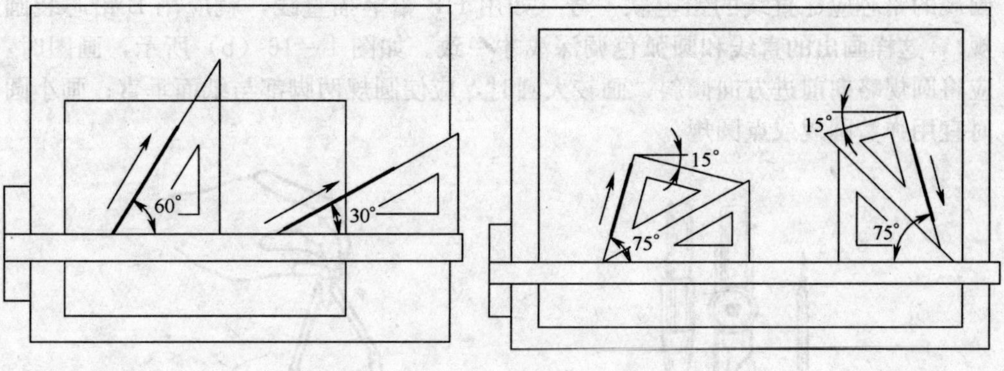

图 1-14　用丁字尺、三角板画线（续）

1.2.3　比例尺

比例尺是刻有不同比例的直尺。比例尺只能用来量取尺寸，不可用来画线。现以刻有 1∶100，1∶200 的比例尺为例说明它的用法，如图 1-15 所示。

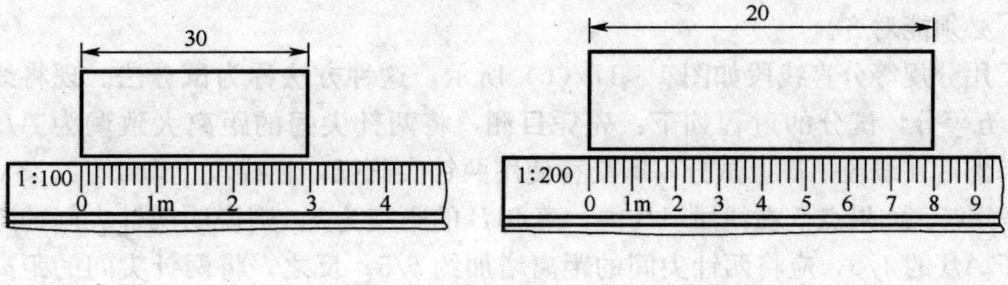

图 1-15　比例尺用法示例

(a) 以 1∶100 作为 1∶1 量取 30mm；(b) 以 1∶200 作为 2∶1 量取 20mm

1. 1∶100 作为 1∶1，量取 30mm

1∶100 与 1∶1 相比缩小了 100 倍，以 1∶100 的刻度用作 1∶1 时需放大 100 倍。因此，在图 1-15（a）中的刻度 3m 上，即可量得 30mm。

2. 1∶200 作为 2∶1，量取 20mm

1∶200 与 2∶1 相比是缩小了 400 倍，以 1∶200 的刻度用作 2∶1 时需放大 400 倍。因此，在如图 1-15（b）所示中的刻度 8m 上，即可量得 20mm。

其他的以此类推。

1.2.4　圆规和分规

圆规是画圆或圆弧的工具，如图 1-16（a）所示，使用圆规之前，应先调整，使针尖略长于铅芯。铅芯应磨成凿形，并使斜面向外，以便修磨。描粗时，圆规的铅芯应比直线的铅笔软一号（如用 HB 铅笔描直线，就应用 B 铅芯装圆规），这样画出的直线和圆弧色调深浅才一致。如图 1 - 16（b）所示，画图时，应将圆规略向前进方向倾斜；画较大圆时，应使圆规两脚都与纸面垂直；画小圆时宜用弹簧圆规或点圆规。

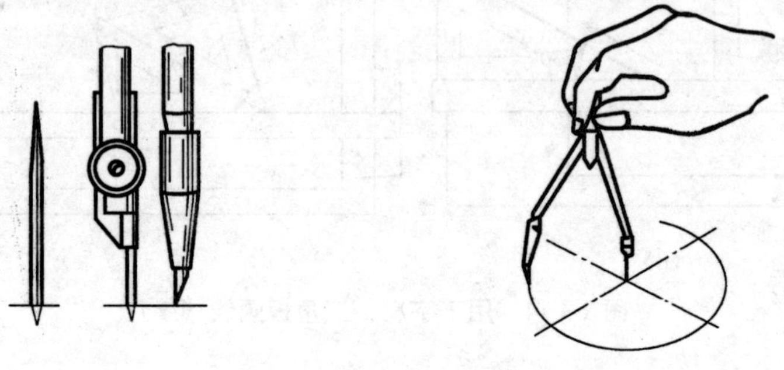

（a）　　　　（b）

图 1 - 16　圆规的用法

（a）针尖略长于铅芯；（b）画较大圆时，应使圆规两脚都与纸面垂直

分规是等分和量取线段的工具。如图 1 - 17（a）所示，分规两个针尖并拢时，必须能对齐。

用分规等分直线段如图 1 - 17（b）所示，这种方法称为试分法。现将线段 AB 五等分，试分的过程如下：先凭目测，将两针尖间的距离大致调为 AB 的 1/5，然后在线段 AB 上试分，即交替使用两针尖画弧，在线段上取 1、2、3、4、5 等分点。如果点 5 在线段 AB 内，离点 B 的距离为 b，则说明两针尖间的距离小于 AB 的 1/5，应将两针尖间的距离增加约 $b/5$；反之，将两针尖间的距离减小约 $b/5$。再进行试分，直到满意为止。

用同样的方法也可等分圆弧。

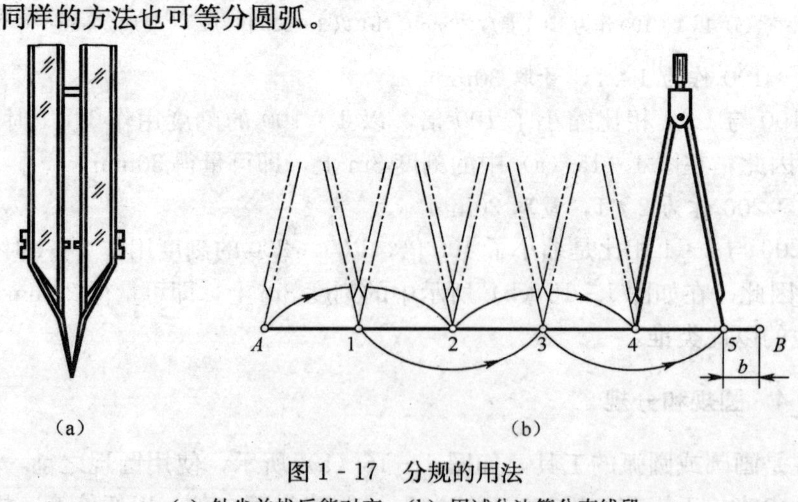

（a）　　　　（b）

图 1 - 17　分规的用法

（a）针尖并拢后能对齐；（b）用试分法等分直线段

1.2.5　曲线板

曲线板用来绘制非圆曲线。其用法如图 1－18 所示。

首先徒手用细线将曲线上各点轻轻地连成曲线；接着从某一端开始，找出与曲线板吻合部分的一段曲线，沿曲线板画出这段曲线；用同样的方法逐段画出曲线，直到最后一段。必须注意：前后绘制的两段曲线应有一小段（至少 3 个点）是重合的，这样画出的曲线才显圆滑。

(a)　(b)　(c)

图 1－18　曲线板的用法

(a) 徒手用细线连接各点；(b) 从一端开始，绘第一段曲线；(c) 依次找下一段，直至完成

1.2.6　直线笔与绘图墨水笔

直线笔又名鸭嘴笔。直线笔是描图时用来描绘直线的工具。加墨水时，可用墨水瓶盖上的吸管或蘸水钢笔把墨水加到两叶片之间，笔内所含墨水高度一般为 5～6mm，墨水太少画墨线时会中断，太多容易跑墨。如果直线笔叶片的外表面有墨水，必须及时用软布拭净，以免描线时玷污图纸。

如图 1－19（a）所示，描直线时，直线笔必须位于铅垂面内，将两叶片同时接触纸面，并使直线笔向前进方向稍微倾斜。当直线笔向铅垂面内倾时，将造成墨线不光洁［图 1－19（b）］；而笔杆外倾时，容易跑墨，将使笔内墨水沾在尺边或渗入尺底而弄脏图纸［图 1－19（c）］。

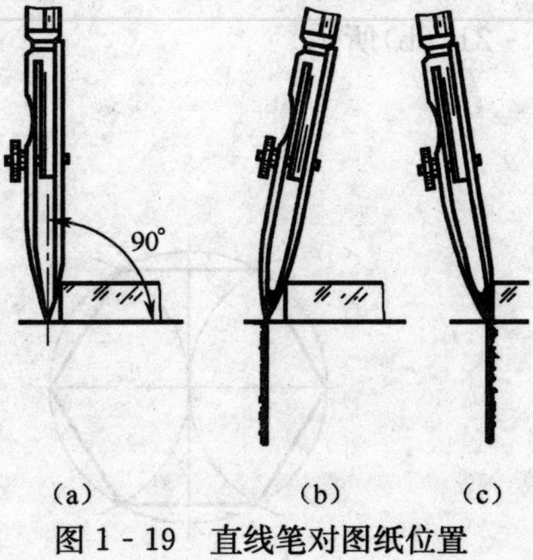

(a)　(b)　(c)

图 1－19　直线笔对图纸位置

直线笔在使用完毕后，应及时将笔内墨水用软布拭净，并放松螺母。

目前已广泛地用如图 1－20 所示的绘图墨水笔代替直线笔，它主要是用来上墨描线，笔端是不同粗细的针管，常用的规格有：0.2mm、0.3mm、0.4mm、0.5mm、0.6mm、0.7mm、0.8mm、1mm、1.2mm 等，可按所需线型宽度选用，针管与

图 1 - 20　绘图墨水笔

笔杆内储存碳素墨水的笔胆相连。绘图墨水笔比直线笔有较大优越性，它不需要调节螺母来控制图线的宽度，也不需经常加墨水。因此，可以提高绘图速度。尤其是用来描绘非圆曲线，效果更好。

除上述常用的绘图工具和仪器外，还有一字尺、多孔板、量角器、擦线板、专用模板、绘图机和数控自动绘图机等。

1.3　几何作图

虽然机械图样中的图形是多种多样的，但它们基本上都是由直线段、圆弧和其他一些曲线段所组成的几何图形。因而在绘制图样时，常常要作一些基本的几何图形，介绍如下：

1.3.1　正多边形

画正多边形时，通常先作出其外接圆，然后等分圆周，再依次连接各等分点而成。

1. 正六边形

以正六边形对角线的长度为直径作出外接圆。根据正六边形边长与外接圆半径相等的特性，用外接圆的半径等分圆周得六个等分点，连接各等分点即得正六边形，如图 1 - 21（a）所示。

另一种方法是：作出外接圆后，利用 60°三角板与丁字尺配合画出，如图 1 - 21（b)所示。

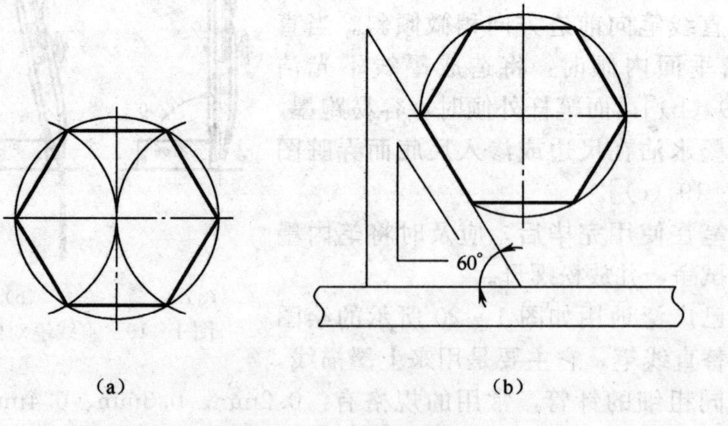

(a)　　(b)

图 1 - 21　正六边形画法

2. 正五边形

如图 1 - 22 所示，作水平半径 OK 的中点 M，以 M 为圆心、AM 为半径作弧，交水平中心线于 N。以 AN 为边长，即可作出圆内接正五边形。

3. 正 n 边形

如图 1 - 23 所示，n 等分铅垂直径 AH（图中 $n=7$）。以 A 为圆心，AH 为半径作弧，交 AH 的水平中垂线于点 M。延长连线 $M2$、$M4$、$M6$，与圆周交得点 B、C、D。再作出它们的对称点 G、F、E，即可连成圆内接正 n 边形。

另外可在作出外接圆后，估计正 n 边形的每边长度，用分规进行试分，待试分准确后即可作出。

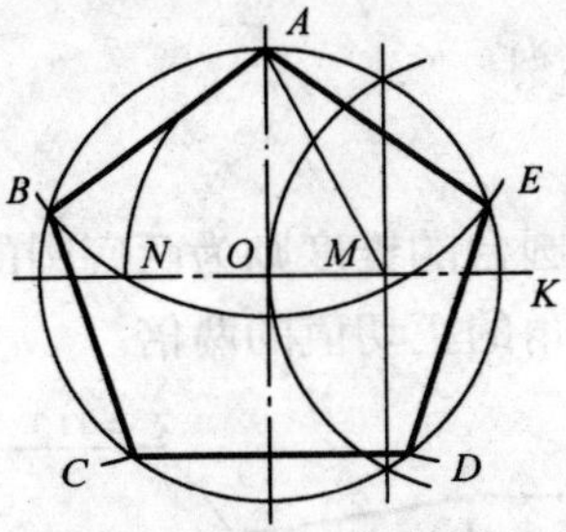

图 1 - 22　正五边形画法

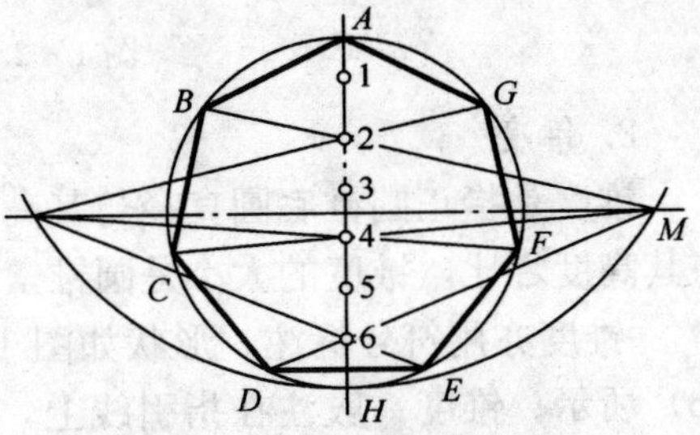

图 1 - 23　正 n 边形画法

1.3.2　斜度和锥度

1. 斜度

斜度是指一直线对另一直线或一平面对另一平面的倾斜程度，斜度的大小就是它们夹角的正切值。

斜度用符号标注，一般注在指引线上，如图 1 - 24（a）所示，大小以 1∶n 表示。必须注意，符号的方向应与图中所画的斜度的方向一致。

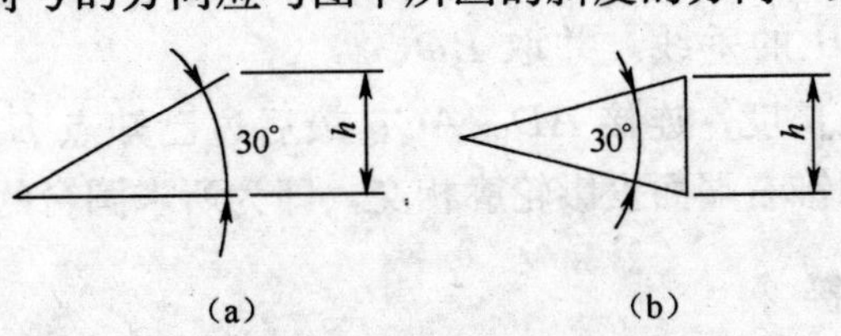

图 1 - 24　斜度、锥度符号

h 为字高，符号的线宽为 $h/10$

下面以如图 1 - 25（a）所示的槽钢截面斜边为例说明斜度的作法和标注方法。如图 1 - 25（b）所示：从左下角 a 点起，在横线上取 10 个单位长度得到点 b；在竖线上取 1 个单位长度得到点 c；两点的连线对底边的斜度即为 1∶10。然后，过已知点 k（由尺寸 10 和 26 确定）作连线 bc 的平行线，即为槽钢截面的斜边。

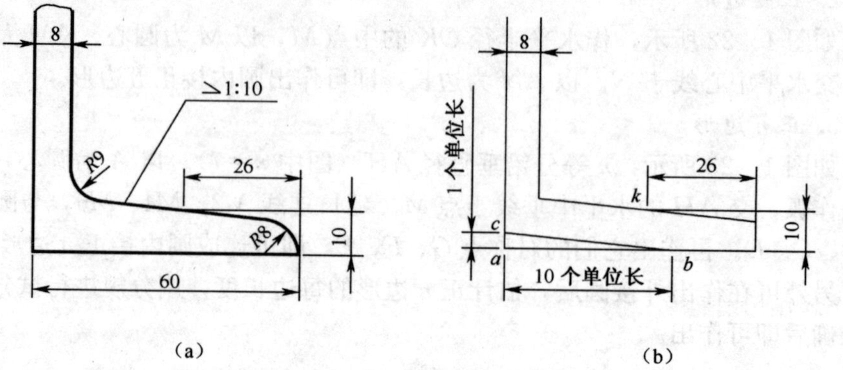

图 1-25　斜度作法示例

2. 锥度

锥度是指正圆锥底圆直径与其高度之比，正圆台的锥度则为两底圆的直径差与其高度之比。锥度的大小是圆锥素线与轴线夹角的正切值的两倍。

锥度亦用符号标注，形状如图 1-24（b）所示。锥度一般注在指引线上，大小以 1∶n 表示。必须注意，符号的方向应与图中所画锥度的方向一致，如图 1-26 所示。

如图 1-26 所示，以圆台为例说明锥度的标注方法和作图步骤。

已知圆台大端直径为 18mm，高为 28mm，锥度为 1∶3，求作此圆台。

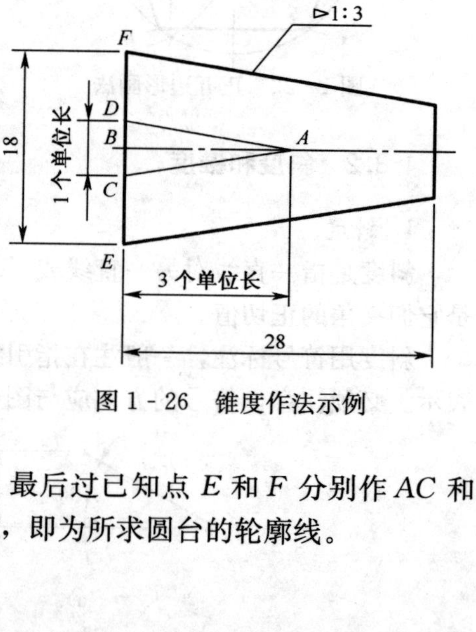

图 1-26　锥度作法示例

首先在轴线上取 *BA* 为 3 个单位长度；然后过 *B* 作 *AB* 的垂线，并取 *BD*、*BC* 各为 1/2 个单位长度；连接 *AD*、*AC*；最后过已知点 *E* 和 *F* 分别作 *AC* 和 *AD* 的平行线，与圆锥右端面投影轮廓相交，即为所求圆台的轮廓线。

1.3.3　圆弧连接

绘制图样时，经常需要用圆弧来光滑连接已知直线或圆弧，这种光滑连接，称为圆弧连接即相切连接。为了保证相切，画连接圆弧前，必须准确地作出它的圆心和切点。

1. 圆弧连接的基本形式

(1) 圆弧连接两已知直线段

半径为 *R* 的连接圆弧与直线相切，圆心的轨迹是与直线的距离为 *R* 的平行线，两已知直线的平行线的交点即为连接圆弧的圆心。从圆心向已知直线作垂线，垂足就是切点。作出了圆心和切点后，就可画出连接圆弧。

如图 1 - 27 所示，为用 $R20$ 的圆弧连接两直线的作图方法。

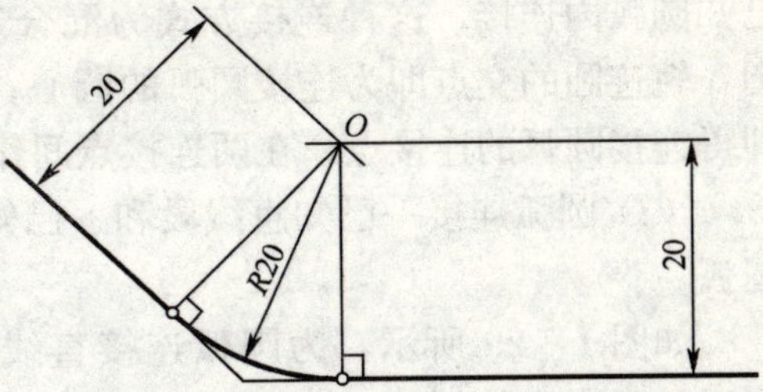

图 1 - 27　用圆弧连接两已知直线

(2) 圆弧连接两已知圆弧

①外连接（外切）　如图 1 - 28 (a) 所示，连接圆弧与已知圆弧外连接，圆心的轨迹是以已知圆弧圆心为圆心、两圆弧半径之和为半径的圆弧。分别以已知圆弧的圆心为圆心，以已知圆弧与连接圆弧的半径之和为半径作圆弧，两圆弧的交点 O 即为连接圆弧的圆心。与圆弧外切或内切时，切点是连接圆弧和被连接圆弧的圆心连线（或其延长线）与被连接圆弧的交点。分别过已知圆弧与连接圆弧的圆心作直线，直线与已知圆弧的交点即为连接点（切点）。以 O 为圆心，以连接圆弧的半径为半径，在两切点间作圆弧，即得连接圆弧。

②内连接（内切）　如图 1 - 28 (b) 所示，连接圆弧与已知圆弧内连接（内切），圆心的轨迹是以已知圆弧圆心为圆心、以连接圆弧与已知圆弧半径之差为半径的圆弧。分别以已知圆弧的圆心为圆心，以连接圆弧与已知圆弧的半径之差为半径作圆弧，两圆弧的交点 O 即为连接圆弧的圆心。分别过已知圆弧与连接圆弧的圆心作直线，直线与已知圆弧的交点即为连接点（切点）。以 O 为圆心，以连接圆弧的半径为半径，在两切点间作圆弧，即得连接圆弧。

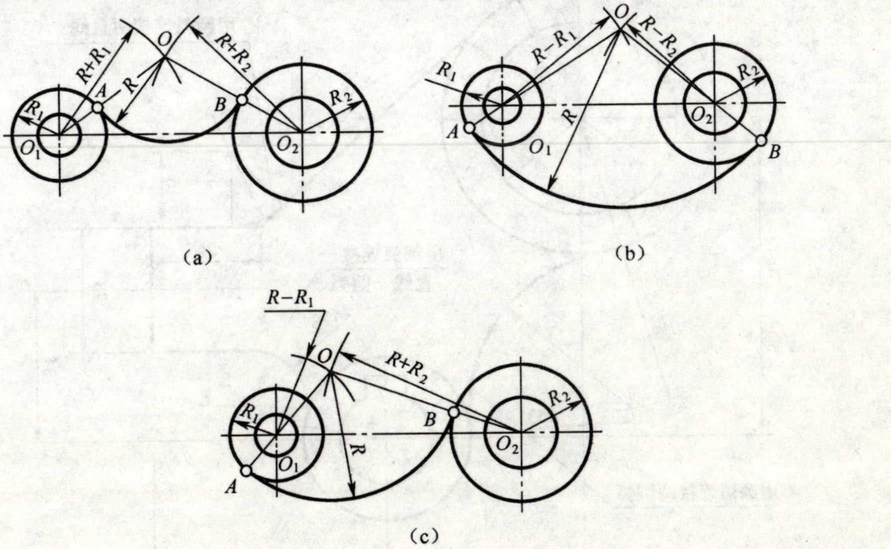

图 1 - 28　圆弧连接两已知圆弧

(a) 外切；(b) 内切；(c) 内外切

③混合连接　如图 1 - 28（c）所示连接圆弧与一已知圆弧外连接，与另一已知圆弧内连接，这种连接方式为混合连接。分别按内、外连接的方式作轨迹圆，轨迹圆的交点即为连接圆弧的圆心；分别按内、外连接的方式求作连接点，即得连接圆弧的连接点，在两连接点间作圆弧即为所求。

（3）圆弧连接一已知直线段和一已知圆弧

如图 1 - 29 所示，为圆弧连接直线、圆弧的画法（外切），连接圆弧的圆心为与已知直线的距离为连接圆弧半径的平行线和以已知圆弧圆心为圆心、两圆弧半径之和为半径的圆弧的交点。连接点的求作如图 1 - 27、图 1 - 28 所示。

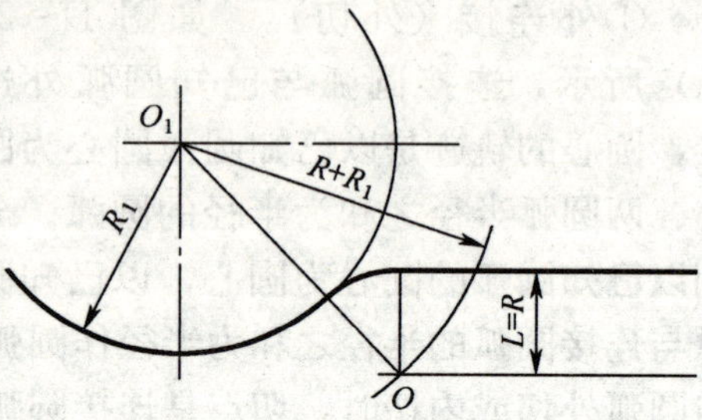

图 1 - 29　圆弧连接直线、圆弧的画法

2. 圆弧连接的基本步骤

经过上述分析，无论哪种形式的圆弧连接，其作图步骤都是：①根据作图原理求圆心；②从求得的圆心找切点；③在两切点之间画圆弧。

3. 圆弧连接综合示例

在如图 1 - 30 所示的拨叉零件中，可以进一步了解圆弧连接的三种情况及其作法。

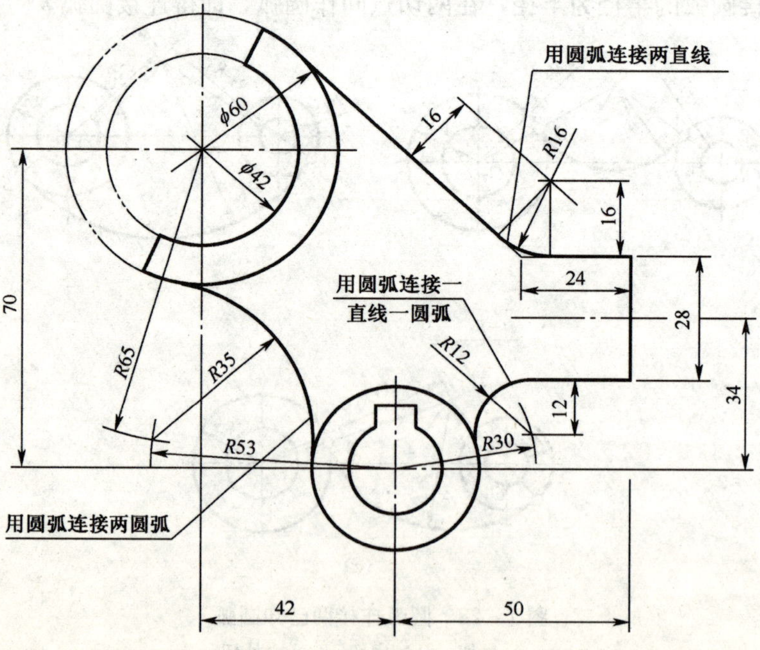

图 1 - 30　圆弧连接综合示例

1.4　平面图形的线段分析和画图步骤

1.4.1　平面图形的尺寸注法

标注尺寸时，首先要确定水平方向和垂直方向的尺寸基准，即确定标注尺寸的起点。通常将对称图形的对称线、大圆的中心线、较长的直线或重要的轮廓线作为尺寸基准。

平面图形所注的尺寸，按其作用可分为以下两类。

(1) 定形尺寸

确定各部分的形状和大小。如直线段的长度、圆弧的直径或半径、角度的大小等。

(2) 定位尺寸

确定图形中各部分之间相对位置的尺寸。

有时同一个尺寸对于不同的图形要素所起的作用不同，从而同时具有两种属性。如图 1 - 31 所示中的尺寸 110，对直径为 $\phi 14$ 的两圆而言，它是定位尺寸；对外形轮廓而言，它是定形尺寸。标注平面图形的尺寸，要求按照国标的规定标注，尺寸数值不能写错或出现矛盾；尺寸要标注齐全，也就是不遗漏各组成部分的定形尺寸和定位尺寸；不要标注重复尺寸，即不要标注可以通过已标注的尺寸计算能得到的尺寸，或通过几何连接关系（相切）可以作出图线的尺寸；尺寸的位置要安排在图形的明显处，标注清楚，布局整齐。

如图 1 - 31 所示，要标注这个平面图形的尺寸。根据上述的定义与分析，可知：该平面图形的对称中心线和下部三个圆孔的水平公共中心线分别是水平和垂直方向的尺寸基准；圆的直径 $\phi 44$、$\phi 20$、$\phi 30$ 等都是定形尺寸；圆 $\phi 44$ 和 $\phi 20$ 圆心位置尺寸 45、左右两圆 $2\times\phi 14$、中心距 110 等都是定位尺寸。

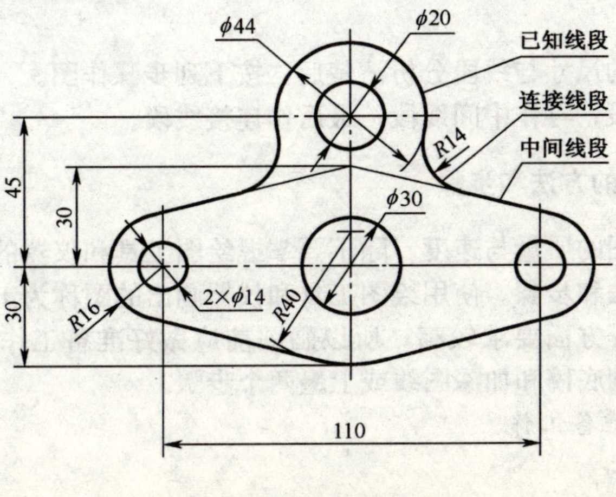

图 1 - 31　平面图形分析

1.4.2 平面图形中线段分类和作图顺序

1. 线段分类

平面图形中的诸线段，根据所标注的尺寸和线段间的连接关系，可以分为以下三类。

(1) 已知线段

定形尺寸和定位尺寸齐全，能直接按所注尺寸画出的线段。作图时应先画出已知线段。

(2) 中间线段

有定形尺寸但定位尺寸不全，或有定位尺寸但没有定形尺寸的线段。这种线段根据与相邻线段的连接关系，用几何作图的方法才能作出。

(3) 连接线段

只有定形尺寸，缺少两个定位尺寸的线段。这种线段要依靠两端与另两相邻线段的连接关系，用几何作图的方法才能作出。

在两条已知线段之间，可以有多条中间线段，但有且仅有一条连接线段。必须先画已知线段，然后画中间线段，最后画连接线段。

对于圆弧，已知半径（或直径）尺寸和圆心的两个定位尺寸的称为已知圆弧；已知半径（或直径）尺寸和圆心的一个定位尺寸的称为中间圆弧；只知半径（或直径）尺寸而不知圆心的定位尺寸的称为连接圆弧。对于直线段，已知经过的两个点或经过的一个点及其方向的称为已知直线段；经过一已知点（或已知直线方向）且与定圆（或定圆弧）相切的称为中间直线段；两端都与定圆（或定圆弧）相切的称为连接直线段。

在如图 1 - 31 所示中，$\phi14$、$\phi30$、$\phi20$、$\phi44$、$R40$、$R16$ 均为已知圆弧，$R14$ 为连接圆弧，连接 $R14$ 与 $R16$ 的直线段为中间直线段，连接 $R16$ 与 $R40$ 的直线段为连接直线段。

2. 作图顺序

对平面图形的尺寸与线段分析清楚后，按下列步骤作图。

先作已知线段；再作中间线段；最后作连接线段。

1.4.3 绘图的方法和步骤

为了提高绘图的质量与速度，除了要掌握绘图工具和仪器的使用方法外，还须掌握绘图的方法和步骤。使用绘图工具和仪器画出的图称为工作图，工作图对图线、图面质量等方面要求较高，所以画图前应做好准备工作，然后才动手画图，画图又分为画底稿和加深图线或上墨两个步骤。

1. 制图前的准备工作

(1) 准备工具

了解所画图样的内容和要求，准备好必要的绘图工具和仪器，磨削好铅笔及圆规上的铅芯。

(2) 选定图幅

根据所画图样大小和复杂程度选定比例，确定图纸幅面。

(3) 安排地点

使光线从图板的左前方射入，将需要工具放在方便之处，以便顺利地进行制图工作。

(4) 固定图纸

一般按对角线方向顺序固定，使图纸平整。当图纸较小时，应将图纸布置在图板左下方，图板的底边与图纸下边的距离大于丁字尺的宽度，以便放置丁字尺。图纸用胶纸固定，不应使用图钉，以免损坏图板。

2. 画底稿

画底稿时，用较硬的 H 或 2H 铅笔轻轻地画出，但要清晰。对于需上墨的底稿，在线条的交接处可画出头一些，以便辨别上墨的起止位置。

画底稿一般步骤是：先画图框、标题栏，再画轴线或对称中心线，然后画主要轮廓线、画细部。图形完成后，画其他符号、尺寸线、尺寸界线、尺寸数字横线和仿宋字的格子等。仔细检查校对，并擦去多余线条和污垢。

3. 加深

加深粗实线宜用 HB 铅笔，对于虚线、细实线、细点画线以及线宽约 $b/3$ 的各类图线加深，应用 H 或 2H 铅笔，写字和画箭头用 HB 铅笔。圆规的铅芯应比画直线的铅芯软。加深图线时用力要均匀，应使图线均匀地分布在底稿线的两侧。

用铅笔加深图形的步骤与画底稿时不同，其一般顺序如下。

①加深点画线。

②加深粗实线圆和圆弧。

③从图的左上方开始，先顺次从上向下加深所有水平的粗实线，再顺次从左向右加深所有铅垂的粗实线，最后加深所有倾斜的粗实线。

④按加深粗实线的步骤依次加深所有虚线圆及圆弧，水平的、铅垂的和倾斜的虚线。

⑤加深细实线、波浪线等。

⑥画符号和箭头，注尺寸，写注解，画图框及填写标题栏等。

⑦全面检查，如有错误，立即更正，并作必要的修饰。

4. 上墨

上墨的图样一般用描图纸，上墨的步骤与用铅笔加深的步骤相同。

上墨时应注意如下几点。

①用直线笔和圆规上的直线笔头上墨时，应根据线宽调节直线笔的螺母，并在纸片上试画满意后，然后在图纸上描线。

②线笔内的墨水干结时，应将墨污擦净后再用。如用绘图墨水笔上墨，只要按线宽选用不同粗细笔头的笔，在笔胆内注入墨水，即可画线。

③相同宽度的图线应一次画完。如用直线笔上墨，可避免由于经常调整直线笔的螺母而使宽度相同的图线粗细不一；若用绘图墨水笔上墨，可避免经常换笔，提高制图效率。

④修改上墨图或去掉墨污时，待图中墨水干涸后，在图纸下垫一光洁硬物（譬如三角板），用薄型刀片轻轻修刮，同时用橡皮擦拭干净，即可继续上墨。

上墨的步骤基本上与铅笔加深的步骤相同。

图 1 - 31 的平面图形作图步骤如图 1 - 32 所示。

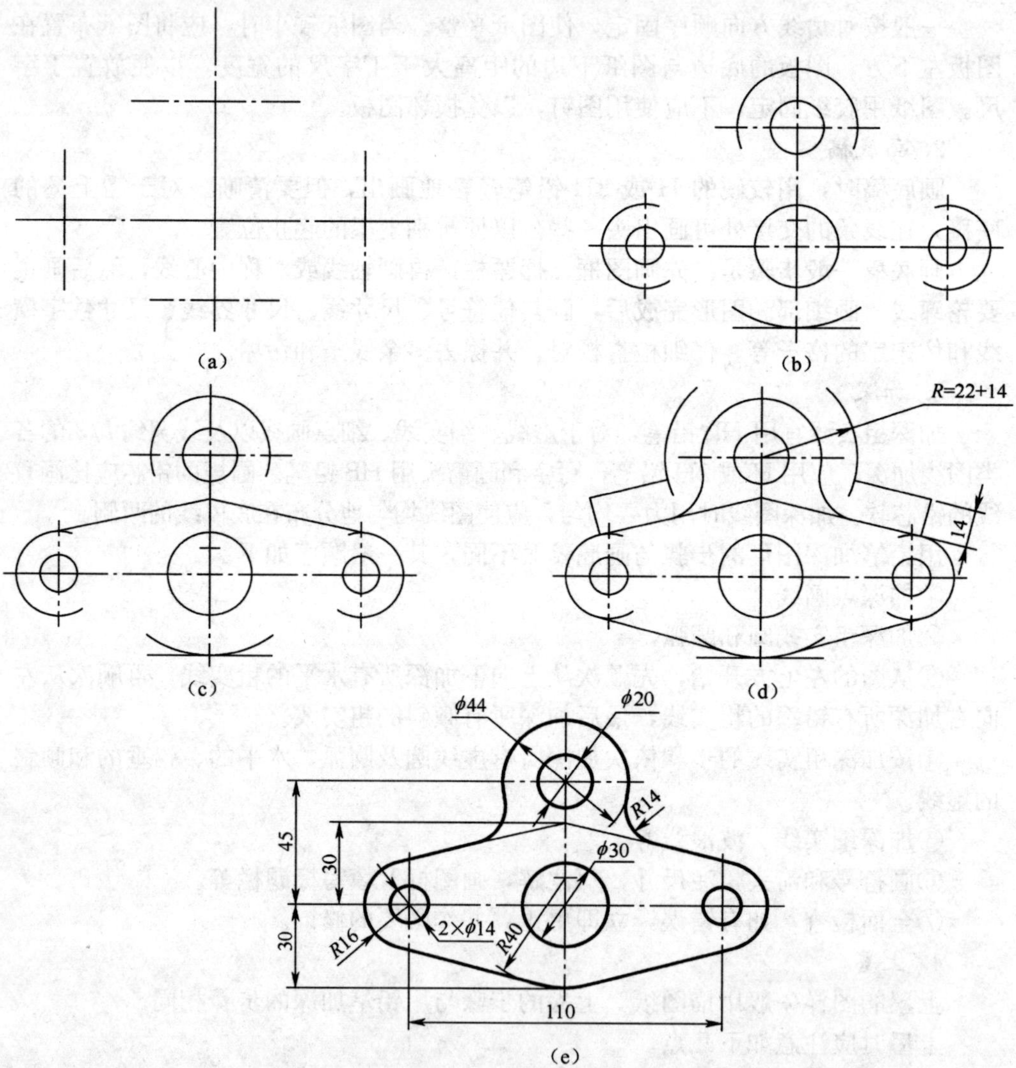

图 1 - 32 作图步骤

(a) 画出基准线和已知圆弧的定位中心线；(b) 画出各已知线段；

(c) 画出中间线段；(d) 画出连接线段；(e) 检查、加深、标注尺寸

第2章　点、直线和平面

学习完本章，应该掌握如下内容：

◆投影法及运用

◆点在三面投影体系中的投影特性、投影的作图方法

◆点的相对位置及重影点

◆直线的投影及相对位置

◆平面的投影及平面上的点和线

2.1　投　影　法

物体在灯光的照射下会在地面或墙壁上产生一个阴影，在抽象这种自然现象的基础上产生了投影法。将地面抽象为一个几何的平面，作为投影面，用 P 表示；光源抽象为一点，用 S 表示，称为投影中心；光线抽象为射线，称为投射线，如图 2-1 所示。从 S 出发，经空间点 A 作投射线 SA，与平面 P 交于一点 a，点 a 称为空间点 A 在投影面 P 上的投影，这种产生投影的方法称为投影法。投影法分为中心投影法和平行投影法两类。

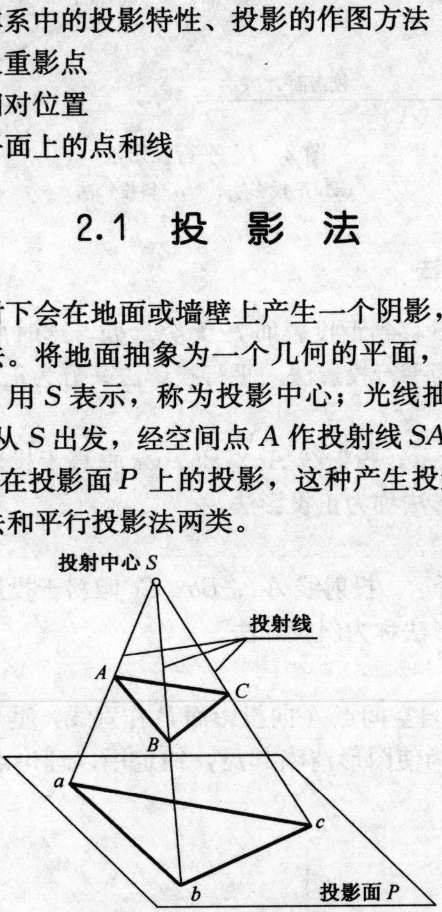

图 2-1　中心投影法

2.1.1　中心投影法

如图 2-1 所示，投射线 SA、SB、SC 分别与投影面 P 相交于 a、b、c；直线 ab、bc、ca 分别为直线 AB、BC、CA 的投影；△abc 就是△ABC 的投影。因为所有的投射线都是从一个中心 S 出发的，所以叫做中心投影，中心投影常用于画建筑视图。

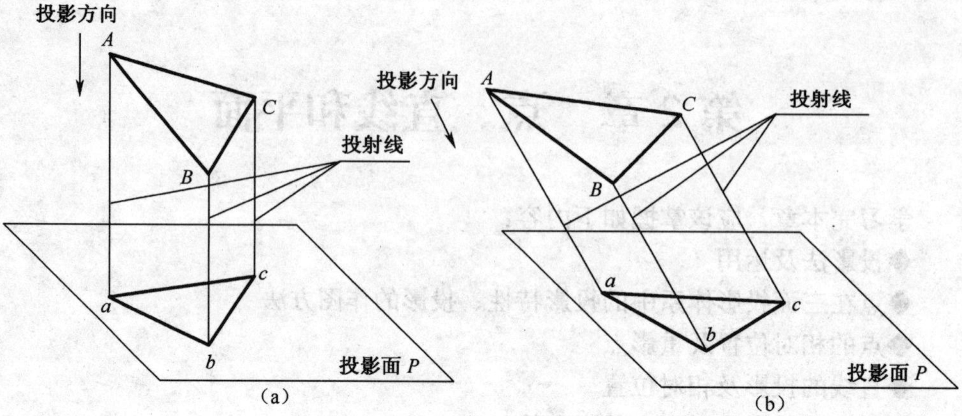

图 2 - 2 平行投影法

(a) 正投影法；(b) 斜投影法

2.1.2 平行投影法

如果将投影中心 S 移到距投影面 P 无穷远处，这时所有的投影线都相互平行，这种投影方法称为平行投影法。平行投影法又分为正投影法和斜投影法。

1. 正投影法

如图 2 - 2 (a) 所示，投射线 Aa、Bb、Cc 垂直于投影面 P，即当投射线垂直于投影面的平行投影法称为正投影法。

2. 斜投影法

如图 2 - 2 (b) 所示。投射线 Aa、Bb、Cc 倾斜于投影面 P，即当投射线倾斜于投影面的平行投影法称为斜投影法。

3. 正投影作图

如图 2 - 3 所示，自空间点 A 向投影面 P 作垂线，垂足 a 即为空间点 A 在投影面 P 上的正投影。为使图形清晰起见，约定用以理论点为圆心的小圆圈表示点的投影。

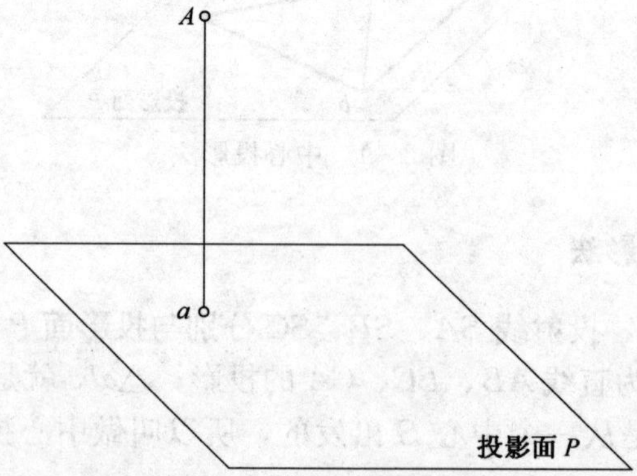

图 2 - 3 点的投影

如图 2 - 3 所示，对一个空间点进行投影，可以得到一个唯一的投影；反之，由一个投影却不能确定点在空间的位置。

工程图样主要用正投影，本书后面各章节中就将“正投影”简称为“投影”。

2.2　点的投影

点是组成物体的最基本的元素，因此，首先研究点的投影。

2.2.1　点在两投影面体系第一分角中的投影

1. 两投影面体系的建立

如图 2 - 4 所示，两个相互垂直的投影面，把空间分成四个部分，分别称为第一分角、第二分角、第三分角和第四分角。世界上除少数国家采用第三分角投影外，大多数采用第一分角投影，我们国家也采用第一分角投影，为此取出第一分角作为对象空间，对象空间及两个半平面构成投影面体系，如图 2 - 5 所示。其中与观察者相对的投影面称为正立投影面，用“V”表示；平行于地面的投影面称为水平投影面，用“H”表示；两投影面的交线叫投影轴，用 OX 表示。

如图 2 - 6（a）所示，过空间点 A 分别向 H 面和 V 面作垂线，垂足点 a、a' 即为点 A 在 H 面和 V 面上的投影。为加以区分，规定：空间点用大写拉丁字母表示，投影用相应小写的拉丁字母表示，其中正面投影为小写拉丁字母加“$'$”。

如果移去空间点 A，过 a 作 H 面的垂线，过 a' 作 V 面的垂线，则两垂线必交于点 A，由此说明，根据空间一点的两面投影，便可唯一地确定空间点的位置。

2. 投影面展开

画法几何图示空间对象的方法，是将其变换为一组投影图进行表达的，因此将两面投影体系的空间形式变换为平面形式称为投影面的展开，如图 2 - 6（a）所示。

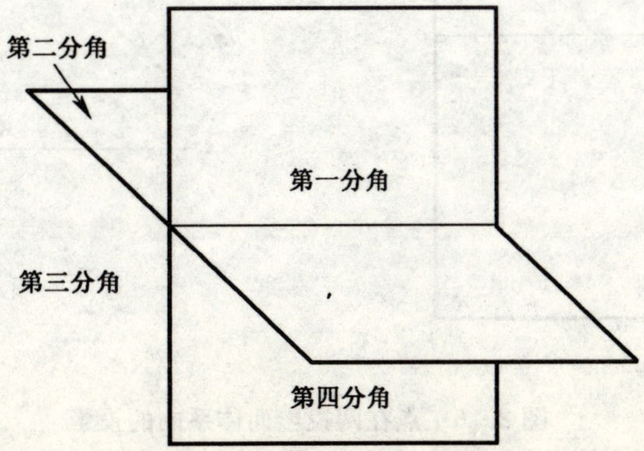

图 2 - 4　空间分为四个分角

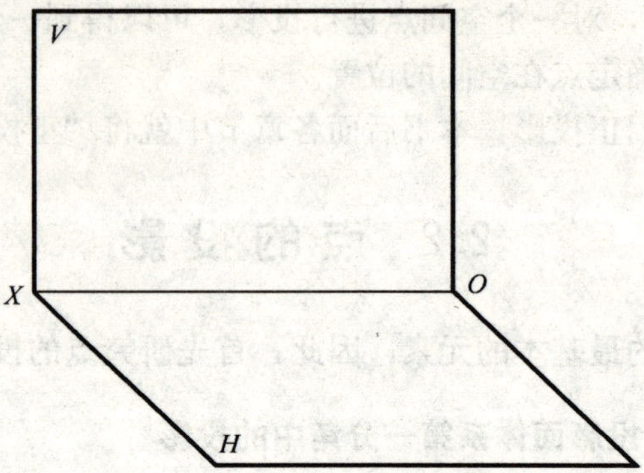

图 2－5　第一分角投影面体系

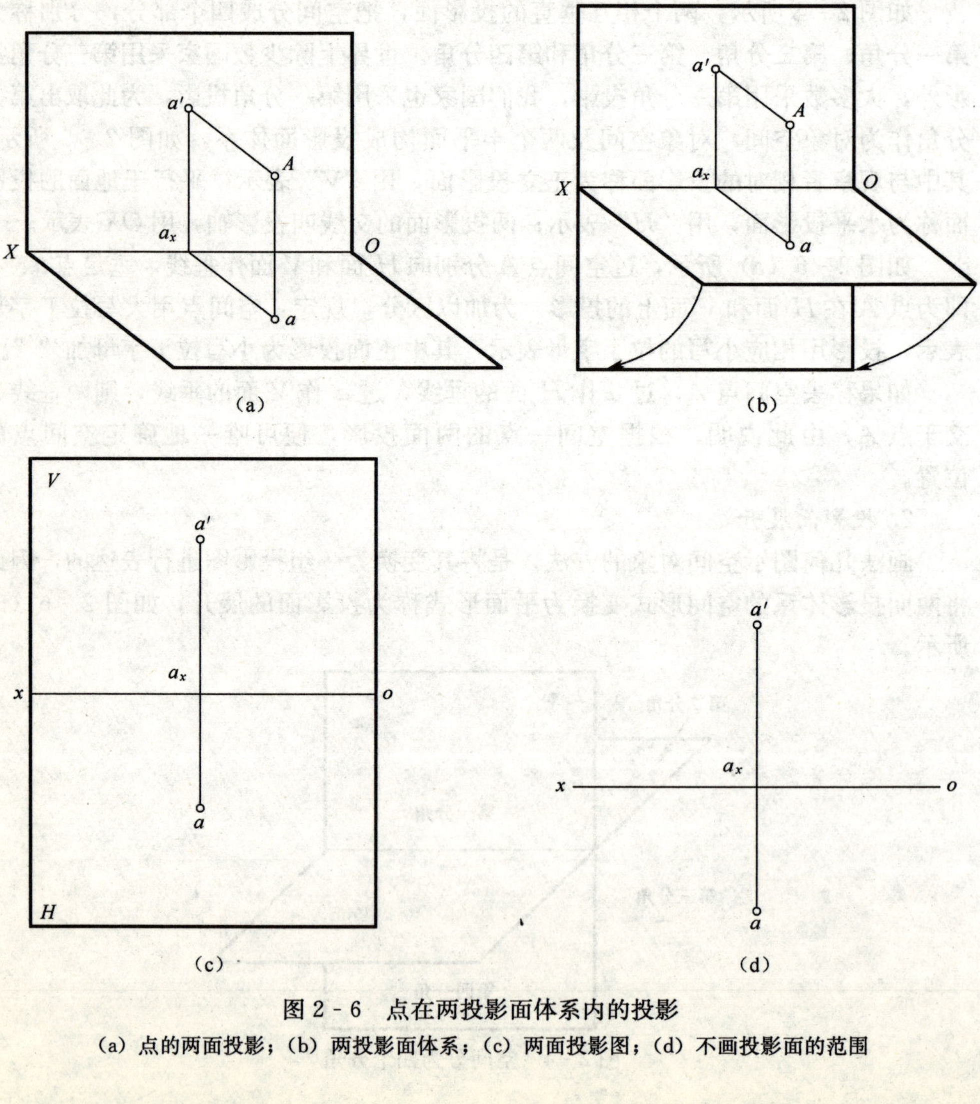

图 2－6　点在两投影面体系内的投影

(a) 点的两面投影；(b) 两投影面体系；(c) 两面投影图；(d) 不画投影面的范围

为使两面投影图画在同一平面上，规定 V 面不动，将 H 面绕 OX 轴向下旋转 90°，与 V 面重合，如图 2-6（b）所示，这样就得到如图 2-6（c）所示点 A 的两面投影图。投影面在空间是无限延伸的，虽然我们只在有限的范围内作图，但并不需要画出确定其边界范围的边框线，只用细实线画出投影轴和投影连线，并按上述约定用小圆圈表示点的投影即可。如图 2-6（d）表示点及两面投影的平面形式，它与如图 2-6（a）所示的空间形式一一对应，(a，a') 对应空间点 A。

2.2.2　点在三投影面体系中的投影

由上节讨论可知，根据点的两面投影可以确定空间点的位置。但我们的目的是要讨论形体结构形状的表达，如图 2-7（a）、（b）所示的两个不同形体，它们的正面投影和水平投影完全相同，但其形状却不尽相同，也就是说两面投影图不能表达出它们之间的差别，必须用更多的投影图才能唯一确定一个形体的结构形状，因此必须研究多面投影。在一般情况下三个投影图即可表达一个形体，为此首先研究三面投影。

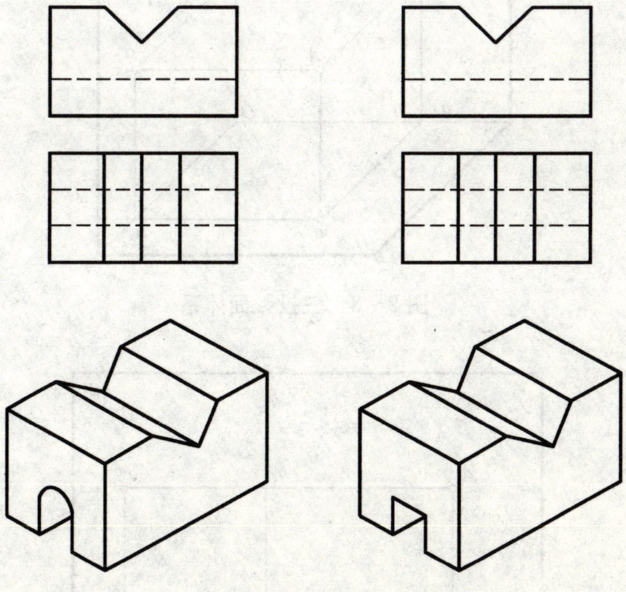

（a）　　　　（b）

图 2-7　正面投影和水平投影相同形体不一定相同

1. 三投影面体系的建立

三投影面体系是在两投影面体系的基础上，增加一个与 H 面、V 面都垂直的侧立投影面（简称侧面），用“W”表示，如图 2-8 所示。H 面与 V 面的交线为 OX 轴；H 面与 W 面的交线为 OY 轴；V 面与 W 面的交线为 OZ 轴，三轴的交点为原点 O。如图 2-8 所示即为点及三面投影体系的空间形式。

2. 点的三面投影

点在三面体系第一分角中的投影如图 2 - 8 所示，过空间点 A 分别向 H、V、W 面作垂线，其垂足：a、a'、a''即为空间点 A 的三面投影，其中 a''为点 A 在 W 面上的投影，叫侧面投影。

3. 三投影面体系展开

如图 2 - 8 所示，三面投影体系实质为以原点 O 为顶点的三面角包围的空间构成的，为使三面投影面展开在同一平面上，想象将三面角沿棱线 OY 轴剪开至 O 点，V 面保持不动，H 面绕 OX 轴向下旋转 90°与 V 面位于同一平面内，W 面绕 OZ 轴向右后旋转 90°也与 V 面位于同一平面内，如图 2 - 9 所示。和两面投影体系一样，不需画投影面边框线。

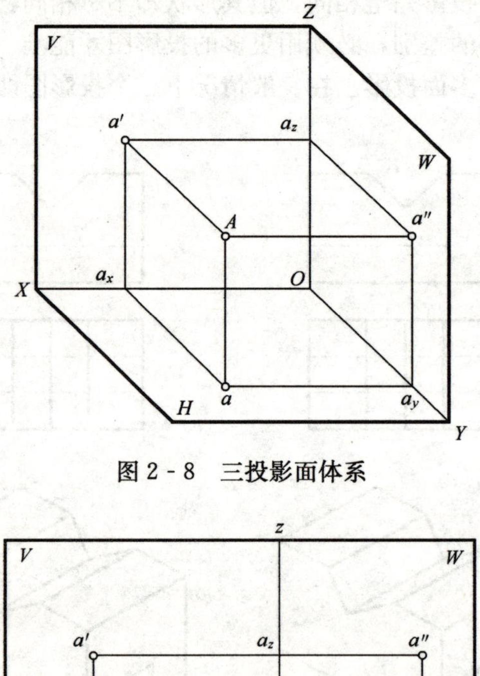

图 2 - 8 三投影面体系

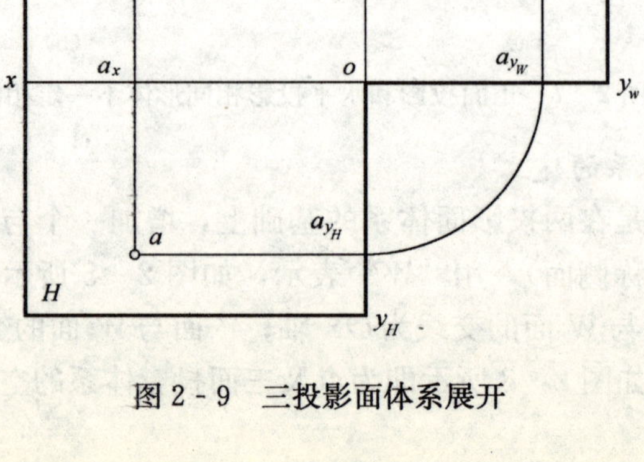

图 2 - 9 三投影面体系展开

如图 2-8 所示中，OX 轴的正面投影和水平投影都与本身相重合，OZ 轴的正面投影和侧面投影本身相重合，展开后这一特性不变；而 OY 轴的水平投影和侧面投影重合，但展开后 OY 轴的水平投影在 H 面上，成为 OZ 轴的反向延长线，用 y_H 表示；OY 轴的侧面投影在 W 面上，成为 OX 轴的反向延长线，用 y_W 表示，如图 2-10（a）、（b）所示。

4. 投影特性

如图 2-8 所示可知，投射线 Aa 和 Aa' 构成一个平面。它既垂直于 H 面也垂直于 V 面，则必垂直于 H 面和 V 面的交线 OX，该平面与 OX 轴的交点用 a_x 表示，则必有连线 $aa_x \perp OX$，$a'a_x \perp OX$，当投影面展开后其垂直关系不变，aa_x 成为 $a'a_x$ 的延长线，由此得 $a'a \perp OX$，即水平投影 a 和正面投影 a' 的连线垂直于 OX 投影轴，同理如图 2-8 所示 $a'a'' \perp OZ$，这种投影间的联系我们称为方位关系。

如图 2-8 所示还可知，矩形平面 $Aaa_xa' \perp OX$ 轴，矩形平面 $Aaa_ya'' \perp OY$ 轴，矩形平面 $Aa'a_za'' \perp OZ$ 轴；由此可得：

$aa_x = a''a_z = a_yO = Aa'$（点 A 到 V 面的距离）

$a'a_x = a''a_y = a_zO = Aa$（点 A 到 H 面的距离）

$aa_y = a'a_z = a_xO = Aa''$（点 A 到 W 面的距离）

这种数量上的关系我们称为等量关系。在作图的过程中经常要用到 $aa_x = a''a_z$、即点的水平投影到 OX 轴的距离等于点的侧面投影到 OZ 轴的距离这一等量关系，常用 45°斜线或圆弧来保证其相等关系，如图 2-10（a）、（b）所示。

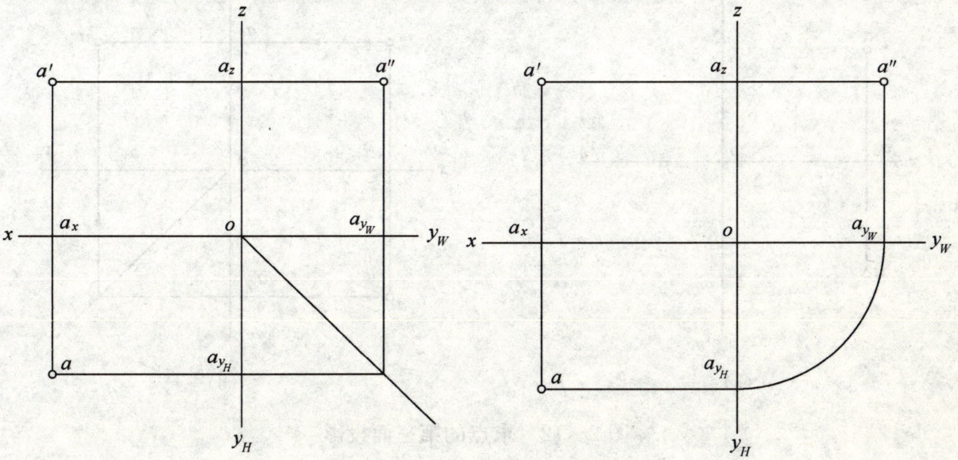

（a）　（b）

图 2-10　点的三面投影图

综上所述，点的投影特性可概括为以下两点。

①同一点的两面投影的连线垂直于相应投影轴。

②空间点到某一投影面的距离等于该点在另外两投影面的投影到相应投影轴

的距离。

例 2-1 已知：点 S 到 H 面的距离为 15，到 V 面的距离为 10，求作点 S 的投影 s，s'。

作图步骤：如图 2-11 所示，先画 ox 轴，然后在轴上任取一点 s_x，再过该点作 ox 轴的垂线，并取 $ss_x=10$，$s's_x=15$，即为所求。

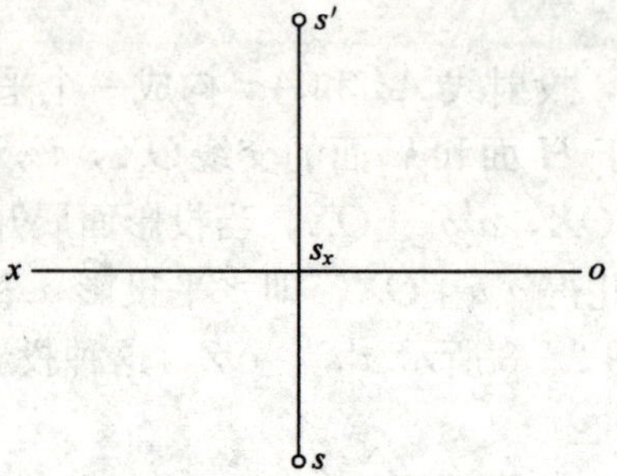

图 2-11 求点的两面投影

例 2-2 如图 2-12（a）所示，已知点 A 的两面投影 a、a'，求作 a''。

作图步骤如图 2-12（b）所示。

①自点 o 作 45°分角线作为辅助线。

②过 a' 作 oz 轴垂线，交 z 轴于 a_z 并延长。

③过由 a 作 y_H 的垂线并延长与 45°分角线相交，再由该交点作 y_W 的垂线并延长与 $a'a_z$ 的延长线相交于 a''，即为所求。

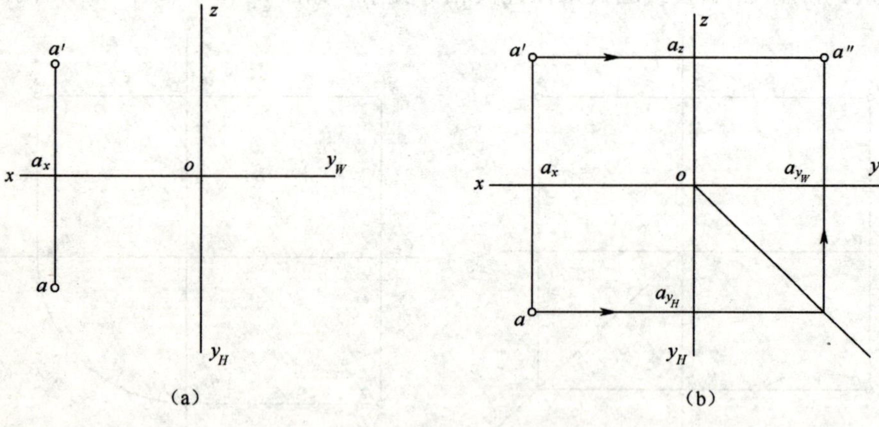

图 2-12 求点的第三面投影

5. 特殊位置点

(1) 投影面上的点

如图 2-13 所示，点 A 在 H 面上，点 B 在 V 面上，点 C 在 W 面上，它们的投影特性为：

①点的一个投影与空间点本身重合。

②点的另两个投影在相应投影轴上。

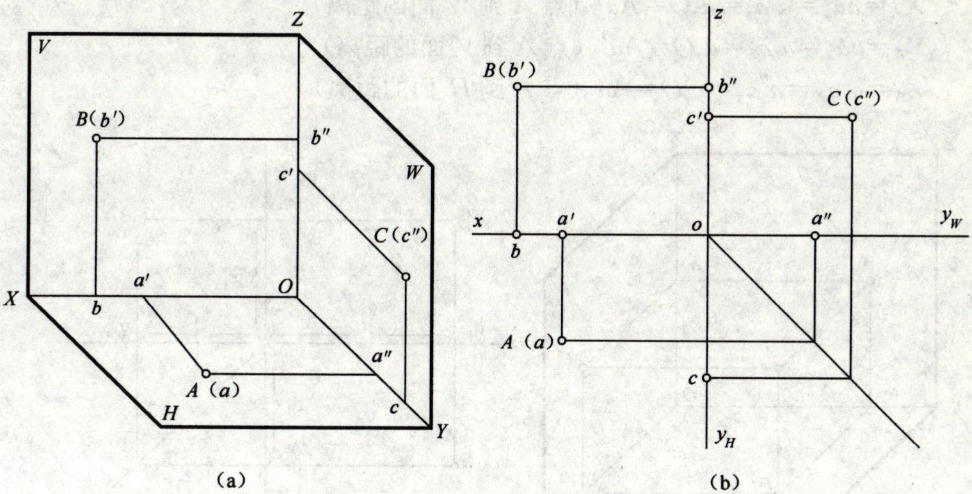

图 2-13　投影面上的点

(2) 投影轴上的点

如图 2-14 所示，点 A 在 OX 轴上，点 B 在 OY 轴上，点 C 在 OZ 轴上，它们的投影特性为：

①点的两个投影与空间点本身重合。

②点的另一个投影在原点。

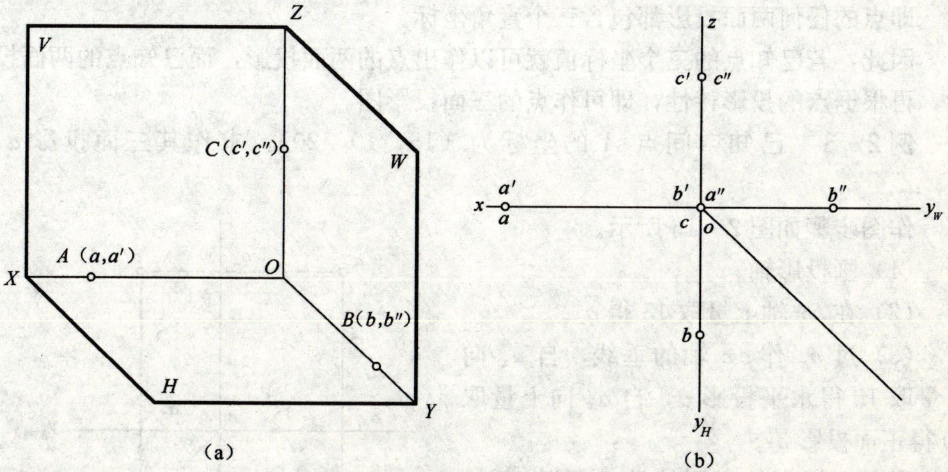

图 2-14　投影轴上的点

6. 点的坐标

如果把三投影面体系的投影面 H，V，W 看成坐标面，则投影轴 OX，OY，OZ 为坐标轴，点 O 为坐标原点，构成空间直角坐标系。因此，空间点到三投影面的距离即等于点的三个坐标，如图 2 - 15 所示。即：

$X_A = aa_y = a'a_z = a_xO = Aa''$（点 A 到 W 面的距离）

$Y_A = aa_x = a''a_z = a_yO = Aa'$（点 A 到 V 面的距离）

$Z_A = a'a_X = a''a_y = a_zO = Aa$（点 A 到 H 面的距离）

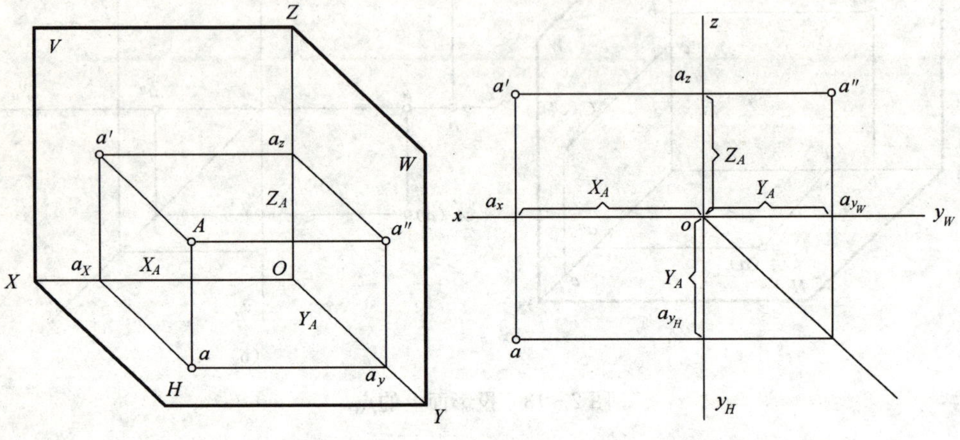

图 2 - 15 空间点到三投影面的距离即等于点的三个坐标

由此可见，点 A 在 H 面上的投影 a 由 X_A、Y_A 确定。

点 A 在 V 面上的投影 a' 由 X_A、Z_A 确定。

点 A 在 W 面上的投影 a'' 由 Y_A、Z_A 确定。

即点的任何两面投影都包含三个直角坐标。

因此，若已知点的三个坐标值就可以作出点的两面投影，而已知点的两面投影，再根据点的投影特性，即可作点的三面投影图。

例 2 - 3 已知空间点 A 的坐标为（15，10，20），求作其三面投影 a，a'，a''。

作图步骤如图 2 - 16 所示。

（1）画投影轴。

（2）在 ox 轴上量取 15 得 a_x。

（3）过 a_x 作 ox 轴的垂线，自 a_x 向下量取 10 得水平投影 a，自 a_x 向上量取 20 得正面投影 a'。

（4）根据点的投影特性，利用 45°线作侧面投影 a''。

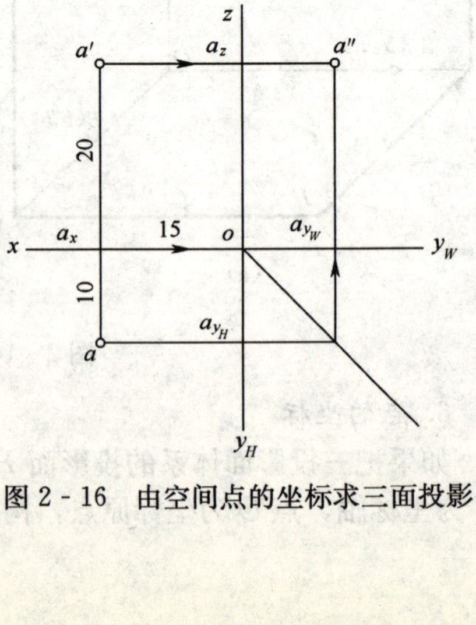

图 2 - 16 由空间点的坐标求三面投影

7. 点的相对位置

（1）空间方位的确定

我们通常所说的上下、左右和前后的

方位关系，是对空间某一对象而言的，不同的对象和不同的规定使其方位关系并不完全一致。为叙述简便起见，通常把画图和看图的人称为观察者，观察者看图时面对三面投影体系的 V 面，观察者与 V 面上下方位一致，前后左右的方位则相反。x 坐标增大的方向为向左的方向（对 V 面而言实质为向右）。

（2）点的相对位置的判别

点与点之间的空间方位关系有相对性，判别它们的相对位置时，首先要确定一个基准点，然后判别其他点相对基准点的空间方位。

由点的投影和坐标的对应关系可知，若已知两点的投影，即可根据两点的投影对应关系及坐标大小来判别它们在空间的相对位置。

因为 X 坐标的大小反映左右关系，Y 坐标的大小反映前后关系，Z 坐标的大小反映上下关系，所以，根据 X 坐标的大小可判别点的左右关系，Y 坐标的大小可以判别前后关系，Z 坐标的大小可判别点的上下关系。

如图 2 - 17（a）所示的 A，B 两点，其投影图为如图 2 - 17（b）所示，现以 B 点为基准点，判别 A 点相对于 B 点的相对位置。由于 $X_A > X_B$，$Y_A < Y_B$，$Z_A < Z_B$，因此，A 点在 B 点的左、后、下方。

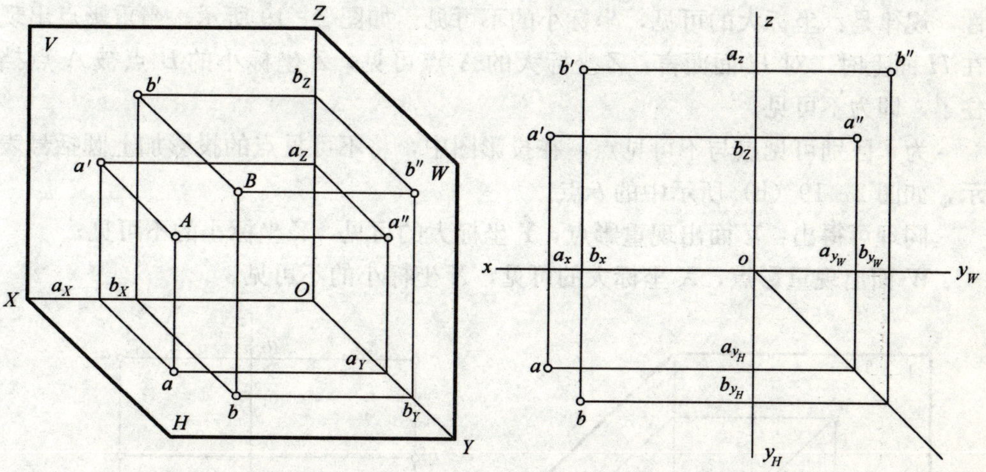

（a）　　（b）

图 2 - 17　判别空间点的相对位置

例 2 - 4　已知 A 点的三面投影，且点 B 在 A 点的左边 5mm，下边 10mm，后边 5mm，求 B 点的三面投影，如图 2 - 18 所示。

作图步骤：

①在 ox 轴上 a_x 向左量 5mm 得 b_x；在 oy_H 轴上自 a_yH 向后量 5mm 得 b_{y_H}，在 oz 轴上自 a_z 向下量 10mm 得 b_z。

②分别过 b_x 作 ox 轴的垂线与过 b_{y_H} 作 oy_H 轴的垂线相交于 b，与过 b_z 作 oz 轴的垂线相交于 b'。

③按点的投影特性，由 b，b' 求得 b''。

8. 重影点

如果空间两点，它们有两个坐标相同，则必有一同面投影（两个点在同一投影面上的投影）重合于一点，这一性质称为“重影性”，具有“重影性”的两点称为“重影点”。如图 2 - 19 所示的 A、B 两点，由于它们的 X、Y 坐标相同，因此其水平投影 a、b 重合于一点。当出现两点投影重影时，必有一点可见，另一点不可见，因此就要进行判别，定出哪一点为可见，哪一点为不可见。

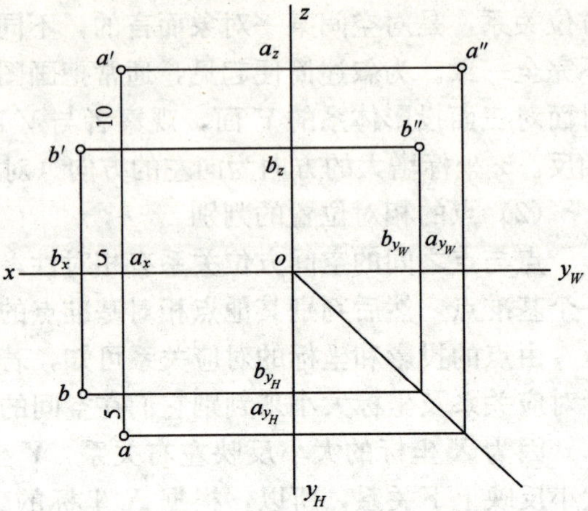

图 2 - 18 按相对坐标作投影图

判别方法是利用两点不重影的两个投影，以其坐标大小来判别重影点的可见性，规律是：坐标大的可见，坐标小的不可见。如图 2 - 19 所示，当重影点出现在 H 面上时，对 H 面而言，Z 坐标大的 A 点可见，Z 坐标小的 B 点被 A 点挡住了，即为不可见。

为了区别可见点与不可见点，在投影图中，将不可见点的投影加上圆括号表示，如图 2 - 19（b）所示中的 b 点。

同理可得出：V 面出现重影点，Y 坐标大的可见，Y 坐标小的不可见；

W 面出现重影点，X 坐标大的可见，X 坐标小的不可见。

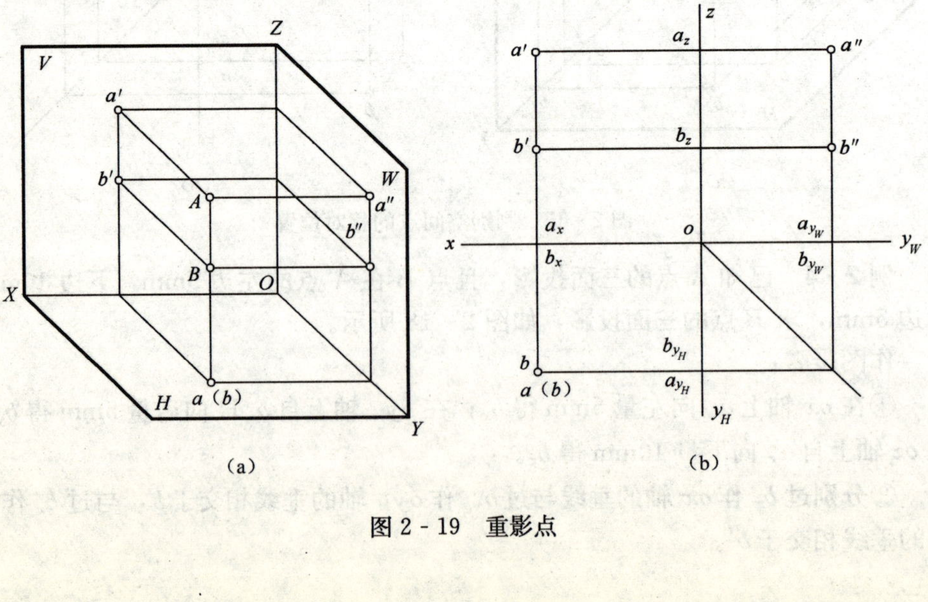

图 2 - 19 重影点

2.3　直线的投影

直线是无限延伸的，直线由两点确定，通常用有限长度的线段表示，而在两定点之间的部分称为线段，在本节及以后章节中所讲的“直线”均指用线段表示。

2.3.1　直线及直线投影的作图

1. 直线的确定

直线可由线上两点来确定其位置，也可由线上一点及直线的方向（例如平行于另一条直线）来确定。

2. 直线的投影

一般情况下，直线的投影仍为直线，特殊情况（垂直于投影面）为一点，如图 2 - 20 所示。作直线的投影即是作直线端点的投影，如图 2 - 21 所示，作直线 AB 端点 A、B 两点的三面投影，并将同面投影连接起来，即可得到直线的投影。

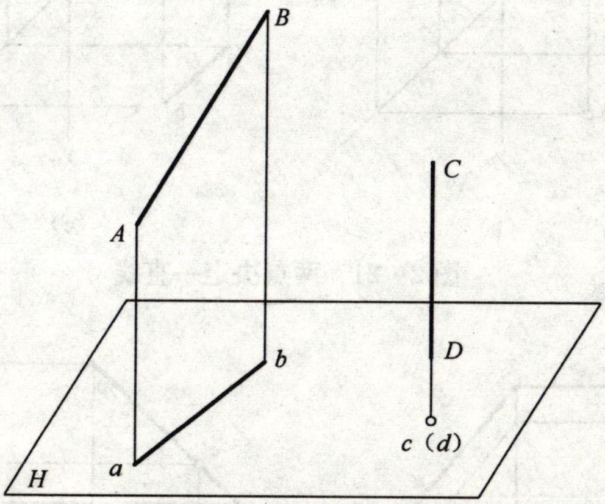

图 2 - 20　直线的投影

2.3.2　直线及直线上点的投影特性

①点在直线上，则它的投影必在直线的各同面投影上；反之，若点的各同面投影在直线上，则该点必在直线上。如图 2 - 22 所示，C 点在直线 AB 上，那么 C 点的各面投影也必然在直线的同面投影上。即 c 在 ab 上，c' 在 $a'b'$ 上，c'' 在 $a''b''$ 上，且 c、c'、c'' 一定符合点的投影特性。

例 2 - 5　已知 C 点在直线 AB 上，并知 C 的一个投影 c'，求 c、c''。如图 2 - 23 (a)所示。

分析：由已知条件知，C 点在 AB 直线上，那么，根据点在直线上的投影特

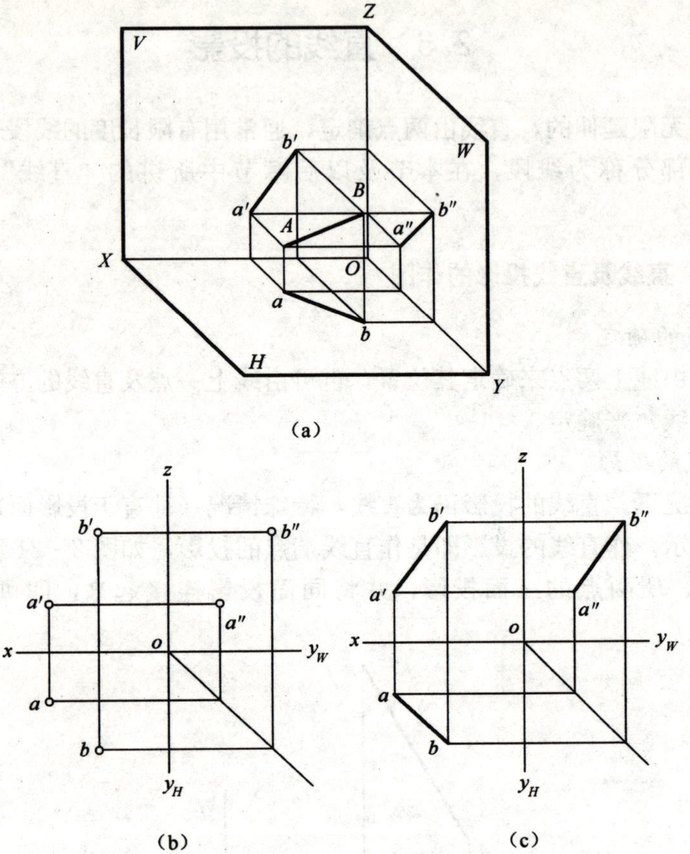

图 2-21 两点决定一直线

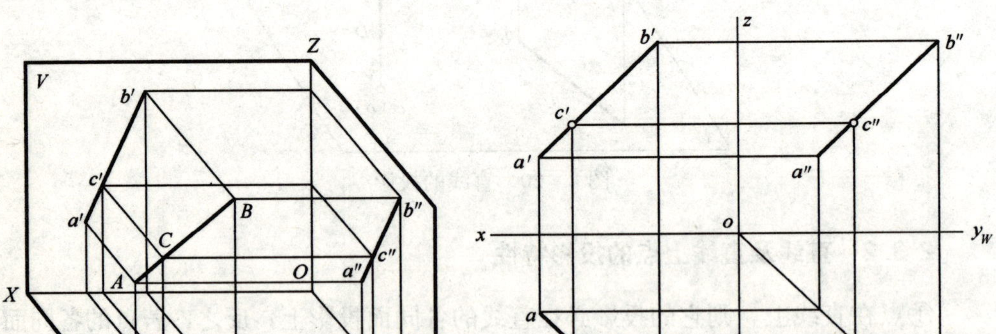

图 2-22 直线上的点

性，点的三面投影 c、c'、c'' 必分别在直线 AB 的同面投影 ab、$a'b'$、$a''b''$ 上，同时 C 点的三面投影必然符合点的投影特性。作图步骤如图 2-23（b）所示。

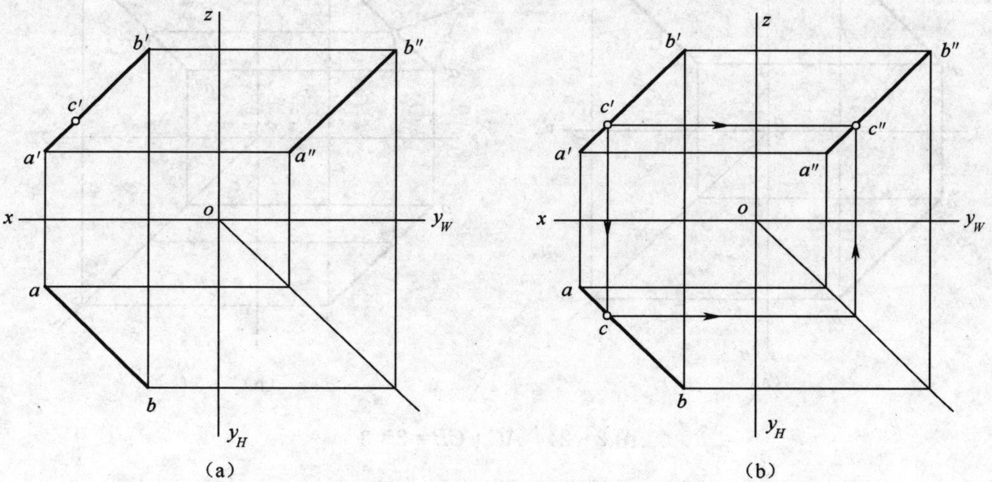

图 2-23　求直线上点的投影

②直线上的点分线段成一定比例，投影后其各面投影的定比关系不变。

由如图 2-22（a）所示可知 $Aa \parallel Cc \parallel Bb$；$Aa' \parallel Cc' \parallel Bb'$；$Aa'' \parallel Cc'' \parallel Bb''$，$\frac{AC}{CB}=\frac{ac}{cb}$；$\frac{AC}{CB}=\frac{a'c'}{c'b'}$；$\frac{AC}{CB}=\frac{a''c''}{c''b''}$。

例 2-6　如图 2-24（a）所示，已知直线 AB 的三面投影，并知点 C 在直线 AB 上，且 $AC:CB=2:3$，求 C 点的各面投影。

分析：因为点 C 在直线 AB 上，且 $AC:CB=2:3$，根据直线上的点分线段成一定比例，投影后其各面投影的定比关系不变的特性，必有 $AC:CB=ac:cb=a'c':c'b'=a''c'':c''b''=2:3$，故可直接用初等几何作图法将直线任一投影分成 2∶3 的两段定出 C 点的一个投影，然后根据点在直线上的投影特征求出另两投影即可。作图步骤如图 2-24（b）所示。

1. 直线对投影面的倾角

只要直线不与投影面平行，就会与投影面产生夹角，把直线与投影面产生的夹角叫直线对投影面的倾角。直线对投影面的倾角为直线与投影面上投影之间的夹角。规定直线与 H 面的倾角用 α 表示，与 V 面的倾角用 β 表示，与 W 面的倾角用 γ 表示，如图 2-25（a）所示。

2. 一般位置直线

倾斜于三个投影面的直线，叫一般位置直线，如图 2-25 所示。

投影特性：由于一般位置直线与三个投影面的倾角大于 0°，小于 90°，所以直线的三个投影长度均小于其实长。即 $ab=AB\cos\alpha<AB$，$a'b'=AB\cos\beta<AB$，

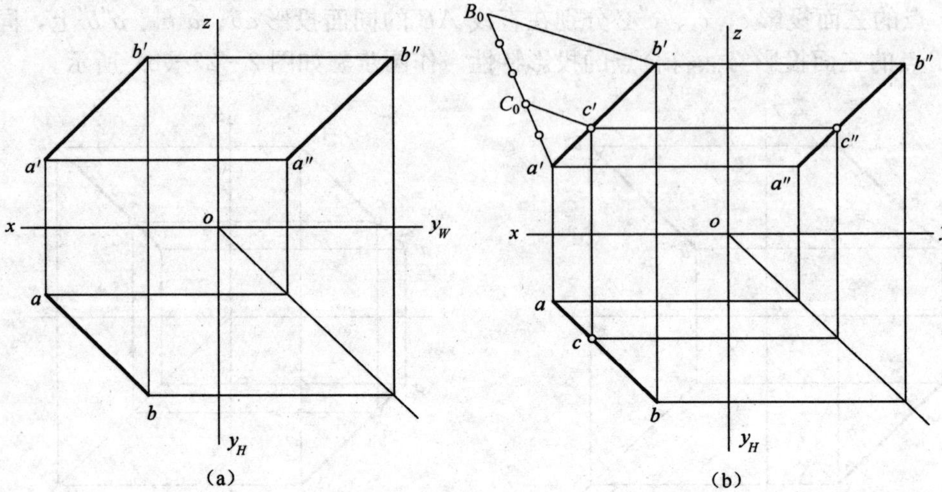

图 2 - 24　$AC:CB=2:3$

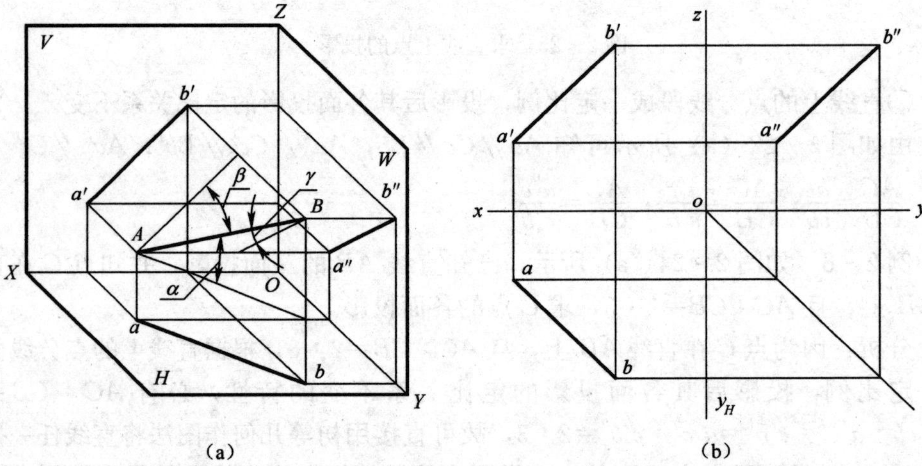

图 2 - 25　一般位置直线

$a''b''=AB\cos\gamma<AB$。又由于一般位置直线上各点对某一投影面的距离都不相等，因此，其直线的三面投影均倾斜于投影轴。

3. 投影面平行线

平行于一个投影面，倾斜于另外两个投影面的直线，统称为投影面平行线，其中平行于 V 面的直线叫正平线；平行于 H 面的直线叫水平线；平行于 W 面的直线叫侧平线。现以正平线为例说明其投影特性。

如图 2 - 26 所示，正平线平行于 V 面，即 $\beta=0°$，因此正面投影反映直线的实长（$a'b'=AB$）；又由于正平线上所有点到 V 面的距离相等，因此，它的水平投影平行于 OX 轴（$ab/\!/OX$），侧面投影平行于 OZ 轴（$a''b''/\!/OZ$），还由于正

平线倾斜于 H 面和 W 面，因此它的正面投影倾斜于投影轴，且 $a'b'$ 与 OX 面的夹角，反映该直线对 H 面的倾角 α，与 OZ 轴的夹角，反映该直线对 W 面的倾角 γ。

同理可得水平线和侧平线的投影特性是：在直线所平行的投影面上，投影倾斜于投影轴，反映该直线的实长，且倾斜线与相应投影轴的夹角，反映直线与相应投影面的倾角；直线在另两个投影面上的投影平行于相应色投影轴，且长宽缩短。投影面平行线的投影特性见表 2 - 1。

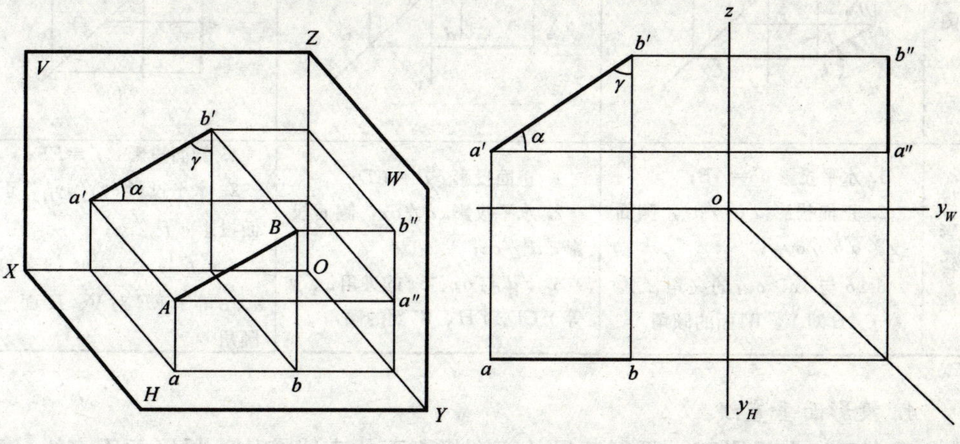

（a）　　　　（b）

图 2 - 26　投影面平行线

表 2 - 1　投影面平行线的投影特性

名称	水平线（//H，对 V、W 倾斜）	正平线（//V，对 H、W 倾斜）	侧平线（//W，对 V、H 倾斜）
直观图	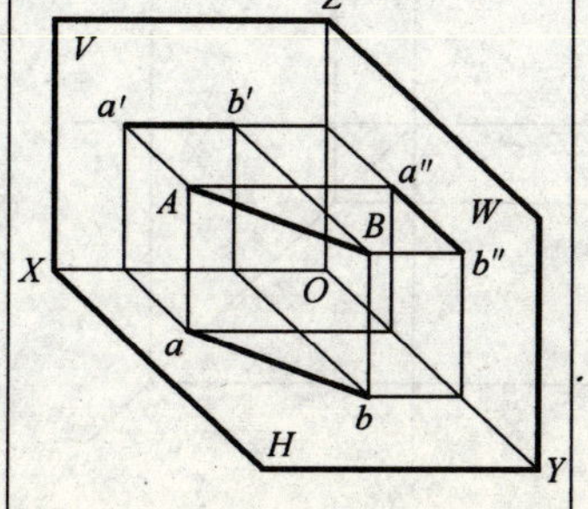	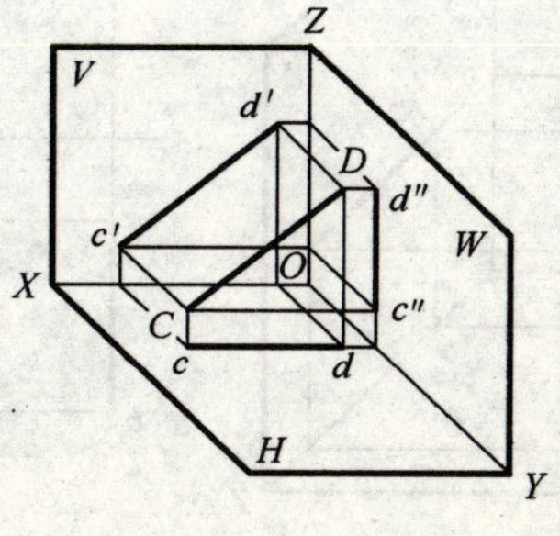	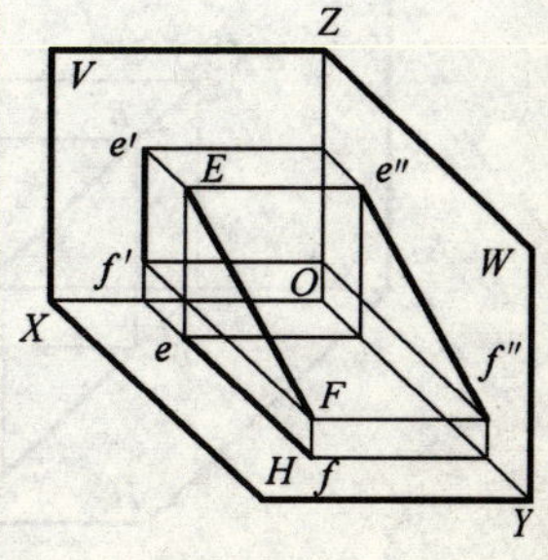

(续)

名称	水平线（//*H*，对*V*、*W*倾斜）	正平线（//*V*，对*H*、*W*倾斜）	侧平线（//*W*，对*V*、*H*倾斜）
投影图	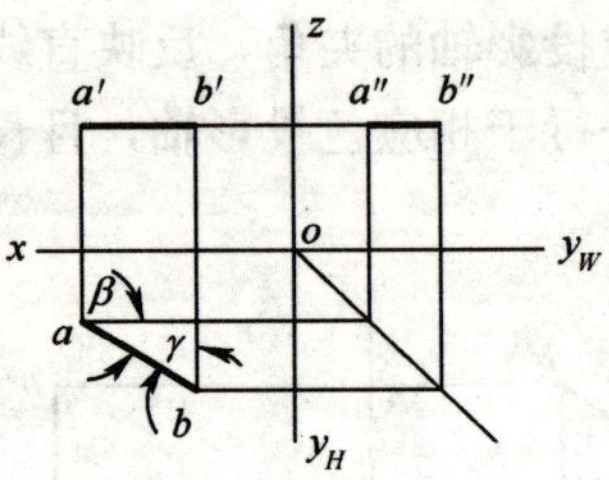	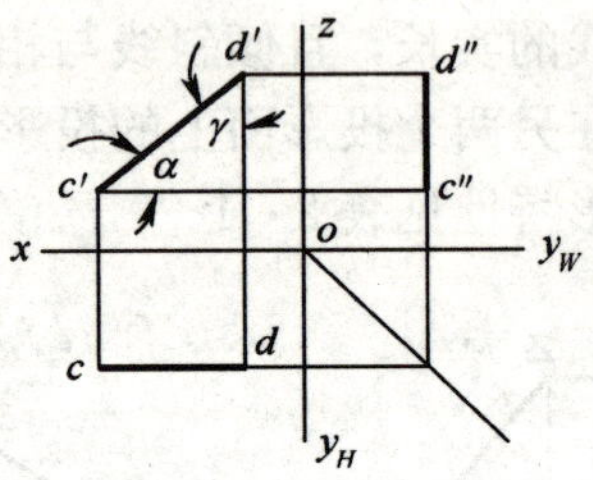	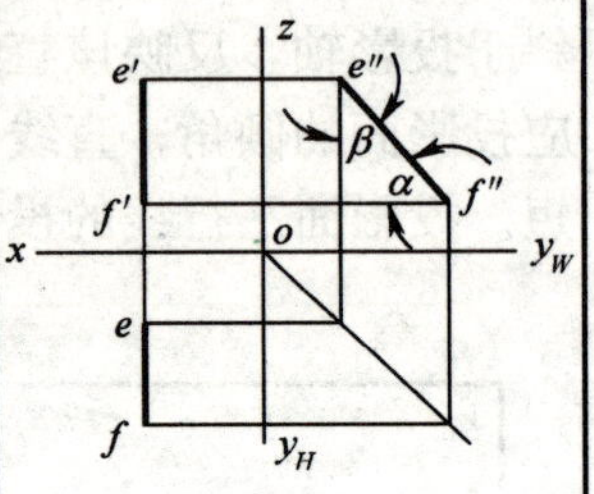
投影特性	1. 水平投影 $ab=AB$； 2. 正面投影 $a'b'//ox$，侧面投影 $a''b''//oy_W$； 3. ab 与 ox、o_{yH} 的夹角 β、γ 等于 AB 对 V、W 面的倾角	1. 正面投影 $c'd'=CD$； 2. 水平投影 $cd//ox$，侧面投影 $c''d''//oz$； 3. $c'd'$ 与 ox、oz 的夹角 α、γ 等于 CD 对 H、W 面的倾角	1. 侧面投影 $e''f''=EF$； 2. 水平投影 $ef//oy_H$，正面投影 $e'f'//oz$； 3. $e''f''$ 与 oy_W、oz 的夹角 α、β 等于 EF 对 V、H 面的倾角

4. 投影面垂直线

垂直于一个投影面，平行于另外两个投影面的直线统称为投影面垂直线，垂直于V面的叫正垂线，如图 2-27 所示的投影面垂直线叫正垂线。垂直于H面的叫铅垂线，垂直于W面的叫侧垂线。现以正垂线为例说明其投影特征。如图 2-27所示，正垂线垂直于V面，与H面和W面平行，故其投影特性如下。

①正面投影积聚为一点，即$a'b'$正面投影为一点。

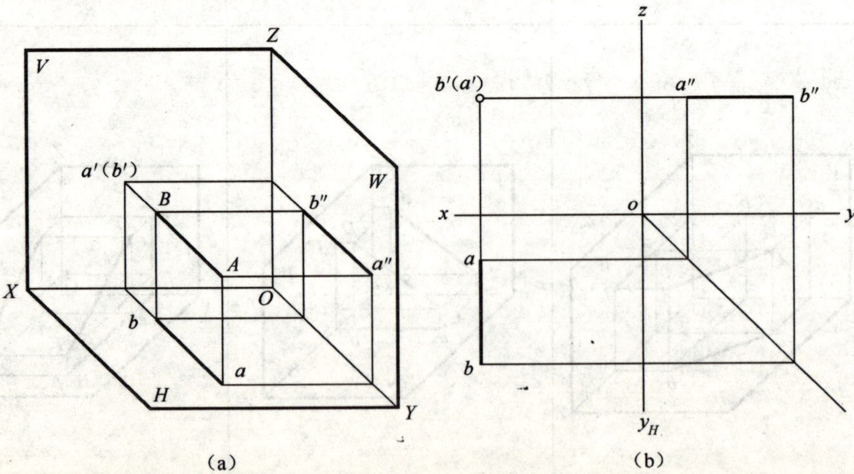

(a)　　(b)

图 2-27　投影面垂直线

②水平投影 $ab \perp ox$ 轴，侧面投影 $a''b'' \perp oz$ 轴。

③水平投影和侧面投影反映直线的实长，即 $ab=a''b''=AB$。

同理可得铅垂线和侧垂线的投影特性（见表 2 - 2），由表 2 - 2 可见，投影面垂直线的投影特性是：在直线所垂直的投影面上，投影为一点，有积聚性；在另外两个投影面上的投影垂直于相应投影轴，且反映直线的实长。

表 2 - 2　投影面垂直线的投影特性

名称	铅垂线（$\perp H$，$/\!/V$、W）	正垂线（$\perp V$，$/\!/H$、W）	侧垂线（$\perp W$，$/\!/H$、V）
直观图	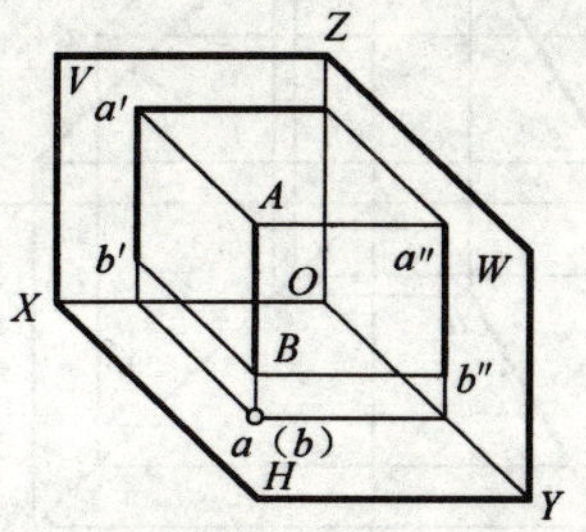	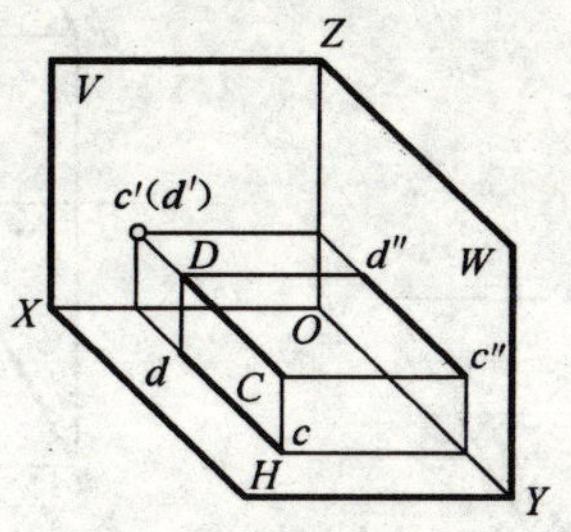	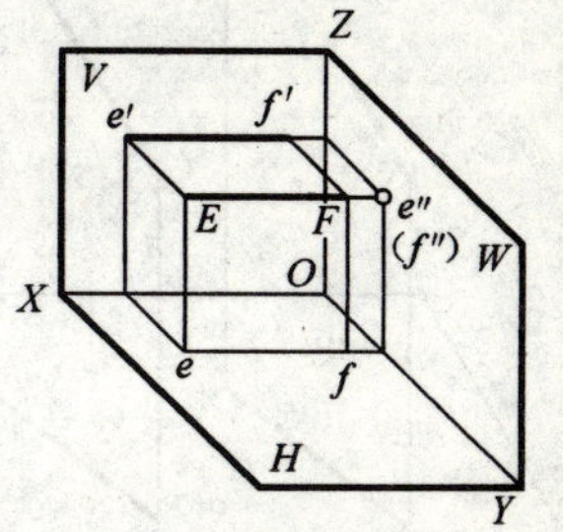
投影图	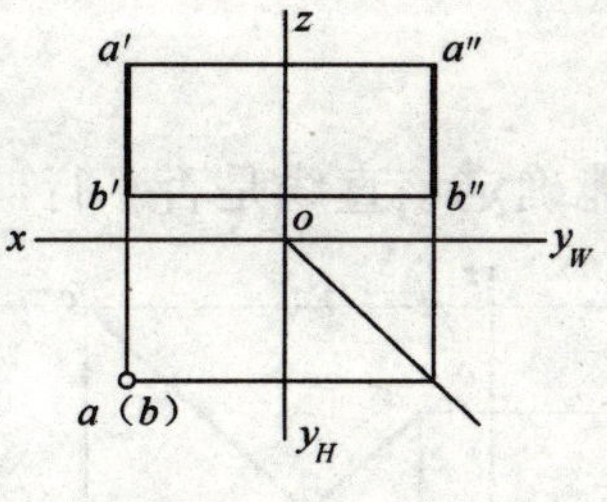	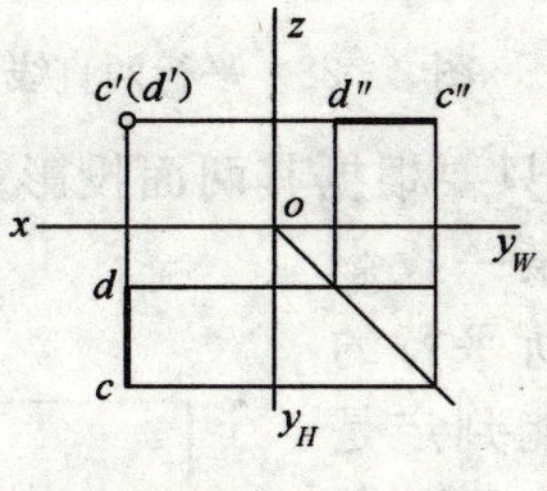	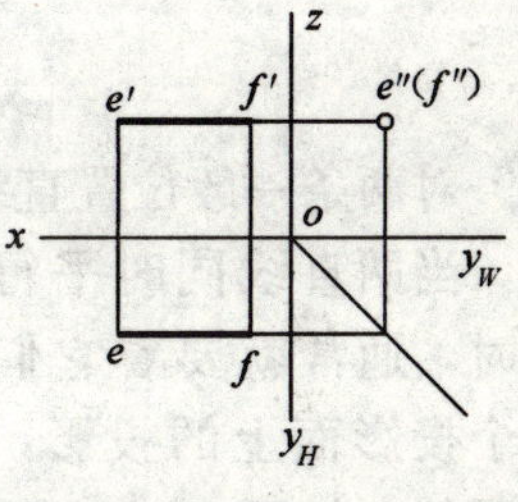
投影特性	1. 水平投影 ab 积聚为一点； 2. $a'b'=a''b''=AB$； 3. $a'b' \perp ox$，$a''b'' \perp oy_W$	1. 正面投影 $c'd'$ 积聚为一点； 2. $cd=c''d''=CD$； 3. $cd \perp ox$，$c''d'' \perp oz$	1. 侧面投影 $e''f''$ 积聚为一点； 2. $ef=e'f'=EF$； 3. $ef \perp oy_H$，$e'f' \perp oz$

2.3.3　两直线的相对位置

两直线在空间的位置有：平行、相交和交叉三种情况。平行和相交为共面直线；交叉为异面直线。

下面分别讨论它们的投影特性。

1. 平行两直线

由初等几何学可知两直线相互平行的几何条件：空间两直线相互平行，则它们的各组同面投影一定平行。反之，若三组同面投影都相互平行的两直线，在空间也一定相互平行。如图 2-28 所示，空间两直线 $AB /\!/ CD$，当它们向 H 面投影时，所有投影线形成了两个相互平行的平面 $AabB$，$CcdD$。这两个平面与 H 面的交线 ab、cd 即为 AB、CD 的水平投影，它们必然相互平行，即 $ab /\!/ cd$（两平行平面与第三平面相交，交线必相互平行）。如图 2-28（b）所示中的 $a'b' /\!/ c'd'$，$a''b'' /\!/ c''d''$，所以 $AB /\!/ CD$。

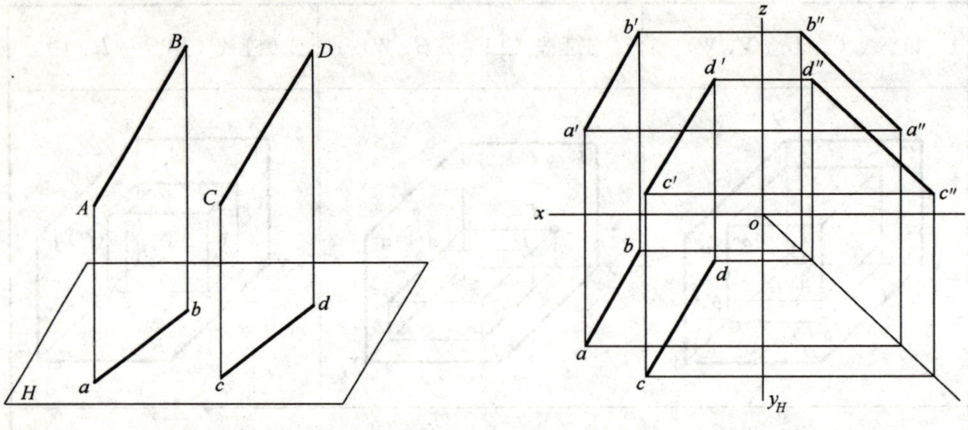

图 2-28 平行两直线

对两条一般位置直线，只要根据其两面投影就能确定该直线是否平行，但是，当两直线同时平行于某一投影面时，通常就要看它们在所平行的那个投影面上的投影，才能判定是否平行。如图 2-29 所示，虽然 $ab /\!/ cd$、$a'b' /\!/ c'd'$，但因 AB、CD 均为侧平线，故还要看侧面投影，$a''b''$ 不平行于 $c''d''$，故 AB 不平行于 CD。

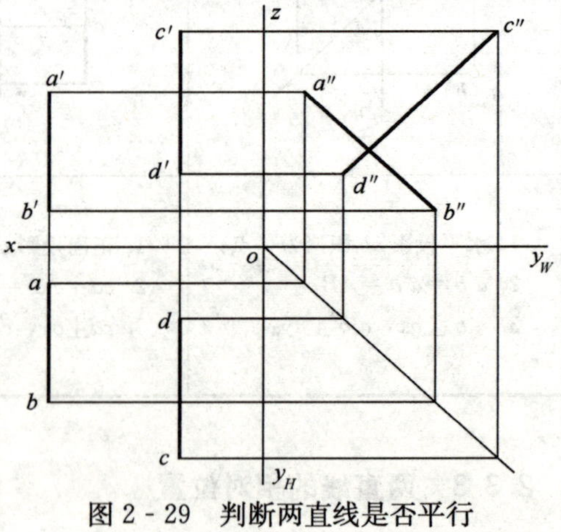

图 2-29 判断两直线是否平行

2. 相交两直线

两直线相交的几何条件是：空间两直线如果相交，则它们的各同面投影一定相交，且交点一定符合点的投影特性。反之，若两直线各同面投影相交，且交点符合点的投影特性，则该两直线在空间一定相交。如图 2-30 所示，对两条一般位置直线，只要根据其两面投影就能确定它们是否相交。但是，当两直线之一是投影面平行线时，通常就要看投影面平行线所平行的那个投影面上的投影，才能判定是否相交。

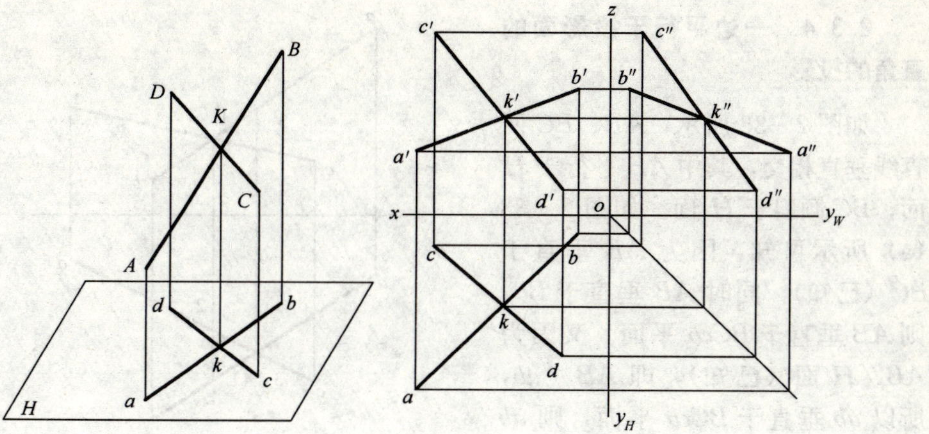

(a) (b)

图 2-30 AB 与 CD 交于点 K

如图 2-31 所示，虽然正面投影和水平投影都相交，且 $kk' \perp ox$ 轴，但由于 CD 是侧平线，故还要看侧面投影。从图中可看出，侧面投影 $a''b''$与 $c''d''$虽然相交，但其交点与两直线在 H、V 面投影的交点，不符合点的投影特性，故不是真正的交点，而只是两直线的重影点，因此两直线在空间不相交。

3. 交叉两直线

在空间既不平行也不相交的两直线叫交叉直线，如图2-29、图 2-31 所示的两直线就叫交叉直线。交叉直线除以上两种情况外，还有可能出现两直线的其他一些投影情况（读者自己观察总结）。

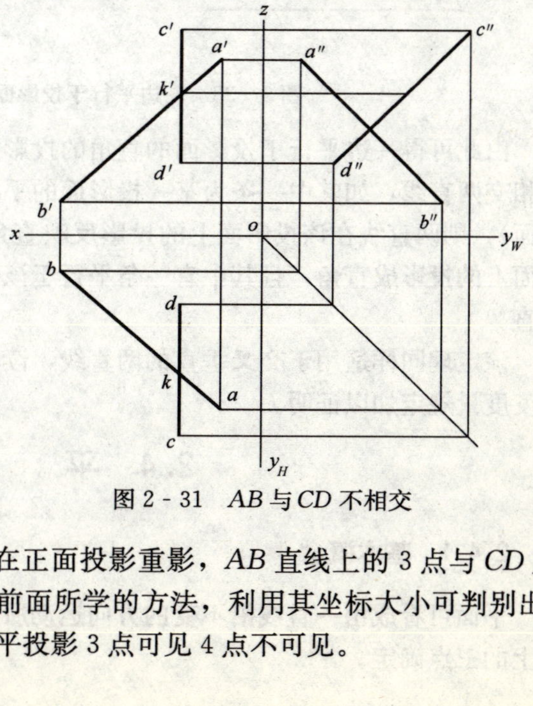

图 2-31 AB 与 CD 不相交

总之，交叉两直线不可能有三个同面投影都相互平行，也不可能有三个同面投影都相交，而交点又符合点的投影规律的情况。

凡是对交叉两直线出现的重影点（不是真正的交点），需判别其可见性，如图 2-32 所示的 AB、CD 两交叉直线，AB 直线上的 1 点与 CD 直线上的 2 点在正面投影重影，AB 直线上的 3 点与 CD 直线上的 4 点在水平投影重影，根据前面所学的方法，利用其坐标大小可判别出，正面投影 1 点可见 2 点不可见，水平投影 3 点可见 4 点不可见。

2.3.4 一边平行于投影面的直角的投影

如图 2 - 33 所示，AB、BC 两直线垂直相交，其中 AB 平行于 H 面，BC 倾斜于 H 面。如图 2 - 33（a）所示可知，因为 AB 垂直于 BC（已知），同时 AB 垂直于 Bb，则 AB 垂直于 $BCcb$ 平面。又因为 $AB /\!/ H$ 面（已知），即 $AB /\!/ ab$，所以 ab 垂直于 $BCcb$ 平面，则 $ab \perp bc$（即$\angle abc = 90°$反映直角）。

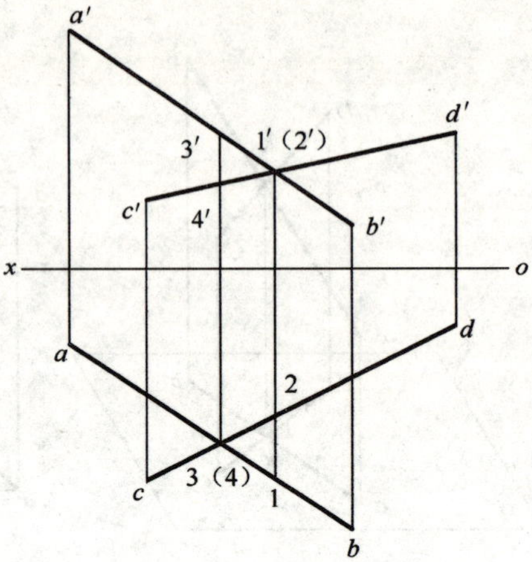

图 2 - 32　交叉两直线

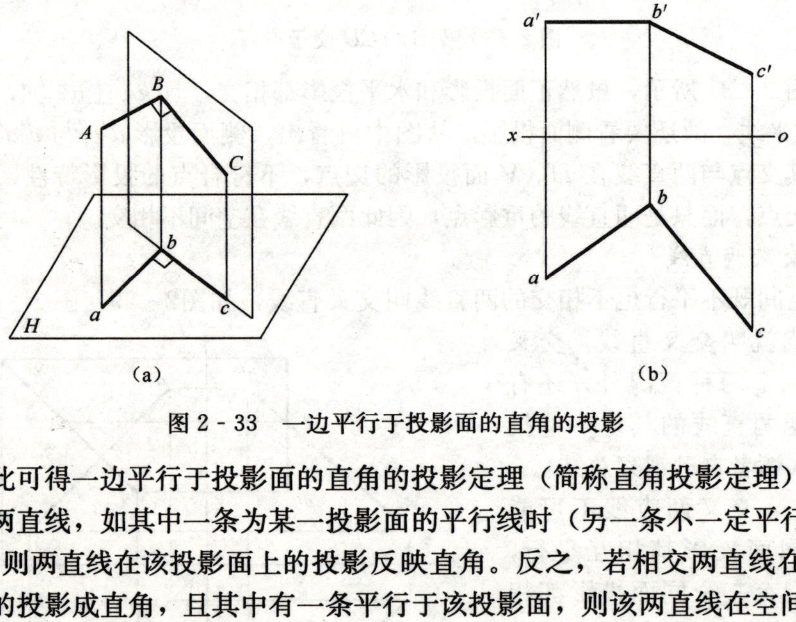

图 2 - 33　一边平行于投影面的直角的投影

由此可得一边平行于投影面的直角的投影定理（简称直角投影定理）为：垂直相交两直线，如其中一条为某一投影面的平行线时（另一条不一定平行于该投影面），则两直线在该投影面上的投影反映直角。反之，若相交两直线在某一投影面上的投影成直角，且其中有一条平行于该投影面，则该两直线在空间必相互垂直。

该定理同样适用于交叉垂直的两直线，读者可根据初等几何对交叉两直线的角度度量规定加以证明。

2.4 平　　面

2.4.1 基本概念

平面可看成由一直线沿不变的方向运动所生成的轨迹，可以由不属于同一直线上的三点确定。

2.4.2　平面的表示法（几何元素表示）

用一组几何要素表示一个平面，可以有 5 种不同的形式，如图 2-34 所示。

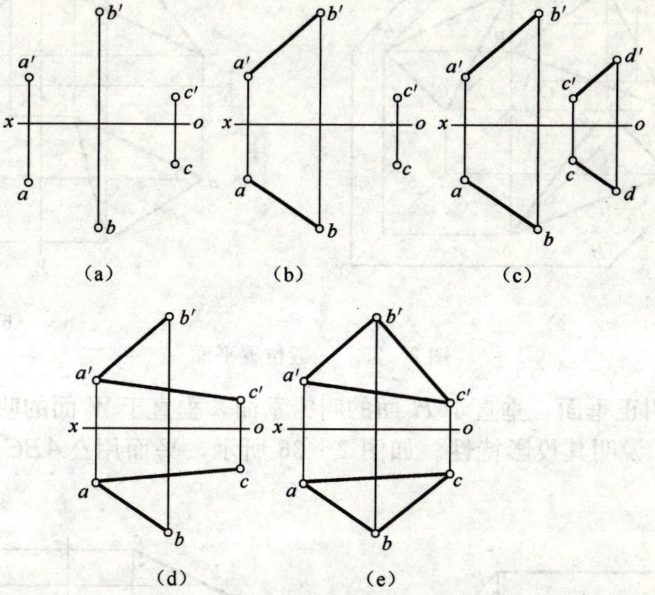

图 2-34　几何元素表示的平面

①不属于同一直线的三点；②一直线和直线外一点；③平行二直线；④相交二直线；⑤任意的平面图形（如三角形、圆等）。以上五种形式都可以用于表示同一个平面，它们之间相互联系，可以相互转换。例如连接图 2-34（a）中的 a、b 及 a'、b' 就得图 2-34（b）；连接图 2-34（a）中的 a、b、c 及 a'、b'、c' 就得图 2-34（e）等。值得一提的是，同一平面无论其表示形式如何演变，它在空间的位置始终不会改变。

2.4.3　平面对投影面的相对位置

1. 一般位置平面

倾斜于三个投影面的平面，叫一般位置平面。由于平面倾斜于投影面，则与投影面产生夹角，与直线一样，仍然把平面与投影面的夹角叫平面与投影面的倾角，分别用 α、β 和 γ 表示，其大小等于二面角的平面角。如图 2-35 所示，其投影特性为：三面投影均无积聚性，且不反映实形，同时亦不反映该平面对投影面的倾角 α、β 和 γ 的大小，即三面投影为原形的类似形线框（三个线框）。

2. 投影面垂直面

垂直于一个投影面与其他两个投影面倾斜的平面，统称为投影面垂直面。垂

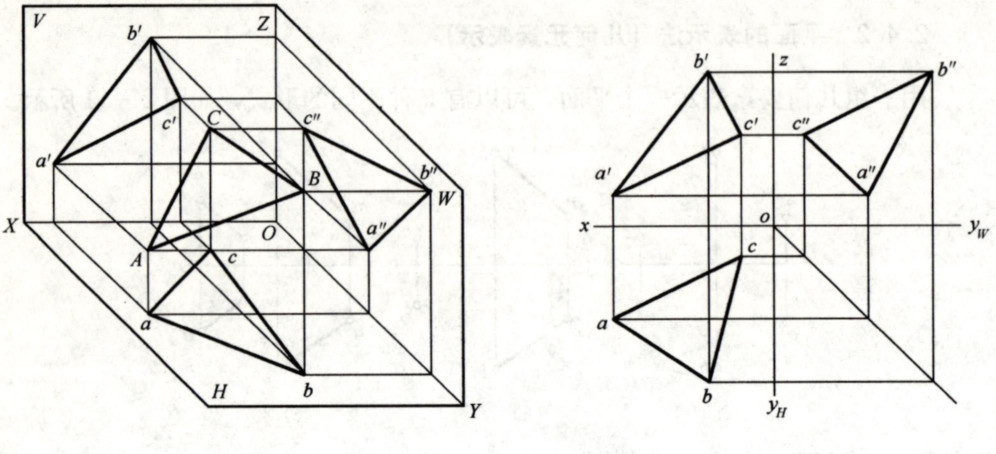

(a) (b)

图 2 - 35 一般位置平面

直于 V 面的叫正垂面，垂直于 H 面的叫铅垂面，垂直于 W 面的叫侧垂面。现以正垂面为例，说明其投影特性。如图 2 - 36 所示，平面用△ABC 表示，其投影特性如下：

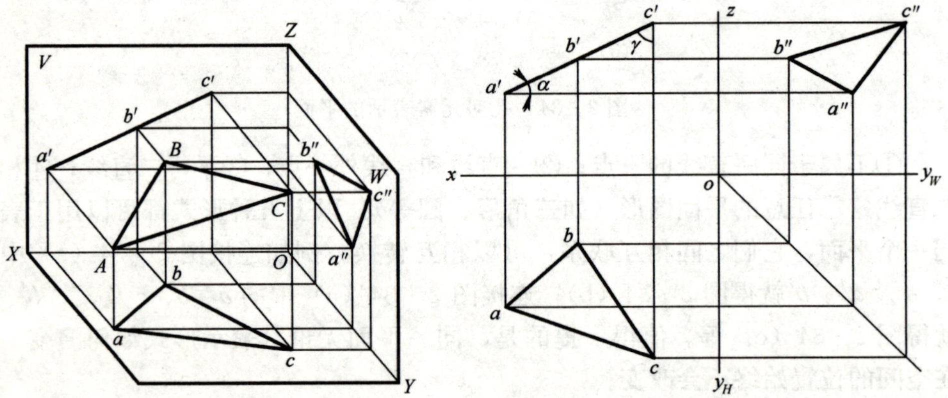

(a) (b)

图 2 - 36 正垂面的投影

①正面投影积聚为一直线。

②正面投影的积聚线与 ox 轴的夹角，反映平面与 H 面的倾角 α；与 oz 轴的夹角，反映平面与 W 面的倾角 γ。

③水平投影与侧面投影为△ABC 的类似形。

投影面垂直面的投影特性见表 2 - 3。

3. 投影面平行面

平行于一个投影面，垂直于另外两个投影面的平面，统称为投影面平行面。

表 2-3　投影面垂直面的投影特性

<table>
<tr><th>名称</th><th>铅垂面（⊥H，对 V、W 倾斜）</th><th>正垂面（⊥V，对 H、W 倾斜）</th><th>侧垂面（⊥W，对 H、V 倾斜）</th></tr>
<tr><td>直观图</td><td>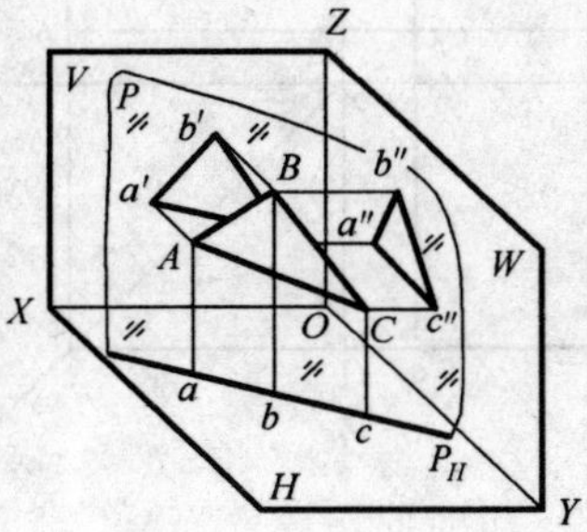</td><td>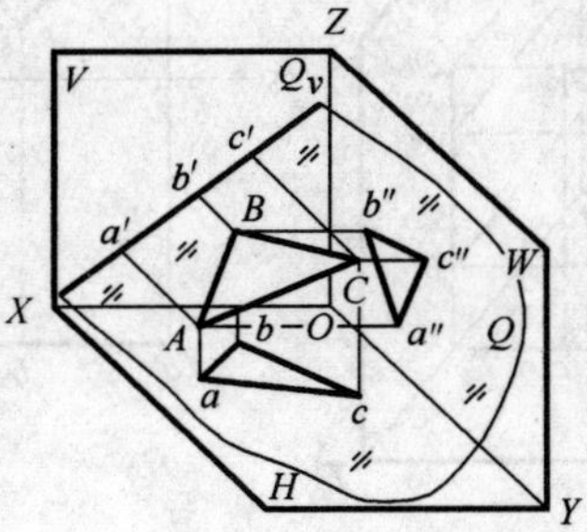</td><td>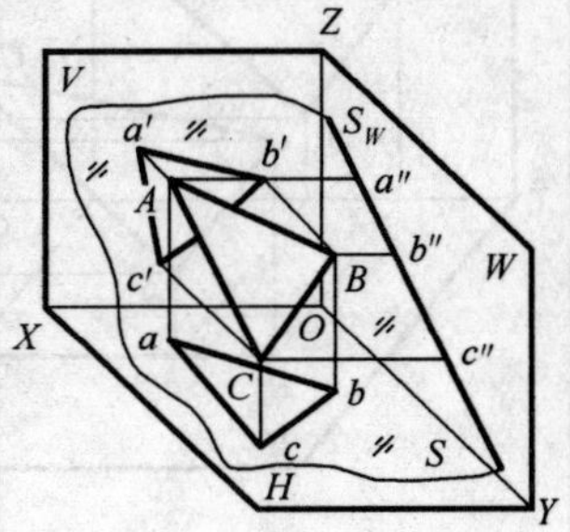</td></tr>
<tr><td>投影图</td><td>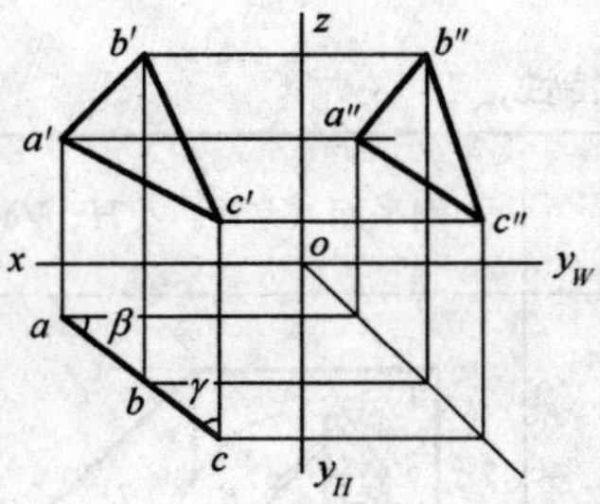</td><td>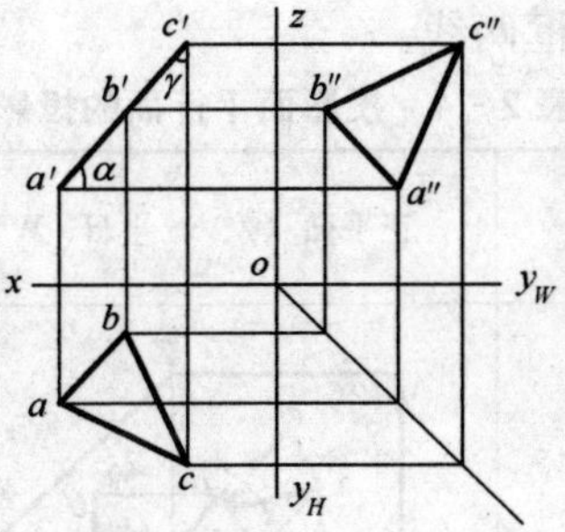</td><td>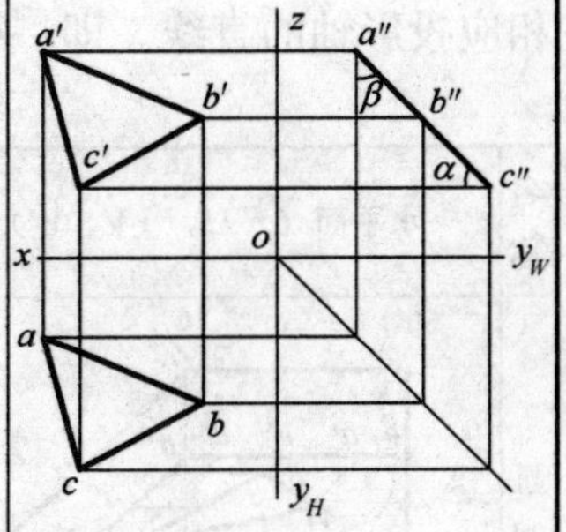</td></tr>
<tr><td>投影特性</td><td>1. 水平投影积聚为直线（或水平投影有积聚性）；
2. 水平投影与 ox、oy_H 的夹角即为 β、γ；
3. 正面和侧面投影为类似形</td><td>1. 正面投影积聚为直线（或正面投影有积聚性）；
2. 正面投影与 ox，oz 的夹角即为 α，γ；
3. 水平和侧面投影为类似形</td><td>1. 侧面投影积聚为直线（或侧面投影有积聚性）；
2. 侧面投影与 oy_W、oz 的夹角即为 α，β；
3. 水平和正面投影为类似形</td></tr>
</table>

平行于 V 面的叫正平面，平行于 H 面的叫水平面，平行于 W 面的叫侧平面。现以正平面为例，说明其投影特性。如图 2-37 所示，其投影特性如下。

①正面投影反映实形线框。

②水平投影积聚成平行于 ox 轴的直线；侧面投影积聚成平行于 oz 轴的直线。

由表 2-4 可知水平面和侧平面与正平面有类似的投影特性：投影面平行面在所平行的投影面上的投影反映实形线框，其余两投影面上的投影积聚成平行于

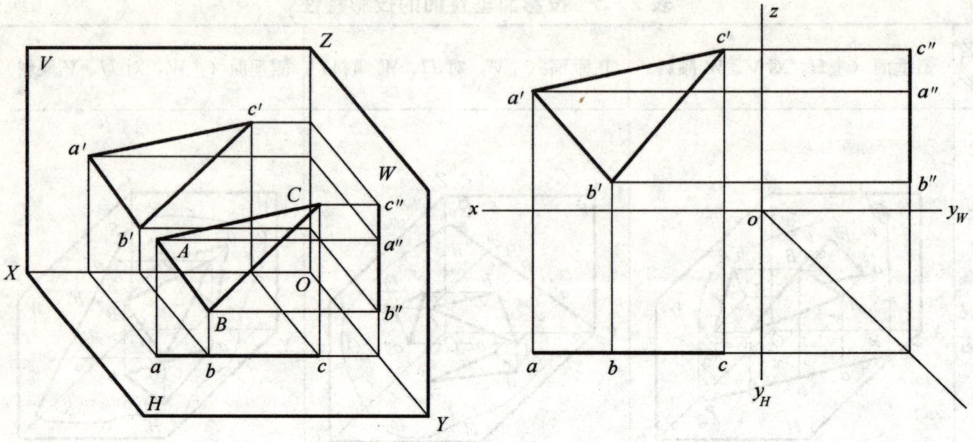

（a）　　　　（b）

图 2 - 37　正平面的投影图

相应投影轴的直线。即一框两线。

表 2 - 4　投影面平行面的投影特性

名称	水平面（$//H$，$\perp V$、W）	正平面（$//V$，$\perp H$、W）	侧平面（$//W$，$\perp H$、V）
直观图	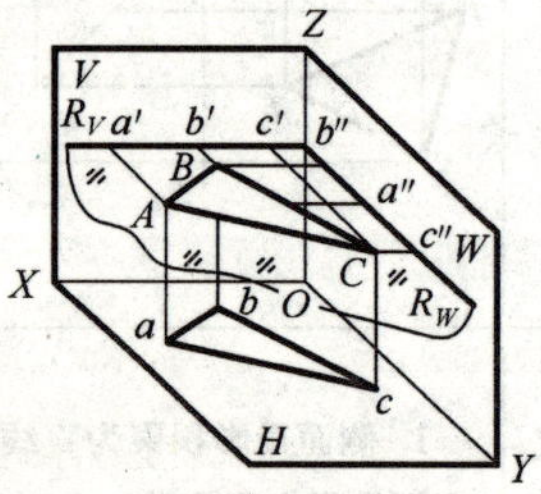	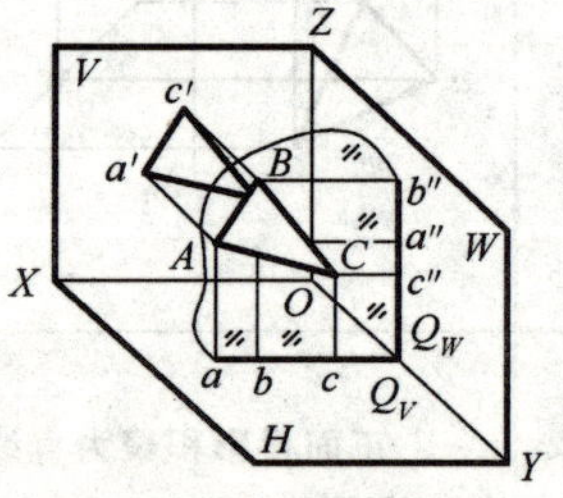	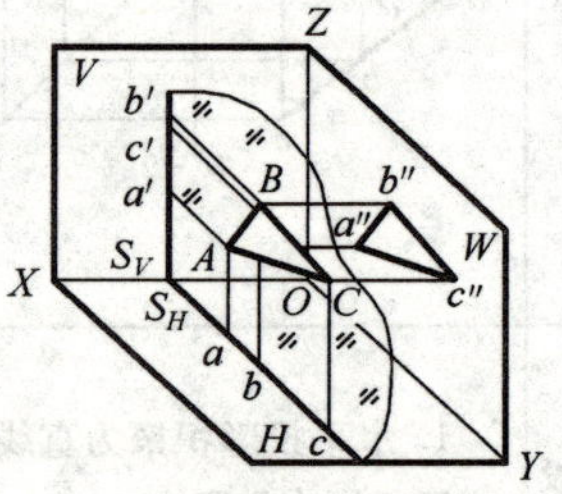
投影图	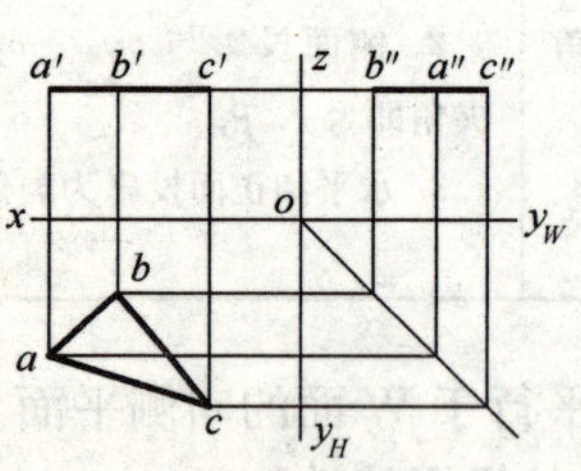	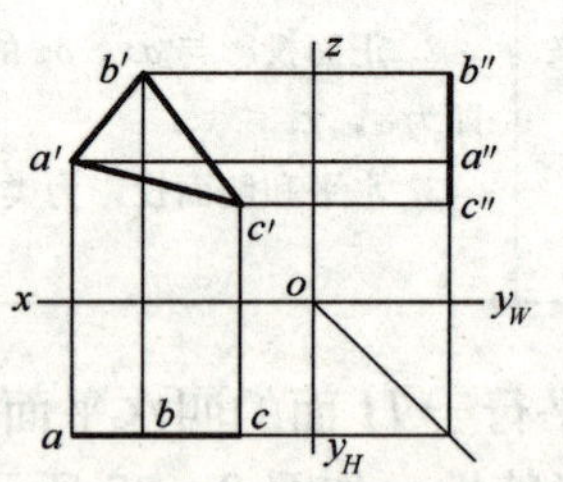	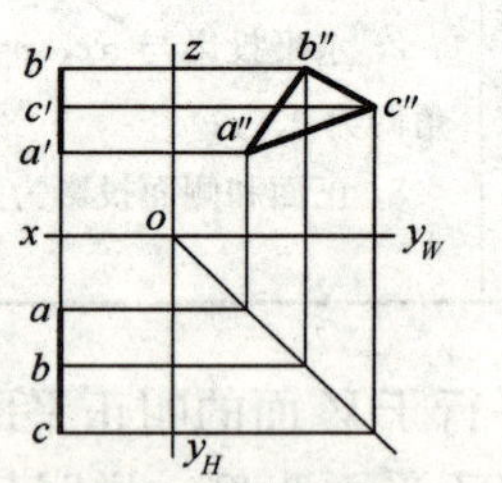
投影特性	1. 水平投影表达实形； 2. 正面投影积聚为直线，且 $//ox$； 3. 侧面投影积聚为直线，且 $//oy_W$	1. 正面投影表达实形； 2. 水平投影积聚为直线，且 $//ox$； 3. 侧面投影积聚为直线，且 $//oz$	1. 侧面投影表达实形； 2. 水平投影积聚为直线，且 $//oy_H$； 3. 正面投影积聚为直线，且 $//oz$

2.4.4　属于平面的点和直线

1. 平面上的点和直线

根据初等几何学的知识可得属于平面的点和直线的几何条件如下。

①一点若在平面上，那么，它必在此平面内过该点的任一直线上。

②一直线若通过平面上两个点，则此直线必在该平面上。

③直线若通过平面上一点，且平行于平面上另一直线，则此直线必在该平面上。

如图 2 - 38 所示，点 M 在直线 AB 上，而 AB 在平面 P 上，故点 M 必在平面 P 上；该平面由 $\triangle ABC$ 表示，若在直线 AB、BC 上各取一点 M、N，则过 M、N 两点的直线必在平面 P 上；如过点 M 作直线 MK 平行于 BC，则 MK 也必在该平面上。根据属于平面的点和直线的几何条件，可用于作图和判断。

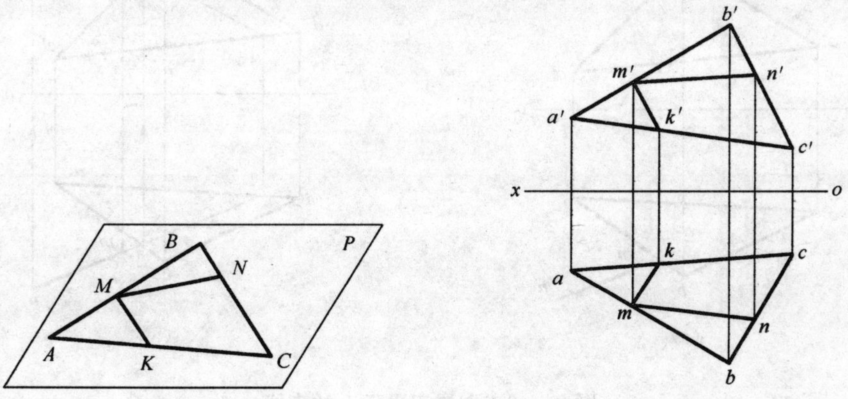

(a)　　(b)

图 2 - 38　平面上的点和直线

例 2 - 7　$\triangle ABC$ 平面上有一点 M，已知它的 V 面投影 m'，求作 M 点的 H 面投影 m，如图 2 - 39（a）所示。

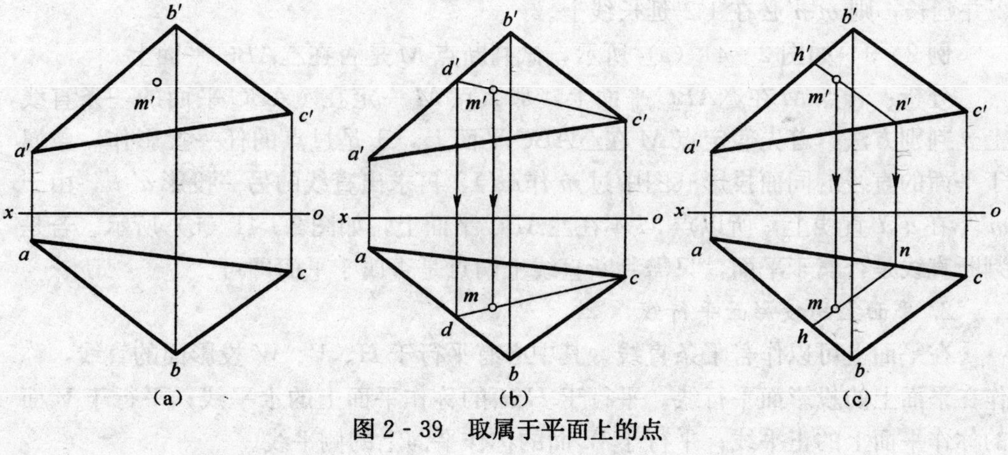

(a)　　(b)　　(c)

图 2 - 39　取属于平面上的点

分析：由几何条件①可知：M 点既然在平面上，则它一定在平面上的一直线上，根据几何条件②，因此，先作直线投影，再作点的投影。

作图方法：过 m' 作直线 CD 的正面投影 $c'd'$，并求出其水平面投影 cd，在 cd 上求得 m，如图 2-39（b）所示。本题也可利用几何条件③来作直线，如图 2-39（c）所示，过 m' 作 $m'n' /\!/ b'c'$，求出 n，且过 n 作直线 nh 平行于 bc，并在其上求得 m。

例 2-8 已知直线 MN 在平面△ABC 上，并知 MN 的水平投影 mn，求直线 MN 的正面投影 $m'n'$，如图 2-40（a）所示。

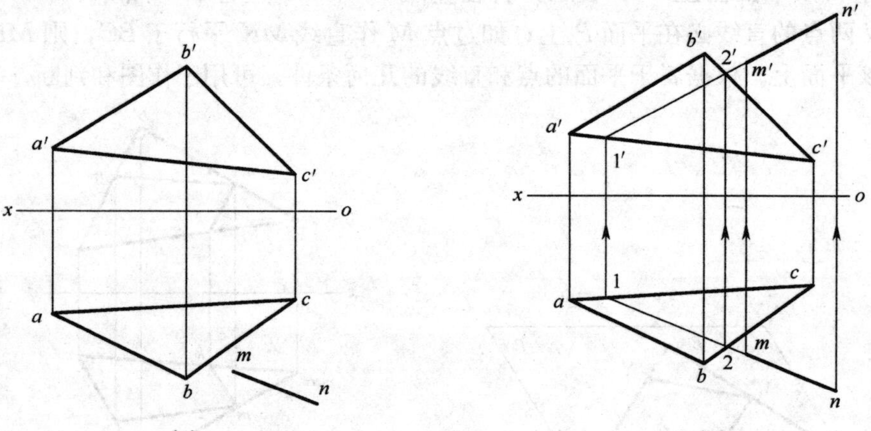

图 2-40 取属于平面上的直线

分析：由几何条件②可知，既然直线在平面上，则该直线一定会通过平面上的两点，于是要求直线的投影，应先求出该直线通过平面的两个点的投影。

作图方法：如图 2-40（b）所示，延长 mn 交△abc 于 1、2 两点；求出 1′、2′并延长，则 $m'n'$ 必在 1′2′延长线上。

例 2-9 如图 2-41（a）所示，试判断点 M 是否在△ABC 平面上。

分析：若点 M 在△ABC 平面上，那么点 M 一定在△ABC 平面的一条直线上。判别方法：首先假定点 M 在△ABC 平面上，于是过点的任一投影作一条属于平面的直线的同面投影（图中过 m 作 ad），再求出直线的另一投影 $a'd'$，由于 m' 不在 $a'd'$ 直线上，所以点 M 不在△ABC 平面上，如图 2-41（b）所示。若是判断直线是否属于平面，只需判断直线上两点是否属于平面即可。

2. 平面上的投影面平行线

在平面上可以作若干条直线，其中必有平行于 H、V、W 投影面的直线，称作在平面上的投影面平行线。平行于 H 面的称作平面上的水平线；平行于 V 面的称作平面上的正平线；平行于 W 面的称作平面上的侧平线。

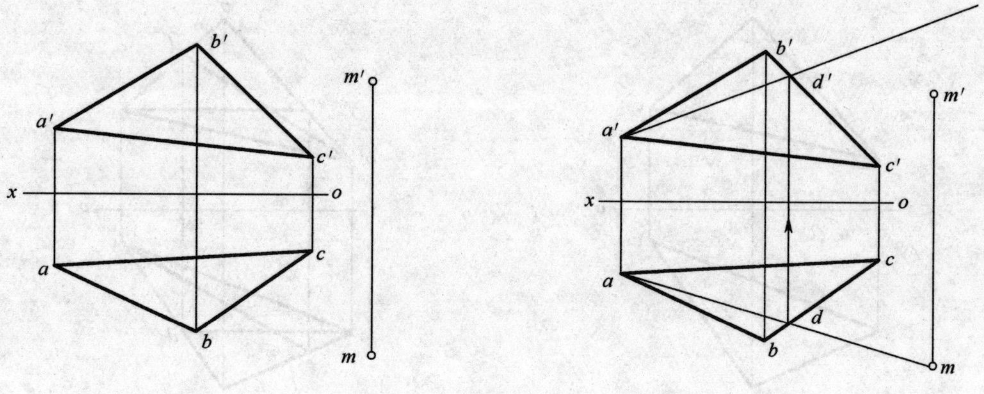

（a）　　　　　　　　　　　　　　　　（b）

图 2 - 41　判断点 M 是否在△ABC 平面上

平面上的投影面平行线，既有投影面平行线本身的投影特性，又符合属于平面上的直线的几何条件，且同一平面上可作若干条投影面平行线，它们的同面投影相互平行。如图 2 - 42（a）所示，AD、EF 是属于△ABC 平面的两条水平线，图 2 - 42（b）中 AD、EF 是属于△ABC 平面的两条正平线，它们的同面投影相互平行。同样在平面上可作侧平线，读者可根据其投影特性自己完成作图。

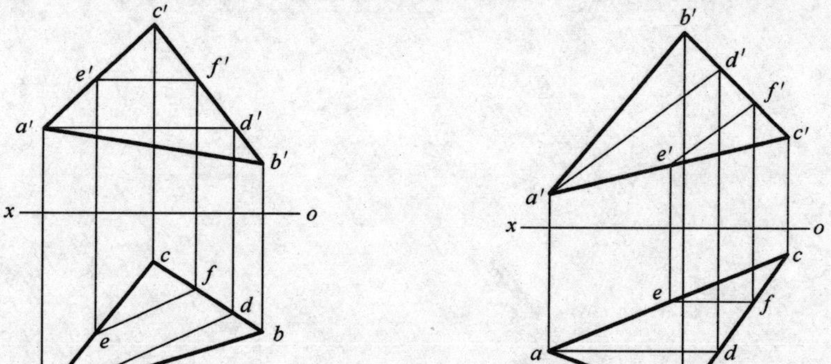

（a）　　　　　　　　　　　　　　　　（b）

图 2 - 42　平面上的投影面平行线

例 2 - 10　如图 2 - 43（a）所示，已知平面△ABC，试过点 A 作属于平面的正平线，过点 C 作属于平面的水平线。

作图方法：因为正平线的水平投影平行于 ox 轴，水平线的正面投影平行于 ox 轴，因此，过 a 作 ad 平行于 ox 轴，过 c' 作 $c'e'$ 平行于 ox 轴，分别作出另一投影 $a'd'$、ce，即为所求，如图 2 - 43（b）所示。

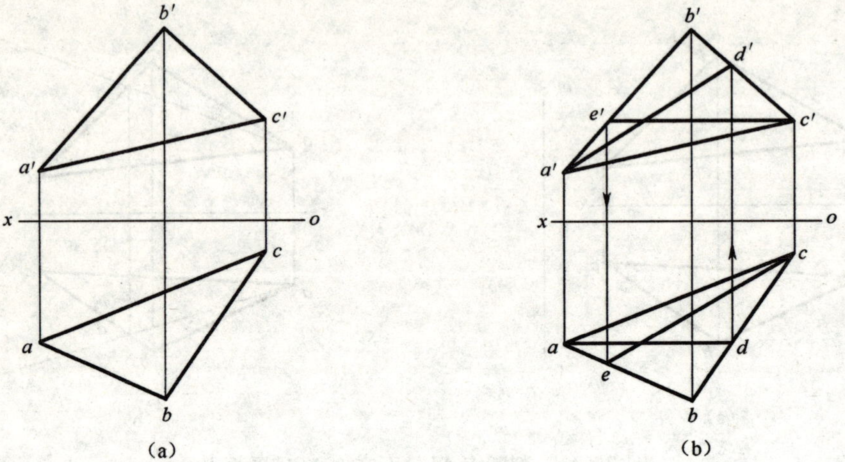

图 2-43　作平面上的投影面平行线

第3章 立 体

学习完本章，应该掌握如下内容：

◆基本几何体的画法、立体表面上取点取线的作图方法

◆特殊位置平面与立体相交求其截交线的分析方法和作图方法

◆常见回转体相贯线的分析方法和作图方法

空间物体的形状虽然各不相同，但都可以看成是由一些简单的几何体所组成。而这些简单的几何体又是由一些表面所围成，根据这些表面的性质，几何体可分成两类：

平面立体：由若干平面所围成的几何体，如棱柱、棱锥等。

曲面立体：由曲面或曲面与平面所围成的几何体，最常见的是回转体，有圆柱、圆锥、圆球、圆环等。

本章主要介绍常见的一些立体的投影表达及它们的三视图画法，为进一步分析复杂的物体打下基础。图 3 - 1 为常见的一些截交线与相贯线。

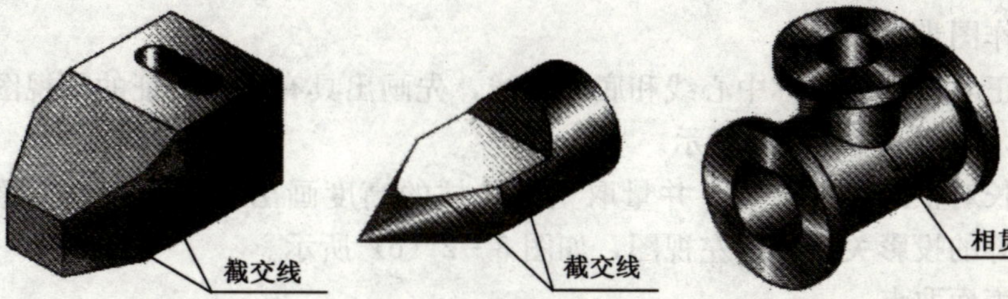

图 3 - 1　立体中的截交线、相贯线

3.1　立体的投影及表面取点

3.1.1　平面立体的投影作图

1. 棱柱

棱柱的棱线相互平行。常见的棱柱有三棱柱、四棱柱、五棱柱和六棱柱等。下面以六棱柱为例，分析投影特征和作图方法。

(1) 投影分析

如图 3 - 2 所示的正六棱柱的顶面和底面是相互平行的正六边形，六个棱面均为矩形，并且与顶面和底面垂直。为了作图方便，选择正六棱柱的顶面和底面

平行于水平面，并且使前后两个棱面和正面平行。

正六棱柱具有以下特征：顶面和底面的水平投影重合，并反映真形（正六边形）；六边形的正面和侧面投影均积聚为直线；六个棱面的水平投影积聚为六边形的六条边；因为前后两个棱面平行于正面，所以正面投影反映真形；侧面投影积聚成两条直线；其余棱面的正面和侧面仍为矩形，但都小于真形。

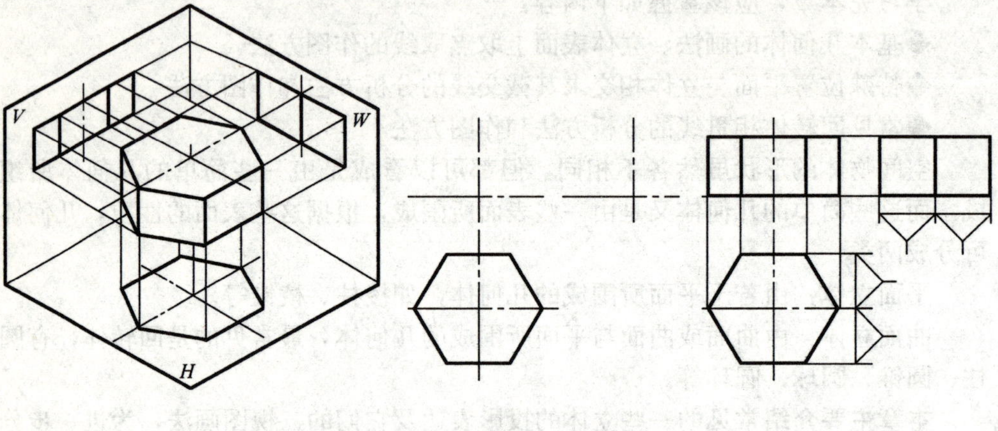

（a）　　（b）　　（c）

图 3-2　正六棱柱的轴测图和三视图的画法

（2）作图步骤

①作正六棱柱的对称中心线和底面基线，先画出具有轮廓特征的俯视图——正六边形，如图 3-2（b）所示。

②按长对正的投影关系，并量取正六棱柱的高度画出主视图，再按照高平齐、宽相等的投影关系画出左视图，如图 3-2（c）所示。

（3）表面取点

如图 3-3（a）所示，已知正六棱柱的侧棱面 $ABCD$ 上的点 M 的正面投影 m'，求作 m 和 m''。由于点 M 所在的棱面是铅垂面，其水平投影积聚成直线 $abcd$，因此，点 M 的水平投影一定在该直线上，直接求出 m，再由 m 和 m' 作出 m''。因为棱面 $ABCD$ 的侧面投影可见，所以 m'' 可见。

如图 3-3（b）所示，已知正六棱柱顶面上的点 N 的正面投影 n 求作 n' 和 n''。由于顶面的正面投影积聚成水平线，所以可由 n 直接求出 n'，再由 n 和 n' 作出 n''。

2. 棱锥

棱锥的棱线交于一点。常见的棱锥有三棱锥、四棱锥、五棱锥等。下面以图 3-4 所示的棱锥为例，分析投影特征和作图方法。

（1）投影分析

如图 3-4（a）所示，四棱锥前后、左右对称，底面平行于水平面，其水平

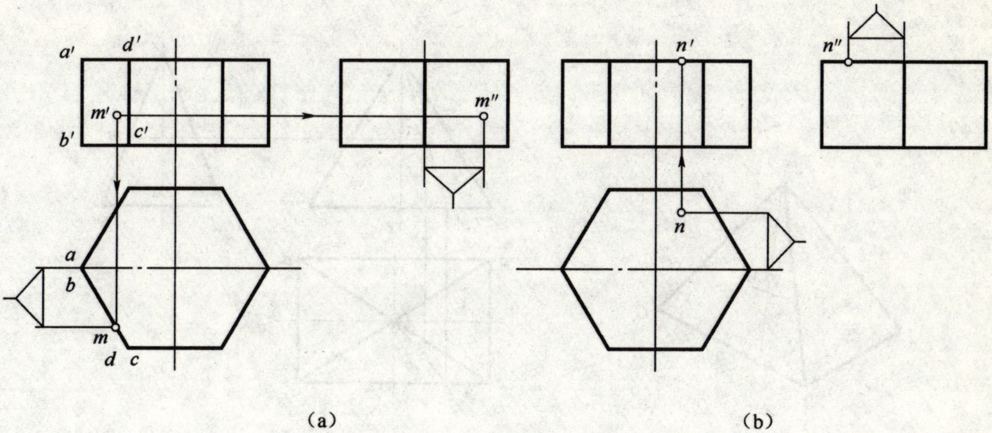

图 3 - 3 棱柱表面找点

投影反映实形。左右棱面垂直于正面，它们的正面投影积聚成直线。前后两个棱面垂直于侧面，它们的侧面投影积聚成直线。四条棱线不平行于任何投影面，所以它们在三个投影面上的投影都不反映实长。

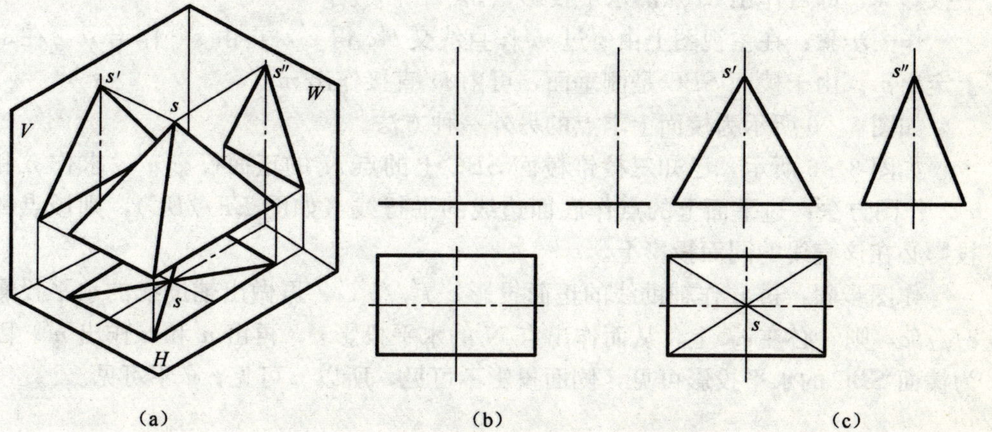

图 3 - 4 正四棱锥的轴测图和三视图的画法

（2）作图步骤

①作四棱锥的对称中心线、轴线和底面，先画出底面的俯视图——矩形，如图 3 - 4（b）所示。

②根据四棱锥的高度在轴线上定出锥顶 S 的三面投影位置，然后在主、俯视图上分别用直线连接锥顶与底面的四个顶点的投影，即得出四条棱线的投影；再由主、俯视图画出左视图，如图 3 - 4（c）所示。

（3）表面取点

如图 3 - 5 所示，已知四棱锥棱面 SBC 上的点 M 的正面投影 m'，求作 m

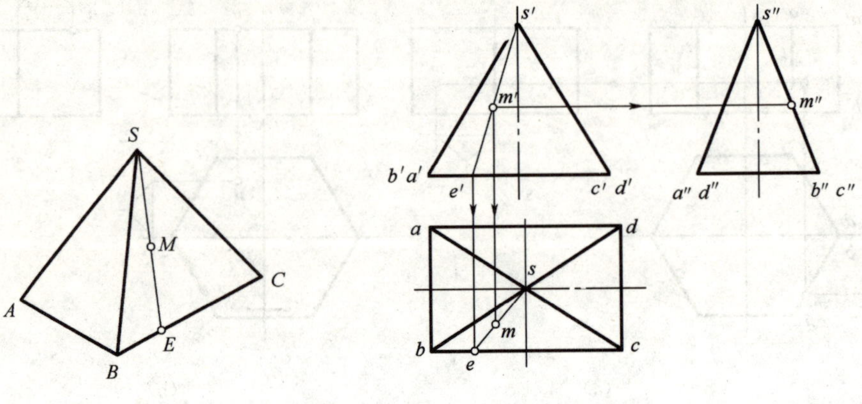

图 3-5 棱锥表面找点

和 m''。

作图方法：在 SBC 棱面上，由锥顶 S 过点 M 作辅助线 SE，因为点 M 在直线 SE 上，则点 M 的投影一定在直线 SE 的同面投影上，所以只要作出 SE 的水平投影 se，即可作出 M 点的水平投影 m。

作图步骤：在主视图上由 s' 过 m' 作直线交 $b'c'$ 得 e'，再由 $s'e'$ 作出 se，在 se 上定出 m。由于棱面 SBC 是侧垂面，可由 m' 直接作出 m''。

如图 3-6 所示为棱面上求点的另外一种方法。

如图 3-6 所示，已知三棱锥棱面 SBC 上的点 N 的正面投影 n'，求作 n 和 n''。作图方法：过平面上的点作底面边线的平行线（如图 $EF//BC$），则该点的投影必在该直线的同面投影上。

作图步骤：过 n' 作辅助线的正面投影 $e'f'//b'c'$，再做出辅助线的水平投影 $ef//bc$，则 n 必在 ef 上，从而作出点 N 的水平投影 n，再由 n' 和 n 作出 n''。因为棱面 SBC 的水平投影可见，侧面投影不可见，所以 n 可见，n'' 不可见。

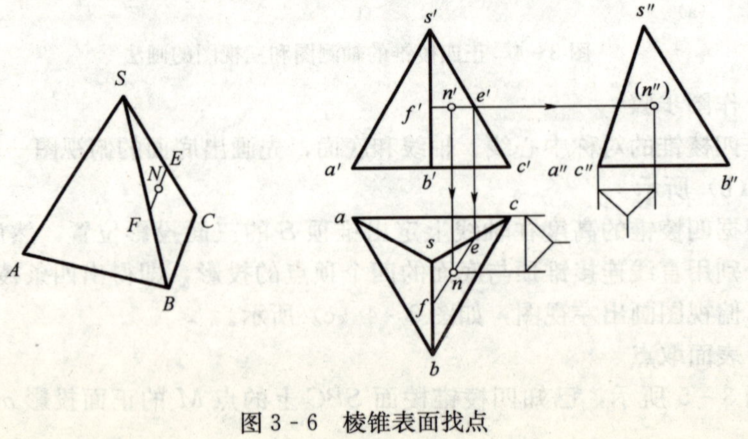

图 3-6 棱锥表面找点

3.1.2 曲面立体的投影作图

1. 圆柱

圆柱体的表面由圆柱面和上下底面组成，圆柱面可以看作是由一条直母线绕平行于它的轴线旋转一周而成，如图 3-7（a）所示，直母线又称为圆柱面的素线。

（1）投影分析

如图 3-7（b）所示，当圆柱轴线垂直于水平面时，圆柱上下底面的水平投影反映实形，正面和侧面投影积聚为直线。圆柱面的水平投影积聚为一圆周，于底面的水平投影重合。在正面投影中，前、后两个投影面的投影重合为一矩形，矩形的

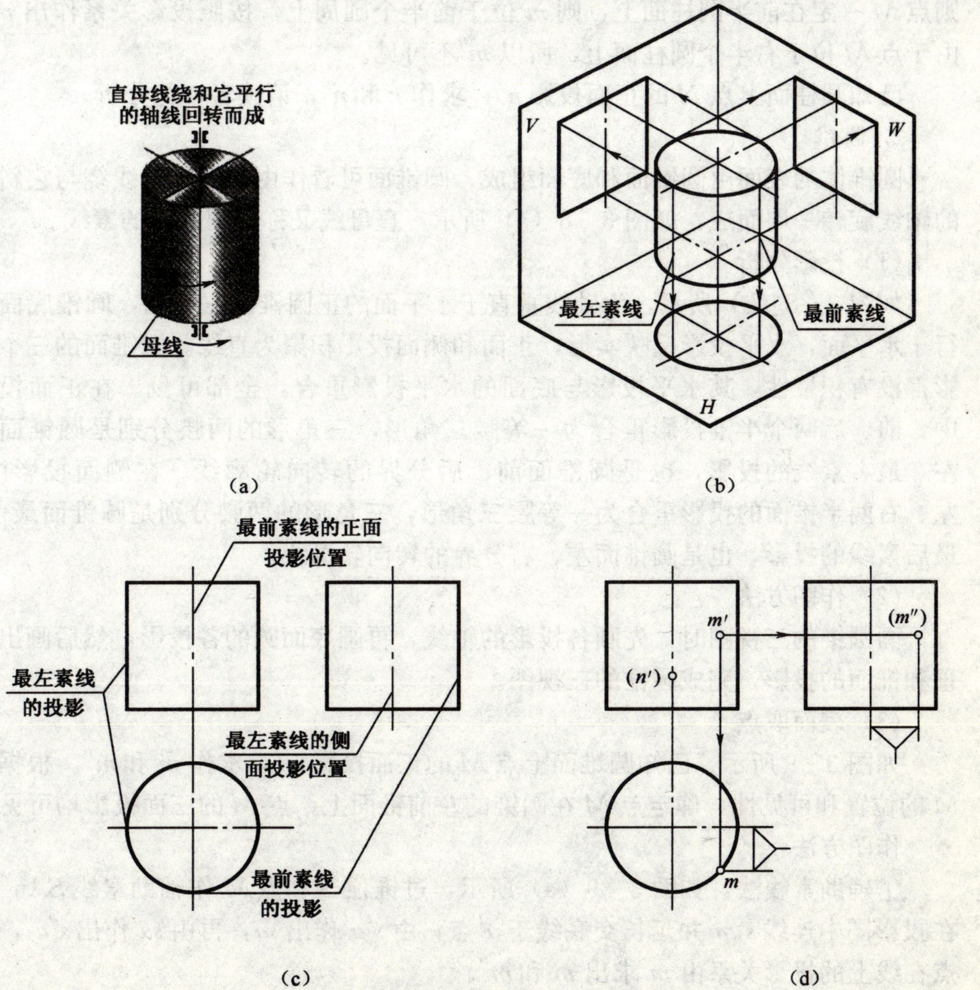

图 3-7 圆柱的形成及其投影图

两条竖线分别是圆柱面最左、最右素线的投影，也是圆柱面前、后分界的转向轮廓线。在侧面投影中，左、右两半圆柱面的投影重合为一矩形，矩形的两条竖线分别是圆柱面最前、最后素线的投影，也是圆柱面左、右分界的转向轮廓线。

（2）作图方法

画圆柱的三视图时，先画各投影的中心线，再画具有积聚性的投影，即圆柱面的水平投影，最后根据圆柱体的高度画出另外两个视图，如图 3 - 7（c）所示。

（3）表面取点

如图 3 - 7（d）所示，已知圆柱面上点 M 的正面投影 m'，求作 m 和 m''。

作图方法：首先根据圆柱面的水平投影的积聚性作出 m。由于 m' 是可见的，则点 M 一定在前半圆柱面上，则 m 位于前半个圆周上，按照投影关系作出 m''，由于点 M 位于右半个圆柱面上，所以 m'' 不可见。

已知圆柱面上点 N 的正面投影 n'，求作 n 和 n''，请读者自行分析。

2. 圆锥

圆锥体的表面由圆锥面和底面组成，圆锥面可看作由一条直母线绕与它斜交的轴线旋转一周而成，如图 3 - 8（a）所示，直母线又称为圆锥面的素线。

（1）投影分析

如图 3 - 8（b）所示，为轴线垂直于水平面的正圆锥的三视图，圆锥底面平行于水平面，水平投影反映实形，正面和侧面投影积聚为直线。圆锥面的三个投影都没有积聚性，其水平投影与底面的水平投影重合，全部可见。在正面投影中，前、后两个半锥投影重合为一等腰三角形，三角形的两腰分别是圆锥面最左 最右素线的投影，也是圆锥面前、后分界的转向轮廓线。在侧面投影中，左、右两半锥面的投影重合为一等腰三角形，三角形的两腰分别是圆锥面最前、最后素线的投影，也是圆锥面左、右分界的转向轮廓线。

（2）作图方法

画圆锥的三视图时，先画各投影的轴线，再画底面圆的各投影，然后画出锥顶和锥面的投影，完成圆锥的三视图。

（3）表面取点

如图 3 - 9 所示，已知圆锥面上点 M 的正面投影 m'，求作 m 和 m''。根据点 M 的位置和可见性，确定点 M 在圆锥的左前锥面上，点 M 的三面投影均可见。

作图方法：

①辅助素线法：如图 3 - 9（a）所示，过锥顶 S 和点 M 作辅助素线 SA，即在投影图中连线 $s'm'$ 并延长交底线于 a' 点，由 $s'a'$ 作出 sa，再由 sa 作出 $s''a''$，按点在线上的投影关系由 m' 求出 m 和 m''。

②辅助纬圆法：如图 3 - 9（b）所示，过点 M 作垂直于圆锥轴线的辅助纬圆，点 M 的各面投影必在该圆的同面投影上，即在投影图中过 m' 作圆锥轴线的

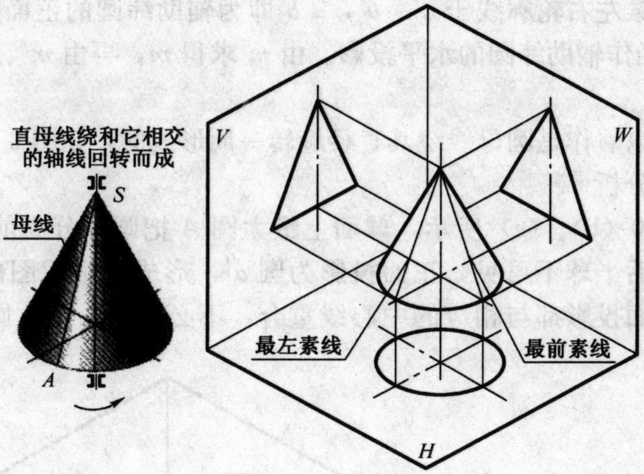

（a）

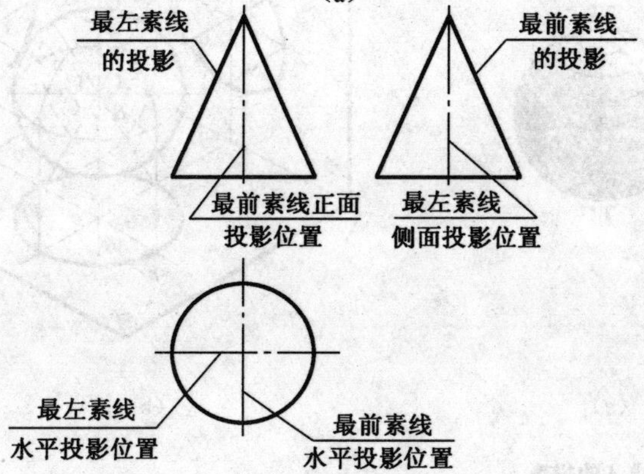

（b）

图3-8 圆锥的形成及其投影图

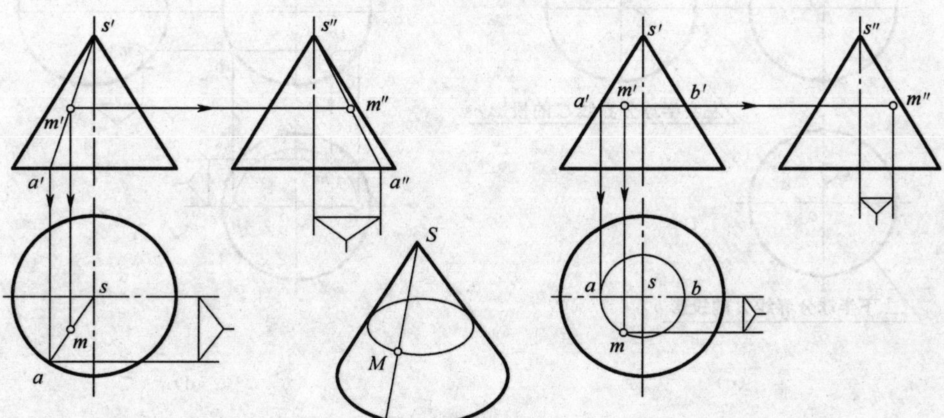

（a） （b）

图3-9 圆锥表面找点

垂直线，交圆锥左右轮廓线于 a'、b'，$a'b'$ 即为辅助纬圆的正面投影，以 s 为圆心，$a'b'$ 为直径作辅助纬圆的水平投影。由 m' 求得 m，再由 m'、m 求得 m''。

3. 圆球

圆球面可以看作是圆母线绕其直径旋转一周形成的，如图 3 - 10（a）所示。

（1）投影分析

如图 3 - 10（b）、（c）所示，球面上最大圆 A 把圆球分成前、后两个半球，前半球可见，后半球不可见，正面投影为圆 a'，形成了主视图的轮廓线，而其水平投影和侧面投影都与相应的中心线重合，不必画出；最大圆 B 把圆球分成

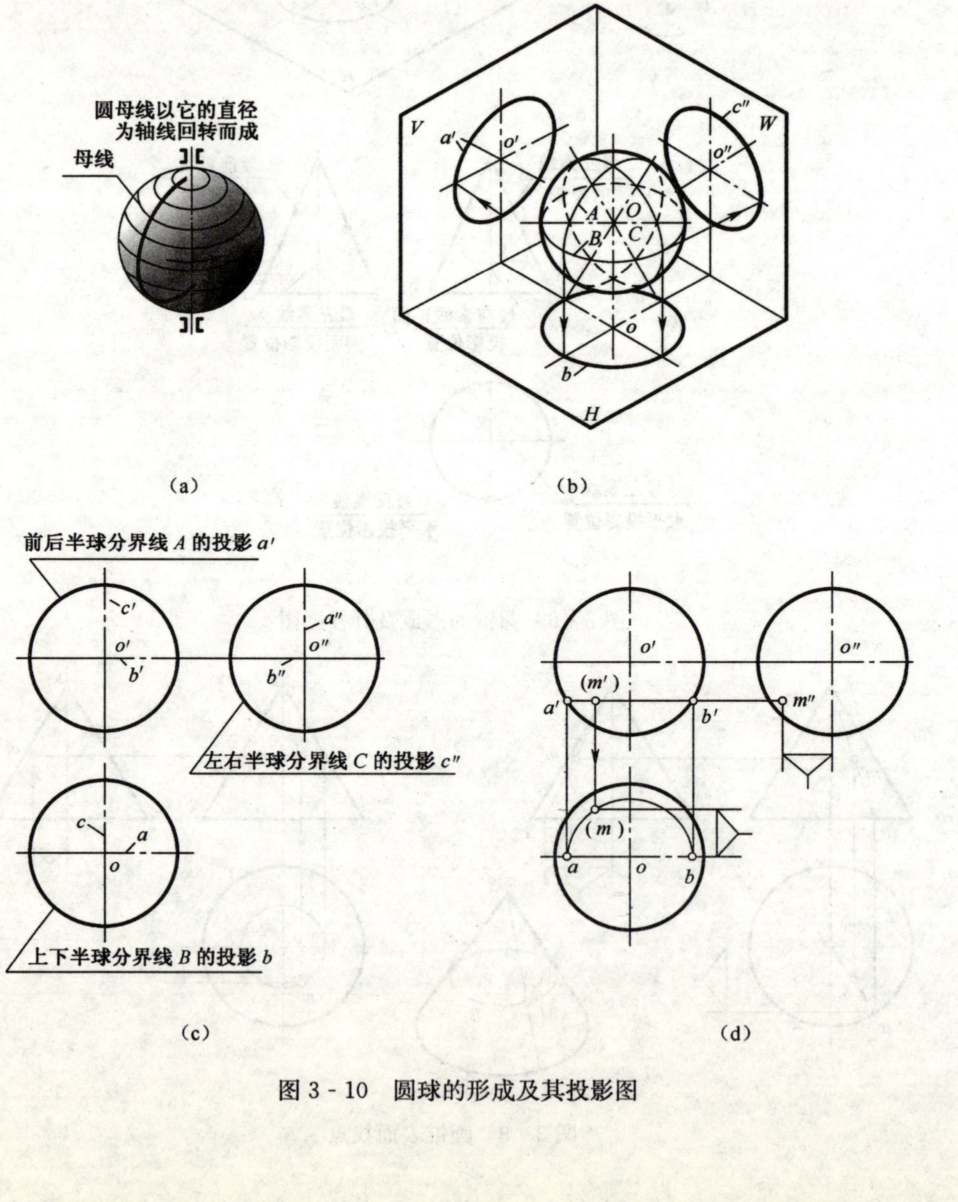

图 3 - 10　圆球的形成及其投影图

上、下两个半球，上半球可见，下半球不可见，俯视图只要画出水平投影圆 b；最大圆 C 把圆球分成左、右两个半球，左半球可见，右半球不可见，左视图只要画出侧面投影圆 c''，B、C 的其余两投影与相应的中心线重合，均不必画出。

（2）作图方法

如图 3-10（c）所示，先确定球心的三面投影，过球心分别画出圆球垂直于投影面轴线的三投影，再画出与球等直径的圆。

（3）表面取点

如图 3-10（d）所示，已知球面上点 M 的正面投影（m'），求作 m 和 m''。由于球面的三面投影均无积聚性，需利用辅助纬圆法求解。

过（m'）作水平纬圆的正面投影 $a'b'$，再作出其水平投影（以 o 为圆心，$a'b'$为直径画圆），由（m'）在该圆的水平投影上求得 m，由于（m'）不可见，所以 m 在后半球面上。由因为（m'）在下半球面上，所以 m 不可见，在投影符号上加括号。再由（m'）和（m）求得 m''，由于点 M 在左半球，所以 m''可见。

3.2 截 交

由平面切割立体，平面与立体表面的交线称为截交线，该平面称为截平面，由截交线所围成的平面图形称为截断面，如图 3-11（a）所示。

3.2.1 平面切割平面立体

平面与平面体相交，其截断面为一平面多边形。

例 3-1 如图 3-11（a）所示，三棱锥被正垂面 P 切割，求作切割后三棱锥的三视图。

分析：正垂面 P 与三棱锥的三条棱线都相交，所以截交线构成一个三角形，其顶点 D、E、F 是各棱线与平面 P 的交点。由于这些交点的正面投影与正垂面 P 的正面投影重合，所以可利用直线上的点的投影特性，由截交线的正面投影作出水平投影和侧面投影。

作图：

（1）作出三棱锥的三视图以及截平面的正面投影 p'，由 $s'a'$和 $s'c'$与 p'的交点 d'和 f'，分别在 sa、sc 和 $s''a''$、$s''c''$上直接作出 d、f 和 d''、f''，如图 3-11（b）所示。

（2）由于 SB 是侧平线，可由 $s'b'$与 p'的交点 e'先在 $s''b''$上作出 e''，再利用宽相等的投影关系在 sb 上作出 e，如图 3-11（c）所示。

（3）连接各顶点的同面投影，即为所求截交线的三面投影，画出切割后的三棱锥图，如图 3-11（d）所示。

例 3-2 如图 3-12（a）所示开槽四棱柱被正垂面切割，求作切割后四棱

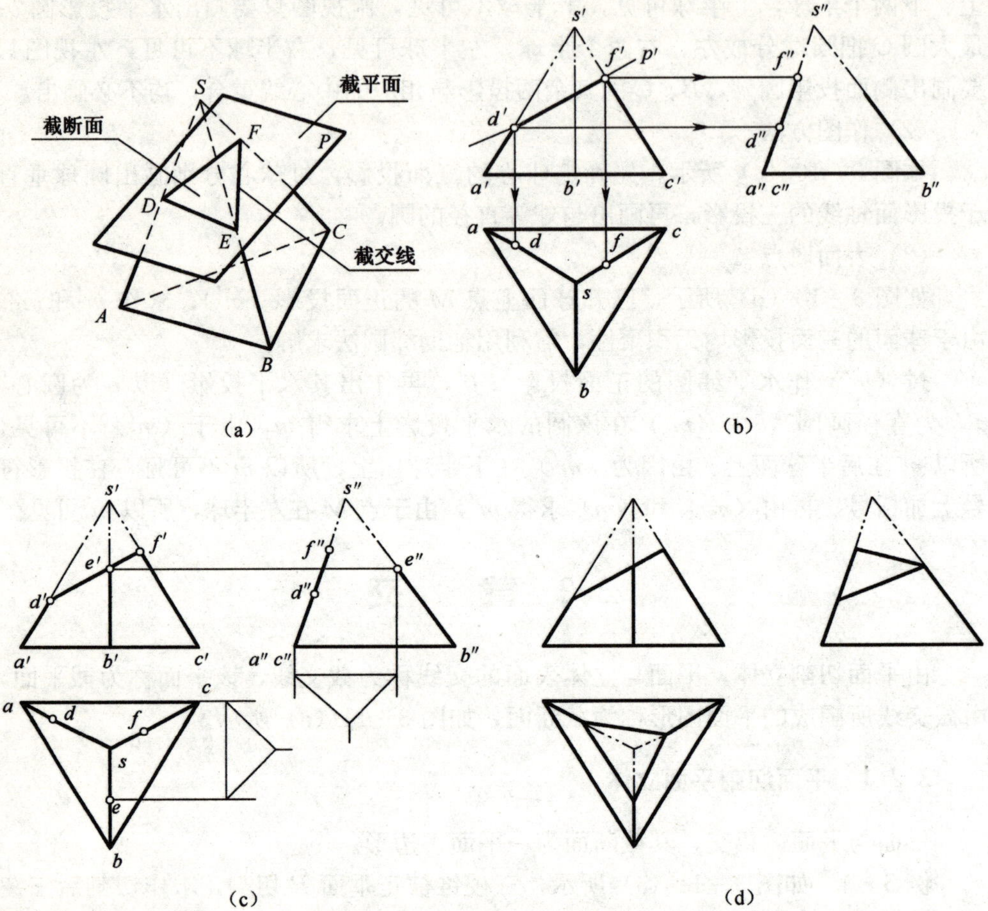

图 3-11　三棱锥截交线的画法

柱的俯视图。

分析：正垂面切割开槽四棱柱时，与立体的八个面相交，交线的正面投影积聚为直线，侧面投影和水平投影具有类似性，作图时需要注意面与面的交线。

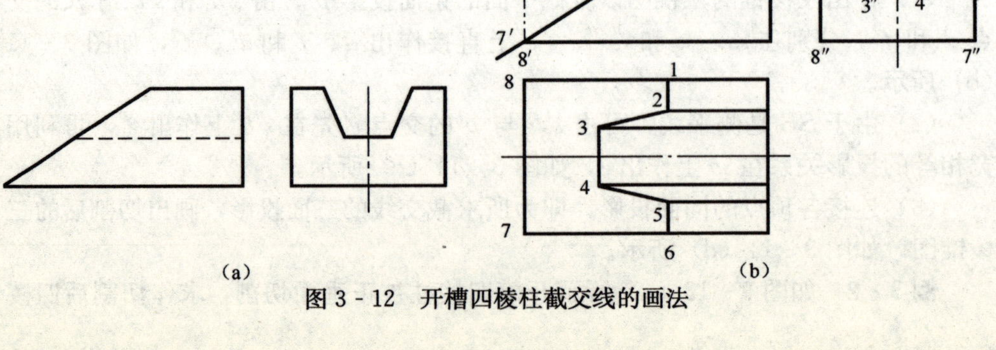

图 3-12　开槽四棱柱截交线的画法

作图：

①参照立体图在主、左视图上标注已知各点的正面和侧面投影，如图 3 - 12（b）所示。

②由已知各点的正面和侧面投影作出水平投影 1、2、3、4、5、6、7、8，如图 3 - 12（b）所示。

③擦去作图线，描深四棱柱被切割后的图线。值得注意的是，交线的水平投影和侧面投影具有类似形（V 形），如图 3 - 12（b）所示。

思考：

如图 3 - 13 所示，如果切有燕尾槽的四棱柱被正垂面切割，试分析其投影特征和作图方法，并比较正垂面切割的异同。

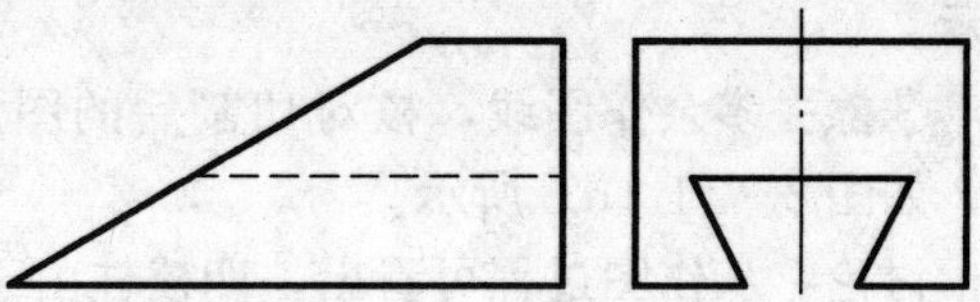

图 3 - 13　思考题

例 3 - 3　如图 3 - 14 所示，在四棱柱上切割一个矩形通槽，已知其正面投影和四棱柱切割前的水平投影和侧面投影，试完成矩形通槽的水平和侧面投影。

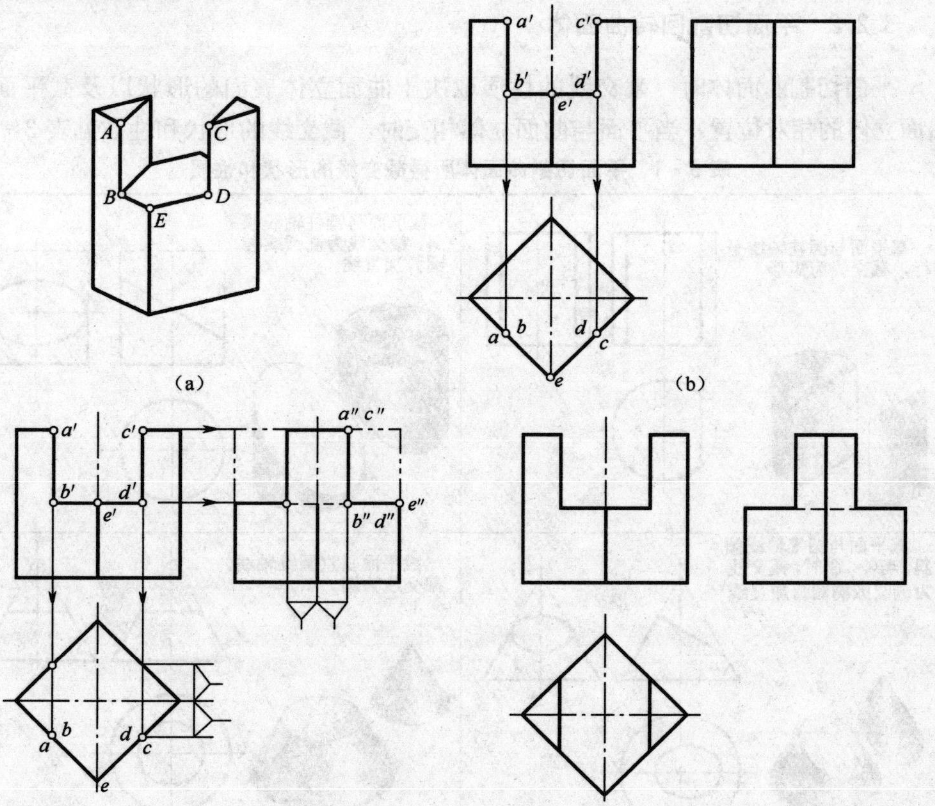

图 3 - 14　开槽四棱柱

分析：如图 3 - 14（a）所示，四棱柱上的通槽是由三个特殊位置平面切割四棱柱而形成。两侧壁是侧平面，它们的正面投影和水平投影均聚集成直线，水平投影反映实形。可利用积聚性作出通槽的水平投影和侧面投影。

作图：

①根据已知通槽的主视图，在俯视图上作出两侧壁的积聚性投影，它是侧平面与水平面交线（正垂线）的水平投影。槽底是水平面，其水平投影反映实形。参照立体图在俯视图上注写相应的字母（因为图形前后、左右对称，所以只标注前半部），如图 3 - 14（b）所示。

②按高平齐、宽相等的投影关系，作出通槽的侧面投影，如图 3 - 14（c）所示。

③擦去多余作图线，核对切割后的图形轮廓，左视图中的一段虚线不要漏画，如图 3 - 14（d）所示。

讨论：从作图过程可看出，四棱柱由于被切割出通槽，使侧棱的外轮廓在槽口部分发生变化，左视图中槽口部分的轮廓线向中心“收缩”，从而使两边出现缺口，如图 3 - 14（d）所示。

3.2.2 平面切割回转曲面体

平面切割曲面体时，截交线的性质取决于曲面立体表面的形状以及截平面与曲面立体的相对位置，当平面与曲面立体相交时，截交线的形状和性质见表 3 - 1。

表 3 - 1 平面切割曲面体所得截交线的形状和性质

截平面与圆柱轴线平行，截交线为矩形 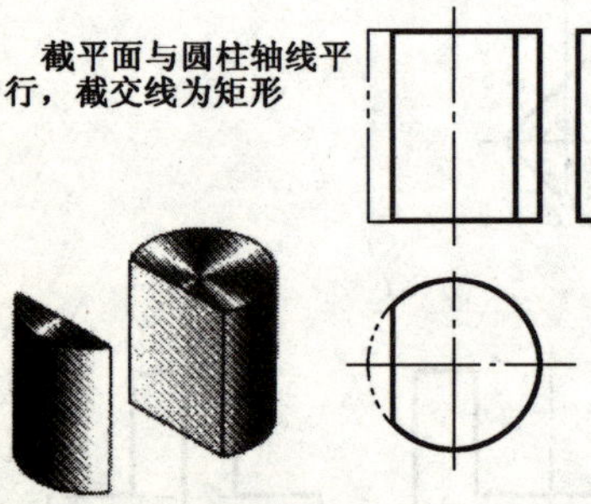	截平面与圆柱轴线倾斜，截交线为椭圆或椭圆弧加直线 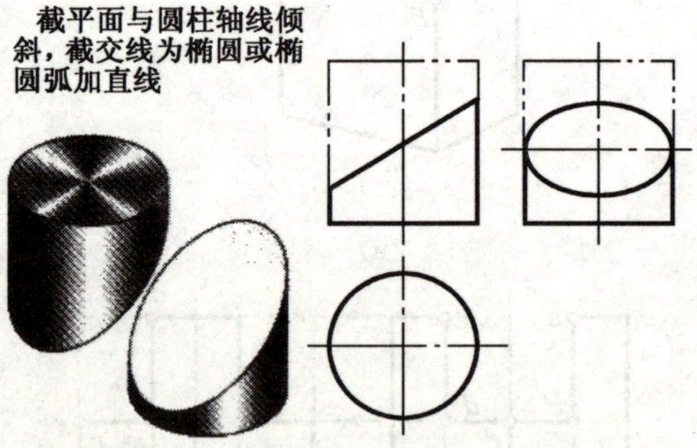
截平面与圆锥轴线倾斜，当$\alpha<\theta$ 时，截交线为椭圆或椭圆弧加直线 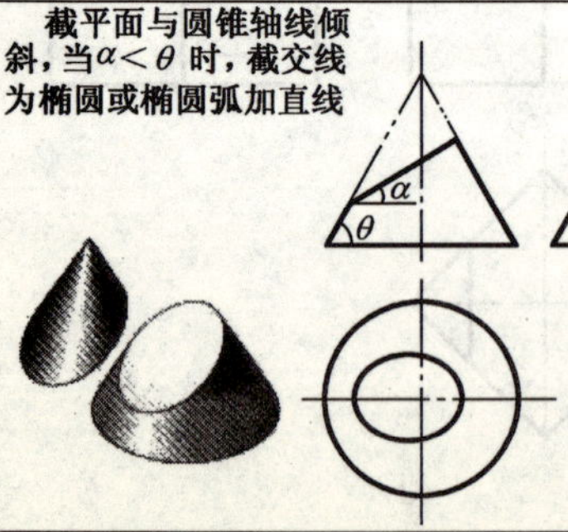	截平面垂直圆锥轴线，截交线为圆 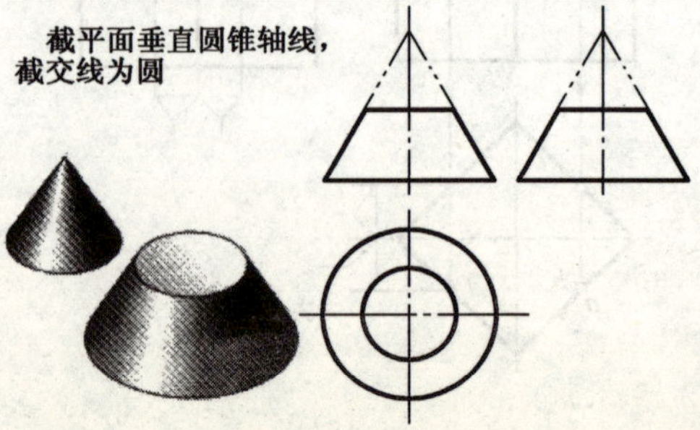

（续）

截平面与圆锥轴线平行或倾斜，当 $\alpha>\theta$ 时，截交线为双曲线加直线 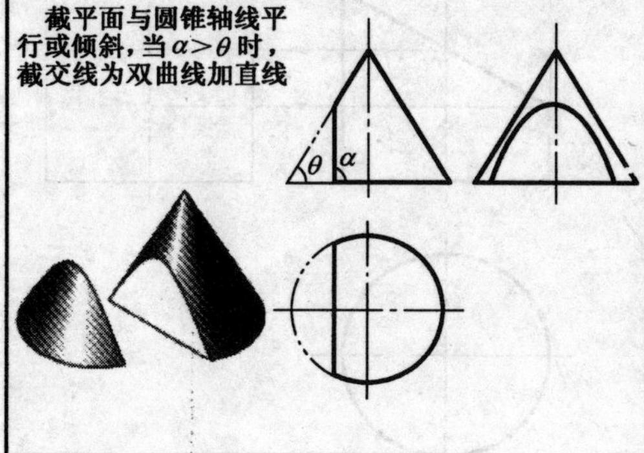	截平面与圆锥轴线倾斜，当 $\alpha=\theta$ 时，截交线为抛物线加直线 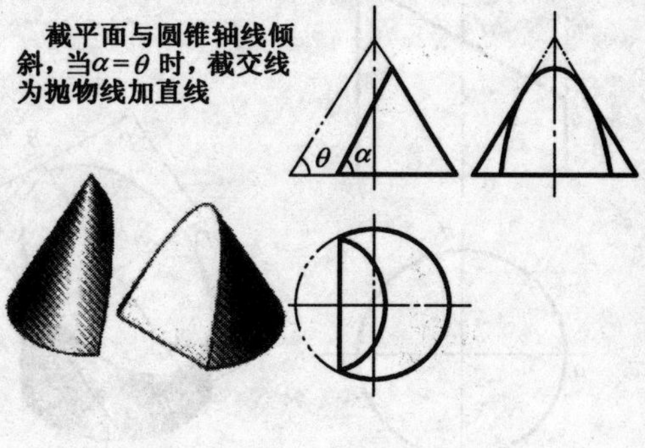
截平面过圆锥锥顶，截交线为等腰三角形 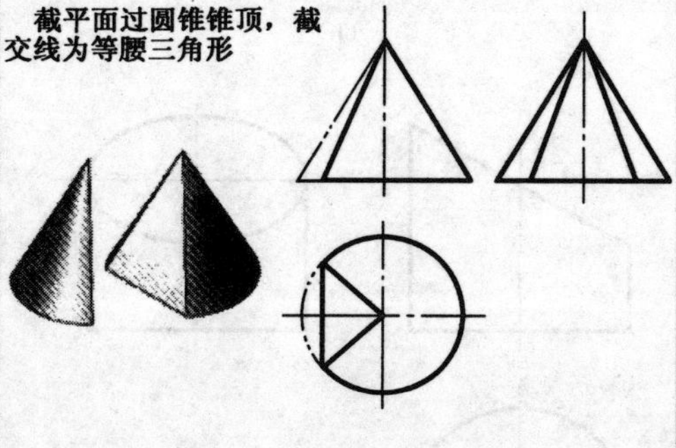	截平面与圆球相交，截交线是圆 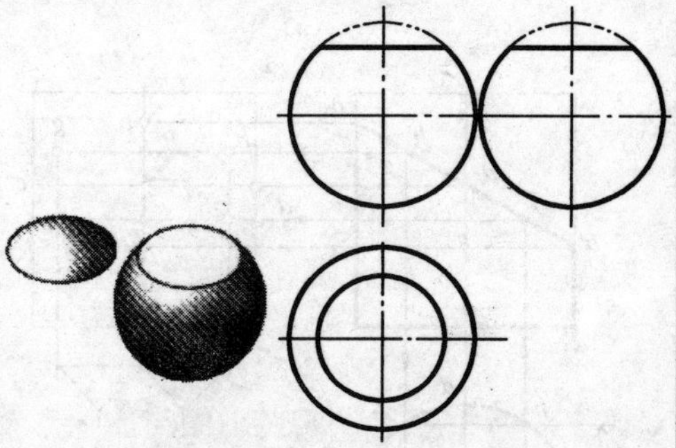

平面与回转曲面体相交时，其截交线一般为封闭的平面曲线或直线，或直线与平面曲线组成的封闭平面图形。作图的基本法是求出曲面体表面上若干条素线与截平面的交点，然后光滑连接而成。截交线上一些能确定其形状和范围的点，如最高与最低点、最左与最右点、最前与最后点，以及可见与不可见的分界点等，均称为特殊点。作图时通常先作出截交线上的特殊点，再按需要作出一些中间点，最后依次连接各点，并注意投影的可见性。

1. 平面与圆柱相交

平面与圆柱相交时，根据平面与圆柱轴线不同的相对位置可形成两种（当截平面与圆柱轴线垂直时，截交线为圆，未列入表内）不同形状的截交线，见表 3 - 1。

例 3 - 4　如图 3 - 15（a）所示为圆柱被正垂面斜切的主、俯视图，求作左视图。

分析：截平面 P 与圆柱的轴线倾斜，截交线为椭圆。由于 P 面是正垂面，所以截交线的正面投影积聚在 p' 上；因为圆柱面的水平投影有积聚性，所以截交线的水平投影积聚在圆周上。而截交线的侧面投影一般情况下为椭圆。

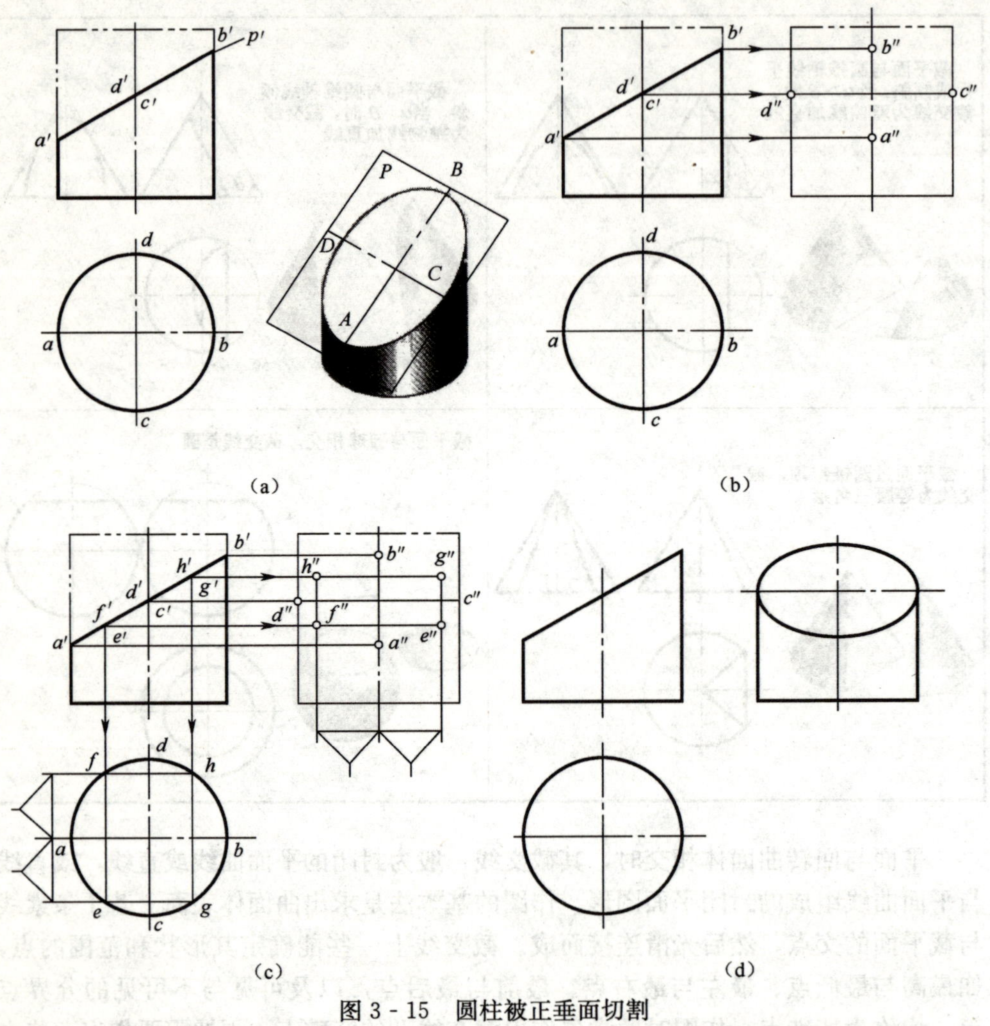

图 3 - 15　圆柱被正垂面切割

作图：

①求特殊点。如图 3 - 15（a）所示，最低点 A、最高点 B 是椭圆长轴的两端点，也是位于圆柱最左、最右素线上的点。最前点 C、最后点 D 是椭圆短轴两端点，也是位于圆柱最前、最后素线上的点。A、B、C、D 的正面投影和水平投影可利用积聚性直接作出，然后由正面投影 a'、b'、c'、d' 和水平投影 a、b、c、d 作出侧面投影 a''、b''、c''、d''，如图 3 - 15（b）所示。

②求中间点。为了准确作图，还必须在特殊点之间作出适当数量的中间点，如 E、F、G、H 各点。可先作出它们的水平投影 e、f、g、h 和正面投影 e'、f'、g'、h'，再作出侧面投影 e''、f''、g''、h''，如图 3 - 15（c）所示。

③依次光滑连接 a''、e''、c''、g''、b''、h''、d''、f''、a''，即为所求截交线椭圆的

侧面投影，圆柱的轮廓线在 c''、d''处与椭圆相切，描深，如图 3 - 15 (d) 所示。

思考：随着截平面与圆柱轴线倾角的变化，所得截交线椭圆的长短轴的投影也相应变化。当截平面与轴线成 45°时（正垂面位置），交线的空间形状为椭圆。请读者思考，截交线的水平投影为什么是圆？

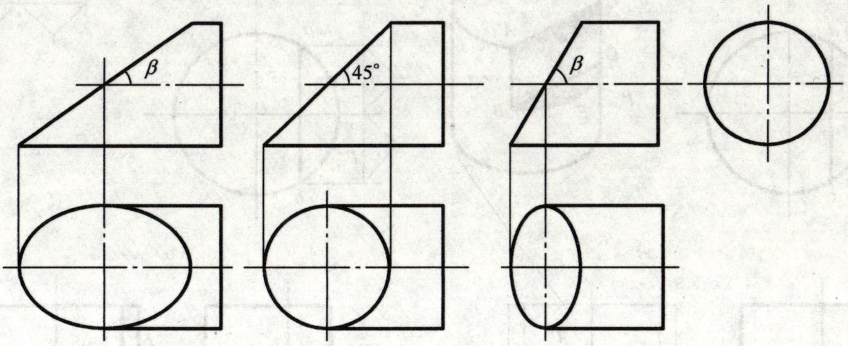

图 3 - 16 思考题

例 3 - 5 求作带切口圆柱体的侧面投影，如图 3 - 17 (a) 所示。

分析：圆柱切口由水平面 P 和侧平面 Q 切割而成。如图 3 - 17 所示，由截平面 P 所产生的交线是一段圆弧，其正面投影是一段水平线（积聚在 p'上），水平投影是一段圆弧（积聚在圆柱的水平投影上）。截平面 P 与 Q 的交线是一条正垂线 BD，其正面投影 $b'd'$积聚成点，水平投影 bd 重合于侧平面 Q 的积聚投影上。由截平面 Q 所产生的交线是两段铅垂线 AB 和 CD（圆柱面上两段素线）。它们的正面投影 $a'b'$与 $c'd'$积聚在 q'上，水平投影分别为圆周上两个点 b 与 d。Q 面与圆柱顶面的交线是一条正垂线 AC，其正面投影积聚成点，水平投影 ac 与 bd 重合，也积聚在 q 上。

作图：

①由 p'向右引投影连接，再从俯视图上量取宽度定出 b''、d''如图 3 - 17 (b) 所示。

②由 b''、d''分别向上作竖线与顶面交与 a''、c''，即得由截平面 Q 所产生的截交线 AB、CD 的侧面投影 $a''b''$、$c''d''$，如图 3 - 17 (c) 所示。

③作图结果如图 3 - 17 (d) 所示。

思考：如果扩大切割圆柱的范围，使截平面 P 切过圆柱的轴线，如图 3 - 18 所示的侧面投影与图 3 - 17 (d) 所示的侧面投影有所不同，因为截平面 P 已切过圆柱轴线，圆柱面的最前和最后两段轮廓已被切去。读者要仔细分析由于切割位置不同而形成所画轮廓线的区别。

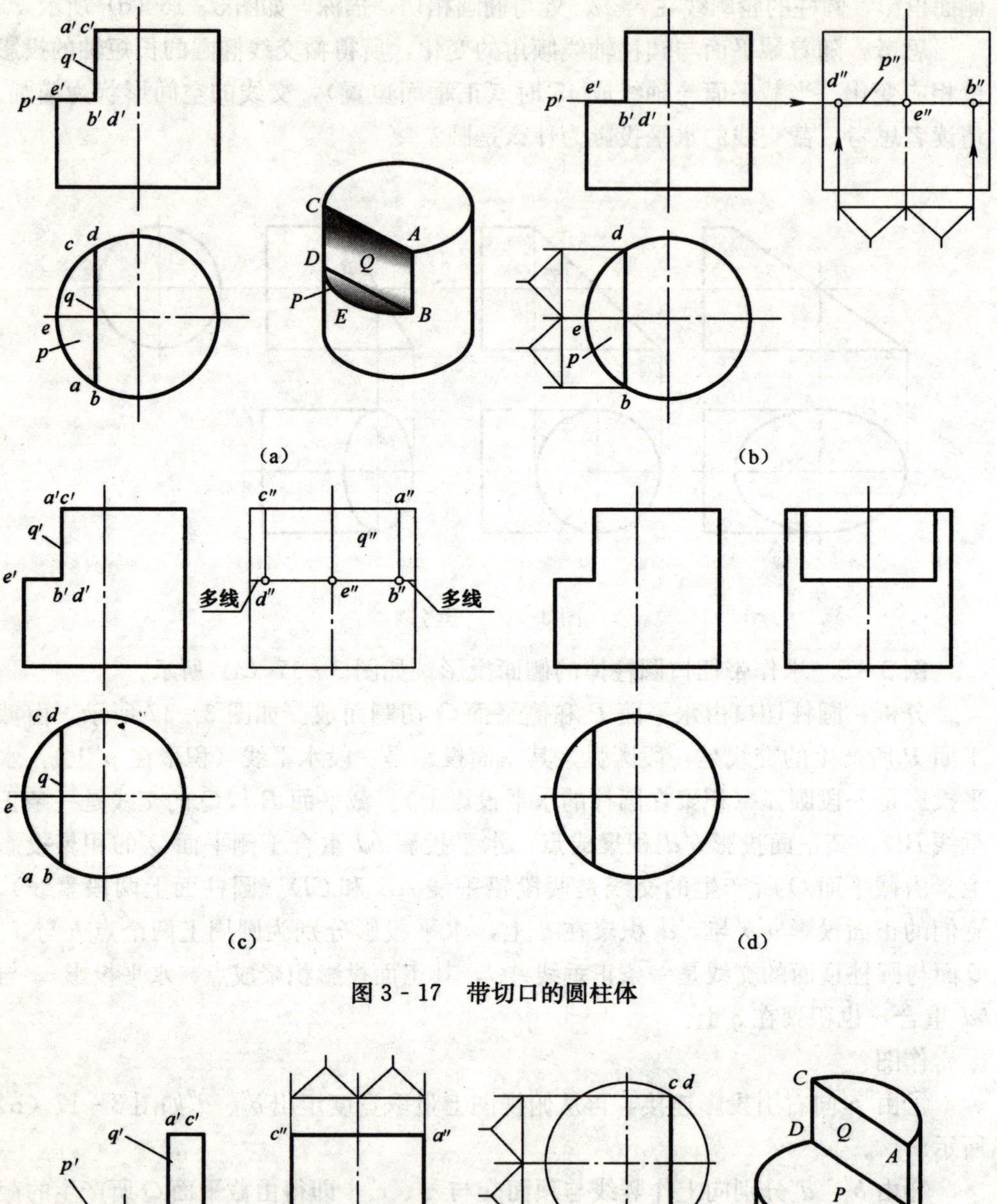

图 3 - 17　带切口的圆柱体

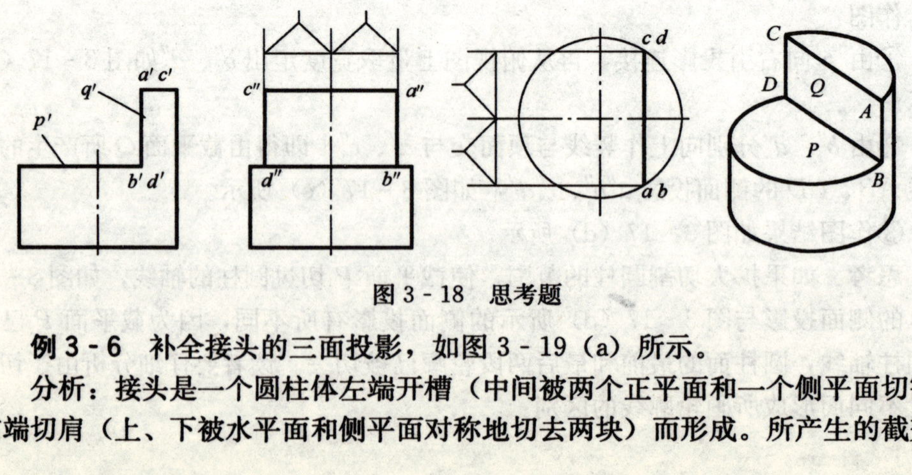

图 3 - 18　思考题

例 3 - 6　补全接头的三面投影，如图 3 - 19（a）所示。

分析：接头是一个圆柱体左端开槽（中间被两个正平面和一个侧平面切割），右端切肩（上、下被水平面和侧平面对称地切去两块）而形成。所产生的截交线均为直线和平行于侧面的圆。

作图：

①根据槽口的宽度，按前后对称作出槽口的侧面投影（两条竖线），再按投影关系作出槽口的正面投影，如图 3 - 19（b）所示。

②根据切肩的厚度，作出切肩的侧面投影（两条虚线），再按投影关系作出切肩的水平投影，如图 3 - 19（c）所示。

③擦去多余作图线，描深．如图 3 - 19（d）所示。

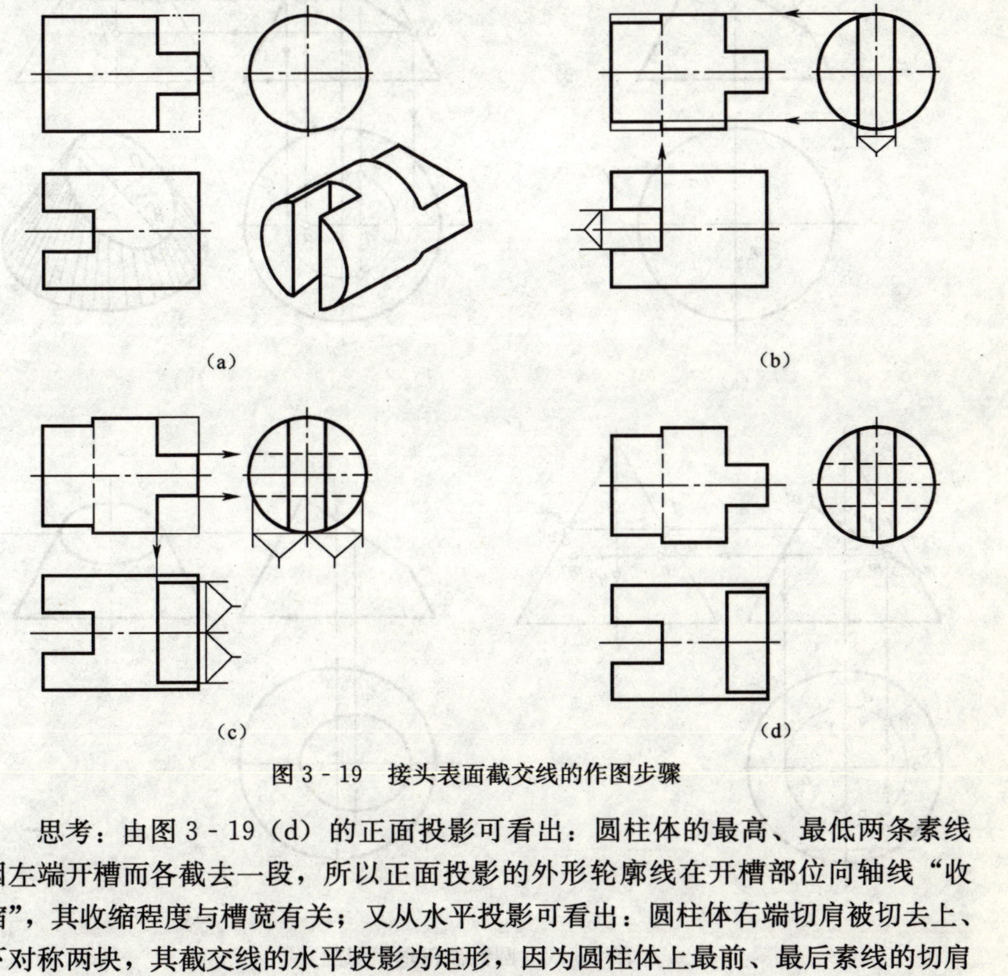

图 3 - 19　接头表面截交线的作图步骤

思考：由图 3 - 19（d）的正面投影可看出：圆柱体的最高、最低两条素线因左端开槽而各截去一段，所以正面投影的外形轮廓线在开槽部位向轴线“收缩”，其收缩程度与槽宽有关；又从水平投影可看出：圆柱体右端切肩被切去上、下对称两块，其截交线的水平投影为矩形，因为圆柱体上最前、最后素线的切肩部位未被切去，所以圆柱体水平投影的外形轮廓线是完整的。

2. 平面与圆锥相交

如表 3 - 1 所列，根据截平面对圆锥轴线的位置不同，圆锥面截交线有五种情况：椭圆、圆、双曲线、抛物线和相交线。除了过锥顶的截平面与圆锥面的截交线是相交两直线外，其他四种情况都是曲线，但不论何种曲线（圆除外），其作图步骤总是先作出截交线上的特殊点，再作出若干中间点，然后光滑连成曲线。

例 3-7 求作圆锥被一正垂面切割后的投影，如图 3-20（a）所示。

分析：由于截平面与圆锥轴线倾斜，所以其截交线为一椭圆。截平面是正垂面，其正面投影积聚成一直线，水平投影和侧面投影均为椭圆。

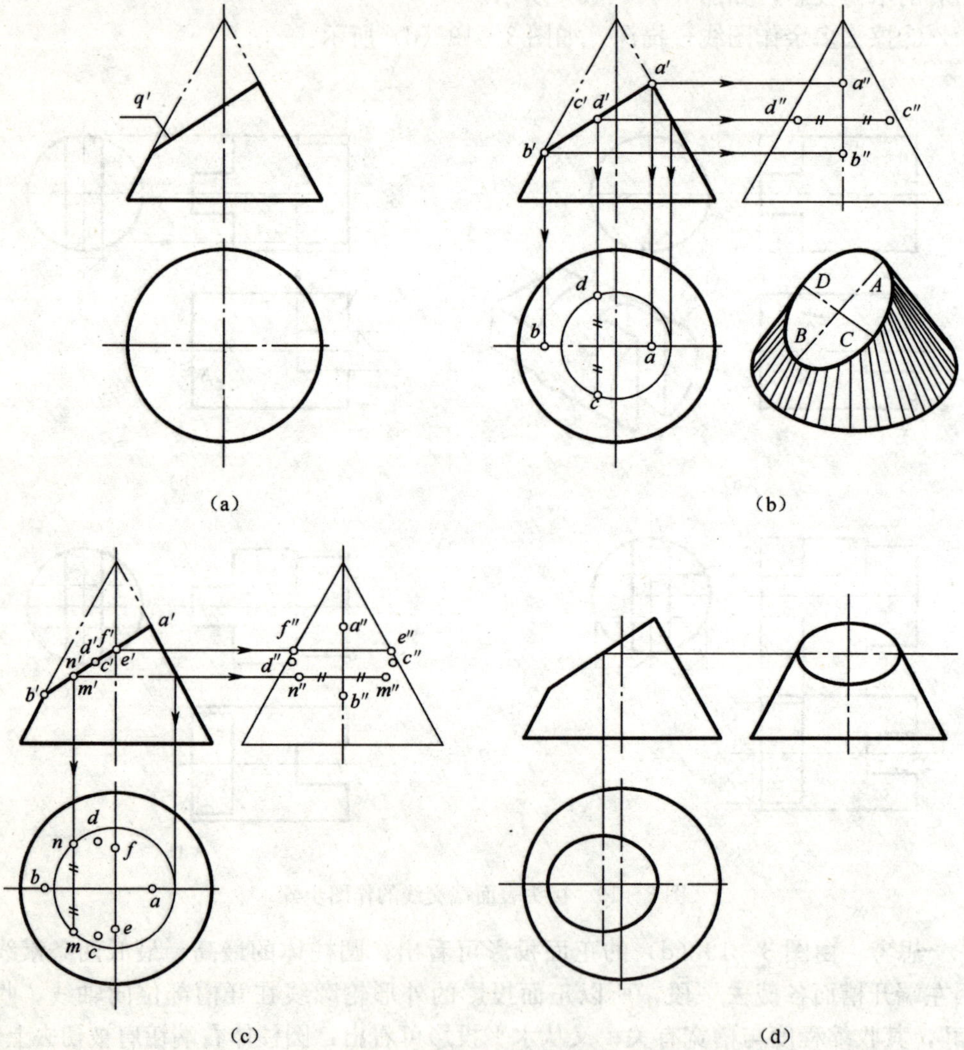

图 3-20 圆锥被正垂面切割

作图：

①求特殊点。如图 3-20（b）所示，椭圆长轴上的两个端点 B、A 是截交线上最低、最高和最左、最右点，也是圆锥转向轮廓线上的点，可利用投影关系由 a'、b' 求得 a、b 和 a''、b''；椭圆短轴上两个端点 C、D 是截交线上的最前、最

后点，其正面投影 c'、d' 重影于 $a'b'$ 的中点，利用纬圆法即可求得 c、d 和 c''、d''。如图 3-19（c）所示，椭圆上 E、F 点也是转向轮廓线上的点，由 e'、f' 求得 e、f 和 e''、f''。

②求中间点。用纬圆法在特殊点之间再作出若干中间点，如 M（m、m''）、N（n、n''）等，如图 3-20（c）所示。

③依次连接各点的水平投影和侧面投影，即为所求（e''、f'' 以上转向轮廓线被切去），作图结果如图 3-20（d）所示。

例 3-8 求作圆锥被正平面切割后的投影，如图 3-21（a）所示。

分析：正平面与圆锥轴线平行，与圆锥面的交线为双曲线，其正面投影反映实形，水平和侧面投影均积聚为直线（只要作出双曲线的正面投影）。

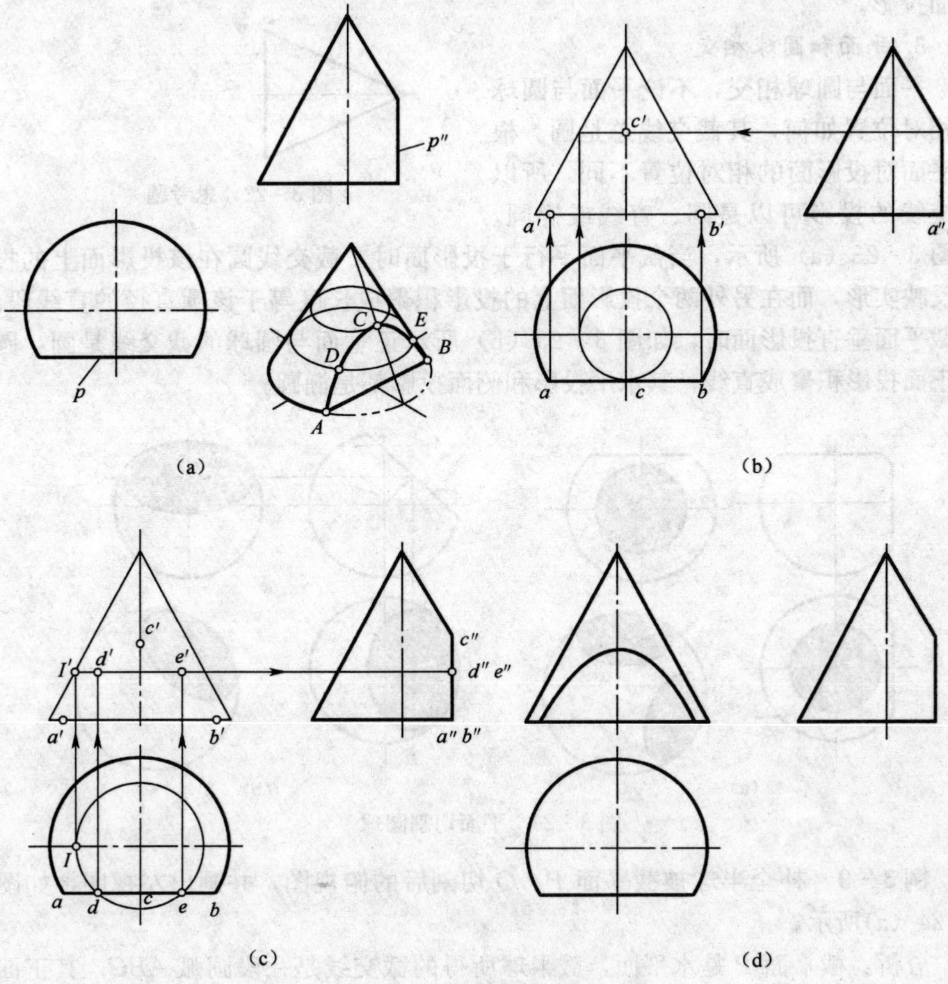

(a) (b) (c) (d)

图 3-21 圆锥被正平面切割

作图：

①求特殊点。先画出圆锥的正面投影。A、B 两点位于底圆上，是截交线上最低、最左、最右点；点 C 位于圆锥的最前素线上，是最高点。可利用投影关系直接求得 a'、b'和 c'，如图 3-21（b）所示。

②求中间点。用纬圆法在特殊点之间再作出若干中间点，如 D、E 等，如图 3-21（c）所示。

③依次光滑连接各点的正面投影即为所求，如图 3-21（d）所示。

思考：如图 3-22 所示，圆锥轴线垂直与侧面时，用侧平面和过锥顶的正垂面切割圆锥，圆锥面的交线是什么曲线？试作出圆锥被切割后的水平投影和侧面投影。

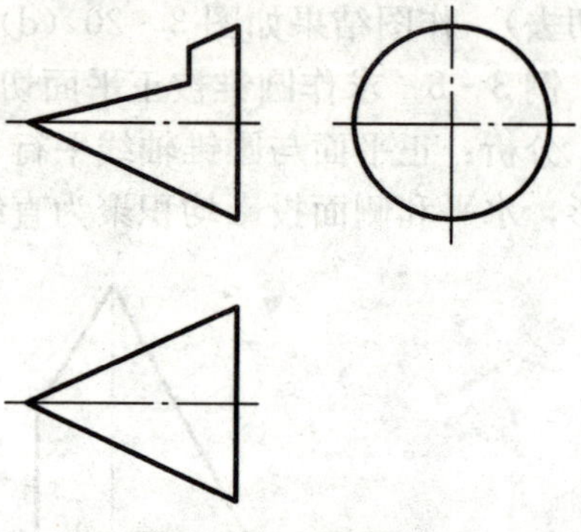

图 3-22　思考题

3. 平面和圆球相交

平面与圆球相交，不论平面与圆球的相对位置如何，其截交线总是圆。根据平面对投影面的相对位置不同，所以截交线的投影可以是圆、直线或椭圆。如图 3-23（a）所示，当截平面平行于投影面时，截交线圆在该投影面上的投影反映实形，而在另外两个投影面上的投影积聚成长度等于该圆直径的直线段。当截平面垂直投影面时，如图 3-23（b）所示正垂面与圆球的截交线是圆，圆的正面投影积聚成直线，其水平投影和侧面投影都是椭圆。

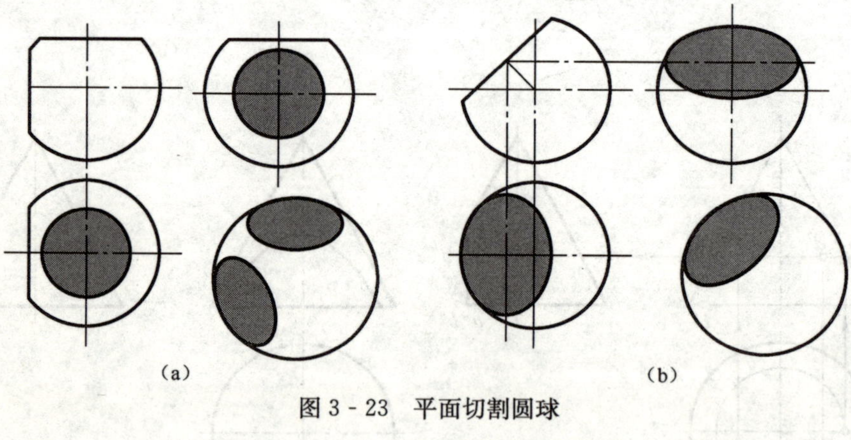

(a)　　　　(b)

图 3-23　平面切割圆球

例 3-9　补全半球被截平面 P、Q 切割后的俯视图，并画出左视图，如图 3-24 (a)所示。

分析：截平面 P 是水平面，截半球所得的截交线是一段圆弧 ABC，其正面投影积聚为直线段。

截平面 Q 是侧垂面，截半球所得的截交线也是一段圆弧 ADC，其正面投影

$a'c'd'$积聚为直线段。

截平面 P 和 Q 的交线是正垂线 AC，其正面投影为 a'（c'）。

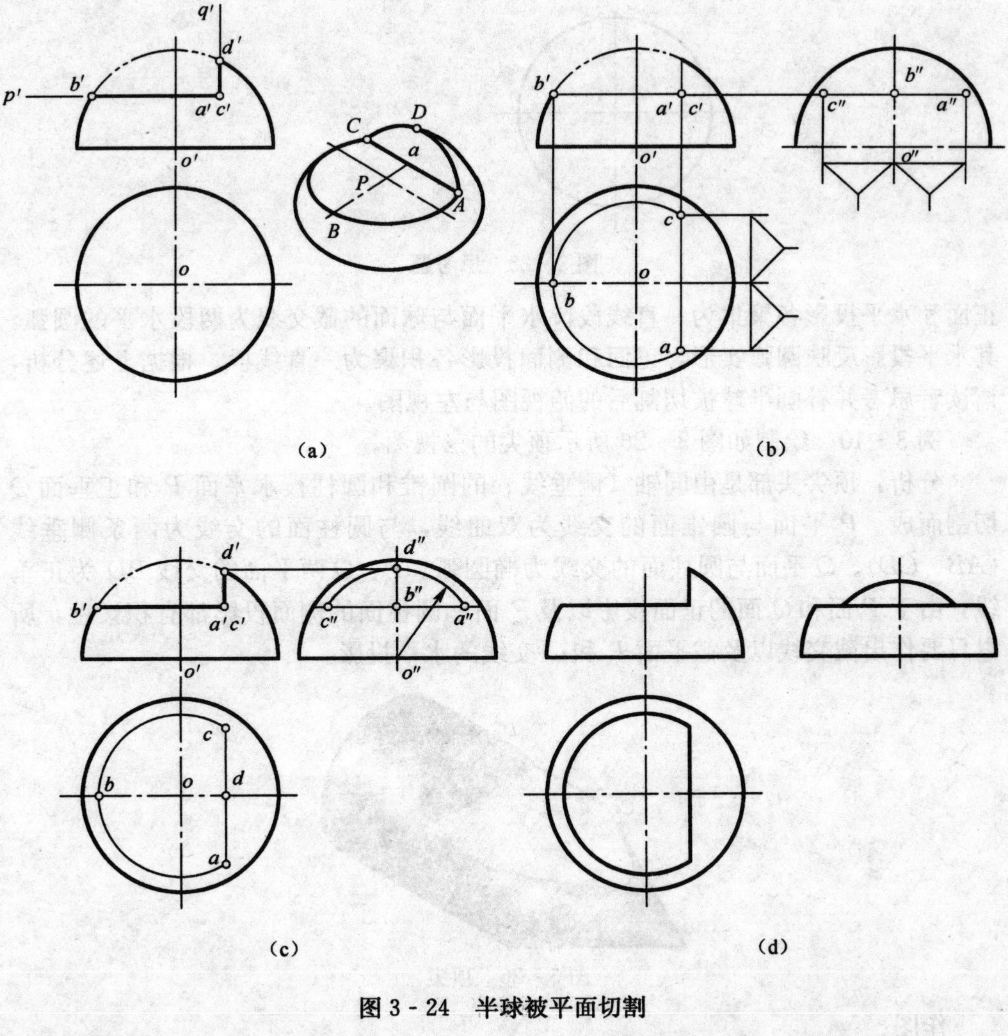

图 3 - 24　半球被平面切割

作图：

①作 P 面与半球的交线的水平投影——反映实形的圆弧 abc 及侧面投影——直线段 $a''b''c''$，如图 3 - 24（b）所示。

②作 Q 面与半球的交线的水平投影（积聚成直线 acd）及侧面投影 $a''d''c''$（反映实形）。应注意，此圆弧必须经过 $a''c''$，如图 3 - 24（c）所示。

③描深，作图结果如图 3 - 24（d）所示。

思考：如图 3 - 25 所示，半球被两个对称的侧平面和一个水平面切割。两个侧平面与球面的截交线各为一段平行于侧面的圆弧，其侧面投影反映圆弧实形，

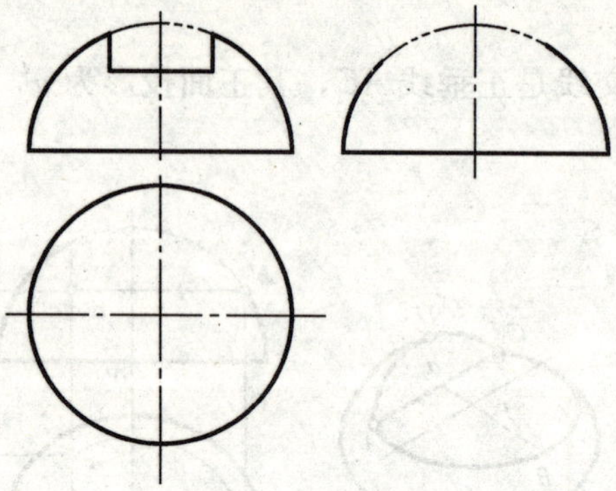

图 3 - 25 思考题

正面和水平投影各聚集为一直线段。水平面与球面的截交线为两段水平的圆弧，其水平投影反映圆弧实形，正面和侧面投影各积聚为一直线段。根据上述分析，请读者思考并补画半球被切割后的俯视图与左视图。

例 3 - 10 绘制如图 3 - 26 所示顶尖的三视图。

分析：顶尖头部是由同轴（侧垂线）的圆锥和圆柱被水平面 P 和正垂面 Q 切割而成。P 平面与圆锥面的交线为双曲线，与圆柱面的交线为两条侧垂线（AB、CD）。Q 平面与圆柱面的交线为椭圆弧。P、Q 两平面的交线 BD 为正垂线。由于 P 面和 Q 面的正面投影以及 P 面和圆柱面的侧面投影都有积聚性，所以只要作出截交线以及截平面 P 和 Q 交线的水平投影。

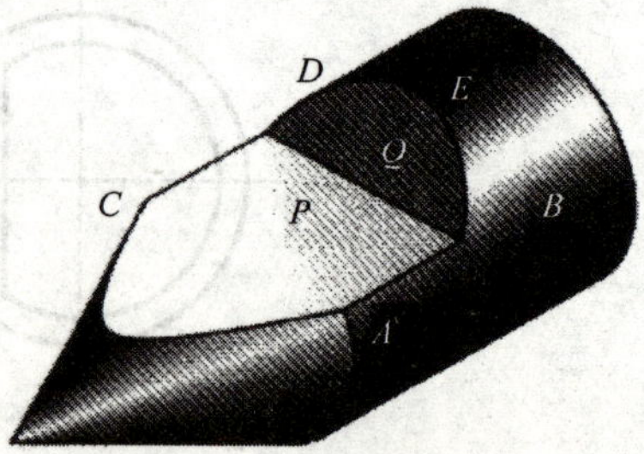

图 3 - 26 顶尖

作图：

①画出同轴回转体完整的三视图，在主视图上作出 P、Q 平面有聚集性的正面投影，如图 3 - 27（a）所示。

②如图 3 - 21 所示的方法作出平面与圆锥面的交线（双曲线）。按投影关系作出平面与圆柱的交线的水平投影 $abcd$，以及 P、Q 两平面交线 BD 的水平投影 bd，如图 3 - 27（b）所示。

③正垂面 Q 与圆柱面的交线（椭圆弧）的正面投影积聚为直线，侧面投影积聚为圆。由 e' 作出 e 和 e''，在椭圆弧正面投影的适当位置定出 f' 和 g'，直接作出侧面投影 f''、g''，再由 $f''g''$ 和 $f'g'$ 作出 f、g，依次连接 $bfegd$ 即为 Q 平面与

圆柱面交线的水平投影，如图 3 - 27（c）所示。

④作图结果如图 3 - 27（d）所示，注意俯视图中圆锥与圆柱交接处的一段虚线不要遗漏。

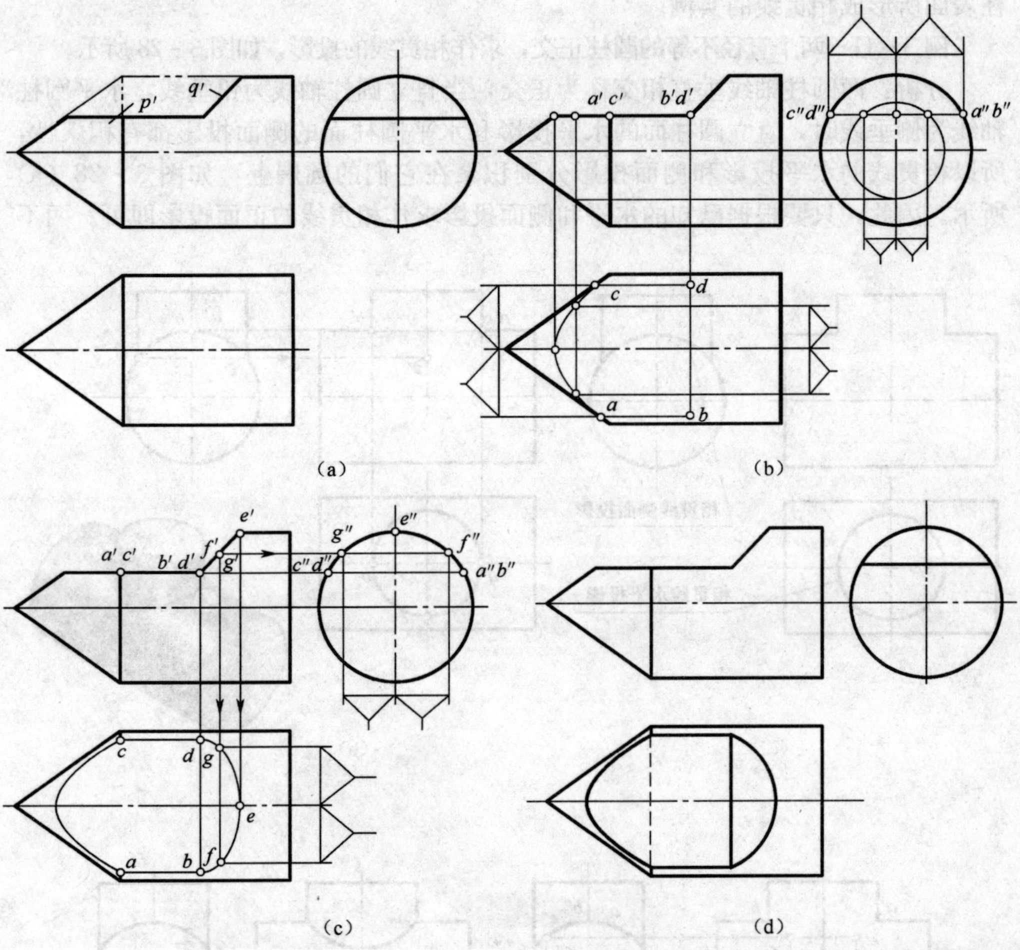

图 3 - 27　顶尖投影作图

3.3　相　贯

两回转体相交，最常见的是圆柱与圆柱的相交、圆锥与圆柱相交以及圆柱与圆球相交，其表面的交线称为相贯线，相贯线的形状取决于两回转体各自的形状、大小和相对位置，一般情况下为闭合的空间曲线。两回转体的相贯线，实际上是两回转体表面上一系列共有点的连线，求作共有点的方法通常采用表面取点法（积聚性法）和辅助平面法。

3.3.1 圆柱与圆柱相交

两圆柱正交是工程上最常见的，如图 3 - 1 所示三通管就是轴线正交的两圆柱表面所形成相贯线的实例。

例 3 - 11 两个直径不等的圆柱正交，求作相贯线的投影，如图 3 - 28 所示。

分析：两圆柱轴线垂直相交称为正交，当直立圆柱轴线为铅垂线，水平圆柱轴线为侧垂线时，直立圆柱面的水平投影和水平圆柱面的侧面投影都有积聚性，所以相贯线的水平投影和侧面投影分别积聚在它们的圆周上，如图 3 - 28（a）所示。因此，只要根据已知的水平和侧面投影求作相贯线的正面投影即可。两不

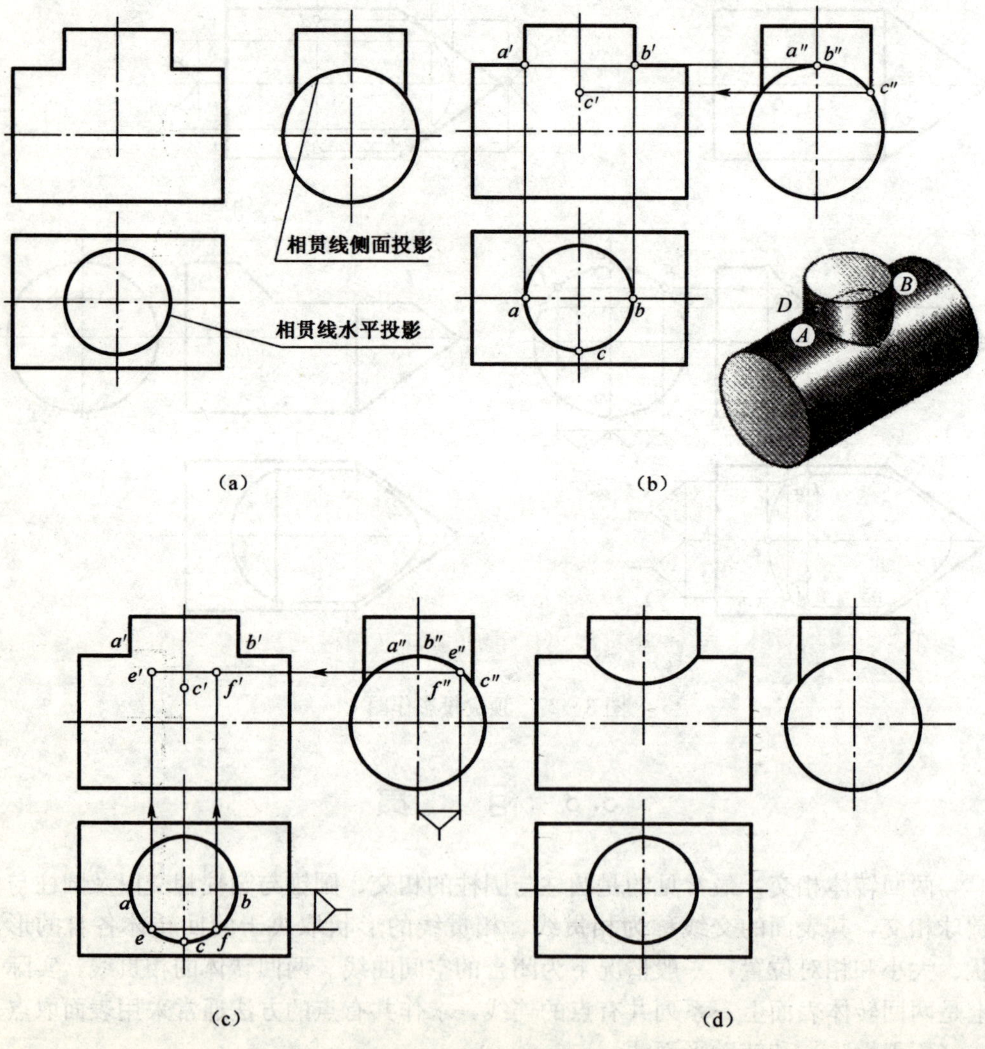

图 3 - 28 两圆柱正交

等径圆柱正交形成的相贯线为空间曲线，如图 3 - 28（b）所示。因为相贯线前后对称，在其正面投影中，可见的前半部分与不可见的后半部分重合，且左右也对称。因此，求作相贯线的正面投影，只需作出前面的一半。

作图：

①求特殊点。水平圆柱的最高素线与直立圆柱最左、最右素线的交点是相贯线上的最高点，也是最左、最右点，点 A 和点 B 均可直接作出，点 C 是相贯线上最低点，也是最前点，c'可直接作出，如图 3 - 28（b）所示。

②求中间点。利用积聚性，在侧面投影和水平投影上定出 $e''f''$和 $e'f'$，再作出 e、f，如图 3 - 28（c）所示。

③光滑连接即为相贯线的正面投影，作图结果如图 3 - 28（d）所示。

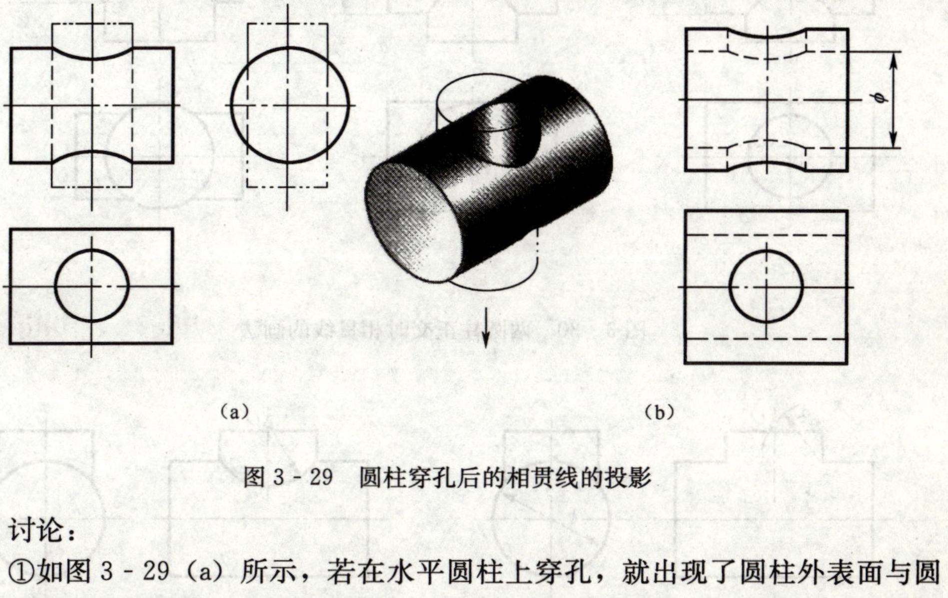

（a）　　　　　　（b）

图 3 - 29　圆柱穿孔后的相贯线的投影

讨论：

①如图 3 - 29（a）所示，若在水平圆柱上穿孔，就出现了圆柱外表面与圆柱孔内表面的相贯线。这种相贯线可以看成是直立圆柱相贯后，再把直立圆柱抽出而形成。

再如图 3 - 29（b）所示，若要求作两圆柱孔内表面的相贯线，作图方法与求作两圆柱外表面相贯线的方法相同。

(2)如图 3 - 30 所示，当正交两圆柱的相对位置不变，而相对大小发生变化时，相贯线的形状和位置也将随之变化。

当 $\phi<\phi_1$ 时，相贯线的正面投影为上下对称的曲线，如图 3 - 30（a）所示。

当 $\phi=\phi_1$ 时，相贯线在空间为两个相交的椭圆，其正面投影为两条相交的直线，如图 3 - 30（b）所示。

当 $\phi>\phi_1$ 时，相贯线的正面投影为左右对称的曲线，如图 3 - 30（c）所示。

如图 3 - 30 所示可以看出，在相贯线的非积聚性投影上，相贯线的弯曲方向

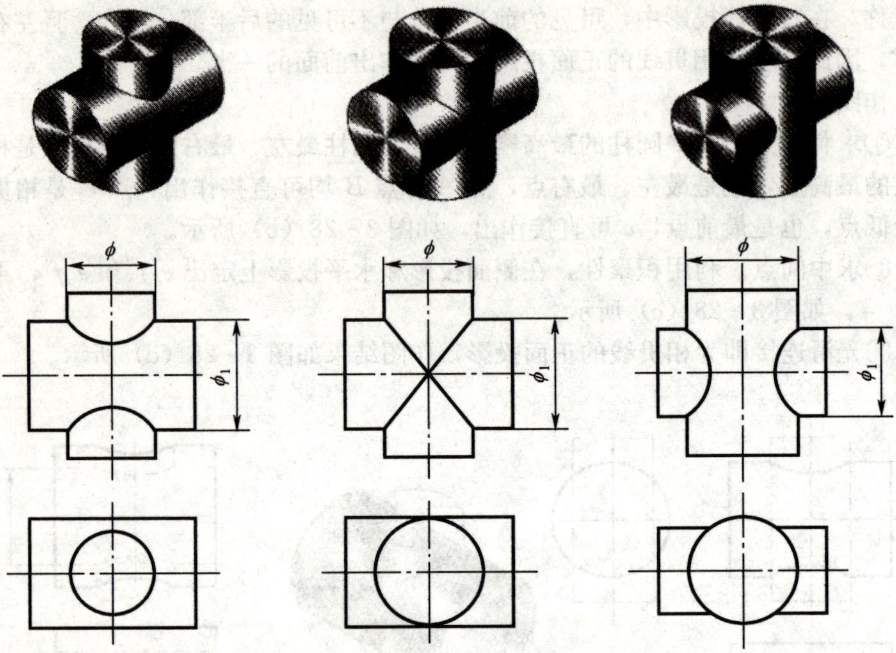

图 3 - 30　两圆柱正交时相贯线的画法

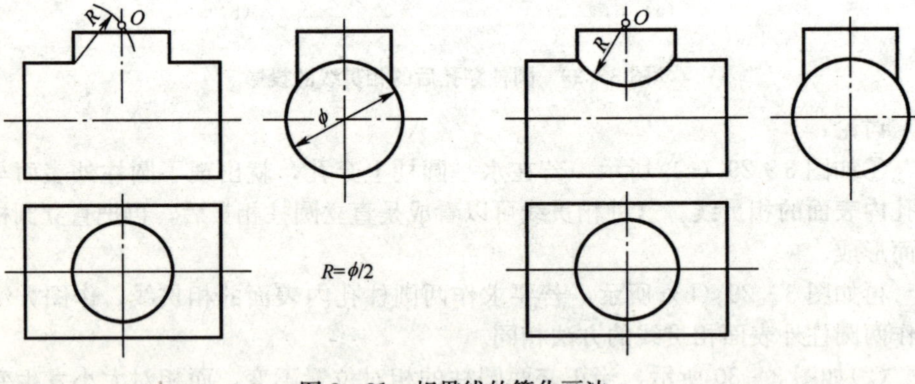

图 3 - 31　相贯线的简化画法

总是朝向较大圆柱的轴线。

③工程上两圆柱正交的实例很多，为了简化作图，国家标准规定，允许采用简化画法作出相贯线的投影，即以圆弧代替非圆曲线。当轴线垂直相交，且轴线均平行于正面的两个不等径圆柱相交时，相贯线的正面投影以大圆柱的半径为半径画圆弧即可。简化画法的作图过程如图 3 - 31 所示。

3.3.2　相贯线的特殊情况

1. 相贯线为平面线

①两个同轴回转体相交时，它们的相贯线一定是垂直于轴线的圆，当回转体轴线平行于某投影面时，这个圆在该投影面的投影为垂直于轴线的直线，如图 3 - 32 所示。

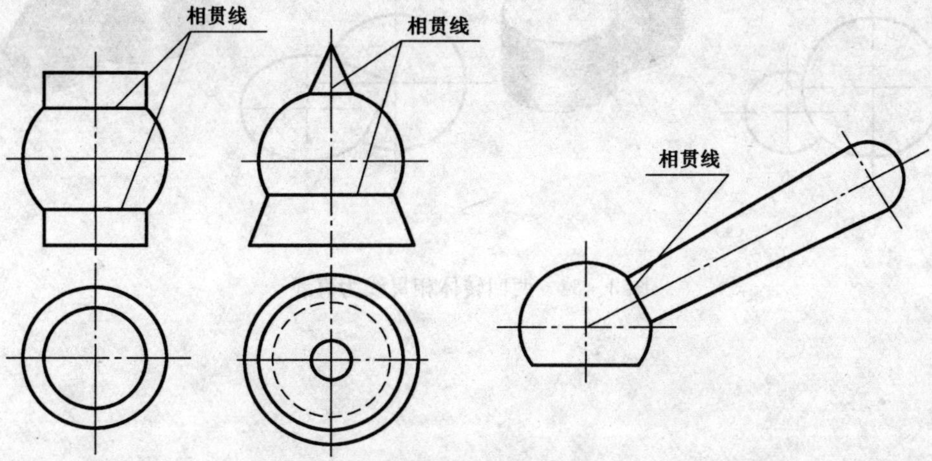

图 3 - 32　同轴回转体的相贯线

②当轴线相交的两圆柱或圆柱与圆锥公切于一个球面时，相贯线是平面曲线——两个相交的椭圆，椭圆所在的平面垂直于两条轴线所决定的平面，如图 3 - 33所示。

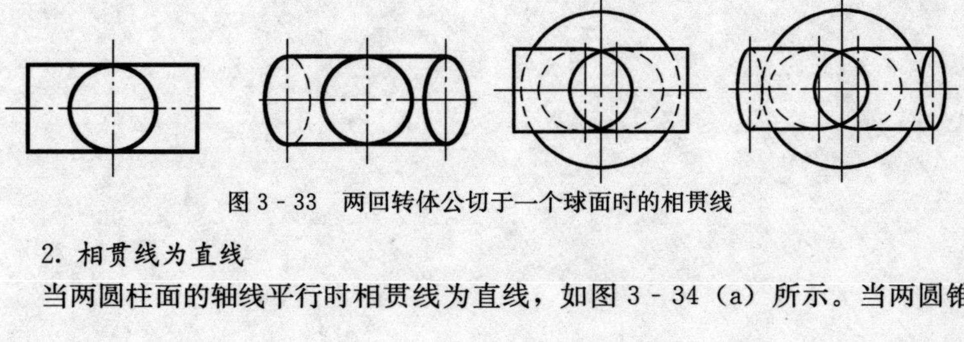

图 3 - 33　两回转体公切于一个球面时的相贯线

2. 相贯线为直线

当两圆柱面的轴线平行时相贯线为直线，如图 3 - 34 (a) 所示。当两圆锥面共顶时，相贯线为直线，如图 3 - 34（b）所示。

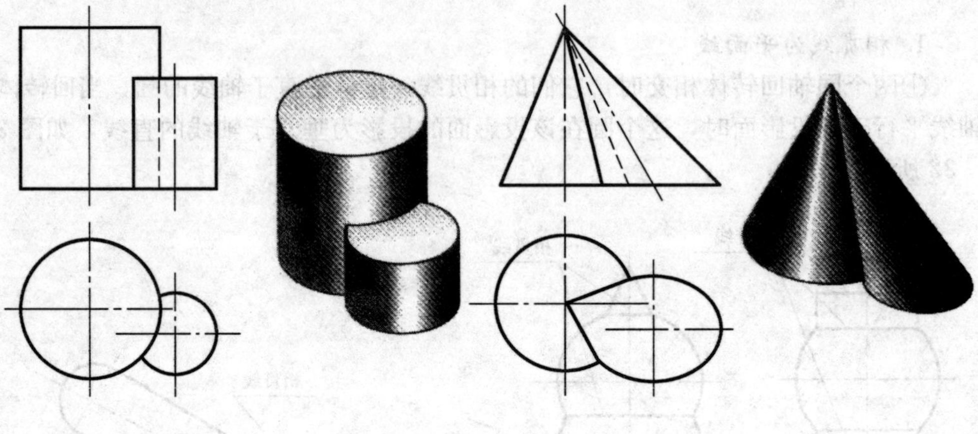

（a）　　　　（b）

图 3 - 34　两回转体相贯线为直线

第 4 章　轴测投影图

学习完本章，应该掌握如下内容：

◆轴测图的概念

◆正等轴测图和斜二测轴测图的画法

◆了解轴测图的草图的画法

在第 3 章所介绍的基本立体的投影图和本章所介绍的组合体的三视图，都是采用正投影的方法，画出一组视图来表达一个形体的，视图的最大优点是度量性好，但单个视图只反映了一个方向的结构形状和两个方向的大小尺寸，直观性差，要依靠综合一组视图的信息想象出整体的结构形状，原因是在单个视图里只能看到形体某个方向的面。如果选定三面投影体系的某个面如 V 面作为投影面，改变空间立体相对于该投影面的位置，使沿投影方向可以看到较多的面，然后进行投影，或者不改变位置而改变方向进行投影，这样画出的投影图称为轴测投影图，即通常所说的立体图。轴测投影图的种类很多，本节仅介绍常用的正等测和斜二测投影图。

4.1 基本概念

1. 轴测投影面

用于进行轴测投影的那个投影面叫轴测投影面，用 P 表示。如图 4 - 1 所示，用 V 作投影面，V 即为轴测投影面。

2. 轴测轴

立体上设定的三条空间直角坐标轴在轴测投影面上的投影，称为轴测轴。空间直角坐标系用 $O-XYZ$ 表示；轴测坐标系用 O_1 - $X_1Y_1Z_1$ 表示。

3. 轴间角

两正向轴测轴之间的夹角称为轴间角，由于空间坐标系的各坐标轴对轴测投影面的倾角可以不一样，因此三条轴测轴间的轴间角可以不一样。

4. 轴测坐标面

任两轴测轴之间的部分所构成的坐标面称为轴测坐标面。

5. 轴向伸缩系数

在轴测投影中，由于空间坐标系的各坐标轴倾斜于轴测投影面，坐标轴上的线段经正投影后将变短，将投影长与实长之比定义为轴向伸缩系数，也称为轴向变形系数。

立体表面的线段倾斜于轴测投影面，因此作正投影后其投影将变短，在各坐标轴上取单位长的线段 u，在对应轴测轴上的投影长分别用 i、j、k 表示，x、y、z 三坐标轴的轴向伸缩系数分别用 p、q 和 r 表示。则轴向伸缩系数表达式分别为

$p=i/u$；$q=j/u$；$r=k/u$

4.2 正等测轴测图

4.2.1 正轴测图的形成

如图 4-1（a）所示，正方体放在三面投影体系内，为确定正方体上各几何要素间的相对位置，在其上取一直角坐标系，用 $O-XYZ$ 表示，并使其完全与三面投影体系的投影轴重合，然后让该立体连同坐标系一起沿箭头所指的方向，绕投影轴 Z 旋转 α 角，绕投影轴 X 旋转 β 角，再向 V 进行正投影，画出的投影图称为正轴测投影图，如图 4-1（b）所示。

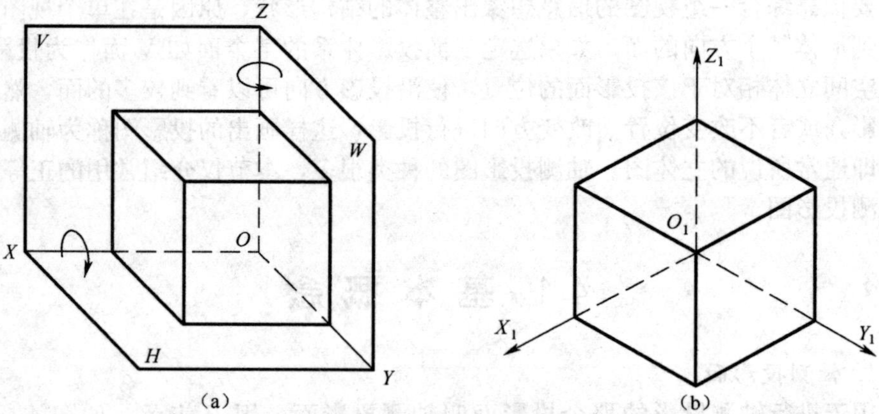

图 4-1 正轴测图的形成
（a）三面投影体系中的正方体；（b）正轴测图

4.2.2 正轴测投影的特性

无论是正轴测投影还是斜轴测投影，都是平行投影，它们具有平行投影的全部特性。

①空间相互平行的线段，其轴测投影仍相互平行。

②平行坐标轴的线段与对应轴的轴向伸缩系数相同。

③平行于坐标轴的线段，其轴测投影平行于对应的轴测轴。

④平行坐标面的平面其轴测投影平行于对应的轴测坐标面，立体上的矩形在正轴测图中一般变为平行四边形，立体表面的圆在正轴测图中一般变为椭圆。

4.2.3 正等测轴测图的特征

如图 4-1 所示的正轴测图形成的过程中，如果 $\alpha=45°$，$\beta=35.26°$，经正投

影后画出的轴测图称为正等测轴测图。

通过理论计算，各坐标轴对轴测坐标面的倾角都相等，这种投影具有如下一些特性。

①轴测轴之间轴间角均为 120°，即 $\angle X_1O_1Y_1=\angle Y_1O_1Z_1=\angle Z_1O_1X_1=120°$，轴测轴的一般形式如图 4-2（a）所示。

②三坐标轴的轴向变形系数均为 0.82，即 $p=q=r=0.82$。画图时为简便，采用简化伸缩系数，均取 1。

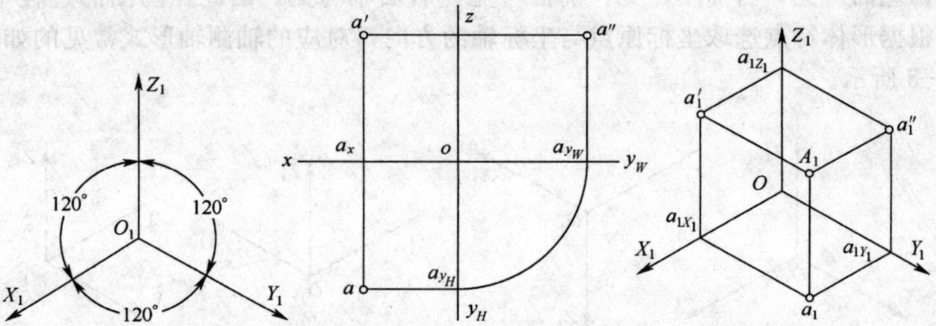

图 4-2 正等测轴测轴和点的正等测轴测图的画法

(a) 正等测轴测轴；(b) 点的投影图；(c) 点的正等测图

4.2.4 正等测轴测图的画法

根据三视图画轴测图的关键是要弄清直角坐标系与轴测坐标系间的对应关系。点是描述形体最基本的几何元素，首先研究点的正等测投影。

1. 点的正等测投影

点的投影图如图 4-2（b）所示，为作图简便起见，采用简化伸缩系数 1，A 点的直角坐标用（x_a，y_a，z_a）表示，其作法如下。

①在如图 4-2（c）所示中按图 4-2（a）所示的形式画出正等测轴测坐标系 $O_1-X_1Y_1Z_1$；

(2) 在轴测轴 O_1X_1 上找出投影图中 a_x 的对应点 a_1x_1，即在 O_1X_1 轴上截取 $O_1A_1X_1=Oa_x=x_a$；

(3) 在 $O_1-X_1Y_1Z_1$ 中过 a_{1x_1} 作 O_1Y_1 的平行线，根据投影图在该平行线上截取 $a_{1x_1a_1}=a_xa=y_a$；

(4) 在 $O_1-X_1Y_1Z_1$ 中过 a_1 作 O_1Z_1 轴的平行线，在该平行线上截取 $a_1A_1=a_xa'=z_a$。所得 A_1 点即为空间点 A 的正等测投影图。

a_1 称为 A 在水平轴测坐标面上的次投影。我们也可以先作出 A 在 $X_1O_1Z_1$ 上的次投影 a'_1 或在 Y_1O_1Z1 的次投影 a_1'' 再作出 A_1。作出的点的正等测投影图如图 4-2（c）所示。

2. 平面立体的正等测投影

在立体上选定空间坐标系后，根据坐标值和采用的简化轴向变形系数，将立体上的各定位点画到轴测坐标体系中，然后连接各顶点即得平面立体的轴测图。

(1) 确定坐标系

在投影图中确定形体的空间直角坐标系，并在投影图中标出坐标轴的投影，坐标轴的方向不具有正负的含义，只表示截取线段的方向。从如图 4 - 1 所示轴测图的形成过程中形体的旋转方向可知，轴测图上面可见，下面不可见；左面可见，右面不可见；前面可见，后面不可见。因此在画图的过程中，应根据形体特点选取坐标原点与坐标轴的方向，对应的轴测轴形式常见的如图 4 - 3 所示。

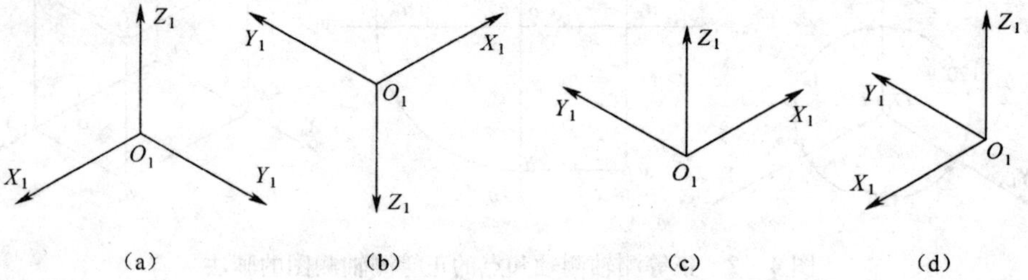

图 4 - 3 正等测轴测轴的常见形式

(2) 画轴测轴

(3) 画图

画轴测图实质是画立体表面的各个可见面的轴测投影，而面由多边形表示，多边形的边由端点确定，因此画出多边形的各个顶点的轴测投影，依次连线，即得到面的轴测投影。画各个面的顺序是从前向后、从上向下、从左向右依次画出各个可见面，这样可避免把不可见的面也画出来。画这些面的过程中，又应该选择形体特征明显的面先画。这些面一般为投影面平行面，容易画出。此外，面与面之间有相关性，即具有公共边，画出了这些面也就画出了另一些面的某些边。最后补充某些未画的边，即完成了全图。

例 4 - 1 作如图 4 - 4 (a) 所示正六棱柱的正等测轴测图。

分析：从如图 4 - 4 (a) 所示投影图可知，六棱柱只有前面、顶面和两个侧面可见，所以在轴测图中只应画出这些面。从图中还可知顶面是形体特点最明显的面；应先画，然后作其他面。

作图：

①在正六棱柱视图上选定空间直角坐标系，如图 4 - 4 (a) 所示。

②作正等测轴，如图 4 - 4 (b) 所示。

③根据如图 4 - 4 (a) 所示投影图给出的点的坐标，作正六棱柱顶面各顶点

Ⅰ、Ⅱ、Ⅲ、Ⅳ、Ⅴ和Ⅵ点的轴测投影I_1、II_1、III_1、IV_1、V_1和VI_1点，相邻两点连线得顶面的轴测投影，如图 4 - 4（b）所示。

④过点I_1、II_1、III_1、IV_1、V_1和VI_1分别作Z_1轴的平行线，并以各点为一端在所作平行线上截取长度等于六棱柱的高度 H 的线段，得正六棱柱的下底面的可见侧棱上的各顶点。依次连接各可见对应顶点，即得正六棱柱的正等测轴测图，如图 4 - 4（b）所示。

⑤去掉不可见部分，描深图线，即完成作图，如图 4 - 4（c）所示。

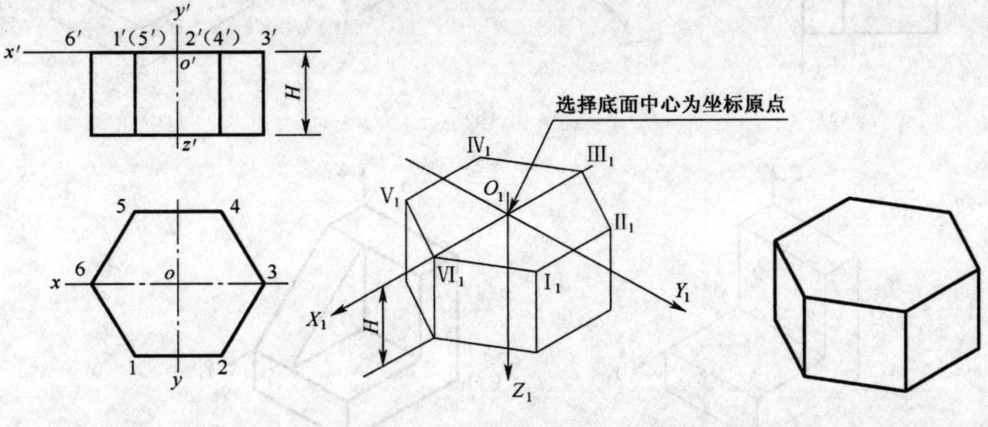

（a）　　　　（b）　　　　（c）

图 4 - 4　用坐标法画轴测图

（a）在视图上选定坐标系；（b）作图过程；（c）图线加深后的正等测轴测图

根据点的坐标作轴测投影图的方法通常称为坐标法。

对于叠加形式的组合体，我们可以采用坐标法逐个画出基本体的轴测图，按相对坐标位置将它们叠加，即可得到组合体的轴测图。

例 4 - 2　画出如图 4 - 5（a）所示立体的正等测轴测图。

分析：形体由三部分组成，都是规则的平面立体，坐标轴的取法如图 4 - 5（a）所示。利用点的轴测投影的作图方法作出几个特殊点，再利用平行性作面，依次作出各基本立体，从而得到组合体的轴测图。

作图：作图步骤如图 4 - 5（b）～（e）所示。

对于切割形式生成的组合体，先画出基本立体的轴测图，然后再逐步挖切出孔、槽等结构，形成给定的形体。

例 4 - 3　画出如图 4 - 6（a）所示组合体的正等测轴测图。

分析：形体经一系列的平面组合切割得到。画出轴测图就是要画出这些面及切割过程中产生的一些交线。画用切割方式生成的形体的轴测图时，应先作反映实形的面，即平行于坐标面的平面，再作一般位置平面。作如图 4 - 6 所示中的

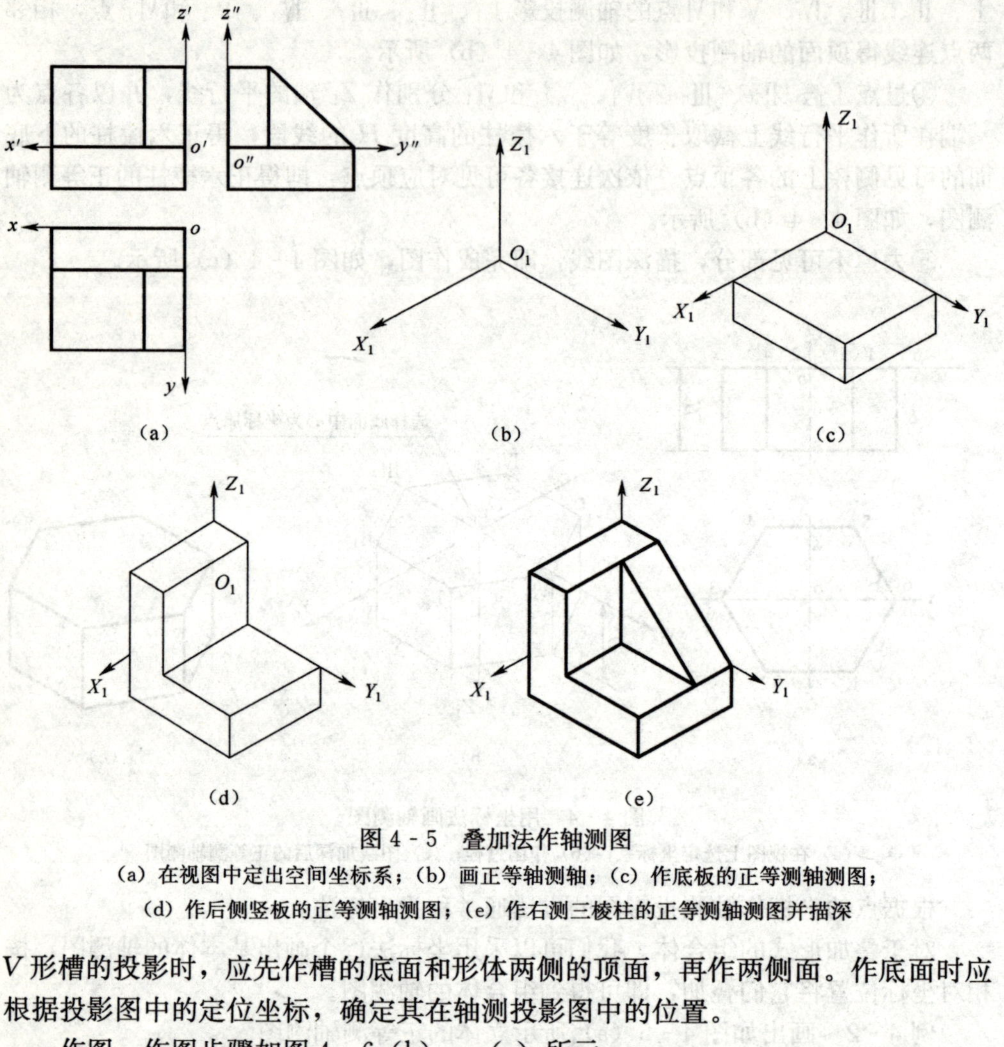

图 4-5　叠加法作轴测图

(a) 在视图中定出空间坐标系；(b) 画正等轴测轴；(c) 作底板的正等测轴测图；

(d) 作后侧竖板的正等测轴测图；(e) 作右测三棱柱的正等测轴测图并描深

V 形槽的投影时，应先作槽的底面和形体两侧的顶面，再作两侧面。作底面时应根据投影图中的定位坐标，确定其在轴测投影图中的位置。

作图：作图步骤如图 4-6 (b) ～ (e) 所示。

4.2.5 回转体的正等测轴测图

回转体经轴测投影后端面的圆变为椭圆，下面介绍椭圆的画法。

1. 椭圆的画法

在轴测图中椭圆有不同的画法，现介绍常用的弦线法和菱形法。

(1) 弦线法

弦线法实质为坐标法，先作出椭圆上的若干点的投影，然后连成光滑的曲线，其作图过程如图 4-7 所示。此法作椭圆较为准确，但作图比较烦琐。

图中 X_1 轴上的各点与 X 轴上的各点对应相等，过 X_1 轴上各点所作的弦仍保持平行，且长度仍等于过 X 轴上对应点的弦长。

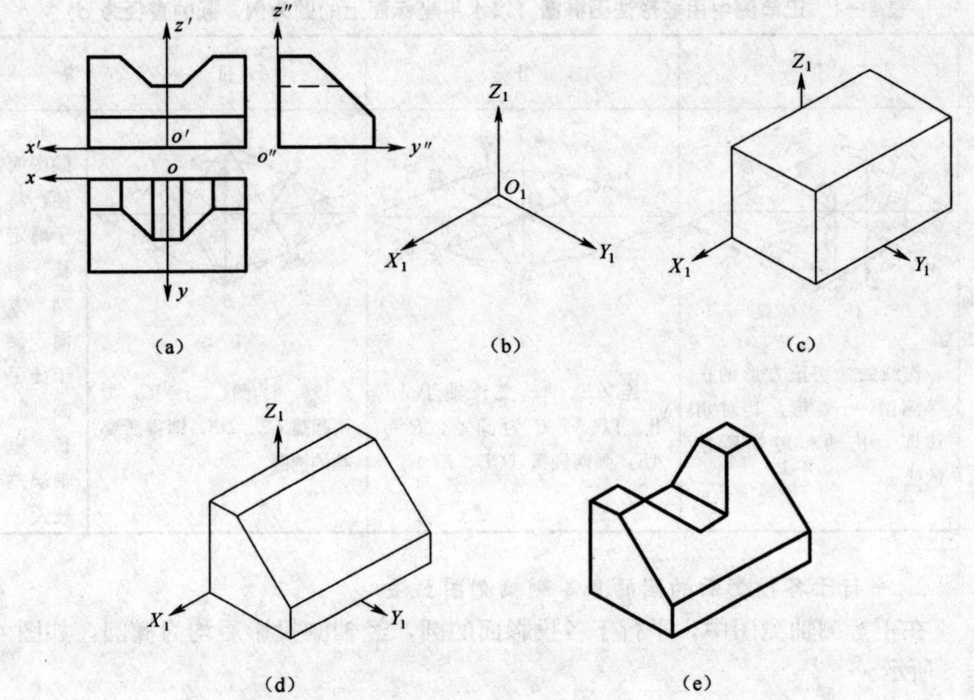

图 4 - 6　切割法画轴测图

(a) 视图中选定空间直角坐标系；(b) 画正等测轴测轴；(c) 作基本立体的正等测轴测图；
(d) 用侧垂面切除一个三棱柱；(e) 中间切出一个 V 形槽，并描深

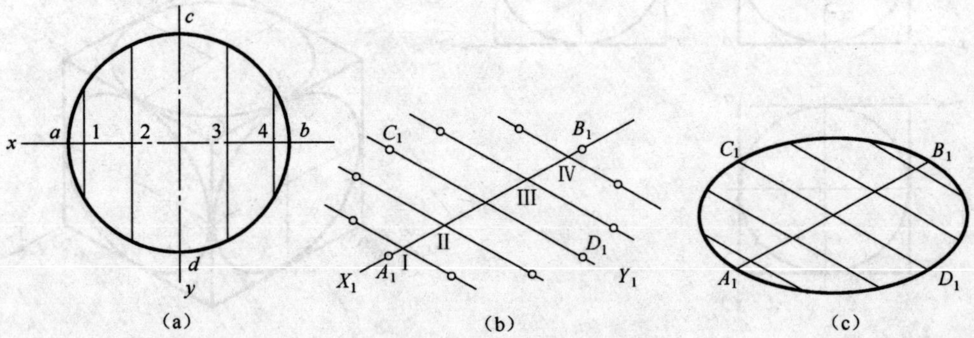

图 4 - 7　弦线法作椭圆

(a) 在圆上作适当数量的与 Y (X) 轴平行的弦；(b) 作轴测轴，确定各弦端点的轴测投影；
(c) 依次光滑连接各端点，即得椭圆

(2) 菱形法

菱形法是一种近似画法，它用四段圆弧组成一个椭圆，弧的端点正好是外切菱形的切点，在正等测投影中的画法步骤见表 4 - 1。

表 4-1 正等测中用菱形法画椭圆（以水平坐标面上的圆为例，圆的直径为 d）

步骤	Ⅰ	Ⅱ	Ⅲ	说明
画法	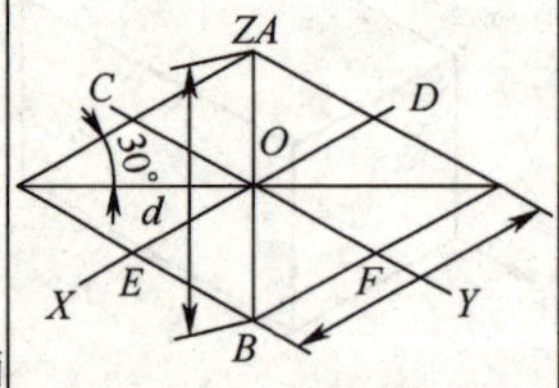 作圆的外切正方形的正等测图——菱形，其对角线即为长轴和短轴所在的线	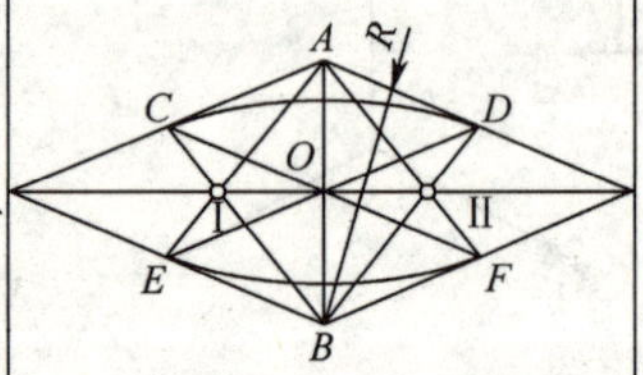 连 AE、AF 交长轴于Ⅰ、Ⅱ。以 A、B 为圆心，$R=AE$，画两圆弧（CD、EF）	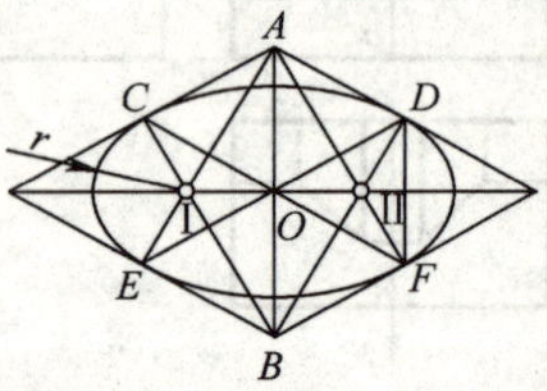 以Ⅰ、Ⅱ为圆心，r=ⅠC，画两圆弧 CE、DF，即得所要画的椭圆	此法画图简便，易于确定长、短轴方向，便于徒手画图。长、短轴误差较大

2. 平行于各投影面的圆的正等测轴测图画法

在正等测轴测图中，平行于各投影面的圆，经轴测投影后均为椭圆，如图 4-8 所示。

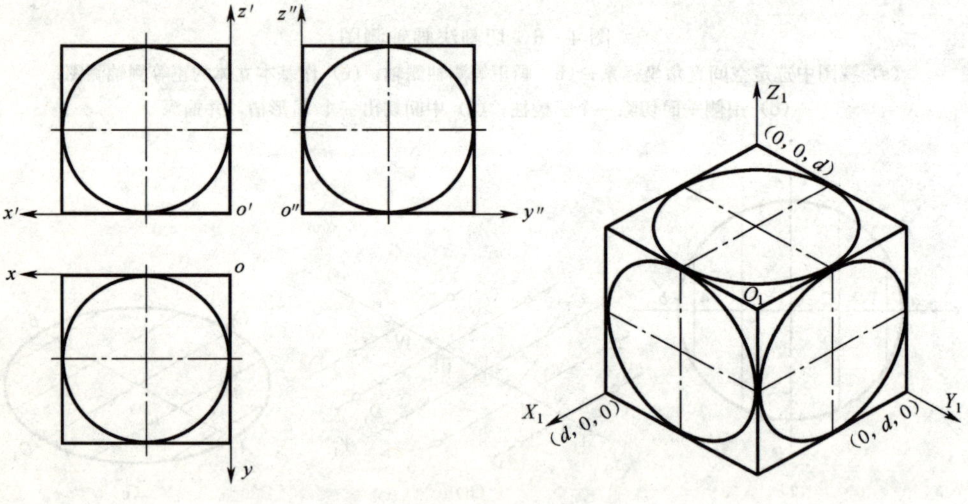

(a) (b)

图 4-8 圆的正等测轴测图

(a) 正方体及表面上的圆的投影图；(b) 正方体及表面上的圆的正等测轴测图（采用简化伸缩系数）

在三面投影体系中放置组合体时，一般使回转体的端面平行于对应的投影面，这样组合体经轴测投影后各端面都平行于对应的轴测坐标面，端面圆成为平行于对应轴测坐标面的椭圆。

如图 4-8（a）所示为一正方体的三视图，在其顶面、前面和左面分别有一个和各面正方形内切的圆，各圆的中心线分别平行于对应的坐标轴，中心线与各对应边的交点为切点。经正等测投影后，各圆的外切正方形成为菱形，中心线平行于对应的轴测轴，切点的属性不变，即椭圆内切于菱形。在正等测投影图中，正方体的前面与后面、顶面与底面、左面与右面完全重合，所以画其轴测图，实质为画看得见的前面、顶面与左面及其上的圆。为便于理解，正方体在三面投影体系中的位置及其上坐标系的取法完全同如图 4-8（a）所示。而如图 4-8（a）所示中的三视图是按如图 4-1（a）所示中的位置进行投影，然后调整视图间的位置得到的。而正等测的轴测图，完全按如图 4-1（a）所示的方式生成，只不过 $\alpha=45°$，$\beta=35.26°$，作图过程如下。

①作出正方体的正等测投影，采用简化伸缩系数，设正方体的边长为 d，在轴测轴上分别作出（d，0，0）和（0，d，0）和（0，0，d）三点，过这三点分别作对应轴测轴的平行线，即得正方体各面的投影，找出各边中点作可见面上内切圆的中心线的轴测投影；

②在各菱形内用菱形法作出内切的椭圆，如图 4-8（b）所示。

3. 回转体的正等测图画法

画回转体的正等测图，一般把坐标原点取在某个端面圆心的位置，把回转轴取为某条坐标轴，并作出对应的正等测轴测图。根据端面圆所在的坐标平面，用菱形法先画出一个端面圆的正等测图——椭圆。然后在回转轴所在的轴测坐标轴上从画出的椭圆中心起，量取长度等于该回转体两端面间距离的点，即得另一端面圆的正等测投影椭圆的中心。作出该椭圆，并作两个椭圆的公切线，去掉不可见部分即可。

例 4-4　作如图 4-9（a）所示圆柱的正等测轴测图。

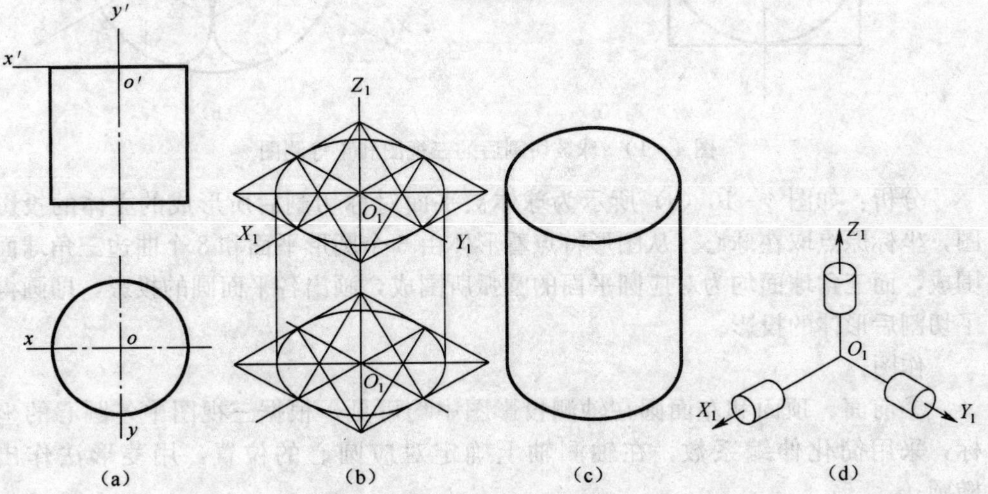

图 4-9　圆柱的正等测画法

(a) 视图；(b) 作轴测图的过程；(c) 轴测图；(d) 不同方向圆柱的轴测图画法

作图，如图 4 - 9（b）～（c）所示。

作法：

①用菱形法作顶圆的正等测图；

②将作顶圆椭圆的四个圆心沿 Z_1 轴方向向下移动，移动距离等于圆柱的高度，并作出底圆的正等测图；

③作两端面椭圆的公切线，去掉不可见部分，描深图线。

作回转体的正等测轴测图时，一定要注意端面圆所平行的坐标面，然后用互相垂直的两条中心线的轴测投影确定圆所在的平面的位置，在中心线投影上找出对应的切点，最后用菱形法作出椭圆，才能正确地作出回转体的正等测轴测图。如图 4 - 9（d）所示为端面平行于不同坐标面的圆柱体的轴测图。

例 4 - 5 如图 4 - 10（a）所示为一球体被平面对称地切割后的投影图，试画出其正等测的轴测图。

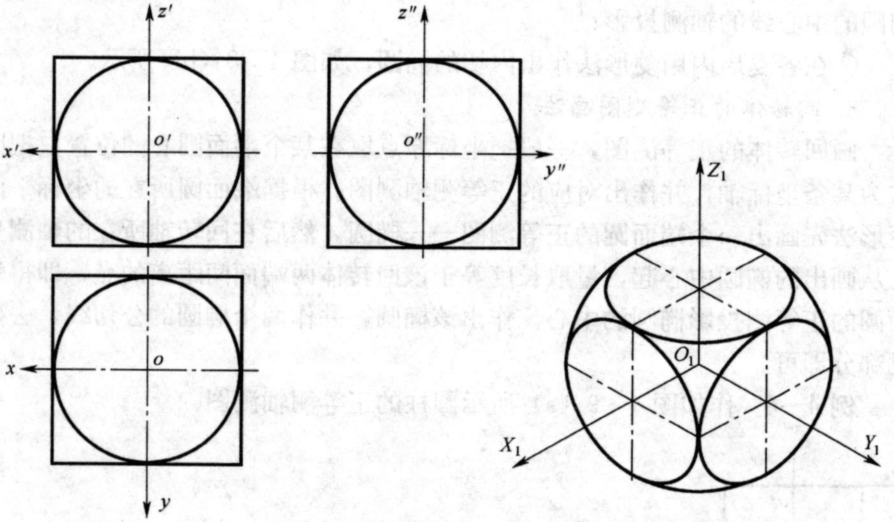

（a） （b）

图 4 - 10 球被切割后的三视图和正等测图

分析：如图 4 - 10（a）所示为球体被平面对称切割后所形成的立体的投影图，坐标原点取在球心。从图形特点看形体由 6 个圆形平面和 8 个曲边三角球面围成，而三角球面均为对应圆平面的圆弧所围成，画出各平面圆的投影，即画得了切割后形体的投影。

作图：

①前面、顶面和左面圆在轴测投影图中均可见，根据三视图中各圆心的坐标，采用简化伸缩系数，在轴测轴上确定对应圆心的位置，用菱形法作出椭圆；

②将前面的第二象限的圆弧的圆心沿 Y_1 向后移动圆的直径长，半径不变，

作出左、顶两椭圆的包络圆弧（相切）；以同样的方式作出左、前两椭圆和前、顶两椭圆的包络圆弧，即完成了全图。完成的图形如图 4 - 10（b）所示。

例 4 - 6　根据如图 4 - 11（a）所示的三视图，画出其正等测的轴测图。

分析：该组合体由两部分组成，上面部分的圆及圆弧位于平行于 V 面的平面上，下部底板上的圆弧位于平行于 H 面的平面上。为了便于作图，空间坐标系的选择应如图 4 - 11（a）所示。

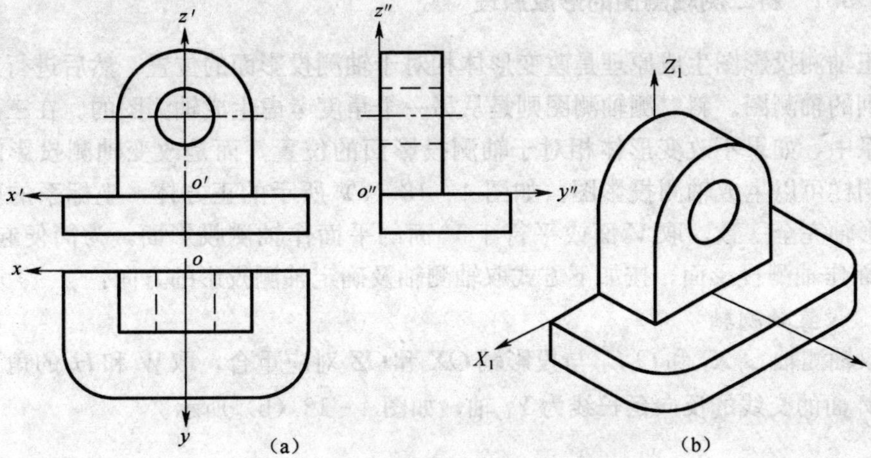

图 4 - 11　根据组合体三视图画轴测图

作图：

①先确定前面的位置，然后按从前向后的顺序画出可见面、可见轮廓线以及回转面投影轮廓线。回转面投影轮廓线为两圆弧的公切线，它平行于 Y_1 轴。

②按从上向下的顺序先画出底板的顶面，再按圆弧平移的方式画底板的轮廓及侧面的可见轮廓线，完成全图。完成的图形如图 4 - 11（b）所示。

4.2.6　圆角的正等测画法

如图 4 - 12（a）所示图形的四个角均为 1/4 圆，画其正等测图时，分别以

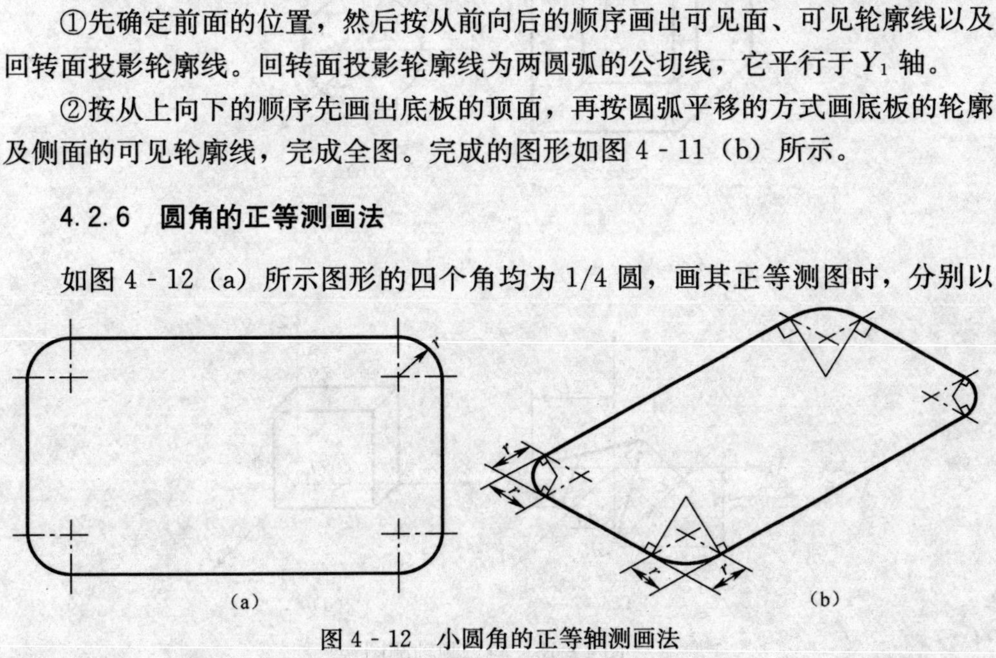

图 4 - 12　小圆角的正等轴测画法

（a）视图；（b）正等测图

四个角顶点为圆心，圆角半径为半径，在四边形的边上截取各点，然后过这些点分别作边的垂线，交点即为画出圆角正等测图的圆心。以此圆心到四边形边的垂足间的距离为半径，画出该角两边垂足间的圆弧即可。如图 4 - 12（b）所示。

4.3 斜二测轴测图

4.3.1 斜二测轴测图的形成原理

正轴测投影图生成原理是改变形体相对于轴测投影面的位置，然后进行正投影得到的轴测图。斜二测轴测图则是从另一个角度考虑生成轴测图的。在三面投影体系中，如果不改变形体相对于轴测投影面的位置，而是改变轴测投影的方向，同样可以生成轴测投影图。如图 4 - 13（a）所示的正方体，坐标系的取法和投影轴完全一致，取 V 面或平行于 V 面的平面作轴测投影面，为简便起见，取 V 面作轴测投影面，按如下方式取轴测轴及确定轴测投影的方向：

1. 设置轴测轴

取轴测轴 O_1X_1 和 O_1Z_1 与投影轴 OX 和 OZ 对应重合，取 W 和 H 的角平分面与 V 面的交线的反向延长线为 Y_1 轴，如图 4 - 13（b）所示。

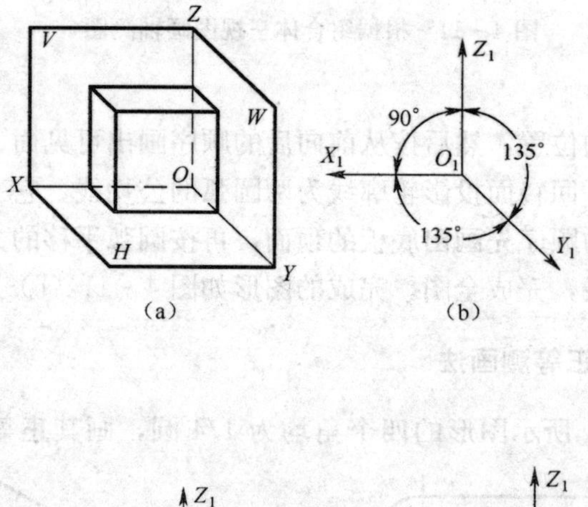

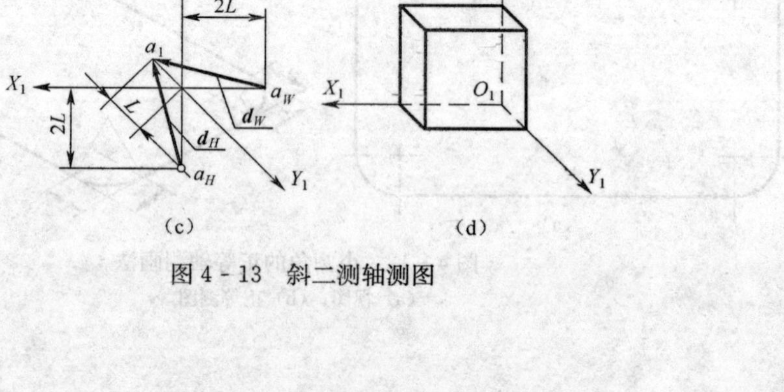

图 4 - 13　斜二测轴测图

2. 设置投影方向

设 L 为任意长的一线段，自 O_1 点起在轴测投影轴 Y_1 上取距离为 L 的点 a_1；在空间直角坐标系的 Y 轴上自 O_1 取坐标为（0，2L，0）的点 A，过 A、a_1 作直线，该直线方向取为轴测投影的方向，用 d 表示投影方向的矢量，d_H 和 d_W 分别表示其在 H 和 W 面上的投影，示意图如图 4 - 13（c）所示。

4.3.2　斜二测轴测图的特征

斜二测轴测图的主要特征有以下几点。

①轴间角：$\angle Z_1O_1X_1=90°$，$\angle Y_1O_1Z_1=\angle X_1O_1Y_1=135°$；

②轴向伸缩系数：$p=r=1$，$q=1/2$。

斜二测轴测轴画法如图 4 - 13（b）所示。

4.3.3　斜二测轴测图的画法

斜二测图的特点是形体上凡是平行于 XOZ 坐标面的平面其轴测投影的形状和线段的长度都不变，凡是平行于 Y 轴的线段长度变为 1/2，对应轴测轴的平行性不变，因此斜二测特别适合画轴线方向相同的回转体构成的组合体。

作图时，因平行于 V 面的面反映实形，所以很容易作出，然后沿 Y_1 轴方向作出立体上各平行于 Y 轴的棱线，按 1/2 的伸缩系数截取各点，将对应点相连即可。如图 4 - 13 所示。若是圆柱，则只需在 Y_1 轴上截取两端面圆中心距长度的一半，分别以两个端点为圆心，以圆柱半径为半径画圆，然后作两圆的分切线，并去掉后底圆的不可见部分即可，如图 4 - 14（b）～（c）所示。

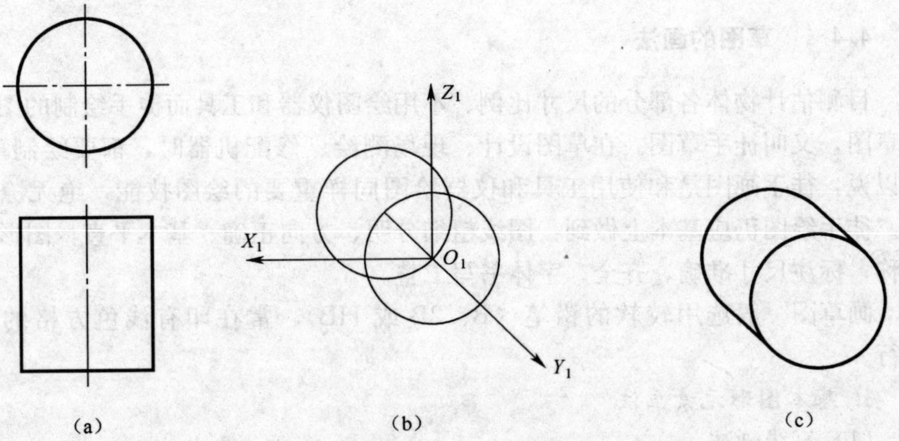

图 4 - 14　圆柱的斜二测画法

例 4 - 7　根据如图 4 - 15（a）所示的三视图画斜二测轴测图。

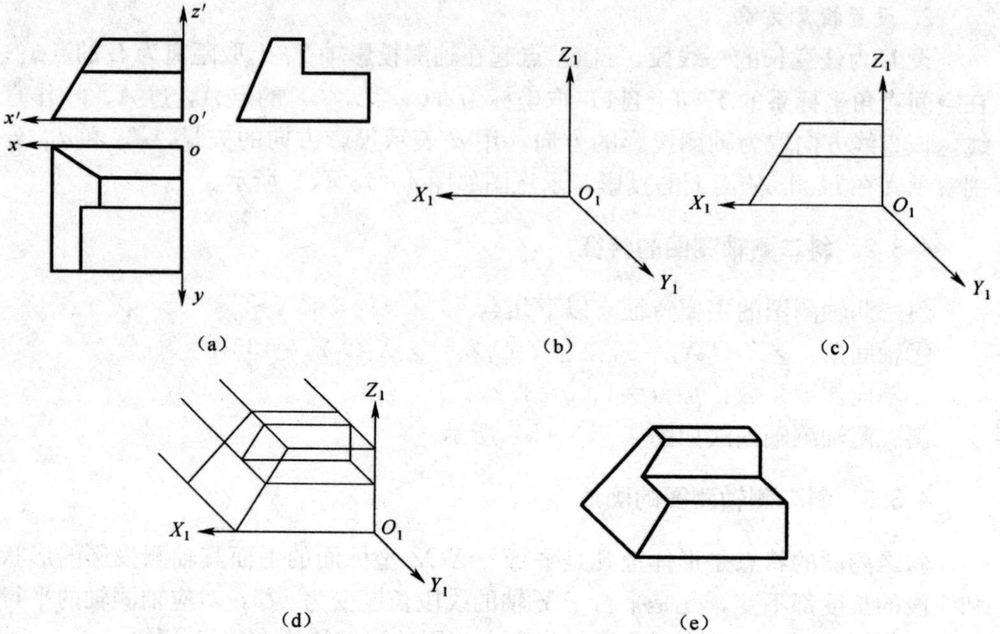

图 4-15　组合体的斜二测轴测图

(a) 选定空间坐标系；(b) 画斜二测轴测轴；(c) 画出立体的前面；
(d) 画出立体上平行于 Y 轴的各棱线并按 1/2 比例截取；(e) 去掉挖去的一块和多余线，
并描深各对应线段的长度，连接同一线段的两端点

4.4　轴测图草图画法

4.4.1　草图的画法

目测估计物体各部分的尺寸比例、不用绘图仪器和工具而徒手绘制的图样称为草图，又叫徒手草图。在草图设计、现场测绘、修配机器时，都要绘制草图，可以说，徒手画图是和使用工具和仪器绘图同样重要的绘图技能，绝无潦草之意。徒手绘图仍应基本上做到：图线粗细分明、方向正确、基本平直；图形比例匀称；标注尺寸准确、齐全；字体书写工整。

画草图一般选用较软的铅笔（B、2B 或 HB），常在印有浅色方格的纸上进行。

1. 基本图形元素画法

(1) 直线画法

画直线时，眼睛看着图线的终点以控制方向。运笔方向一般是：画水平线由左向右；画铅垂线由上向下；画右上斜线由左下向右上；画左上斜线由左上向右下。当直线较长时，可在直线中间定出几个点，然后分段画出。画短线多用手腕

运笔，画长线多用手臂动作。

画 30°、45°、60°的斜线，按两直角边的比例关系，定出端点并连成直线。如图 4 - 16 所示。

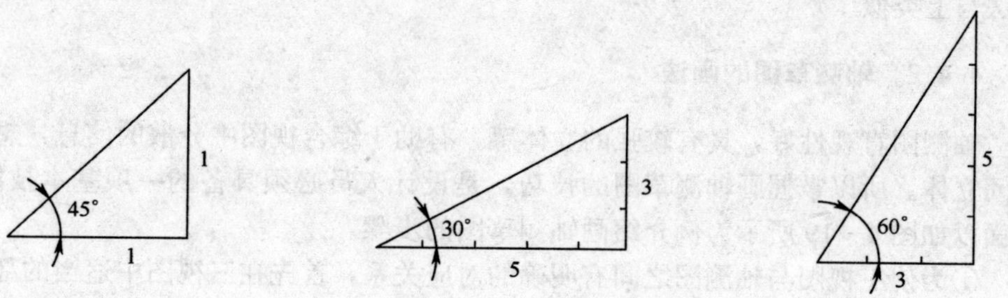

图 4 - 16　30°、45°、60°的斜线画法

(2) 曲线画法

画直径较小的圆时，如图 4 - 17 (a) 所示，在中心线上按半径定出 4 个点，然后徒手连成圆。画直径较大的圆时，则可如图 4 - 17 (b) 所示，除中心线以外，再过圆心画两条不同方向的直线，在这些直线上按半径定出 8 个点，再徒手连成圆。

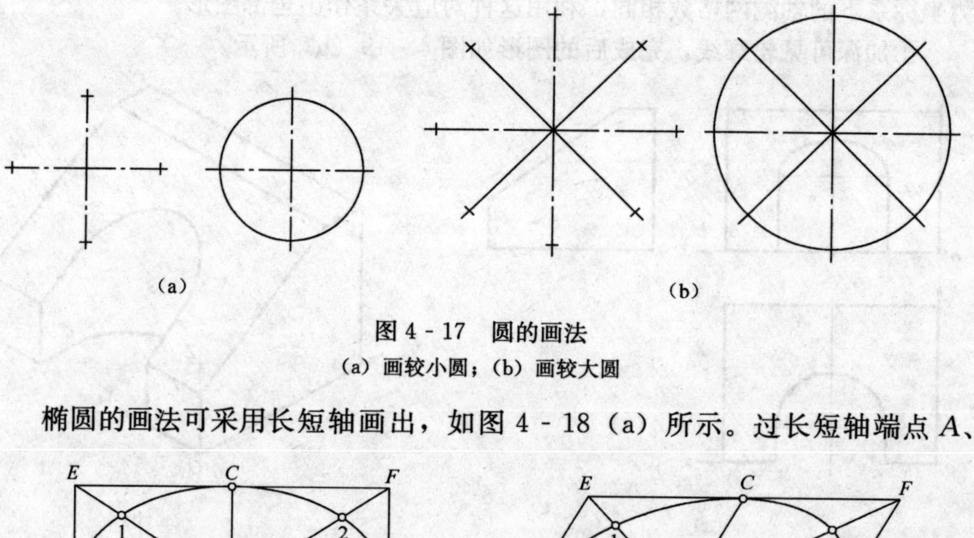

图 4 - 17　圆的画法

(a) 画较小圆；(b) 画较大圆

椭圆的画法可采用长短轴画出，如图 4 - 18 (a) 所示。过长短轴端点 A、

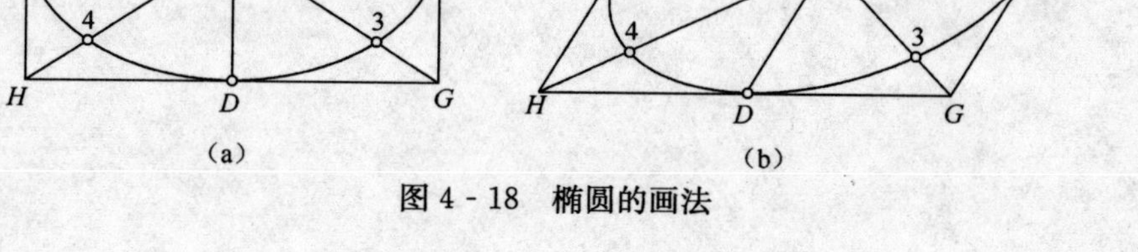

图 4 - 18　椭圆的画法

B、C、D 作矩形或平行四边形 $EFGH$；连接其对角线，在各半对角线上按目测取等于 7∶3 的点 1、2、3、4；徒手顺次连接点 A、1、C、2、B、3、D、4、A，就可作出所求的椭圆。还可采用共轭直径作椭圆，如图 4 - 18（b）所示，具体作法与上类似。

4.4.2 轴测草图的画法

轴测图直观性好，具有较强的立体感，有助于综合视图中分散的信息，想象空间立体。所以掌握画轴测草图的技巧，是设计人员必须具备的一项基本技能。下面以如图 4 - 19 所示为例介绍画轴测草图的步骤。

①为使三视图与轴测图之间有明确的对应关系，首先在三视图中适当的部位取一点作为坐标原点，如图 4 - 19 所示中的点 O（o'，o，o''），并确定坐标轴的方向，如图 4 - 19（a）所示。

②在轴测坐标网格线上取一格点作为对应的轴测坐标原点 O_1。根据形体的特点坐标轴的取法有不同的形式，如图 4 - 3 所示。选择合适的形式，有助于控制图形的范围，如图 4 - 19（b）所示。

③为方便作图，用方格作图形单位，保持视图中坐标系下的正交网格数和轴测坐标系下的轴测网格数相同，利用这种对应关系作出全部图形。

④加深可见轮廓线，完成后的图形如图 4 - 19（b）所示。

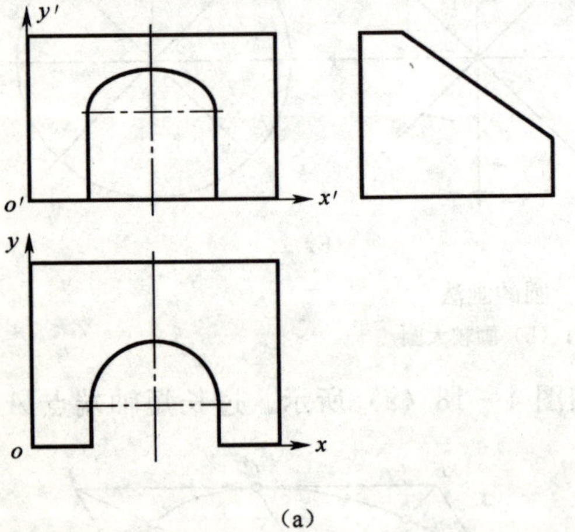

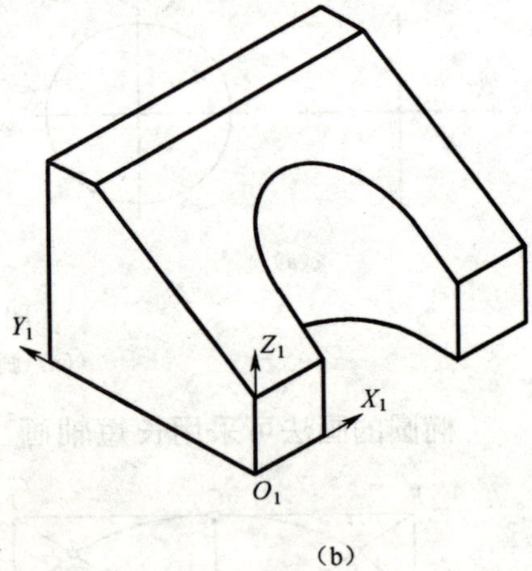

图 4 - 19　由三视图画轴测草图

第5章　组　合　体

学习完本章，应该掌握如下内容：

◆三视图的形成及投影特性

◆组合体的组合形式

◆绘图与读图的基本方法，形体分析法和线面分析法

◆组合体的尺寸注法

5.1　三视图的形成及其投影规律

5.1.1　三视图的形成

将物体放置在三面投影体系第一视角中，分别向三个投影面（V、H、W）投影所得的图形，称为三视图。其正面（V）投影称为主视图，水平（H）投影称为俯视图，侧面（W）投影称为左视图，如图 5-1 所示。三面投影展开后，三视图也随之展开，其配置位置如图 5-1（b）所示，由于用正投影图表示的形状大小与其离投影面的远近无关，因此，画三视图时，不必画出投影轴。

为了便于画图和看图，通常将物体摆正，尽量使物体的表面和对称面、对称线或回转体轴线相对于投影面处于特殊位置，并将 OX、OY 和 OZ 轴的方向分别设为物体的长度方向、宽度方向和高度方向。

5.1.2　三视图的投影规律

画三视图时，可见的轮廓线用粗实线绘制，不可见的部分用虚线绘制。

1. 配置关系

由投影面的展开规则可知，主视图不动，俯视图在主视图正下方，左视图在主视图的正右方。按此规律配置时，不必标注视图的名称。

2. 投影关系

三视图的每个视图只能反映物体两个方向的尺寸。主视图反映物体的长度和高度，俯视图反映物体的长度和宽度，左视图反映物体的高度和宽度。在画和看物体三视图时，都遵守“长对正、高平齐、宽相等”的规律。

3. 方位关系

如图 5-1 所示，物体有上、下、左、右、前、后六个方位，每个视图只能反映物体的空间四个方位，主视图反映物体的上下和左右关系；俯视图反映物体

左右和前后关系；左视图反映物体上下和前后关系。

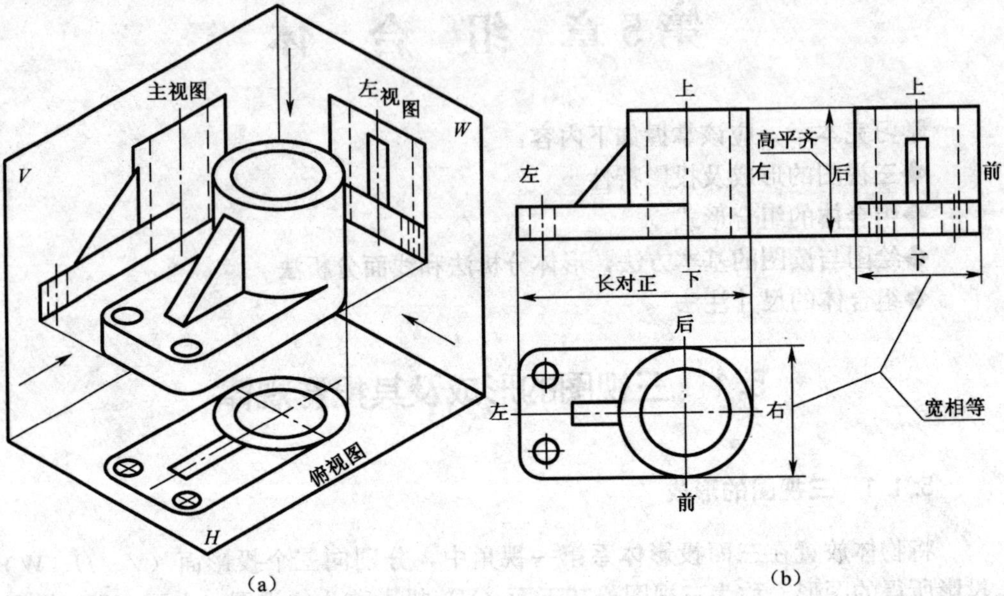

图 5-1 三视图的形成

5.2 组合体的组合形式及其形体分析

由基本形体叠加或挖切所形成的形体称为组合体。从几何学观点看，所有机械零件都可以被抽象地看成是组合体。为了便于画图、看图和标注尺寸，通常假想把组合体分解成若干基本形体，并弄清各基本形体的形状、组合形式及其相对位置关系，以使复杂的问题简单化。

5.2.1 组合体的组合形式及其相对位置

1. 组合形式

组合体的组合形式可分为：叠加和挖切两种基本形式，通常是叠加和挖切的综合，如图 5-2 所示。

2. 组合体表面间的相对位置

组合体邻接表面间的连接关系是画组合体三视图的关键，组合体表面连接具有下面几种典型的形式。

(1) 平齐与不平齐

①两表面间不平齐的连接处应有线隔开，如图 5-3 所示。

②两表面间平齐的连接处不应有线隔开，如图 5-4 所示。

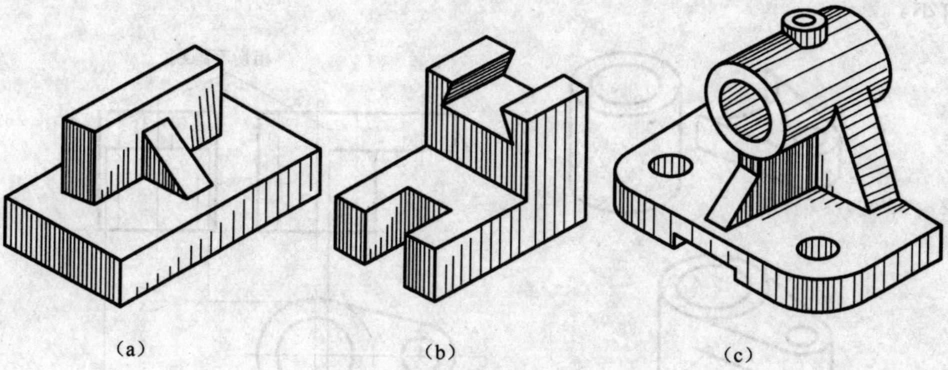

图5-2 组合体的组合形式

(a) 叠加；(b) 挖切；(c) 综合

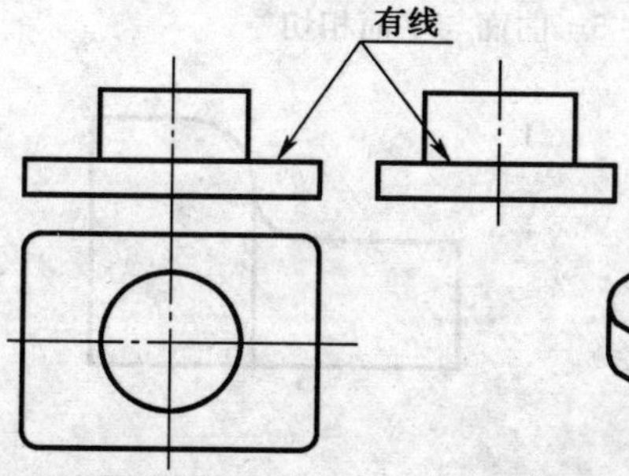

图5-3 表面不平齐

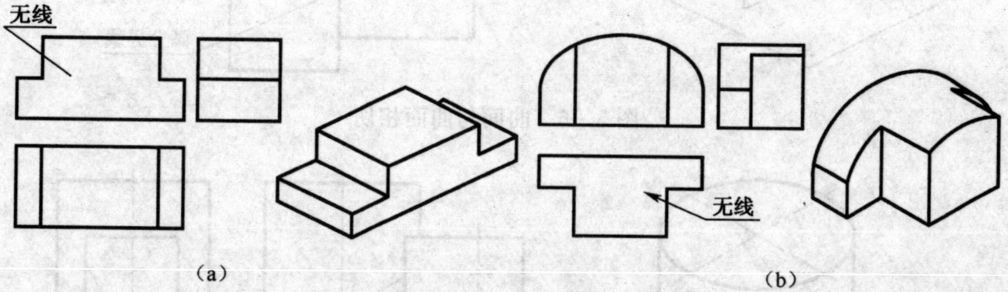

图5-4 表面平齐

(2)相切

当组合体上的曲面与曲面，曲面与平面相切时，其相切处光滑过渡，不存在交线，如图5-5所示。

曲面与曲面相切时，如果相切两表面存在公切面（平面或圆柱面）并垂直于投影面，在该投影面的图上应画出线，如图5-6所示。

(3) 相交

当基本立体表面相交时，应画出交线，有截交线和相贯线两种，如图5-7

所示。

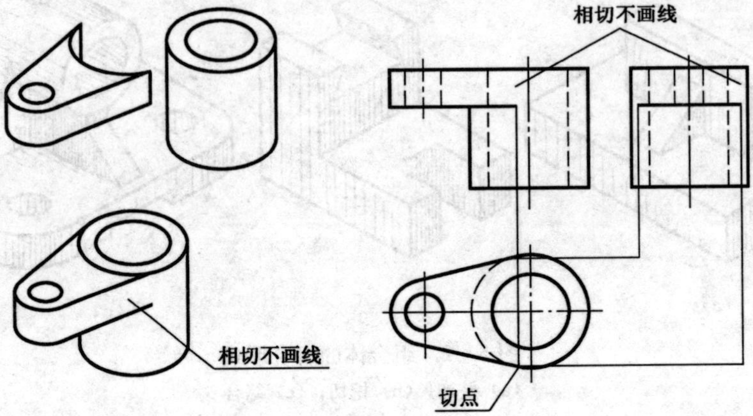

图 5-5 曲面与平面相切

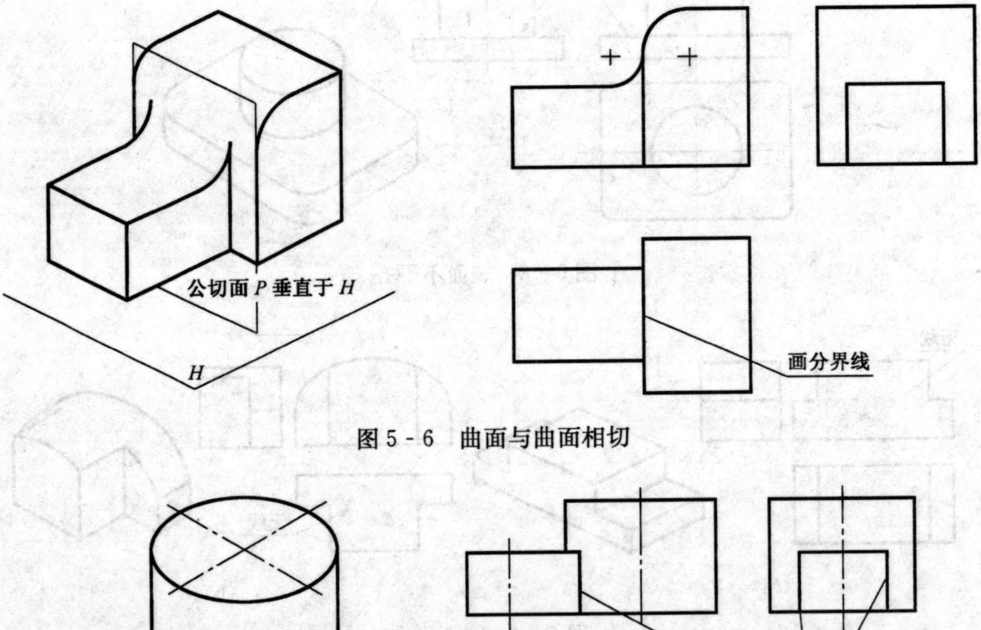

图 5-6 曲面与曲面相切

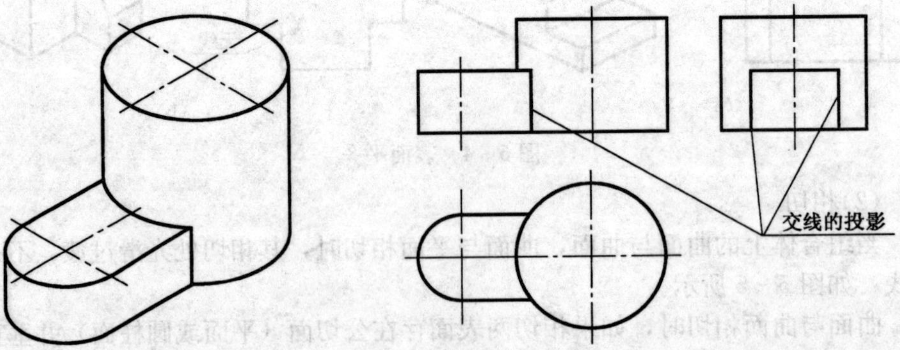

(a)

图 5-7 相交

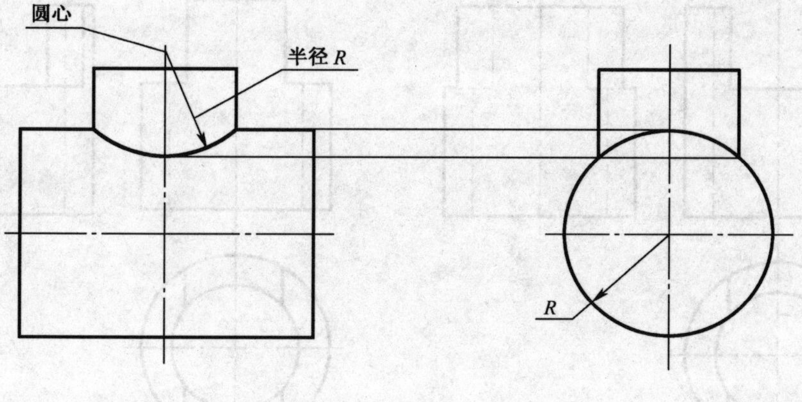

（b）

图5-7　相交（续）

（a）截交线；（b）相贯线的简化画法

5.2.2　典型结构的画法

1. 阶梯孔的画法

如图5-8所示，是不同类型阶梯孔的画法，应注意结合处的表面投影有无分界线。

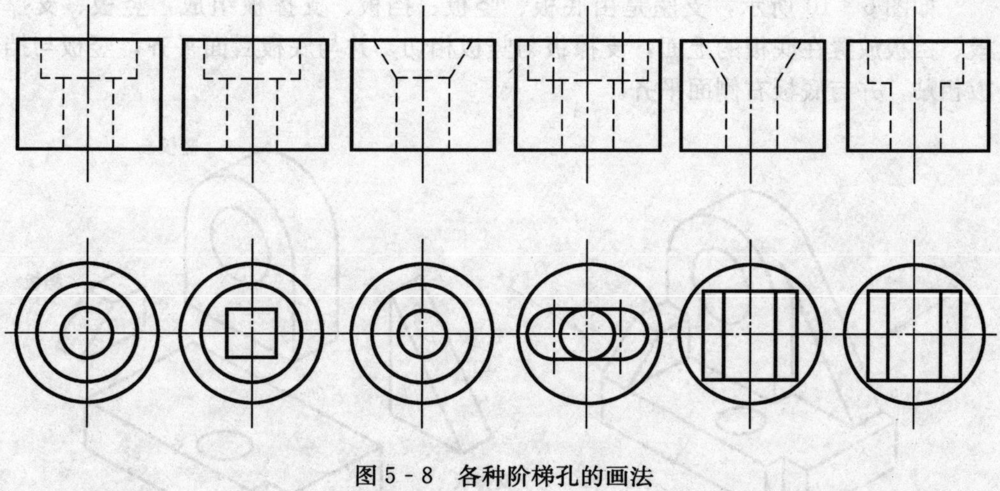

图5-8　各种阶梯孔的画法

2. 圆筒切口的画法

如图5-9所示，圆筒由截平面切割后，由截平面与圆柱表面的交线所围成的形状，应注意交线的正确绘制位置。

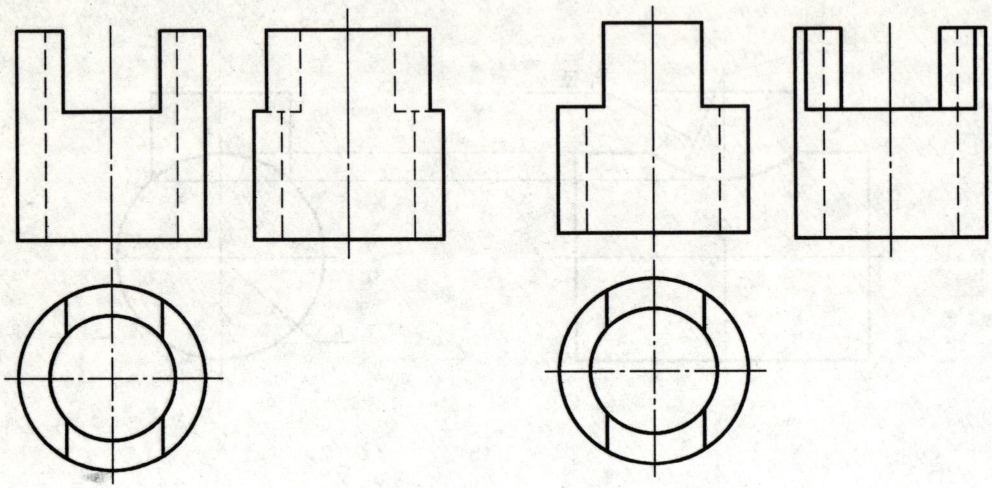

图 5-9 圆筒切口的画法

5.3 画组合体三视图的方法和步骤

1. 形体分析

画组合体三视图之前，应该对组合体进行形体分析，将组合体分解为若干基本体，并分析它们的形状、相对位置、组合形式以及表面连接关系。

如图 5-10 所示，支座是由底板、竖板、挡板、支撑板组成，竖板、支撑板、挡板放置在底板的上面，支撑板与竖板相切，并与底板后面平齐，竖板与挡板相贴，并与底板右侧面平齐。

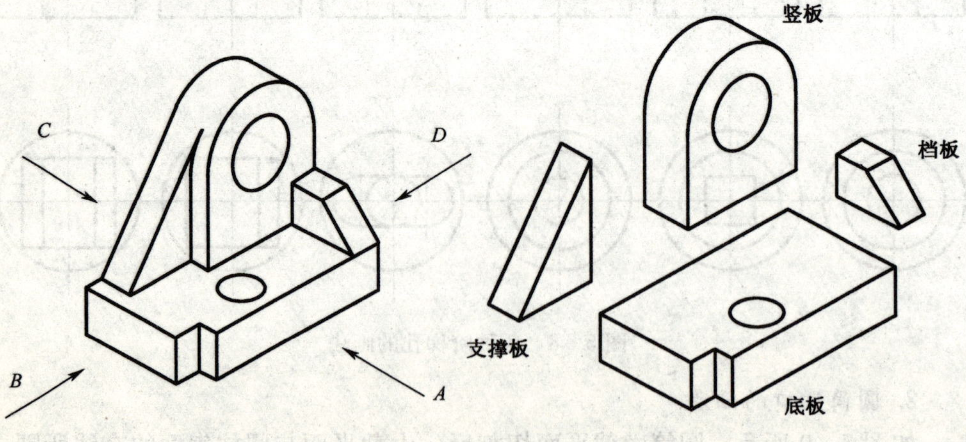

图 5-10 支座的形体分析

2. 确定主视图

主视图通常是反映物体主要形状的视图。选择主视图就是确定主视图的投影方向相对于投影面的放置问题。一般是选择反映形状特征最明显、反映形体间相对位置最多的投影方向作为主视图的投影方向，并尽可能使形体上主要表面平行于投影面，以便使投影能得到实形，同时考虑组合的自然安放位置，还需兼顾其他视图的表达。

如图 5-11 所示的几个视图中，该组合体（支座）以 A 方向作为主视图的投影方向，并将其按自然位置放置。

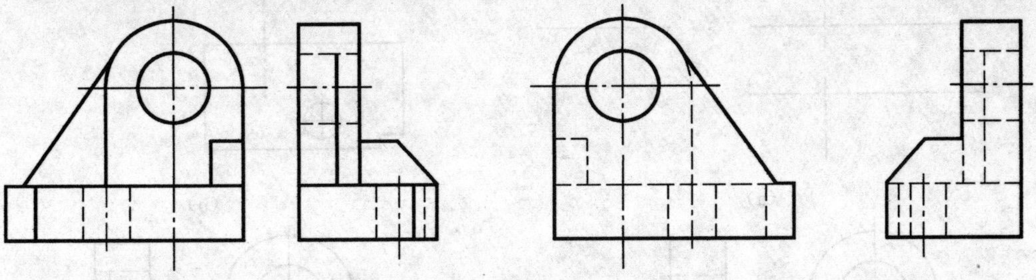

A 向　*B* 向　*C* 向　*D* 向

图 5-11　主视图方案的比较

画组合体三视图之前，应该对组合体进行形体分析，将组合体分解为若干基本体，并分析它们的形状、相对位置、组合形式以及表面连接关系。

3. 确定比例，选定图幅

在一般情况下，画图尽可能采用 1∶1 的比例。根据组合体的长、宽、高尺寸及所选用的比例，选择合适幅面的图纸。根据主视图长度方向尺寸和左视图宽度尺寸，计算出主、左视图间以及与图框边线间的空白间隔，使主、左视图沿长度方向均匀分布。同样根据主视图的高度尺寸和俯视图的宽度尺寸计算出上下的空白间距，使主、俯视图沿高度方向均匀分布。当选定的图纸固定到图板上后，应先画好图框和标题栏，然后根据计算结果用基准线将三视图的位置固定在图纸上。基准线常采用对称线、轴线和较大的投影面平行面的积聚性投影线。主视图的位置由长、高方向的基准线确定，左视图由高、宽方向的基准线确定，俯视图由长、宽方向的基准线确定。这些基准线应根据前面计算出的尺寸精确画出。

4. 画图步骤

①画各个视图的作图基准线，如图 5-12（a）所示。

②按形体分析画各个基本形体的三视图，如图 5-12（b）～（e）所示。

对每个基本立体应先画最能反映其形状特征和所处位置的那个视图，然后按照“长对正、高平齐和宽相等”的投影关系画出其他视图。

③检查、描深，如图 5-12（f）所示。

检查视图画得是否正确，应按各个基本立体的投影来检查，并要注意基本体之间邻接表面的相切、相交或共面的关系。经过全面检查、修改，确定无误后，擦去多余底稿线，方可描深。描深时，应遵守机械制图国家标准规定。

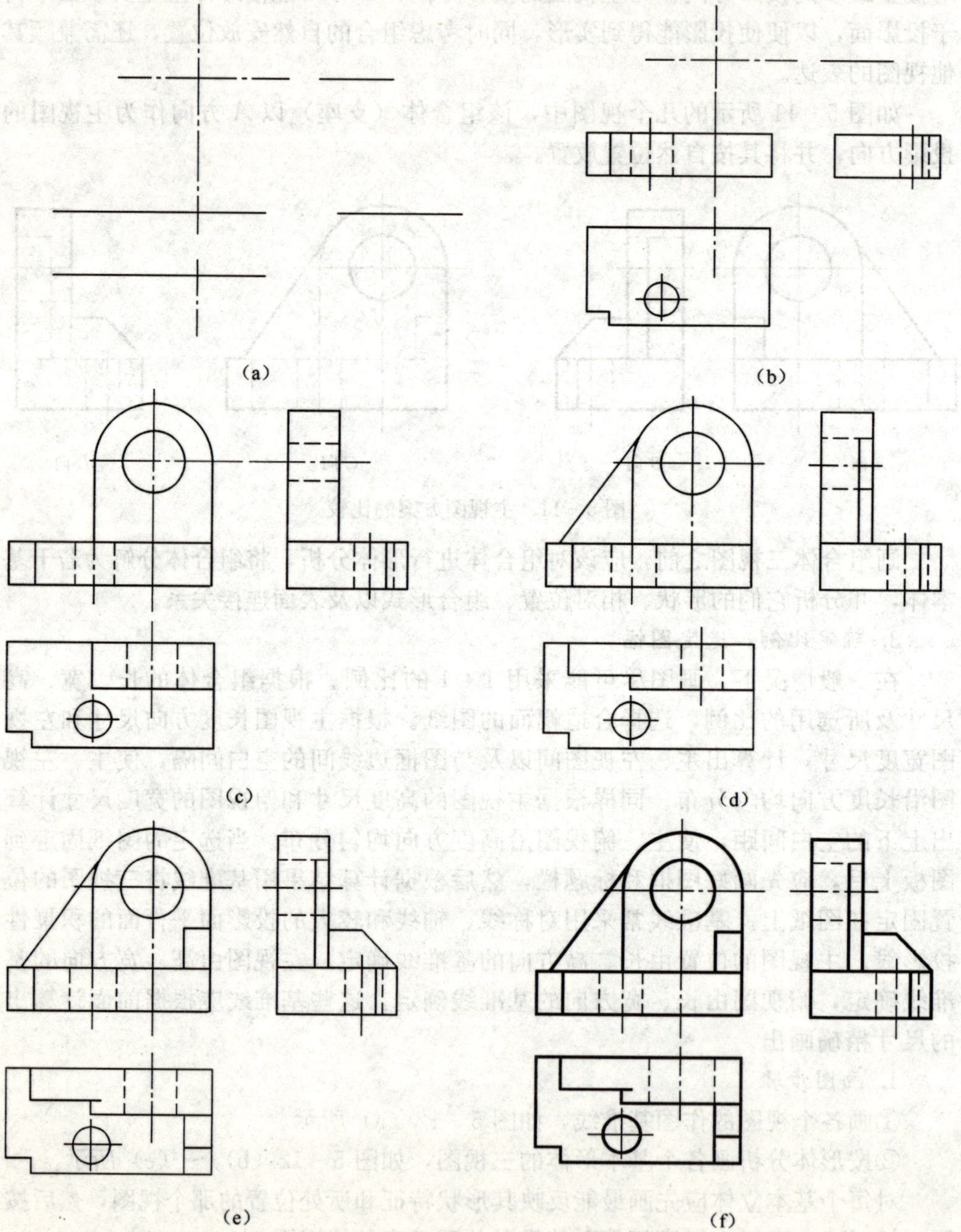

图 5-12 画支座三视图的步骤

5. 画组合体三视图举例

例 5 - 1　画图 5 - 13（a）所示组合体的三视图。

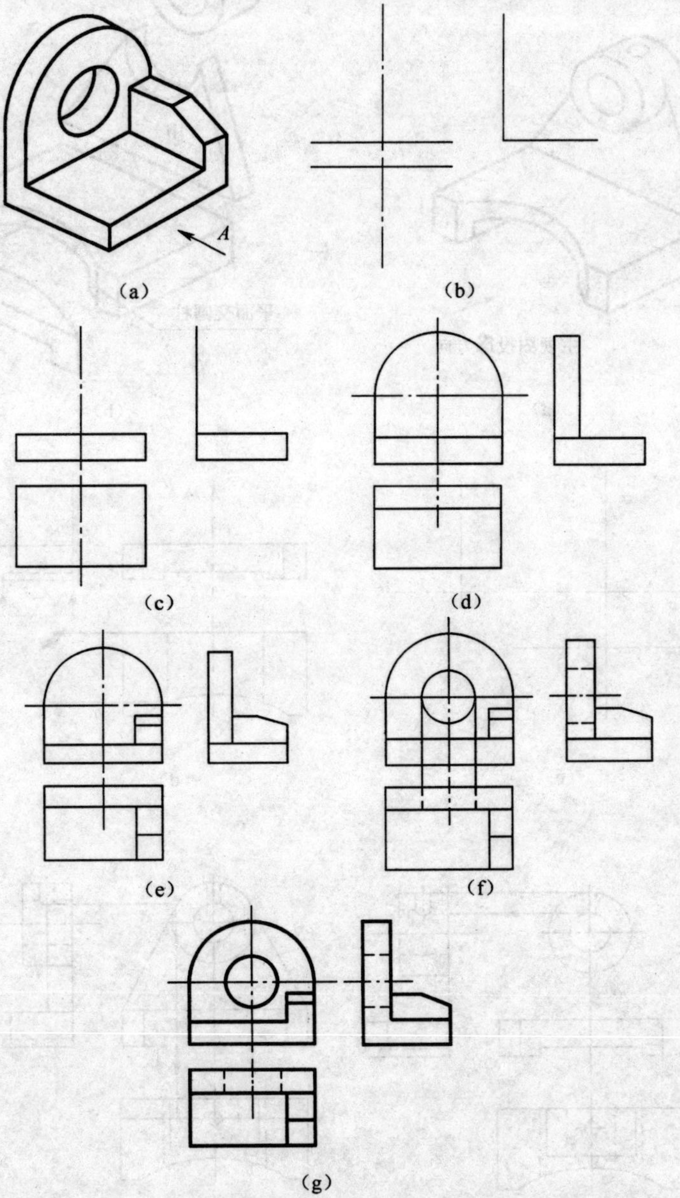

图 5 - 13　组合体三视图的画图步骤举例（一）

（a）组合体立体图；（b）画基准线；（c）画底板；（d）画正立板；

（e）画侧立板；（f）画圆柱孔；（g）检查、修改、描深

例 5 - 2　画图 5 - 14（a）所示组合体的三视图。

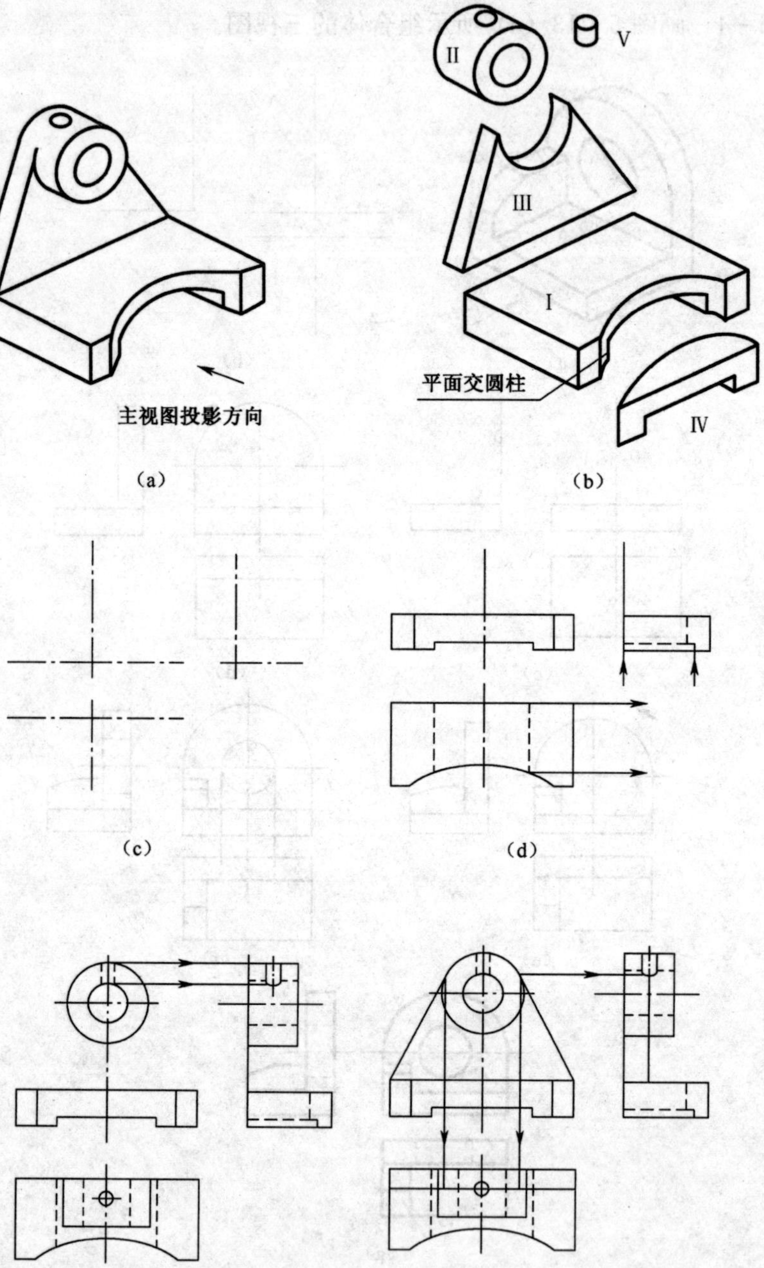

图 5-14　组合体三视图的画图步骤举例（二）

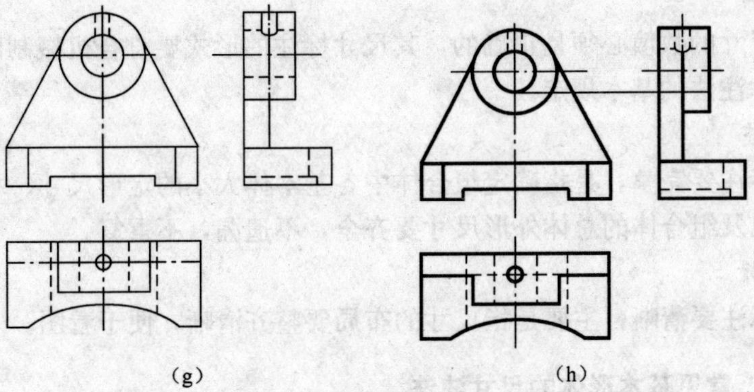

图 5 - 14 组合体三视图的画图步骤举例（二）（续）

(a) 组合体立体图；(b) 形体分析；(c) 画基准线；(d) 画形体Ⅰ和Ⅳ；
(e) 画形体Ⅱ和Ⅴ；(f) 画形体Ⅲ；(g) 检查并去掉多余线；(h) 描深

5.4 组合体的尺寸注法

5.4.1 尺寸标注的基本要求

组合体的形状是由视图来表达的，其大小是由所注尺寸来确定的。组合体尺寸标注的基本要求是正确、完整和清晰，如图 5 - 15 所示。

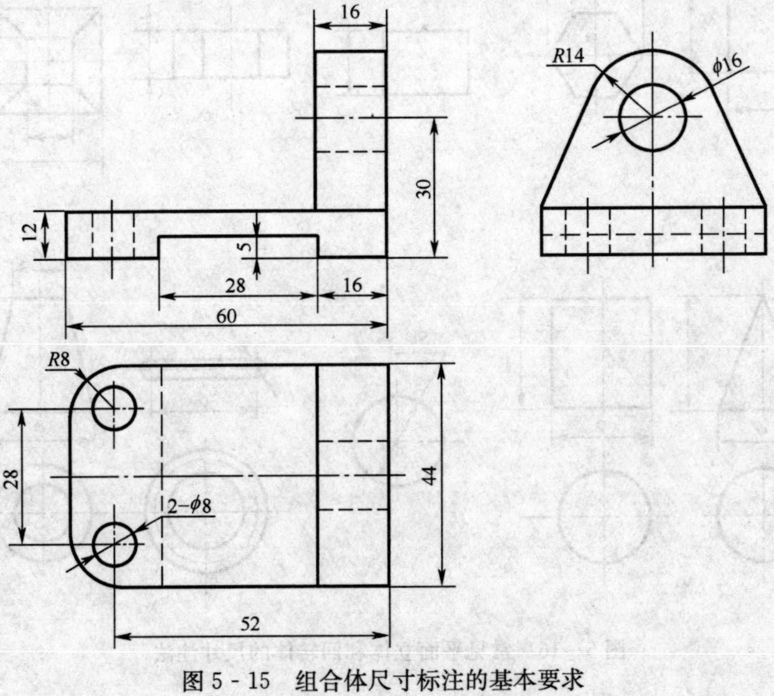

图 5 - 15 组合体尺寸标注的基本要求

1. 正确

所注尺寸的数值必须是正确的，其尺寸标注的形式要符合机械制图国家标准中有关尺寸注法的基本规定。

2. 完整

尺寸标注要完整，是指确定组合体中各基本体大小的定形尺寸、相对位置的定位尺寸以及组合体的总体外形尺寸要齐全，不遗漏，不重复。

3. 清晰

尺寸标注要清晰，主要是指尺寸的布局要整齐清晰，便于看图。

5.4.2 常见基本形体的尺寸注法

常见平面立体和回转体的尺寸注法如图 5 - 16 所示，切割体和相贯体的尺寸注法如图 5 - 17 所示，平板的尺寸注法如图 5 - 18 所示。

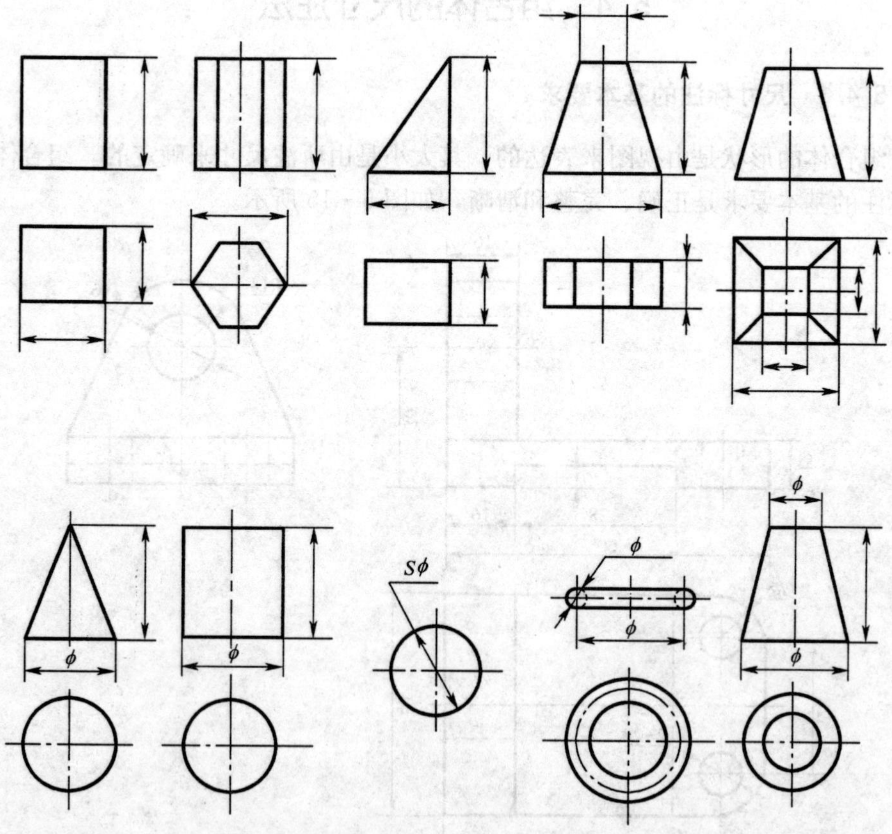

图 5 - 16 常见平面立体和回转体的尺寸注法

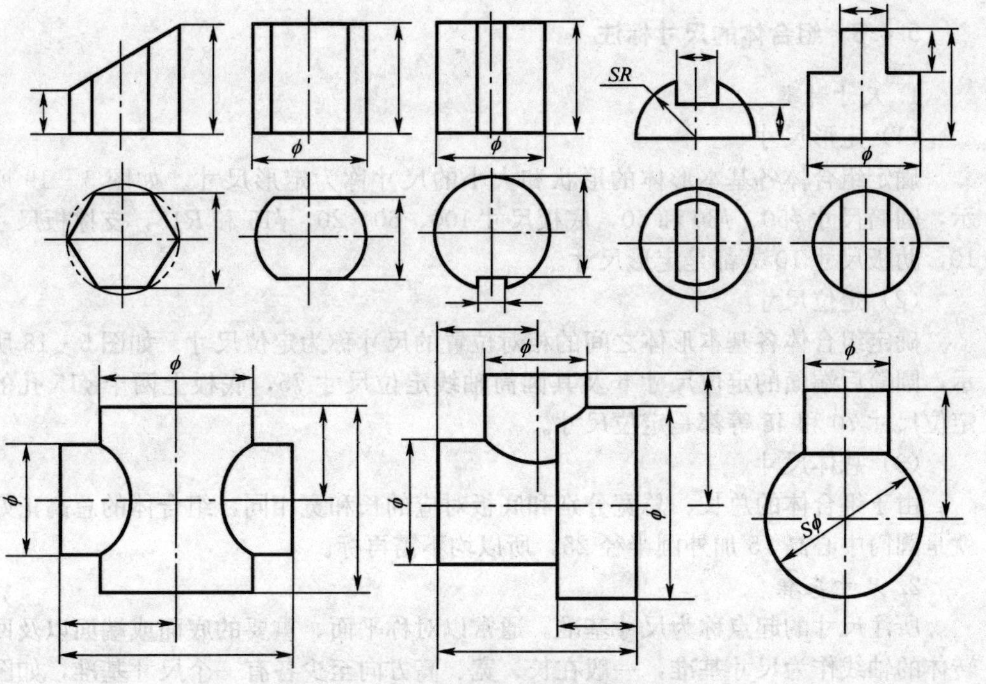

图 5 - 17 切割体和相贯体的尺寸注法

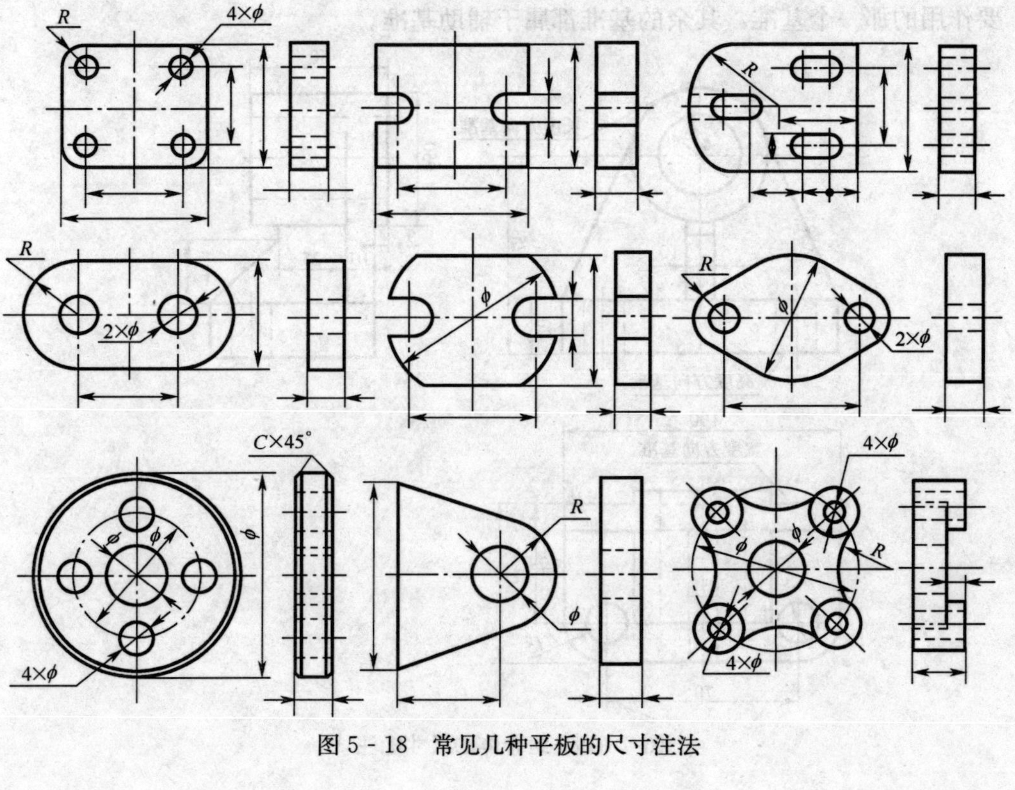

图 5 - 18 常见几种平板的尺寸注法

5.4.3 组合体的尺寸标注

1. 尺寸种类

(1) 定形尺寸

确定组合体各基本形体的形状和大小的尺寸称为定形尺寸。如图 5 - 19 所示，圆筒尺寸 ϕ50、ϕ30 和 50，底板尺寸 100、60、20、ϕ15 和 R15，支撑板尺寸 10，肋板尺寸 10 等都是定形尺寸。

(2) 定位尺寸

确定组合体各基本形体之间的相对位置的尺寸称为定位尺寸。如图 5 - 18 所示，圆筒后端面的定位尺寸 5 及其圆筒轴线定位尺寸 75，底板上两个 ϕ15 孔的定位尺寸 70 和 45 等都是定位尺寸。

(3) 总体尺寸

由于组合体的总长、总宽分别和底板对应的长和宽相同，组合体的总高正好就是圆筒中心高 75 加外圆半径 25，所以均不需再标。

2. 尺寸基准

所注尺寸的起点称为尺寸基准。通常以对称平面、重要的底面或端面以及回转体的轴线作为尺寸基准，一般在长、宽、高方向至少各有一个尺寸基准，如图 5 - 19 所示。当某个方向的尺寸基准多于一个时，只能有一个主要基准，即起主要作用的那一个基准，其余的基准都属于辅助基准。

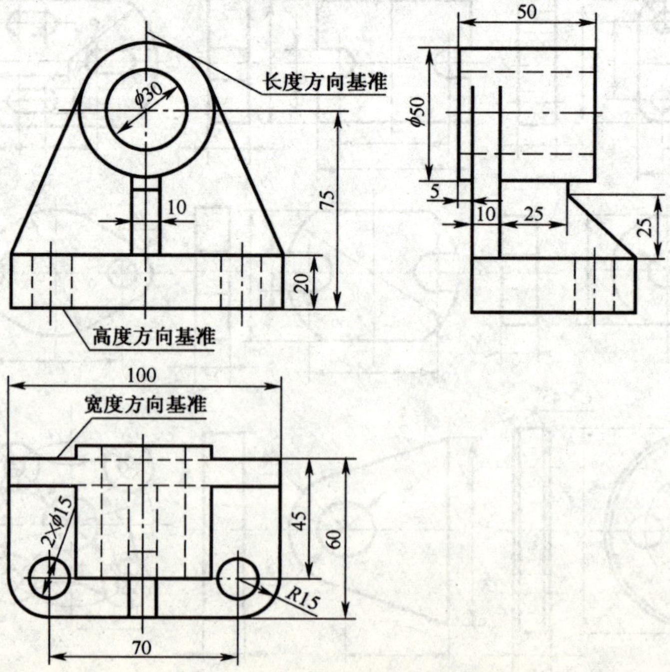

图 5 - 19　组合体的尺寸标注

3. 尺寸的清晰布置

标注尺寸要清晰，就是尺寸要恰当布局，便于看图、查找、不致于发生误解或混淆。尺寸的布置应注意下列几点。

①尺寸应尽量标注在形体特征、位置特征较明显的视图上，如图 5 - 20 所示。

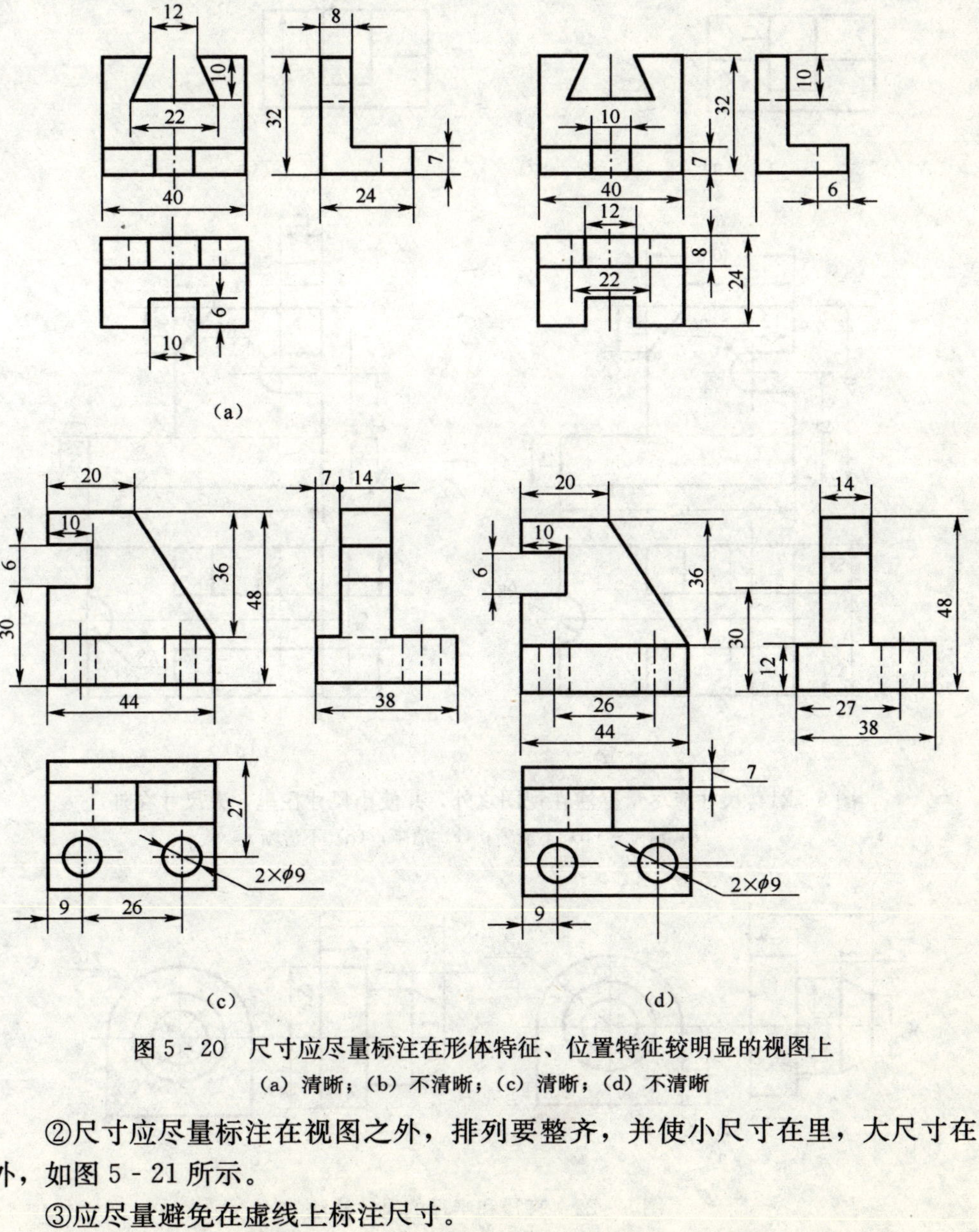

图 5 - 20　尺寸应尽量标注在形体特征、位置特征较明显的视图上

(a) 清晰；(b) 不清晰；(c) 清晰；(d) 不清晰

②尺寸应尽量标注在视图之外，排列要整齐，并使小尺寸在里，大尺寸在外，如图 5 - 21 所示。

③应尽量避免在虚线上标注尺寸。

④同轴回转体的各直径尺寸最好标注在非圆视图上，如图 5 - 22 所示。

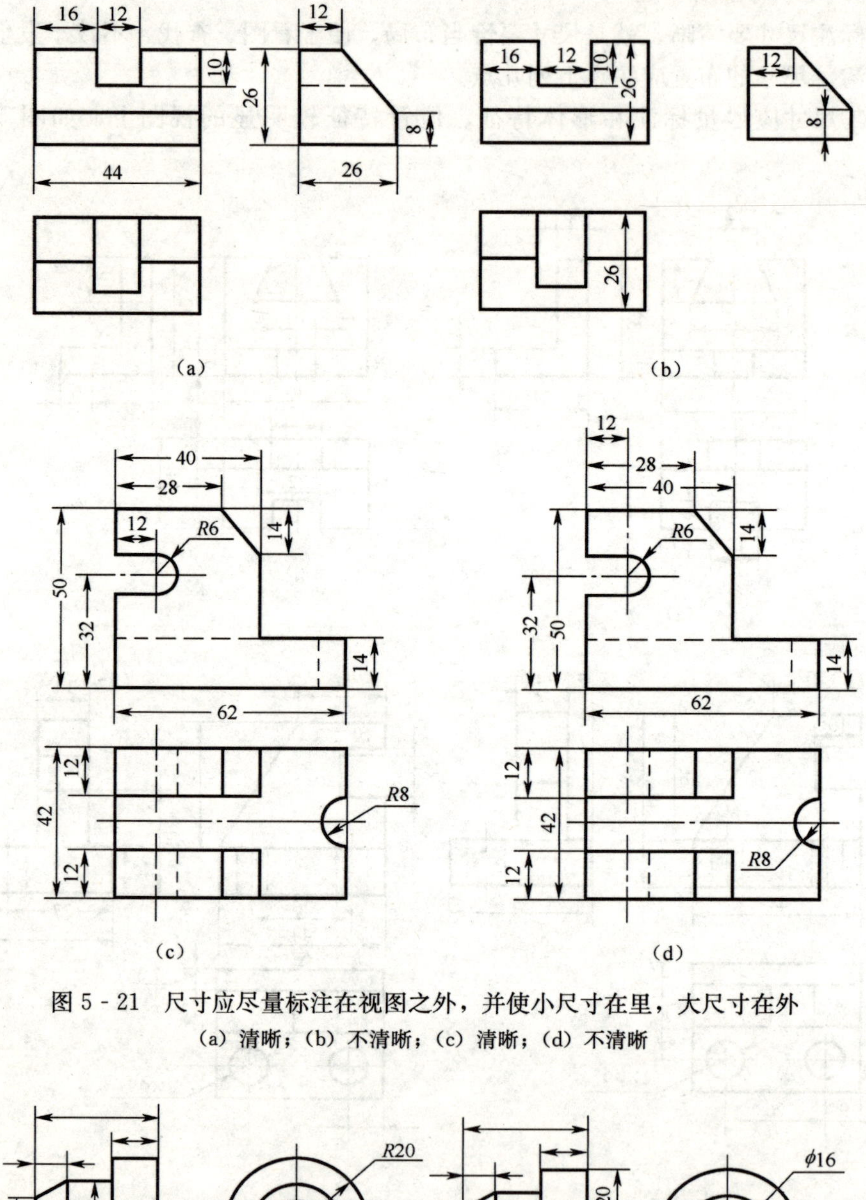

图 5 - 21　尺寸应尽量标注在视图之外，并使小尺寸在里，大尺寸在外

(a) 清晰；(b) 不清晰；(c) 清晰；(d) 不清晰

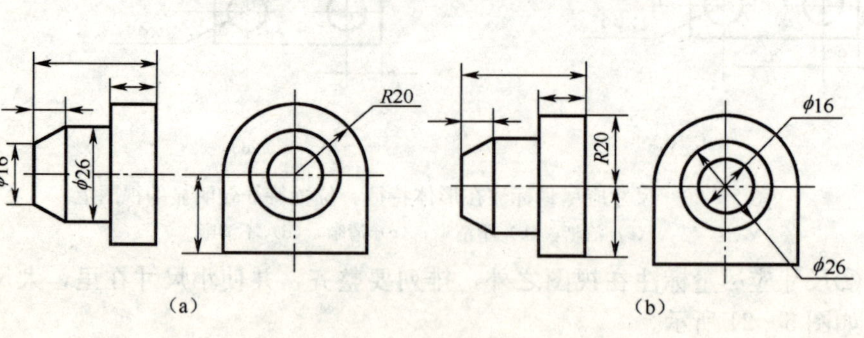

图 5 - 22　直径和半径的尺寸注法

(a) 清晰；(b) 不清晰

5.4.4 组合体的尺寸标注的步骤

1. 形体分析

组合体的尺寸标注方法，通常是采用形体分析法，将组合体分解为若干基本几何体，分别标注基本体的定形尺寸和确定基本体间相对位置的定位尺寸，最后调整尺寸，注出总体尺寸，以达到正确、完整和清晰的基本要求，如图 5 - 23 所示。

2. 尺寸基准的选择

(1) 局部基准

圆筒：圆筒为回转体，故选后端面为轴向基准，选轴线为径向基准；

底板：选左右对称面为长度方向的基准，后面为宽度方向的基准，底面为高度方向的基准；

支撑板：选左右对称面为长度方向的基准，后面为宽度方向的基准，底面为高度方向的基准；

肋板：选左右对称面为长度方向的基准，后面为宽度方向的基准，底面为高度方向的基准。

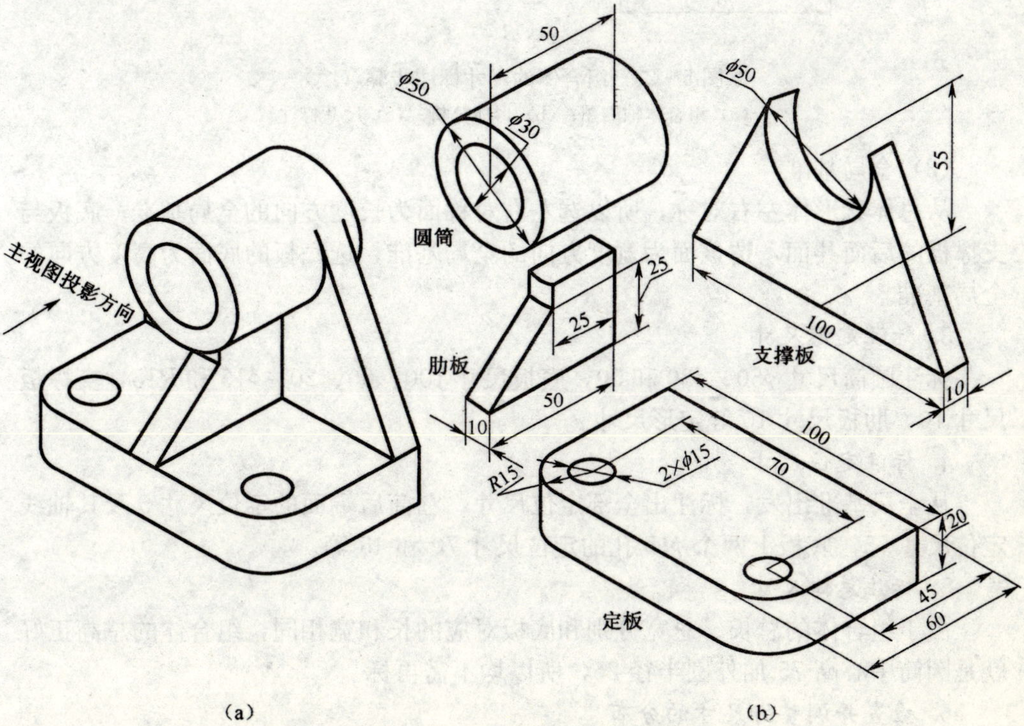

图 5 - 23 组合体的尺寸标注步骤

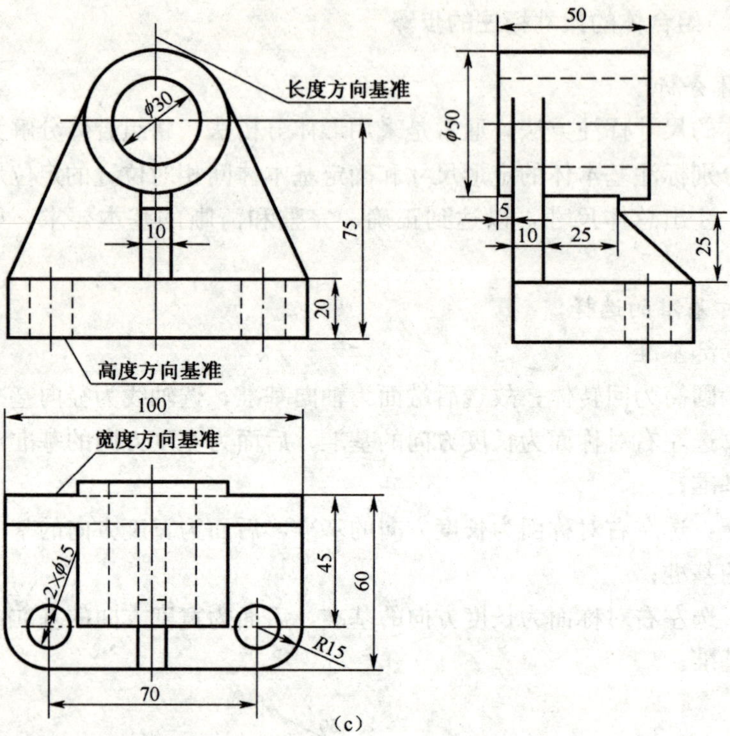

图 5 - 23　组合体的尺寸标注步骤（续）

(a) 组合体轴测图；(b) 形体分析；(c) 尺寸标注

(2) 全局基准

从总体看形体左右对称，所以选左右对称面为长度方向的全局基准；底板与支撑板的后面共面，选该面为宽度方向的全局基准；选底板的底面为高度方向的全局基准。

3. 标注定形尺寸

标注圆筒尺寸 $\phi50$、$\phi30$ 和 50，底板尺寸 100、60、20、$\phi15$ 和 $R15$，支撑板尺寸 10，肋板尺寸 10 等定形尺寸。

4. 标注定位尺寸

从全局基准出发，标注出全部定位尺寸，圆筒后端面的定位尺寸 5 及其轴线定位尺寸 75，底板上两个 $\phi15$ 孔的定位尺寸 70 和 45 等。

5. 标注总体尺寸

由于组合体的总长、总宽分别和底板对应的长和宽相同，组合体的总高正好就是圆筒中心高 75 加外圆半径 25，所以均不需再标。

6. 检查并调整好尺寸的分布

根据尺寸标注的基本要求，检查和调整尺寸的分布，如图 5 - 23 所示。

5.5　组合体读图

5.5.1　读组合体视图的一般原则

1. 从反映形体主要特征的视图入手，将几个视图联系起来看图

由于一个视图只能反映两个方向的尺寸和相对位置关系，因此，除了一些标注有符号 ϕ、R、$S\phi$、SR 的回转体之外，通过一个视图是无法确定组合体形状的，如图 5 - 24 所示，有时两个视图也不能完全确定组合体的形状，如图 5 - 25 所示。

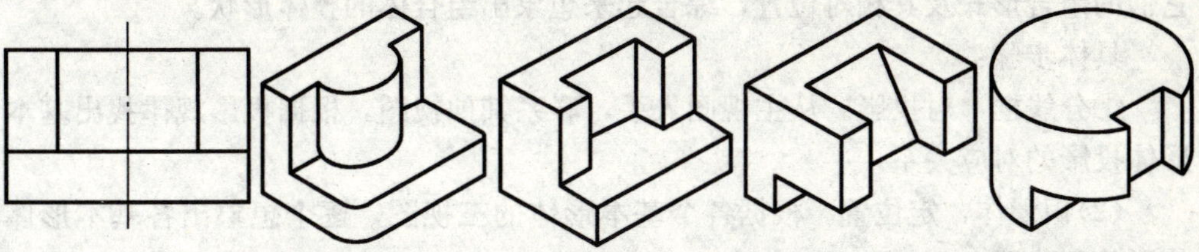

(a)　(b)　(c)　(d)　(e)

图 5 - 24　通过一个视图无法确定组合体的形状

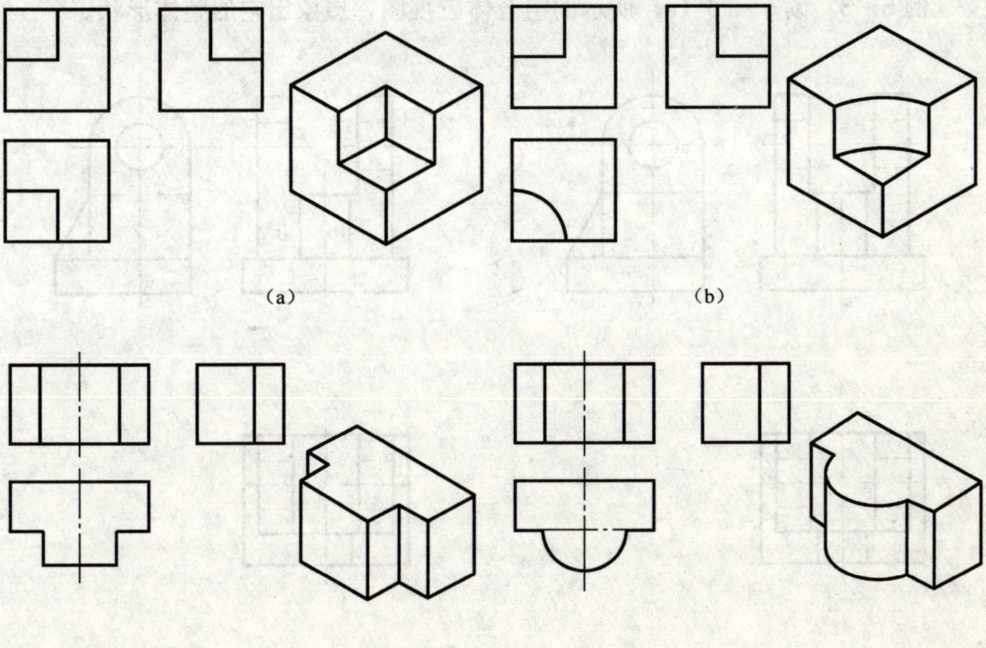

(a)　(b)　(c)　(d)

图 5 - 25　联系几个视图确定组合体的形状

2. 分析、认清表面间的相对位置及连接关系

①不共面、不相切的两个不同位置表面相连接时，其分界线可以表示具有积聚性的第三表面或两表面的交线。

②线框里还有线框时，可以表示凸起、凹进的表面或具有积聚性的通孔的内表面。

5.5.2 形体分析法

1. 用形体分析法看图的基本步骤

根据三视图的基本投影规律，将组合体视图分解成若干个基本形体，再确定它们的组合形式及其相对位置，综合起来想象出组合体的整体形状。

具体步骤：

①分线框，对投影。从主视图入手，联系其他视图，根据投影规律找出基本形体投影的对应关系。

(2)识形体，定位置。根据各个基本形体的三视图，逐个想象出各基本形体的形状和位置。

(3)综合起来想整体。

2. 形体分析法看图举例

例 5-3 读 5-26（a）所示的组合体三视图，想象出它的整体形状。

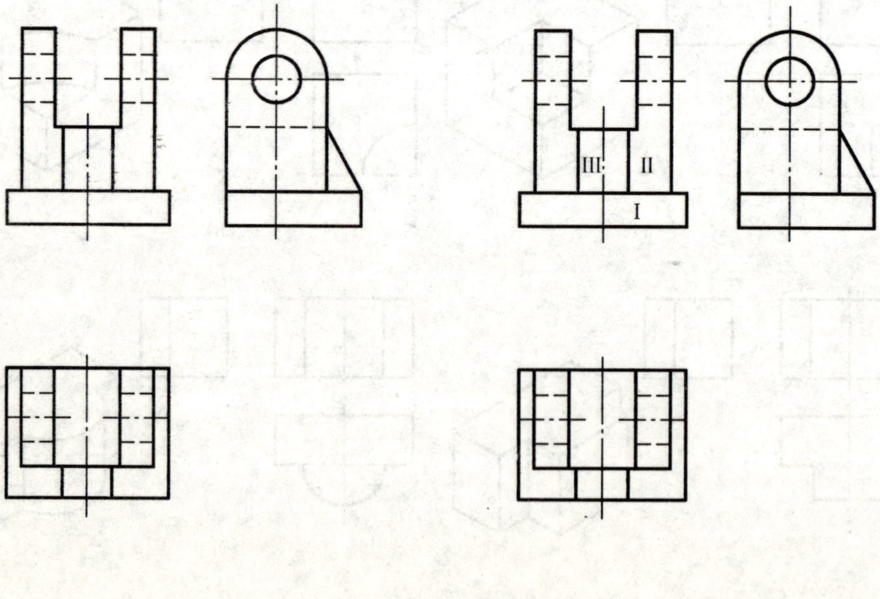

(a) (b)

图 5-26 用形体分析法看图举例

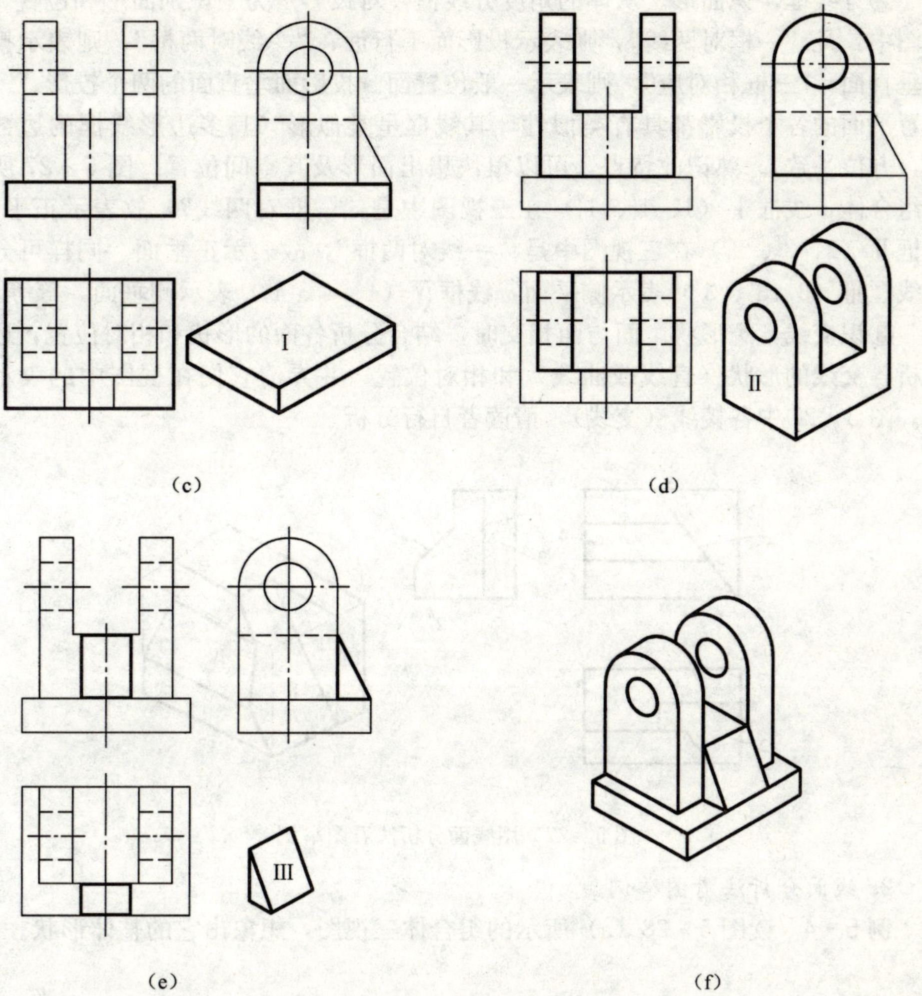

图 5 - 26　用形体分析法看图举例（续）

(a) 组合体三视图；(b) 分线框，对投影；(c) 想出形体Ⅰ；(d) 想出形体Ⅱ；
(e) 想出形体Ⅲ；(f) 综合起来想整体

5.5.3　线面分析法

组合体可以看成是由若干个面（平面或曲面）围成的，面与面间常存在交线。把组合体分解为若干个面，逐个根据面的投影特性确定其空间形状和相对位置，并判别各交线的空间的形状及相对位置，从而想象出组合体的形状，这种方法称为线面分析法。

1. 用线面分析法看图要点

①要善于利用线及面投影的真实性、积聚性和类似性看图。

②分线框，识面形。从体的角度分线框，对投影是为了识别面形和位置。三视图中：凡“一框对两线”，则表示投影面平行面；“一线对两框”，则表示投影面垂直面；“三框相对应”，则表示一般位置面。投影面垂直面的两个投影、一般位置平面的各个投影都具有类似性，其线框呈类似形（其多边形线框的边数相同，方位一致）。熟记此特点，可以很快想出面形及其空间位置。图 5 - 27 所示的组合体，线框Ⅰ（1、1′、1″）在三视图中是“一框对两线”，故表示正平面；线框Ⅱ（2、2′、2″）在三视图中是“一线对两框”，故表示正垂面。同样可分析出线框Ⅲ（3、3′、3″）表示侧平面，线框Ⅳ（4、4′、4″）表示侧垂面，等等。

③识交线，想形状。面与面相交时，结合分析各面的形状和相对位置，还应分析各交线的形状（直线或曲线）和相对位置，并弄清它们在视图中的表示方法。图 5 - 27 中各棱线（交线），请读者自行分析。

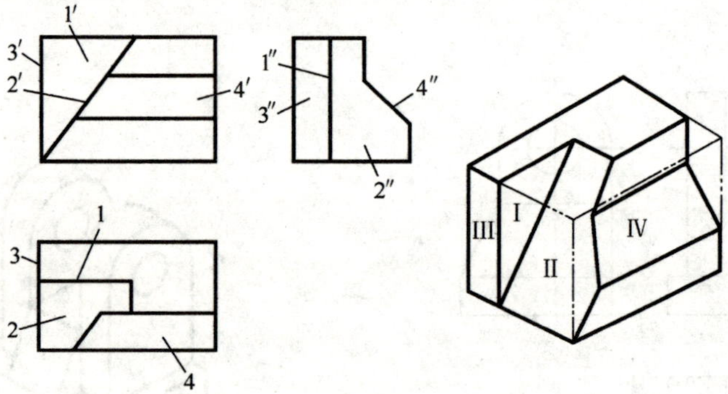

图 5 - 27　用线面分析法看图举例

2. 线面分析法看图举例

例 5 - 4　读图 5 - 28（a）所示的组合体三视图，想象出它的整体形状。

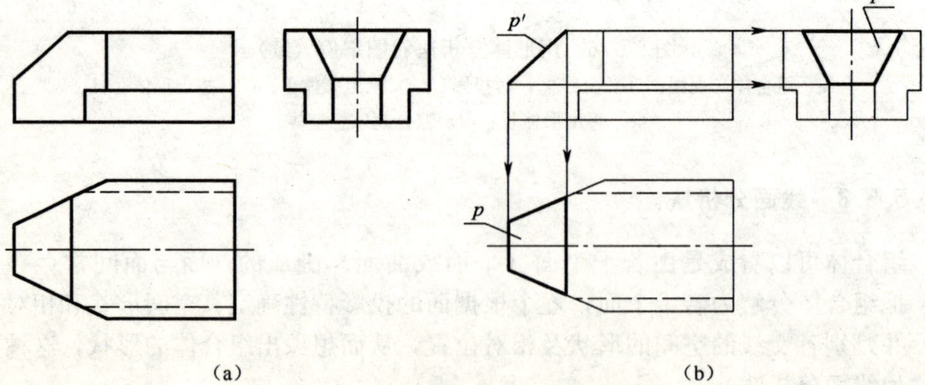

图 5 - 28　用线面分析法看图举例

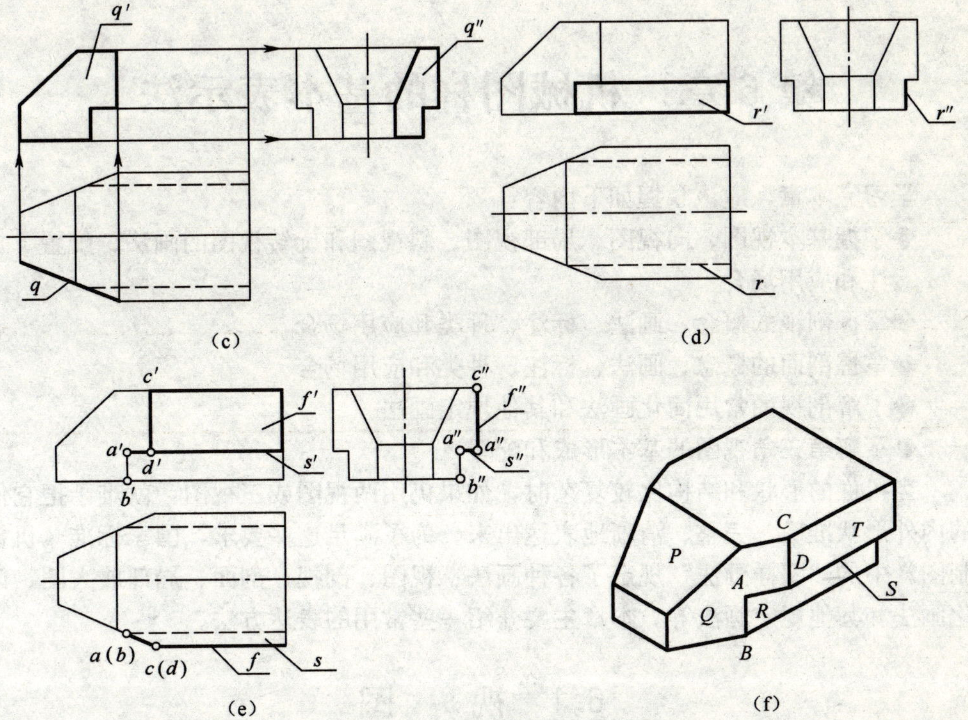

图 5-28　用线面分析法看图举例（续）

(a) 组合体三视图；(b) 看 P 线框；(c) 看 Q 线框；(d) 看 R 线框；(e) 看 S 线框并识交线；
(f) 综合起来想整体形状

第 6 章　机械图样的基本表示法

学习完本章，应该掌握如下内容：

◆掌握基本视图、向视图、局部视图、斜视图和旋转视图的画法、配置、标注和应用场合

◆掌握剖视的概念、画法、标注、种类和应用场合

◆掌握剖面的概念、画法、标注、种类和应用场合

◆了解剖视的常用简化画法和其他规定画法

◆了解第三角视图的基本形成和配置

当机件的形状和结构比较复杂时，如果仍用两视图或三视图，就难于把它们的内外形状准确、完整、清晰地表达出来。为了满足这些要求，国家标准《机械制图》中的“图样画法”规定了各种画法：视图、剖视、剖面、局部放大图、简化画法和其他规定画法等。本章主要介绍一些常用的表达方法。

6.1　视　　图

根据有关标准规定，用正投影法绘制出物体的图形称为视图。视图主要用于表达机件的外部结构和形状，一般只画出机件的可见部分，必要时才用虚线表达其不可见部分。视图分为基本视图、向视图、局部视图、斜视图和旋转视图。

6.1.1　基本视图

将机件的基本投影面投射所得的视图称为基本视图。

表示一个机件可以有六个基本投射方向，如图 6 - 1（a）所示，相应地有六个与基本投射方向垂直的基本投影面。基本视图是物体向六个基本投影面投射所得的视图。空间的六个基本投影面可设想围成一个正六面体，为使其上的六个基本视图位于同一平面内，可将六个基本投影面如图 6 - 1（b）所示方法展开。

六个基本投射方向及视图名称见表 6 - 1。

在机械图样中，六个基本视图的名称和配置关系如图 6 - 2 所示。符合如图 6 - 2 所示的配置规定时，图样中一律不标注视图名称。

六个基本视图仍保持“长对正、高平齐、宽相等”的三等关系。

主视图、俯视图、仰视图、后视图要长对正；

主视图、左视图、右视图、后视图要高平齐；

右视图、俯视图、左视图、仰视图要宽相等。

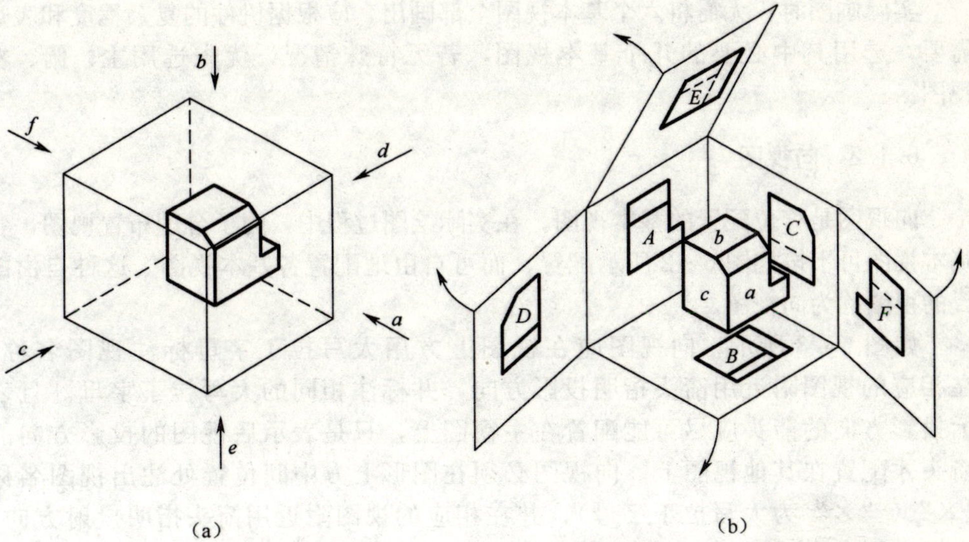

图 6-1　六个基本视图的形成

表 6-1　六个基本投射方向及视图名称

方向代号	*a*	*b*	*c*	*d*	*e*	*f*
投射方向	由前向后	由上向下	由左向右	由右向左	由下向上	由后向前
视图名称	主视图	俯视图	左视图	右视图	仰视图	后视图

六个基本视图的方位对应关系如图 6-2 所示，除后视图外，在围绕主视图的俯、仰、左、右四个视图中，远离主视图的一侧表示机件的前方，靠近主视图的一侧表示机件的后方。

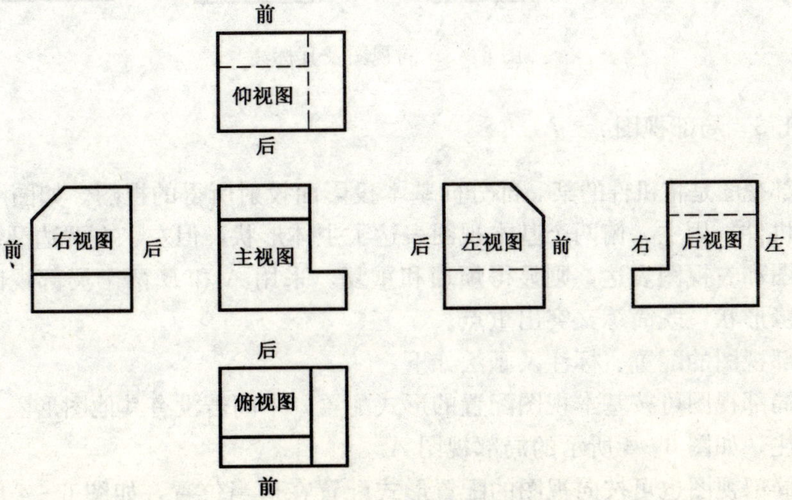

图 6-2　六个基本视图的配置和方位对应关系

实际画图时，无需将六个基本视图全部画出，应根据机件的复杂程度和表达需要，选用其中必要的几个基本视图，若无特殊情况，优先选用主、俯、左视图。

6.1.2 向视图

向视图是移位配置的基本视图。在实际绘图过程中，为了合理布置视图，各基本视图可不按如图 6 - 2 所示配置，而可自由地配置各基本视图。这种自由配置的视图称为向视图。

如图 6 - 3 所示，向视图应在视图上方用大写拉丁字母标注视图名称，在相应的视图附近用箭头指明投影方向，并标注相同的大写拉丁字母。且表示投影方向的箭头应尽可能配置在主视图上，只是表示后视图的投影方向的箭头才配置在其他视图上。向视图必须在图形上方中间位置处注出视图名称“×”（“×”为大写拉丁字母），并在相应的视图附近用箭头指明投射方向，注上相同的字母。

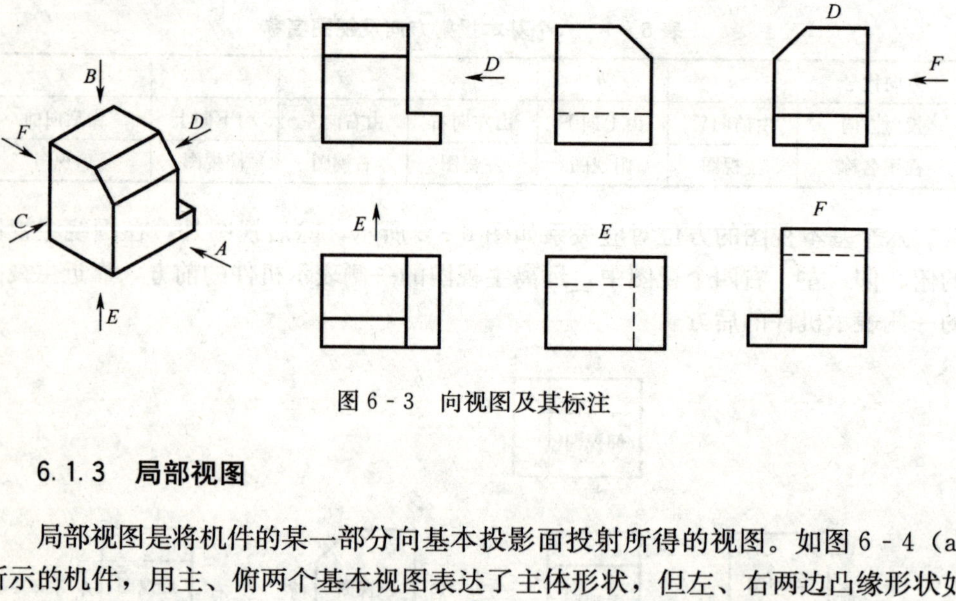

图 6 - 3　向视图及其标注

6.1.3 局部视图

局部视图是将机件的某一部分向基本投影面投射所得的视图。如图 6 - 4 (a) 所示的机件，用主、俯两个基本视图表达了主体形状，但左、右两边凸缘形状如用左视图和右视图表达，则显得烦琐和重复。采用 A 和 B 两个局部视图来表达两个凸缘形状，既简练又突出重点。

局部视图的配置、标注及画法如下。

①局部视图可按基本视图配置的形式配置，中间若没有其他图形隔开时，则不必标注，如图 6 - 4 所示的局部视图 A。

②局部视图也可按向视图的配置形式配置在适当位置，如图 6 - 4 所示的局部视图 B。

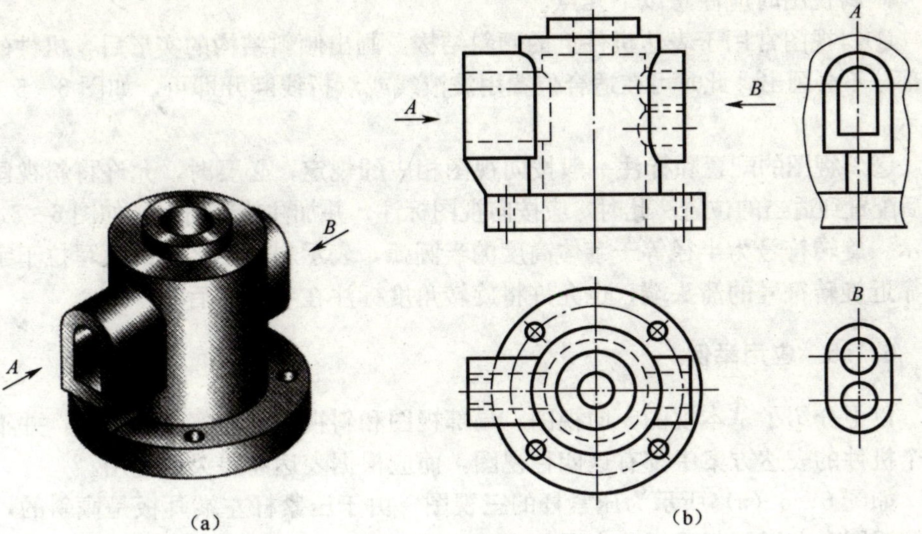

(a) (b)

图 6-4 局部视图

③局部视图的断裂边界用波浪线或双折线表示，如图 6-4 所示的局部视图 A。但当所表示的局部结构是完整的，其图形的外轮廓线呈封闭时，波浪线可省略不画，如图 6-4 所示的局部视图 B。

6.1.4 斜视图

斜视图是物体向不平行于任何基本投影面的平面投射所得的视图。

如图 6-5（a）所示，当机件上某局部结构不平行于任何基本投影面，在基本投影面上不能反映该部分的实形时，可增加一个新的辅助投影面，使它与机件上倾斜结构的主要平面平行，并垂直于一个基本投影面。然后将倾斜结构向辅助投影面投射，就得到反映倾斜结构实形的视图，即斜视图。

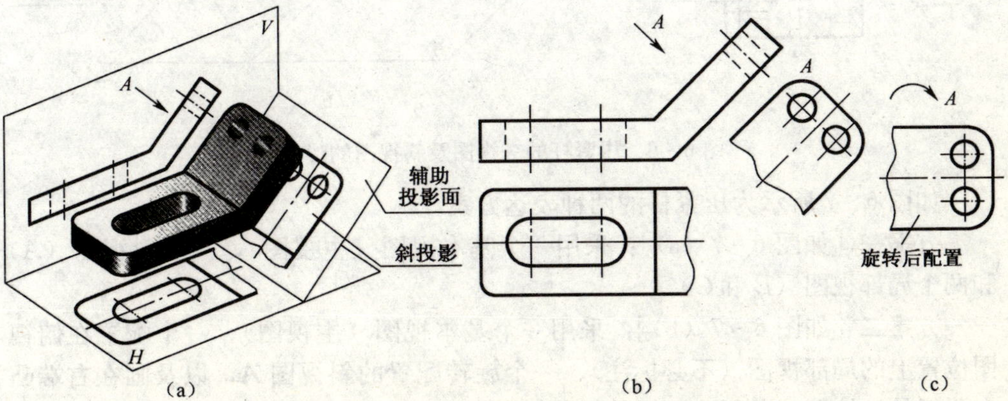

(a) (b) (c)

图 6-5 斜视图

画斜视图时应注意以下几点。

①斜视图常用于表达机件上的倾斜结构。画出倾斜结构的实形后，机件的其余部分不必画出，此时可在适合位置用波浪线或双折线断开即可，如图 6 - 5（b）所示。

②斜视图的配置和标注一般按向视图相应的规定，必要时，允许将斜视图旋转后配置到适当的位置。此时，应按向视图标注，并加注旋转符号，如图 6 - 5（c）所示。旋转符号为半径等于字体高度的半圆弧，表示斜视图名称的大写拉丁字母应靠近旋转符号的箭头端，也允许将旋转角度标注在字母之后。

6.1.5 应用举例

以上介绍了基本视图、向视图、局部视图和斜视图，在实际画图时，并不是每个机件的表达方案中都有这四种视图，而应根据表达需要灵活选用。

如图 6 - 6（a）所示为压紧杆的三视图。由于压紧杆左端耳板是倾斜的，所以俯视图和左视图都不反映实形，画图比较困难，表达不清楚。为了清晰表达倾斜结构，可按如图 6 - 6（b）所示在平行于耳板的正垂面上作出耳板的斜视图，以反映耳板的实形。因为斜视图只是表达压紧杆倾斜结构的局部形状，所以画出耳板的实形后，用波浪线断开，其余部分的轮廓线不必画出。

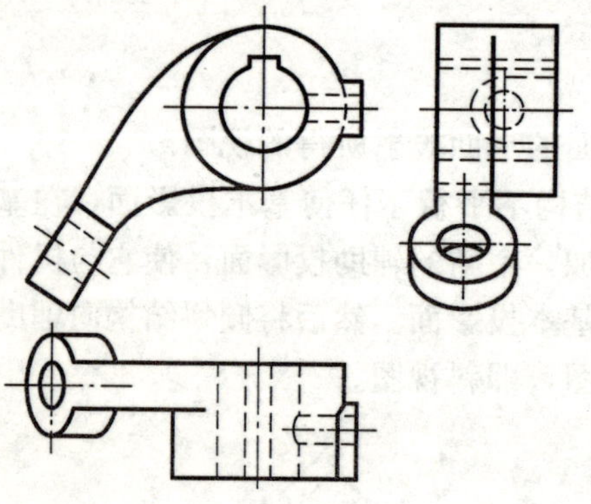
(a)

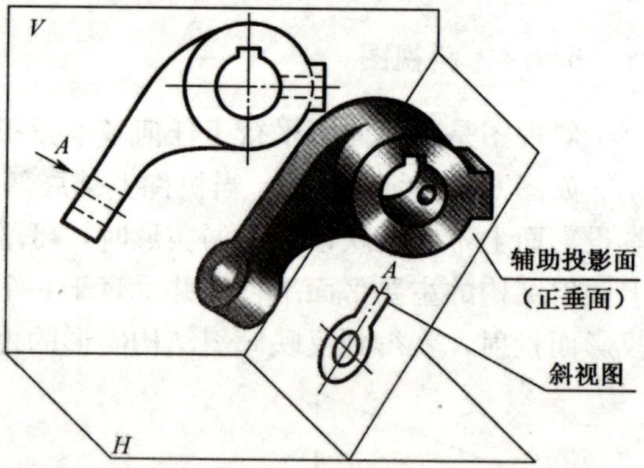

(b)

图 6 - 6 压紧杆的三视图及斜视图的形成

如图 6 - 7 所示为压紧杆的两种表达方案。

方案一［如图 6 - 7（a）］：采用一个基本视图（主视图），一个斜视图（A）和两个局部视图（B 和 C）。

方案二［如图 6 - 7（b）］：采用一个基本视图（主视图）、一个配置在俯视图位置上的局部视图（不必标注）、一个旋转配置的斜视图 A，以及画在右端凸台附近的，按第三角画法配置的局部视图（用细点画线连接，不必标注）。

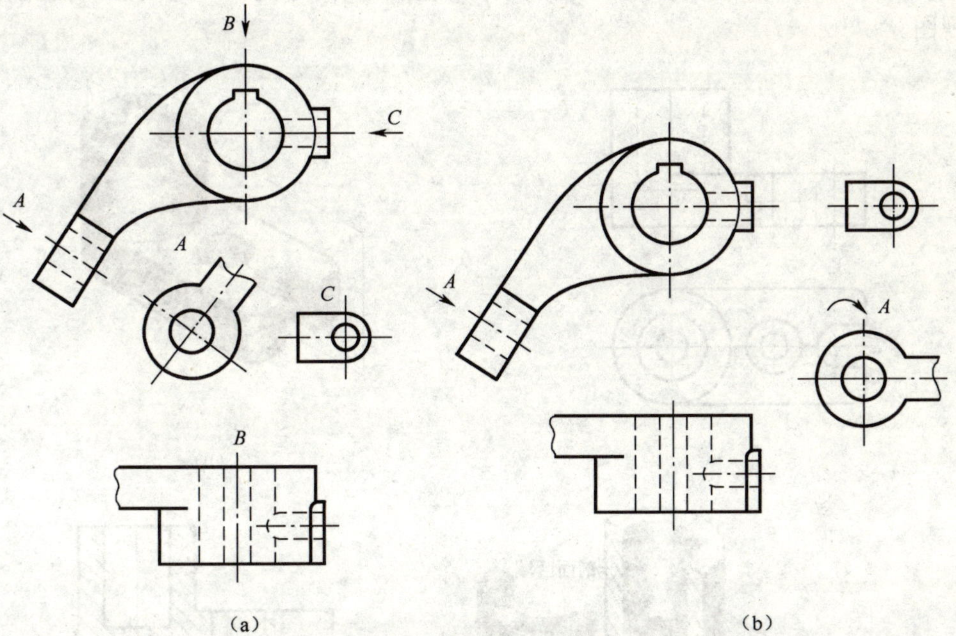

图6-7 压紧杆的两种表达方案

(a) 方案一；(b) 方案二

比较压紧杆的两种表达方案，显然，方案二的视图布置更加紧凑。

6.2 剖 视 图

视图主要用来表达机件的外部形状。如图6-8（a）所示支座的内部结构比较复杂，视图上会出现较多虚线而使图形不清晰，不便于看图和标注尺寸。为了清晰地表达它的内部结构，常采用剖视图的画法。剖视图的画法要遵循GB/T 17452—1998、GB/T 4458.6—2002的规定。

6.2.1 剖视图的形成、画法和标注

1. 剖视图的形成

假想用剖切面剖开机件，将处在观察者与剖切面之间的部分移去，将其余部分向投影面投射所得的图形称为剖视图，简称剖视。剖视图的形成过程如图6-8（b），（c）所示。如图6-8（d）所示的主视图即为机件的剖视图。

2. 剖面符号

机件被假想剖开后，剖切面与机件的接触部分（即剖面区域）要画出与材料

相应的剖面符号，以便区别机件的实体与空腔部分，如图 6 - 8（d）所示的主视图。

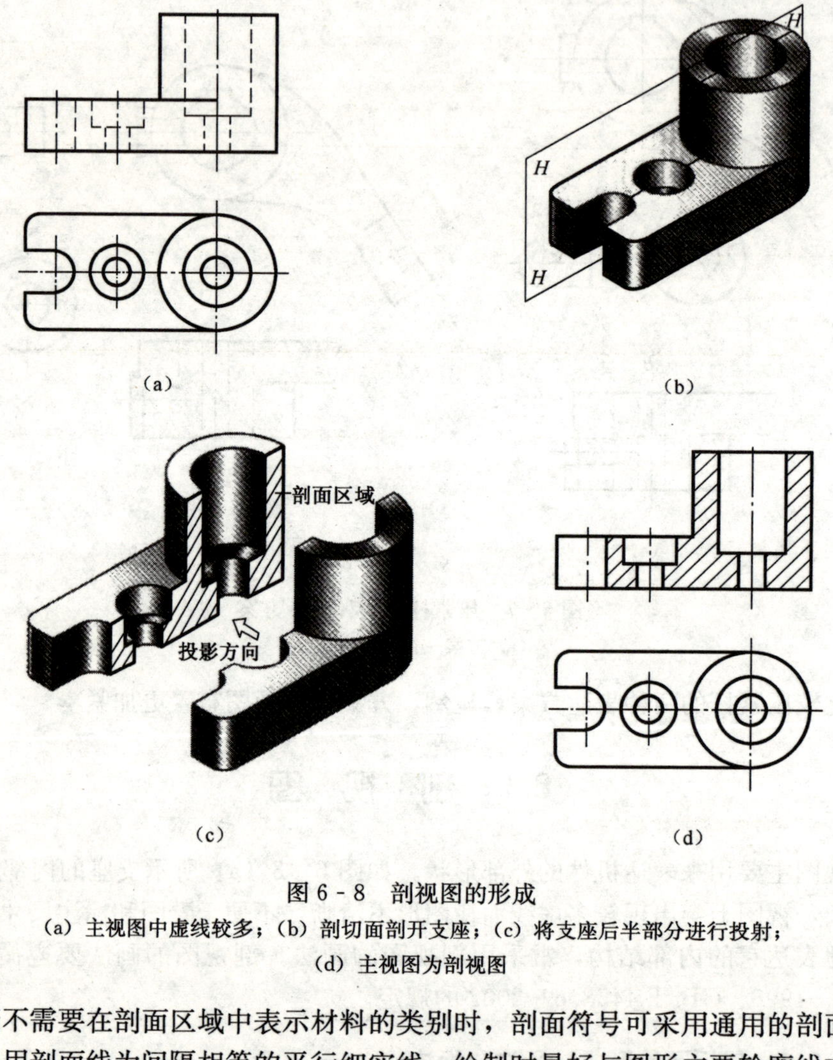

（a）　（b）　（c）　（d）

图 6 - 8　剖视图的形成

（a）主视图中虚线较多；（b）剖切面剖开支座；（c）将支座后半部分进行投射；

（d）主视图为剖视图

当不需要在剖面区域中表示材料的类别时，剖面符号可采用通用的剖面线表示。通用剖面线为间隔相等的平行细实线，绘制时最好与图形主要轮廓线或剖面区域的对称线成 45°，如图 6 - 9 所示。

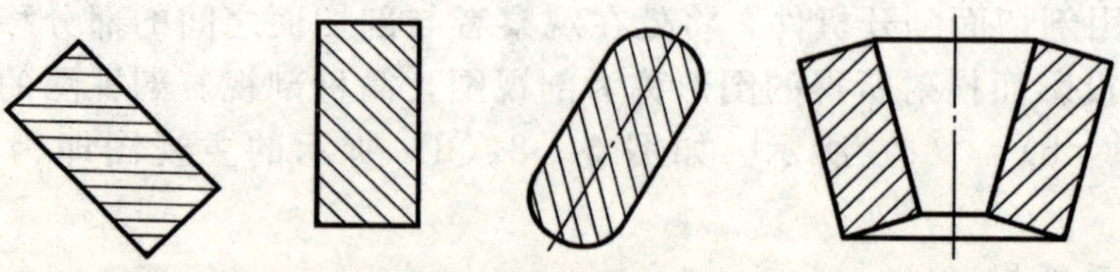

图 6 - 9　剖面线的方向

当图形中的主要轮廓线与水平线成 45°时，该图形的剖面线应画成与水平线成 30°或 60°，其倾斜方向应与其他图形的剖面线一致，如图 6 - 10 所示。

同一物体的各个剖面区域的剖面线应间隔相等、方向一致。

当需要在剖面区域中表示材料类别时，对应采用特定的剖面符号表示。国家标准规定了各种材料类别的剖面符号，见表 6 - 2。

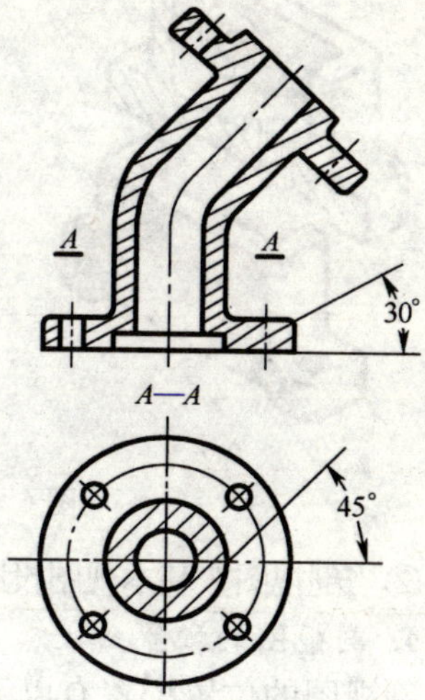

图 6 - 10　30°（或 60°）的剖面线

3. 剖视图的标注

为便于读图，剖视图一般应标注，标注的内容包括以下三个要素。

①剖切线指示剖切面的位置，用细点画线表示。剖视图中通常省略不画出。

②剖切符号指示剖切面起止和转折位置（用粗短线表示）及投射方向（用箭头表示）的符号，在剖切面的起、迄和转折处标注与剖视图名称相同的字母。

表 6 - 2　常见材料的剖面符号

材料	剖面符号	材料	剖面符号	材料	剖面符号
金属材料（已有规定符号者除外）	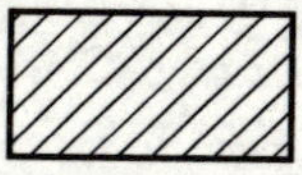	转子、电枢和变压器等的迭钢片	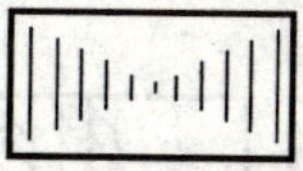	混凝土	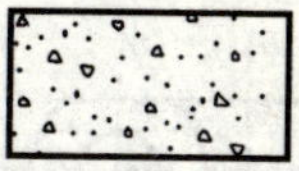
非金属材料（已有规定符号者除外）		型砂、填砂、粉末冶金、陶瓷刀片、硬质合金刀片等	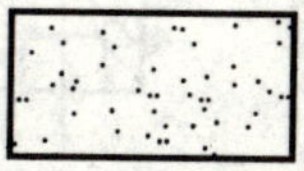	钢筋混凝土	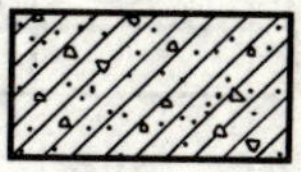
线圈绕组元件	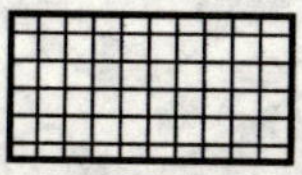	砖		基础周围的泥土	
玻璃及其他透明材料	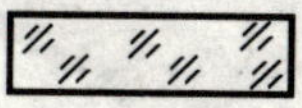	木质胶合板	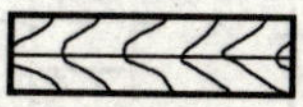	格网	

③字母表示剖视图的名称，用大写拉丁字母注写在剖视图的上方。标注的形式如图 6 - 11 所示的 *A—A*。

下列情况的剖视图可省略标注。

①当单一剖切面通过机件的对称平面或基本对称平面，且剖视图按投影关系配置，中间没有其他图形隔开时，可不标注，如图 6 - 11（b）所示的主视图。

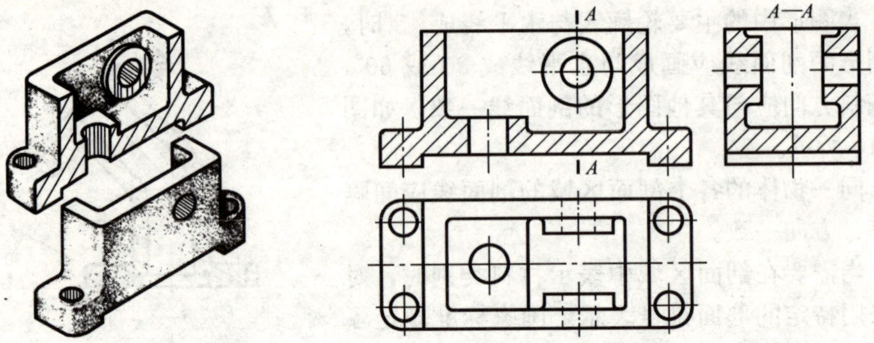

(a) (b)

图 6 - 11　剖视图的配置与标注（一）

②当剖视图按基本视图投影关系配置时，可省略箭头，如图 6 - 11 所示的 $A—A$。

4. 剖视图的配置

剖视图的位置配置有以下三种方式。

①按基本视图的规定位置配置。

②按投影关系配置在与剖切符号相对应的位置上。

③必要时允许配置在其他适当位置上。

剖视图应首先考虑配置在基本视图位置上，如图 6 - 12 所示的 $B—B$ 剖视和如图 6 - 11 所示的 $A—A$ 剖视都在左视图的位置上，属于第一种配置方式。由于左视图的位置已被占用，所以如图 6 - 12 所示的 $A—A$ 剖视是按投影关系配置在与剖切符号相对应的位置上，属于第二种配置方式。

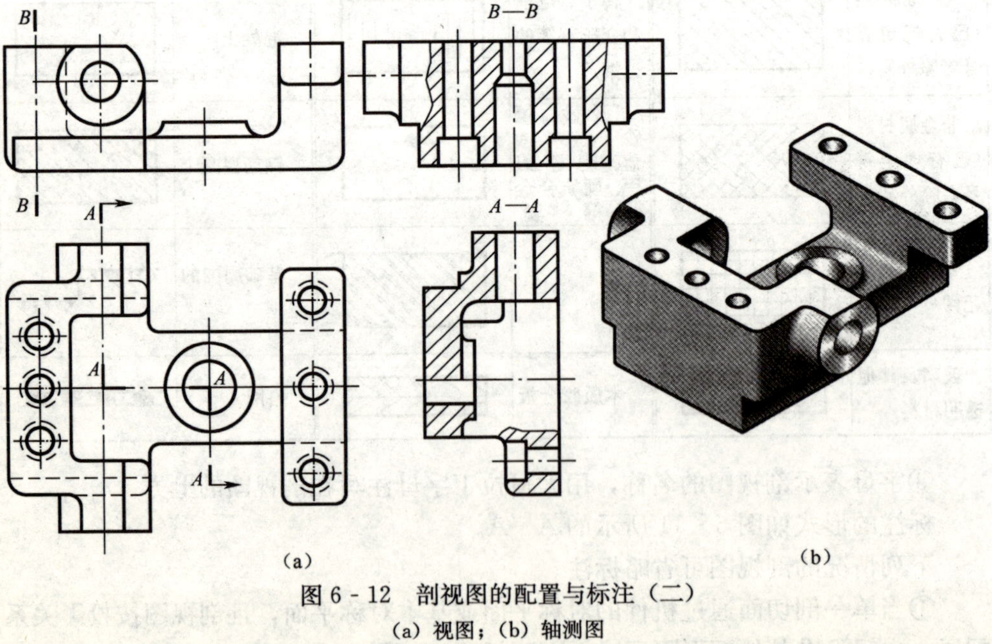

(a) (b)

图 6 - 12　剖视图的配置与标注（二）

(a) 视图；(b) 轴测图

5. 画剖视图时的注意事项

①由于剖切是假想的，所以将一个视图画成剖视图后，其他视图仍应按完整的机件画出，如图6-8所示的俯视图。根据表达机件形状结构的需要，在一组视图中，可同时在几个视图上采用剖视，如图6-15、图6-16所示。

②画剖视图时，在剖切面后面的可见部分一定要全部画出，在剖切面后面的不可见轮廓线一般不画，只有对尚未表达清楚的结构，才用虚线表示，如图6-13(a)、(b)所示。不可将已经假想移去的部分画出，如图6-13(c)所示是画剖视图时常见的错误。

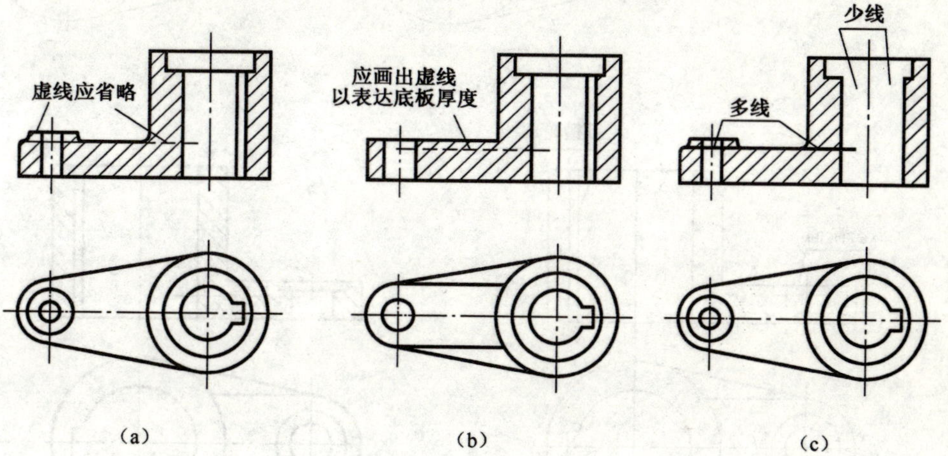

图6-13 剖视图画法

③画剖视图的目的是表达物体的内部结构形状，所以应使剖切平面平行于剖视图所在的投影面，且尽量通过内部结构（孔、槽等）的对称平面或轴线，如图6-11～图6-13所示。

6. 画剖视图的方法与步骤

以如图6-14(a)所示机件为例，说明画剖视图的方法与步骤。

①确定剖切面的位置。如图6-14(b)所示，剖切平面位置选择通过机件上孔和槽的前后对称面，可以省略标注。

②画剖视图。先画出剖切平面与机件实体接触部分的投影，即剖切区域的轮廓曲线，如图6-14(c)所示的区域；再画出剖切平面之后的机件可见部分的投影，如图6-14(d)所示的台阶面的投影和键槽的轮廓线[也可以(c)、(d)两步同时绘制]。

③在剖面区域内画剖面线，描深图线，标注符号和视图名称，校核，完成做图，如图6-14(e)所示。

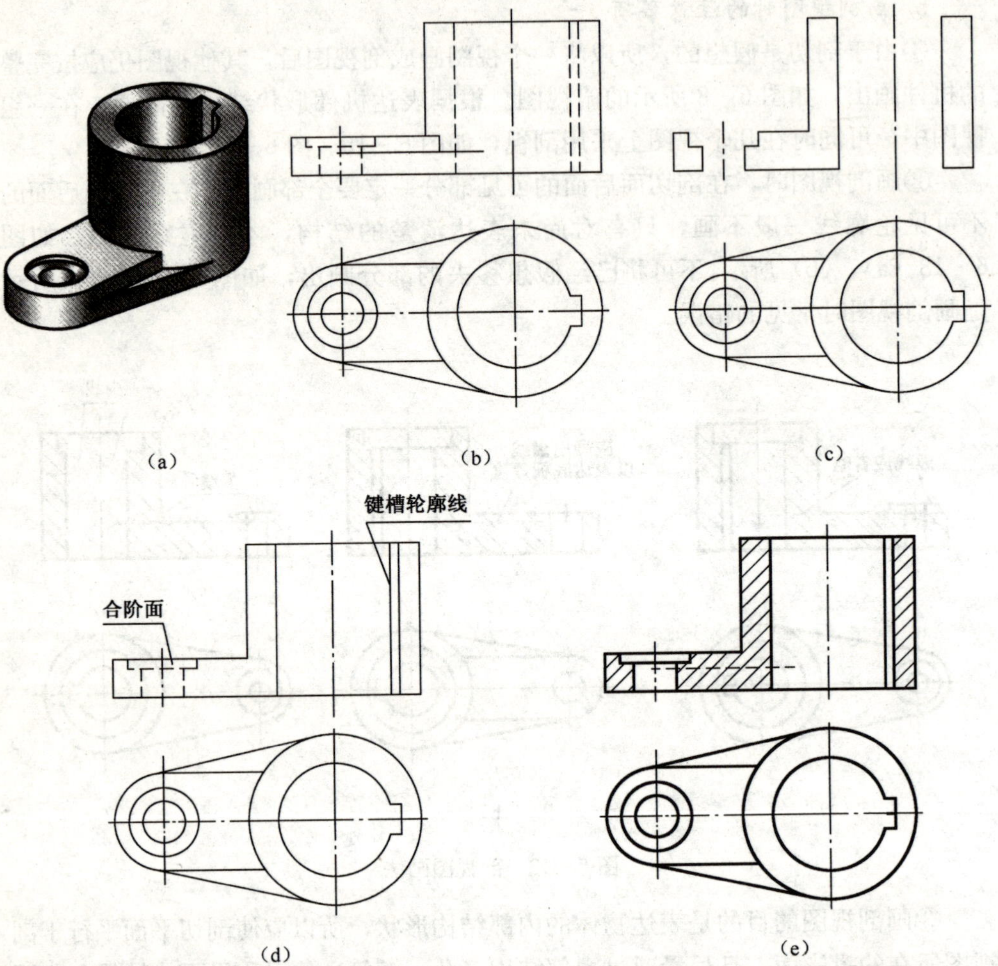

图 6-14 画剖视图的方法和步骤

(a) 机件的立体示意图；(b) 画出视图底稿；(c) 画出剖面区域；(d) 补画出剖切平面后的可见部分；(e) 画出剖面线和必要的虚线、标注出剖切符号和名称

6.2.2 剖视图的种类及其应用

根据剖视图的剖切范围可分为全剖视图、半剖视图和局部剖视图三种。前述剖视图的画法和标注，是对三种剖视图都适用的基本要求和规定。

1. 全剖视图

全剖视图是用剖切面完全地剖开机件所得的剖视图，适用于表达外形比较简单，而内部结构较复杂且不对称的机件，如图 6-8 (d) 和图 6-11 (b) 所示的主视图。

同一机件可以假想进行多次剖切，画出多个剖视图，如图 6-15 所示。必须注意，各剖视图的剖面线方向和间隔应完全一致。

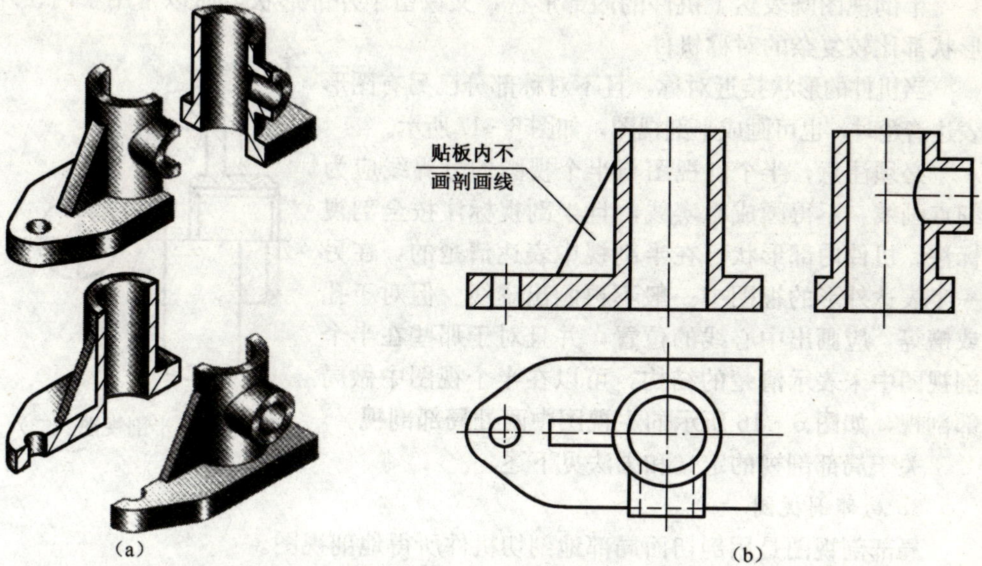

图 6 - 15　全剖视图

2. 半剖视图

当机件具有对称平面时，向垂直于对称平面的投影面上投影所得的图形，可以对称中心线为界，一半画成剖视图，另一半画成视图，这种剖视图称为半剖视图。如图 6 - 16 所示，机件左右及前后都对称，所以它的主视图、俯视图和左视图可分别画成半剖视。

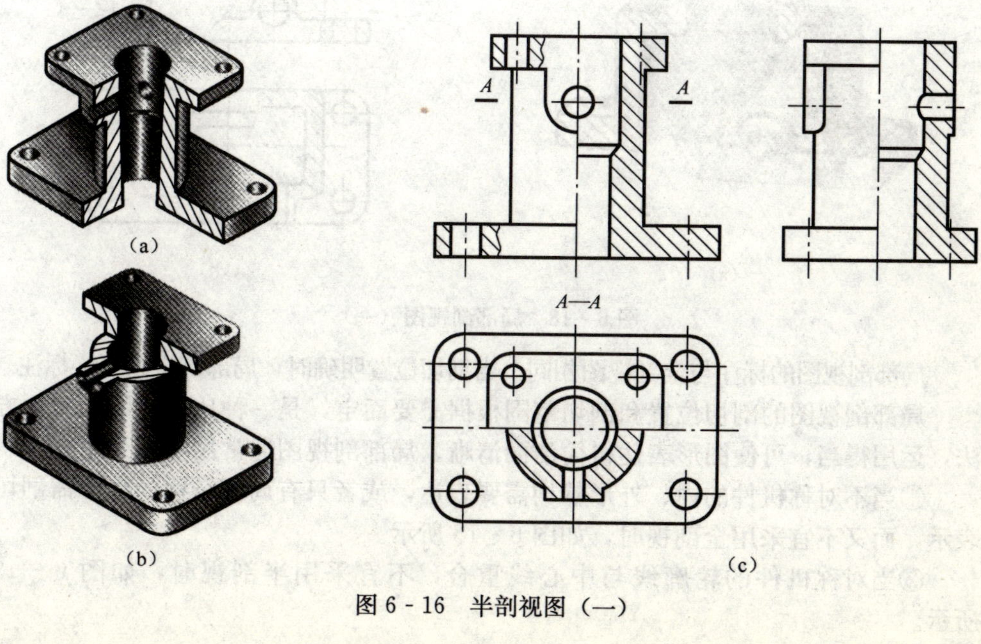

图 6 - 16　半剖视图（一）

半剖视图既表达了机件的内部形状，又保留了外部形状，所以常用于内、外形状都比较复杂的对称机件。

当机件的形状接近对称，且不对称部分已另有图形表达清楚时，也可画成半剖视图，如图 6 - 17 所示。

必须注意，半个剖视图与半个视图的分界线应为细点画线，不得画成粗实线，且半剖视标注按全剖视标注。机件内部形状已在半剖视中表达清楚的，在另一半表达外形的视图中一般不再画出虚线。但对于孔或槽等，应画出中心线的位置，并且对于那些在半个剖视图中未表示清楚的结构，可以在半个视图中做局部剖视，如图 6 - 16 所示的主视图中两处局部剖视。

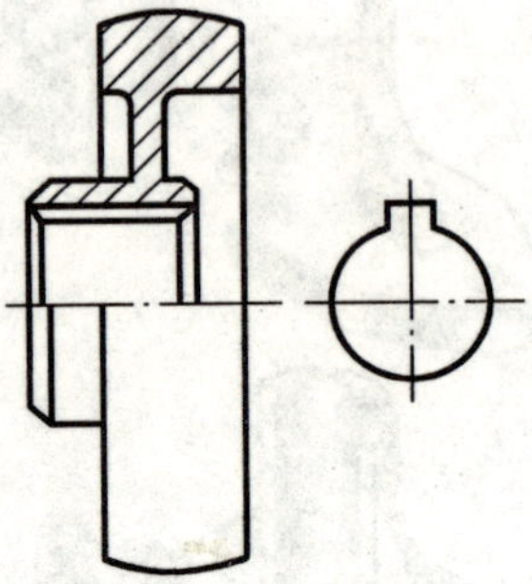

图 6 - 17 半剖视图（二）

关于局部剖视的定义和画法见下述。

3. *局部剖视图*

局部剖视图是用剖切面局部地剖切机件所得地剖视图。

如图 6 - 18 所示的箱体，其顶部有一矩形孔，底板上有四个安装孔，箱体的左右、上下、前后都不对称。为了兼顾内外结构形状的表达，将主视图画成两个不同剖切位置的局部剖视图。在俯视图上，为了保留顶部的外形，采用 $A—A$ 剖切位置的局部剖视图。

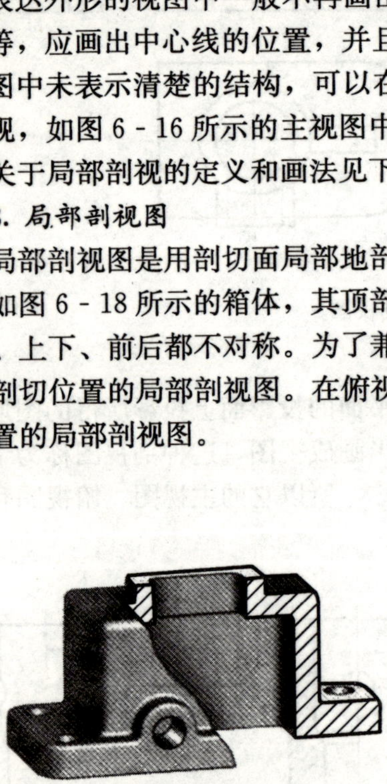

（a）

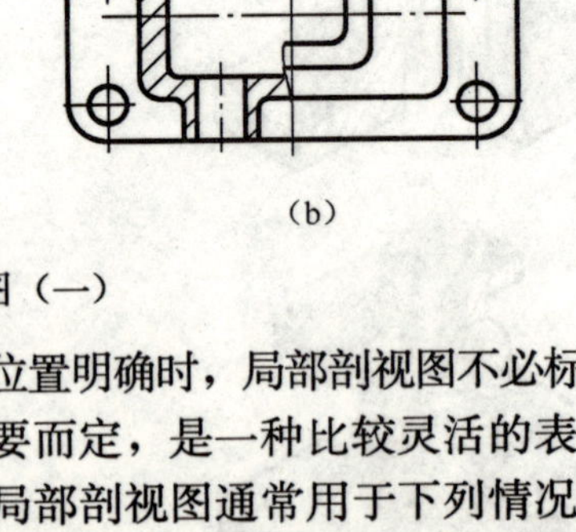

（b）

图 6 - 18 局部剖视图（一）

局部剖视图的标注与全剖视图相同，当剖切位置明确时，局部剖视图不必标注。

局部剖视图的剖切位置和剖切范围根据需要而定，是一种比较灵活的表达方法，运用得当，可使图形表达得简洁而清晰。局部剖视图通常用于下列情况。

①当不对称机件的内、外形状均需要表达，或者只有局部结构的内形需剖切表示，而又不宜采用全剖视时，如图 6 - 18 所示。

②当对称机件的轮廓线与中心线重合，不宜采用半剖视时，如图 6 - 19 所示。

③当实心机件（如轴、杆等）上面的孔或槽等局部结构需剖开表达时，如图 6－20 所示。

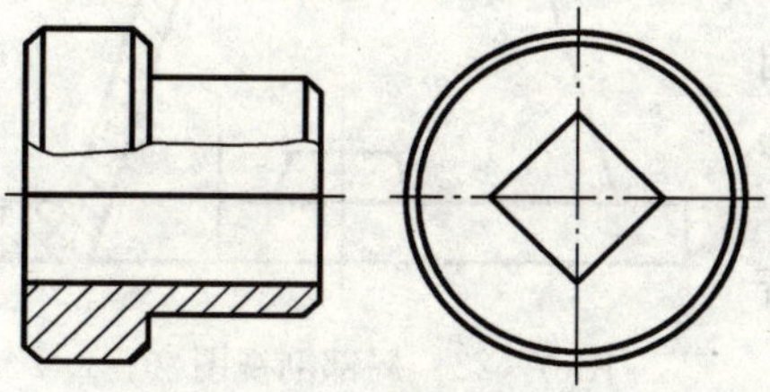

图 6－19　局部剖视图（二）

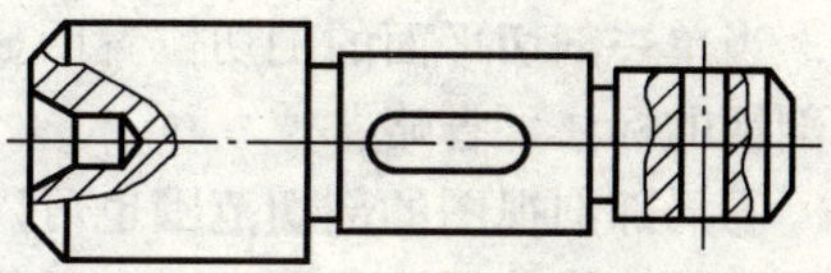

图 6－20　局部剖视（三）

画局部剖视图时应注意以下几点。

①当被剖的局部结构为回转体时，允许将该结构的中心线作为局部剖视图与视图的分界线，如图 6－21 所示。而如图 6－19 所示的方孔部分，只能用波浪线（断裂边界线）作为分界线。

②剖切位置与范围根据需要而定，剖开部分和原视图之间用波浪线分界。波浪线应画在机件的实体部分，不能超出视图的轮廓线或与图样上其他图线重合，如图 6－22 所示。

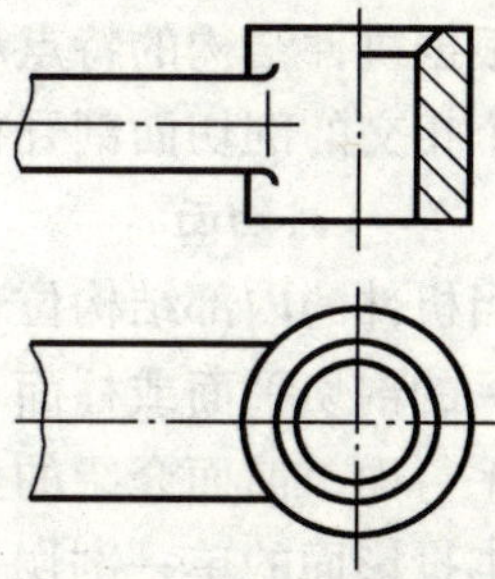

图 6－21　局部剖视（四）

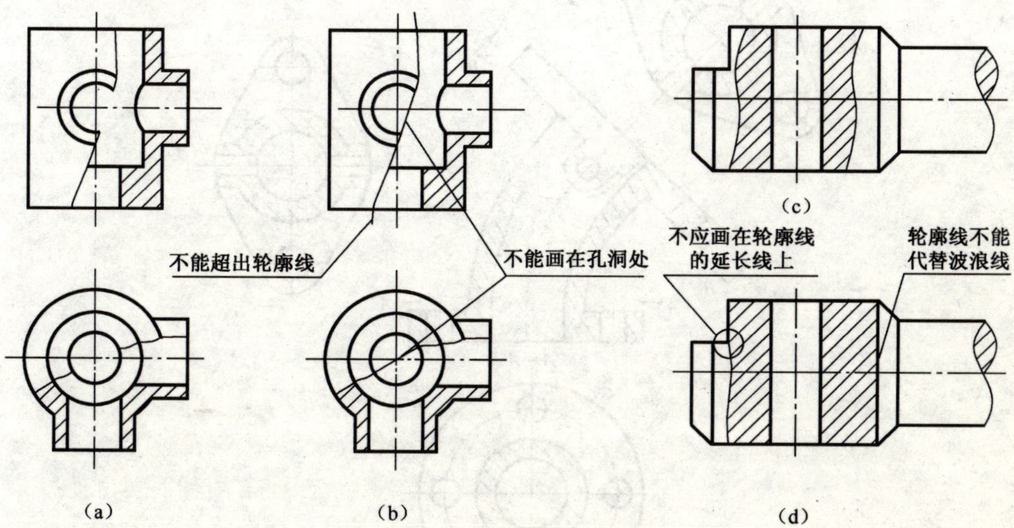

图 6－22　局部剖视图中波浪线画法

(a)，(c) 正确；(b)，(d) 错误

③局部剖视图是一种比较灵活的表达方法，哪里需要哪里就剖。但在同一视图中，使用局部剖这种表示法的次数不宜过多，否则会显得零乱而影响图形清晰。

④局部剖视图的标注方法与全剖视相同。当单一剖切平面的剖切位置明显时，局部剖视的标注可省略。

⑤局部剖视图的剖切范围也可以用双折线代替波浪线分界，如图 6 - 23 所示。

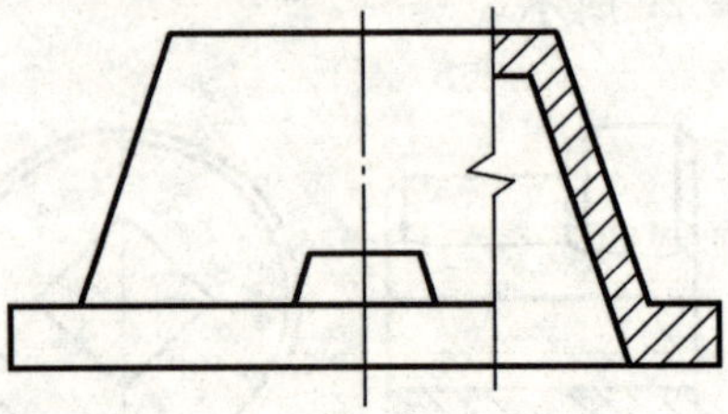

图 6 - 23 局部剖视图（五）

6.2.3 剖切面的选用

根据机件结构的特点和表达需要，可选用单一剖切面、几个平行的剖切平面和几个相交的剖切面剖开机件。

1. *单一剖切面*

当机件的内部结构位于一个剖切面上时，可选用单一剖切面。单一剖切面包括单一的剖切平面或柱面，应用最多的是单一剖切平面。单一剖切平面一般为投影面平行面。前面介绍的全剖视图、半剖视图和局部剖视图的例子都是采用平行于基本投影面的单一剖切平面剖开机件的，可见这种方法应用最普遍。

当机件需要表达具有倾斜结构的内部形状时（如图 6 - 24 所示），可以用一

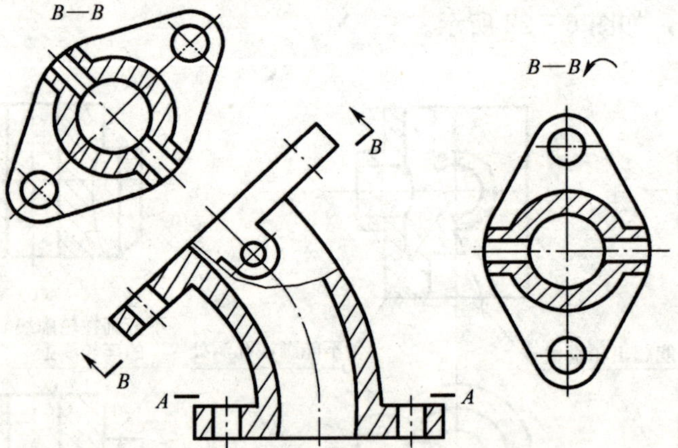

图 6 - 24 不平行于基本投影面的单一剖切面

个与倾斜部分的主要平面平行且垂直于某一基本投影面的单一剖切平面剖切，再投影到与剖切平面平行的投影面上，即可得到该部分内部结构的实形，如图 6 - 24 所示的 B—B 剖视图。必要时允许将图形转正，并加注旋转符号。

单一剖切面还包括单一圆柱剖切面，如图 6 - 25 所示。采用柱面剖切时，机件的剖视图应按展开方式绘制。

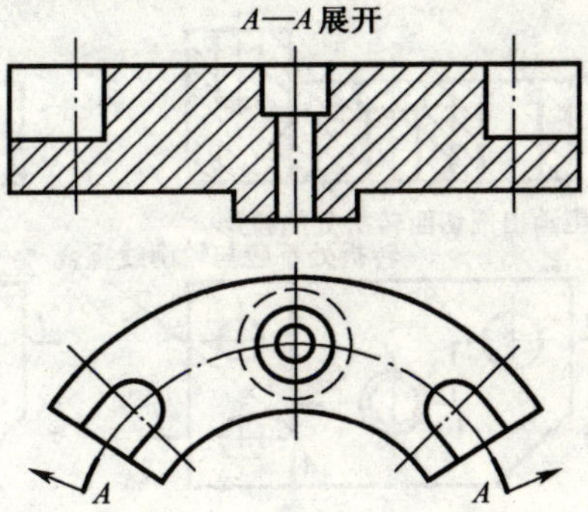

图 6 - 25　单一圆柱剖切面

2. 几个平行的剖切平面

当机件的内部结构位于几个平行平面上时，可采用几个平行的剖切平面来剖切。

如图 6 - 26 所示，机件上几个孔的轴线不在同一平面内，如果用一个剖切平面剖切，不能将内部形状全部表达出来。为此，采用两个互相平行的剖切平面沿不同位置孔的轴线剖切，这样就可在一个剖视图上把几个孔的形状表达清楚了。

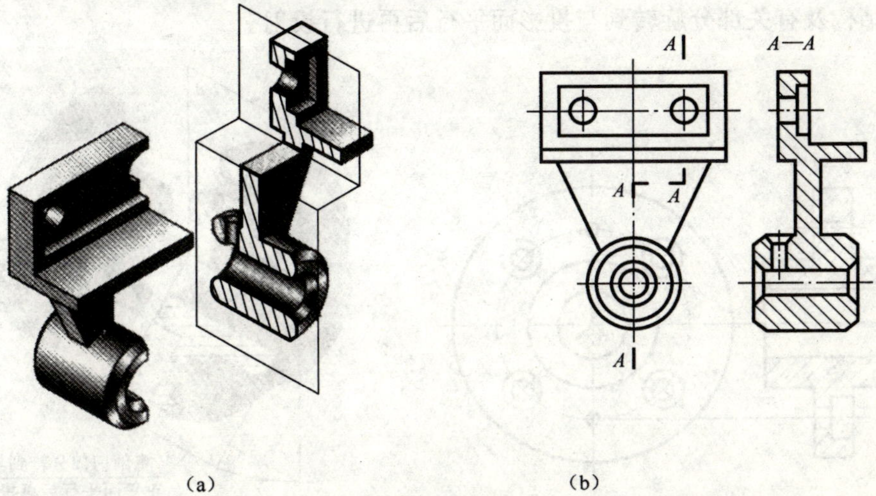

图 6 - 26　用几个平行的剖切平面剖切（一）

这种剖视图的标注方法如图 6 - 26（b）所示，如果剖切符号的转折处位置有限时，可省略字母。

采用这种剖切平面画剖视图时应注意以下几点。

①因为剖切是假想的，所以在剖视图上不应画出剖切平面转折的界线，如图 6 - 27（a）所示。

②在剖视图中不应出现不完整要素，如图 6 - 27（b）所示。只有当两个要素在图形上具有公共对称中心线或轴线时，方可各画一半，如图 6 - 27（c）所

示的 $A—A$。

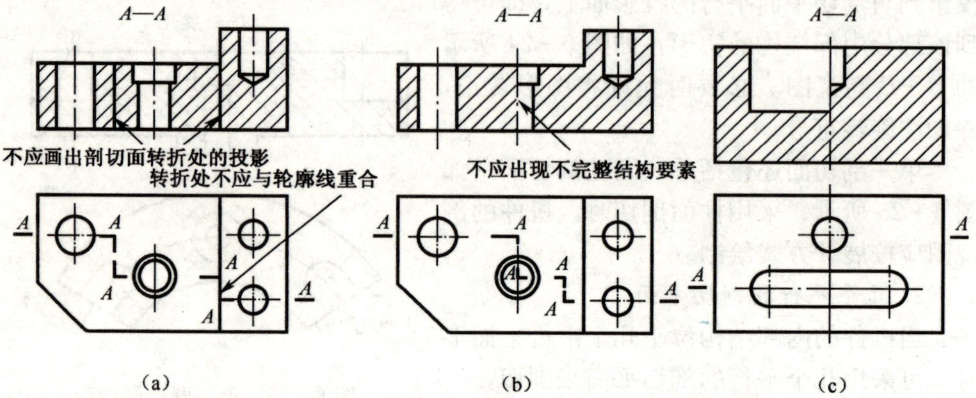

图 6-27　用几个平行的剖切平面剖切（二）

3. 几个相交的剖切面（交线垂直于某一投影面）

当机件的内部结构形状用单一剖切面不能完整表达时，可采用两个（或两个以上）相交的剖切面剖开机件，如图 6-28 所示，并将与投影面倾斜的剖切面剖开的结构及有关部分旋转到与投影面平行后再进行投射。

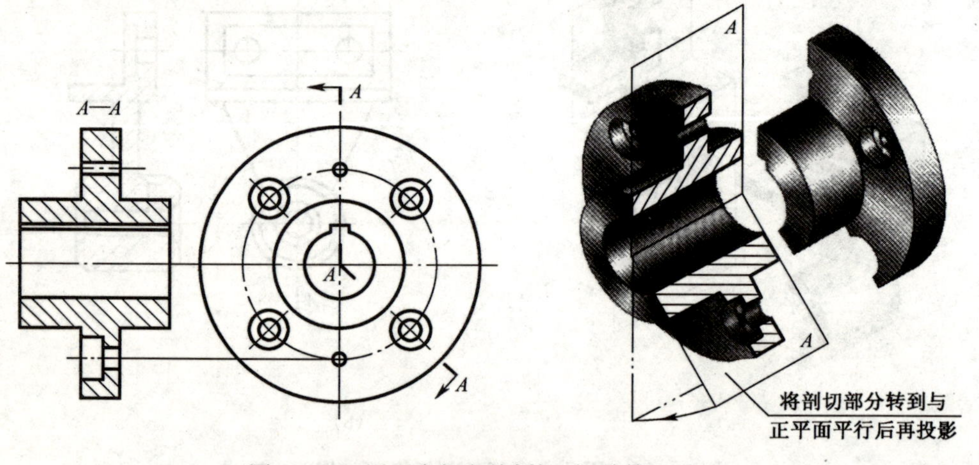

图 6-28　用两个相交的剖切平面剖切（一）

采用这种剖切面画剖视图时应注意以下几点。

①几个相交的剖切平面的交线（一般为轴线）必须垂直于某一投影面。

②应按先剖切后旋转的方法绘制剖视图，如图 6-28 所示，使剖开的结构及其有关部分旋转至与某一选定的投影面平行后再投影。此时旋转部分的某些结构与原图形不再保持投影关系，如图 6-29 所示机件中倾斜部分的剖视图。在剖切面后面的结构，如图 6-29 所示的油孔，仍按原来的位置投射。

采用这种剖切面剖切后，应对剖视图加以标注，标注方法如图 6-28、图

6 - 29 所示。

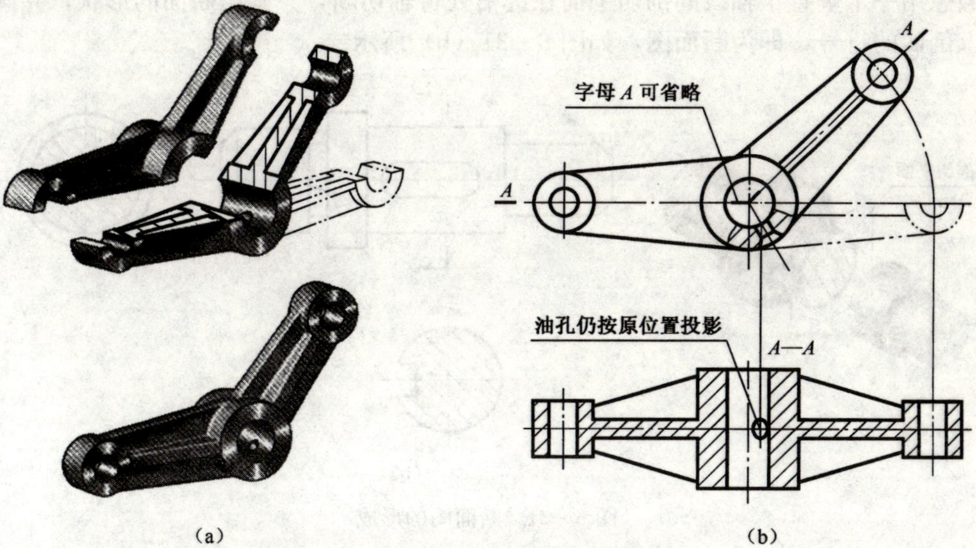

图 6 - 29　用两个相交的剖切平面剖切（二）

如图 6 - 30 所示是用三个相交的剖切面剖开机件来表达内部结构的实例。

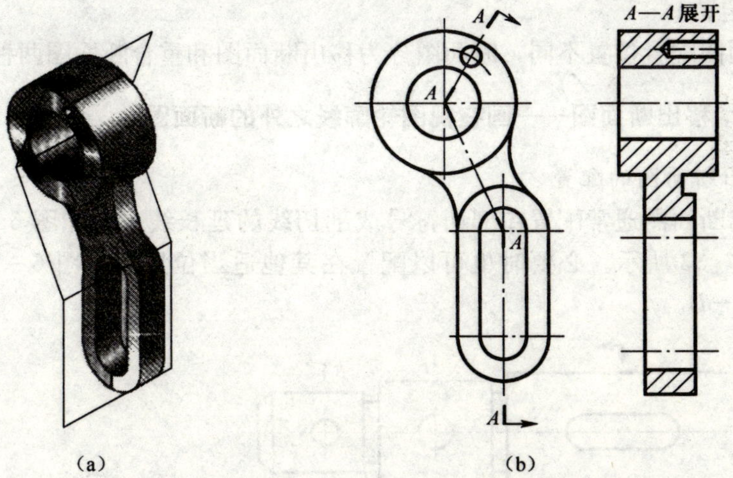

图 6 - 30　用三个相交的剖切面剖切时的剖视图

6.3　断　面　图

6.3.1　断面图的概念

假想用剖切面将机件的某处切断，仅画出剖切面与机件接触部分的图形称为断面图，简称断面。如图 6 - 31（a）所示的小轴，为了将轴上的键槽表达清楚，假想用一个垂直于轴线的剖切平面在键槽处将轴切断，只画出断面的形状，并画上剖面的符号，即为断面图，如图 6 - 31（b）所示。

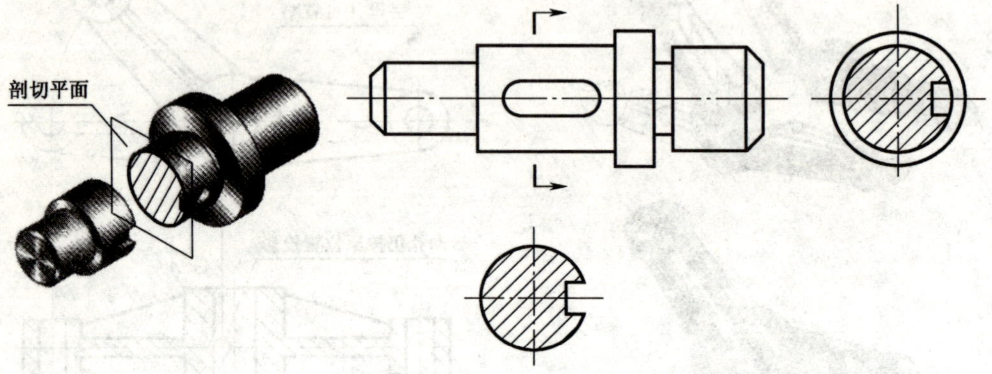

(a)　(b)　(c)

图 6 - 31　断面图的形成

剖视图与断面图的区别是：断面图只画机件被剖切后的断面形状，而剖视图除了画出断面形状之外，还必须画出机件上位于剖切平面后的可见轮廓线，如图 6 - 31（c）所示。断面图的画法要遵循 GB/T 17452—1998、GB/T 4458.6—2002 的规定。

按断面图配置位置不同，断面图分为移出断面图和重合断面图两种。

6.3.2　移出断面图——画在视图轮廓线之外的断面图

1. 移出断面图的配置

①移出断面图通常配置在剖切符号或剖切线的延长线上，如图 6 - 32（b）、（c）和图 6 - 33 所示。必要时也可以配置在其他适当位置，如图 6 - 32 所示的 *A—A* 和 *B—B*。

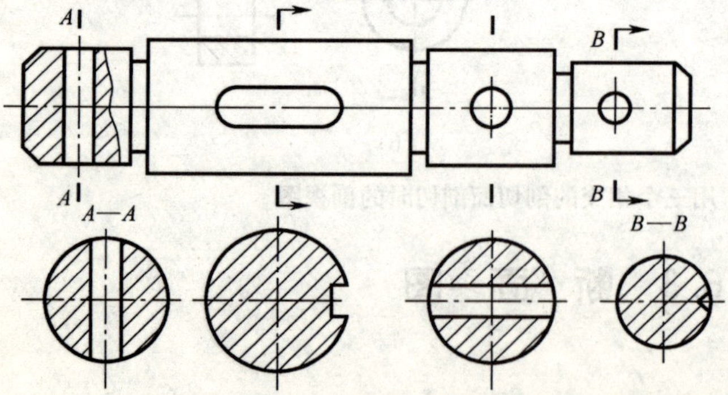

(a)　(b)　(c)　(d)

图 6 - 32　移出断面图画法（一）

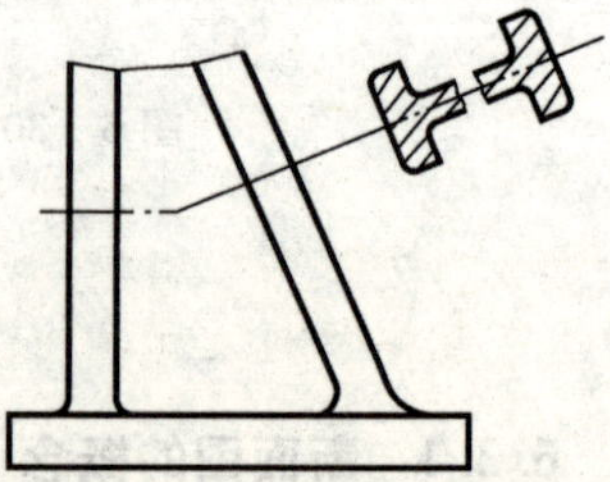

图 6 - 33　移出断面图画法（二）

②当断面图形对称时，移出断面图可配置在视图的中断处，如图 6 - 34 所示。

在不致引起误解时，允许将图形旋转，如图 6 - 35 所示的 $A—A$。

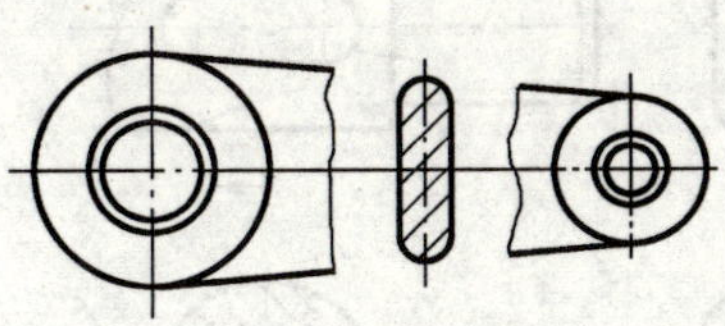

图 6 - 34　移出断面图画法（三）

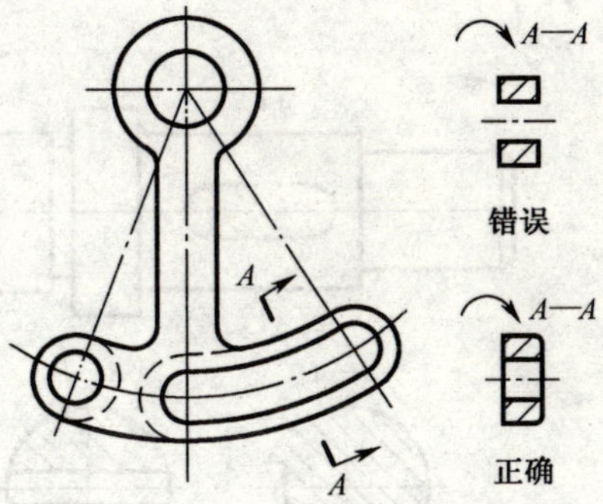

图 6 - 35　移出断面图画法（四）

2. 移出断面图的画法

①移出断面图的轮廓线用粗实线绘制。当剖切平面通过由回转面形成的孔和凹坑的轴线时，这些结构应按剖视绘制，如图 6 - 32 和图 6 - 36 所示。

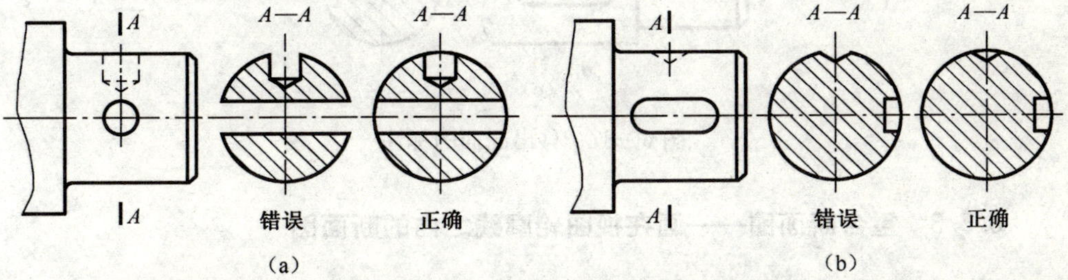

图 6 - 36　移出断面图画法正误对比

②当剖切平面通过非圆孔，会导致完全分离的两个断面时，这些结构也应按剖视图绘制，如图 6 - 35 所示。

③剖切平面应与被剖切部分的主要轮廓线垂直。由两个或多个相交的剖切平面剖切所得到的移出断面图，中间应断开，如图 6 - 33 所示。

3. 移出断面图的标注

移出剖面一般应用剖切符号表示剖切位置，用箭头表示投影方向，并注上大写字母“×”，在剖面图上方应用同样的字母标出相应的剖面图名称“×—×”，如图 6 - 37 所示。但根据剖面图是否对称及其配置不同，可作相应的省略。在不致于引起误解时，允许将图形旋转，但必须在剖面图上方标注“×—×旋转”。

①配置在剖切符号延长线上的对称移出剖面，不必标注，如图 6 - 37（a）所示；配置在剖切符号延长线上的不对称移出剖面，可省略字母，如图 6 - 37（b）所示。

②按投影关系配置的移出剖面，可省略箭头，如图 6 - 37（c）所示。

③配置在其他位置的对称移出剖面，可省略箭头，如图 6 - 37（a）所示的 *B—B*；配置在其他位置的不对称移出剖面，必须标注，如图 6 - 37（a）所示的 *A—A*。

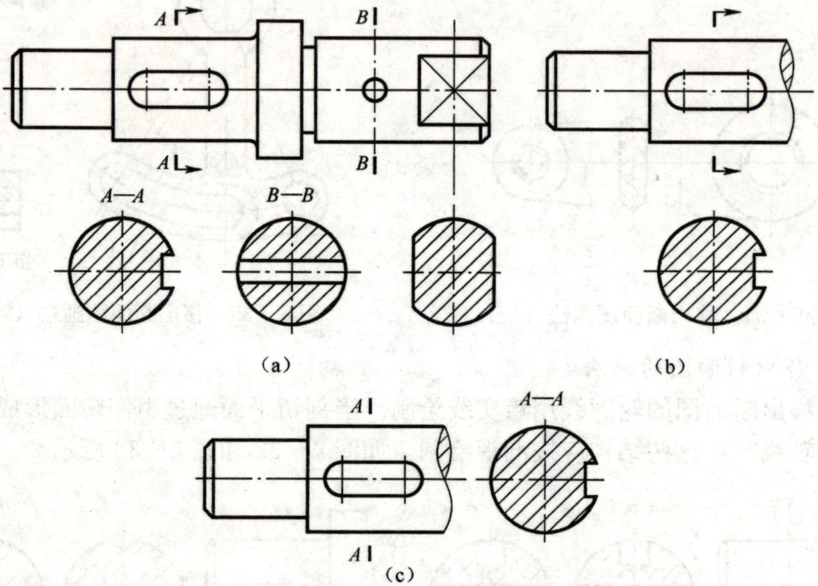

图 6 - 37 移出剖面的标注

6.3.3 重合断面图——画在视图轮廓线之内的断面图

1. 重合断面图的画法

重合断面图的轮廓线用细实线绘制。当视图中的轮廓线与重合断面图的图形重合时，视图中的轮廓线仍应连续画出，不可间断，如图 6 - 38 所示。

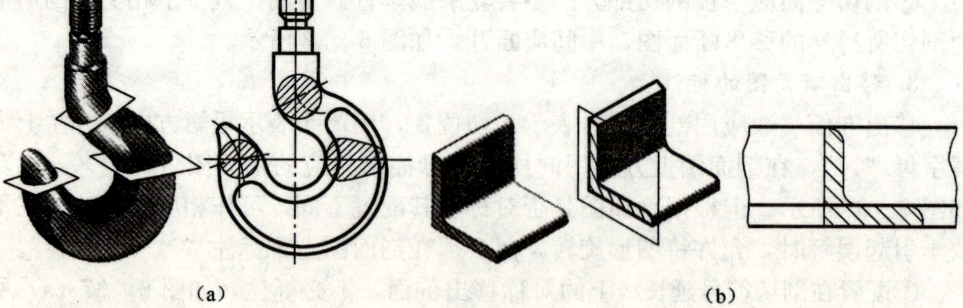

图 6 - 38 重合断面图画法

2. 重合断面图的标注

对称的重合断面不必标注，如图 6 - 38（a）所示；不对称的重合断面，在不致引起误解时可省略标注，如图 6 - 38（b）所示。

6.4 局部放大图和简化画法

6.4.1 局部放大图

将机件的部分结构，用大于原图形所采用的比例画出的图形，称为局部放大图。如图 6 - 39 所示，当同一机件上有几处需要放大时，可用细实线圈出放大的部位，用罗马数字依次标明放大的部位，并在局部放大图的上方标注出相应的罗马数字和所采用的比例。对于同一机件上不同部位，但图形相同或对称时，只需画出一个局部放大图，如图 6 - 40 所示。

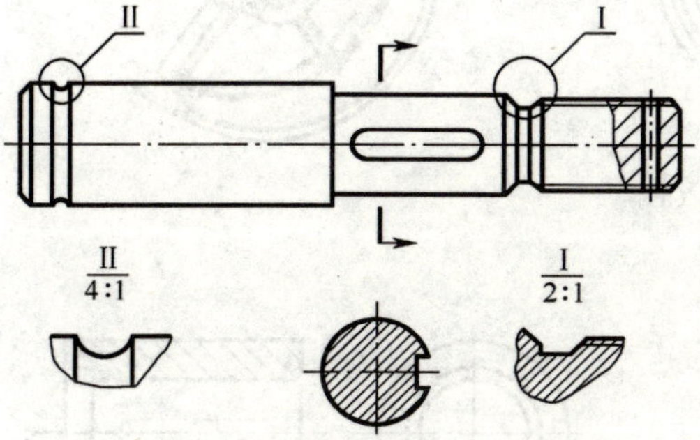

图 6 - 39　局部放大图（一）

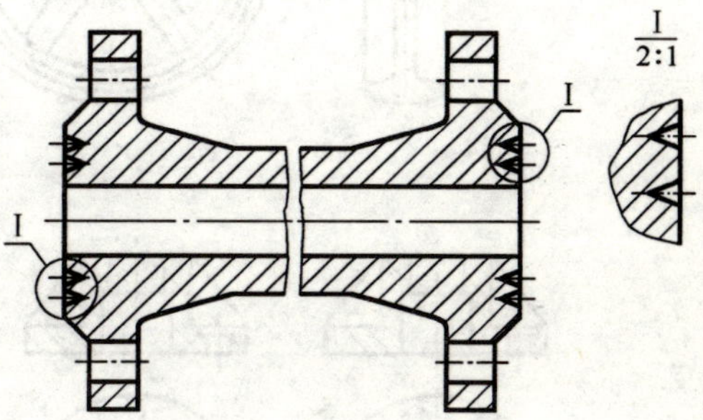

图 6 - 40　局部放大图（二）

6.4.2 简化画法（GB/T 16675.1—1996）

简化画法是在视图、剖视、剖面等画法的基础上，对机件上某些特殊结构和结构上的某些特殊情况，通过简化图形（包括省略和简化投影等）和省略视图等办法来表示，在便于看图的前提下，达到简化画图的目的。其规定如下。

①对于机件上的肋、轮辐及薄壁等结构，如按纵向剖切，这些结构都不画剖面符号，而用粗实线将它与其邻接部分分开；若按横向剖切，这些结构也要画剖面符号，如图 6 - 41（a）所示。

②当零件回转体上均匀分布的肋、轮辐、孔等结构不处于剖切平面上时，可将这些结构旋转到剖切平面上画出，且对均布孔只需详细画出一个，其余只画出轴线即可，如图 6 - 41（b）所示。

③在需要表示位于剖切平面前面的机件结构时，这些结构按假想投影的轮廓线用双点画线绘制，如图 6 - 41（c）所示。

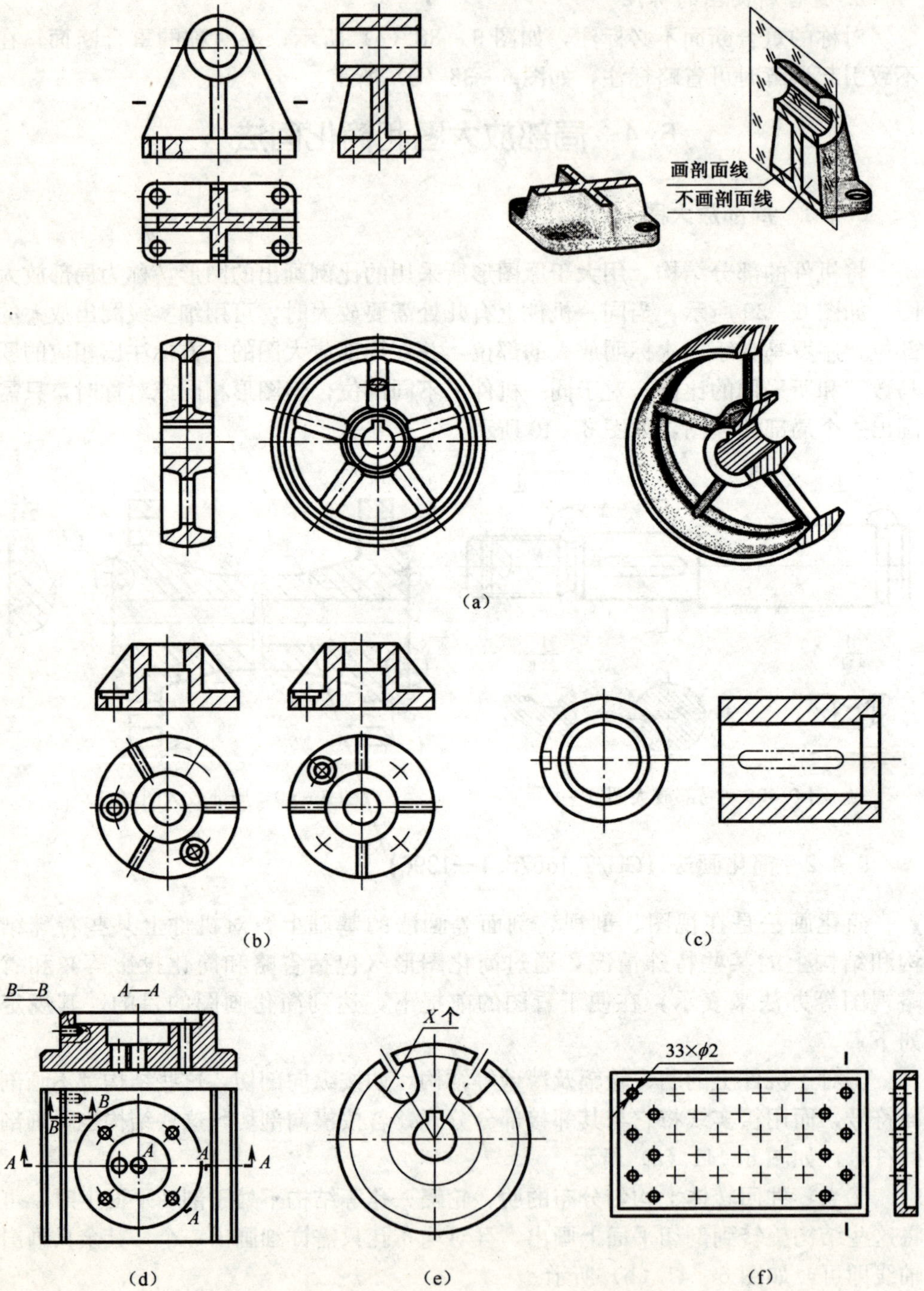

图 6 - 41 简化画法和其他规定画法

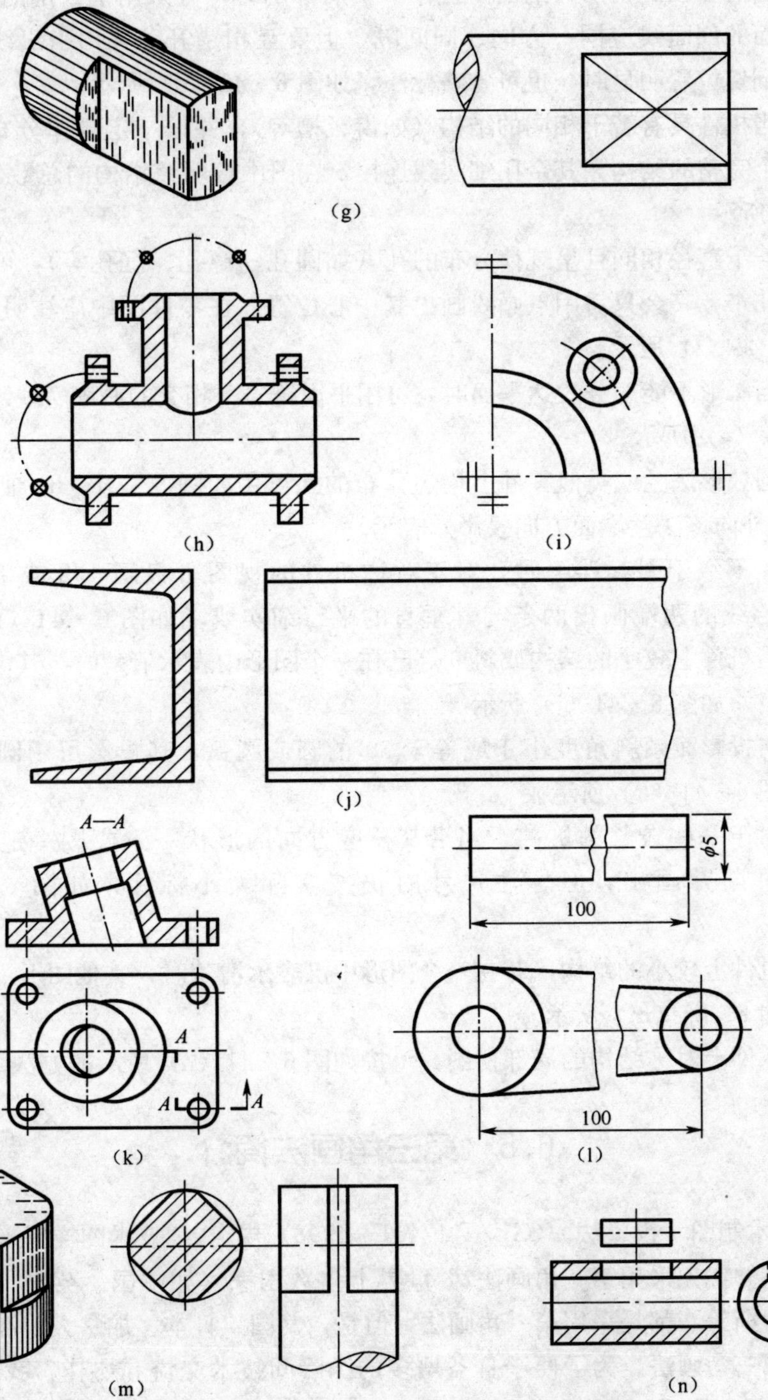

图 6 - 41 简化画法和其他规定画法（续）

④当需要在剖视图的剖面中再作一次局部剖时，可采用剖中剖的方法表达，两个剖面的剖面线应同一方向、同间隔，但要互相错开，并用引出线标注其名称，当剖切位置明显时，也可省略标注，如图 6 - 41（d）所示。

⑤当机件具有若干相同的结构（如齿、槽等），并按一定规律分布时，只需画出几个完整的结构，其余用细实线连接，在图中标明该结构的总数，如图 6 - 41（e）所示。

⑥若干直径相同且呈规律分布的孔（如圆孔、螺孔、沉孔等），可以仅画出一个或几个，其余只需用点画线画出其中心位置，在零件图中应注明孔的总数，如图 6 - 41（f）所示。

⑦当图形不能充分表达平面时，可用平面符号（相交的两细实线）表示，如图 6 - 41（g）所示。

⑧圆柱形法兰或类似零件上均匀分布的孔可用如图 6 - 41（h）所示的方法（由机件外向该法兰端面方向投影）表示。

⑨在不致于引起误解时，对于对称机件的视图可只画 1/2 或 1/4，并在对称中心线的两端画出两条与其垂直的平行细实线，如图 6 - 41（i）所示。

⑩当机件上较小的结构或斜度等已在一个图形中表示清楚时，其他图形可简化或省略，如图 6 - 41（j）所示。

⑪与投影面倾斜角度小于或等于 30°的圆或圆弧，其投影可用圆或圆弧代替，如图 6 - 41（k）所示。

⑫对于一些较长的机件，当沿其长度方向的形状一致或按一定规律变化时，允许断开画出，但标注尺寸时仍按实际大小标注，如图 6 - 41（l）所示。

⑬机件上较小的结构，若在一个图形中已表示清楚时，其他图形可简化或省略，如图 6 - 41（m）所示。

⑭零件上对称结构的局部视图，可按如图 6 - 41（n）所示的方法绘制。

6.5 第三角画法简介

《技术制图　投影法》（GB/T 17451—1998）规定：“技术图样应采用正投影法绘制，并优先采用第一角画法。”世界上多数国家（如中国、英国、法国、德国、俄罗斯等）都是采用第一角画法，但是，美国、日本、加拿大、澳大利亚等则采用第三角画法。为了便于日益增多的国际间技术交流和协作，我国在 1993 年（GB/T 14692）就曾规定：“必要时（如按合同规定等）允许使用第三角画法”。所以，我们应该对第三角画法有所了解。

6.5.1　第三角画法与第一角画法的区别

如图 6－42 所示为三个互相垂直相交的投影面，将空间分为八个部分，每部分为一个分角，依次为Ⅰ～Ⅷ分角。

①将机件放在第一分角内（*H* 面之上、*V* 面之前、*W* 面之左）而得到的多面正投影为第一角画法；将机件放在第三分角内（*H* 面之下、*V* 面之后、*W* 面之左）而得到的多面正投影为第三角画法。如图 6－43 所示，第一角画法是将机件置于观察者与投影面之间进行投射；第三角画法是将投影面置于观察者与机件之间进行投射（把投影面看作透明的）。

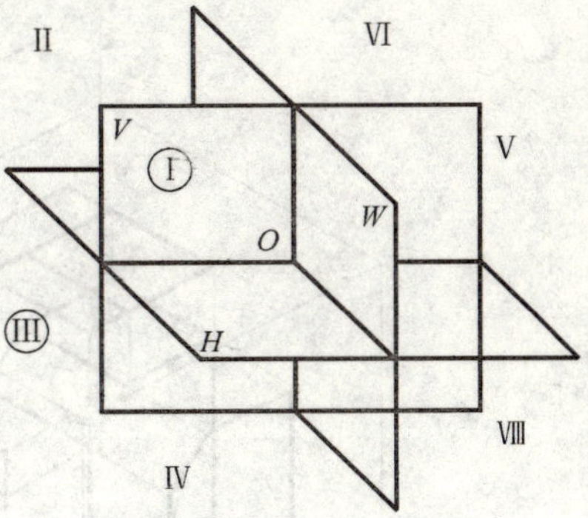

图 6－42　八个分角

②第三角画法中，在 *V* 面上形成自前方投射所得的主视图，在 *H* 面上形成自上方投射所得的俯视图，在 *W* 面上形成自右方投射所得的右视图，如图 6－43（b）所示。令 *V* 面保持正立位置不动，将 *H* 面、*W* 面分别绕它们与 *V* 面的交线向上、向右旋转 90°，与 *V* 面展成同一个平面，得到机件的三视图。与第一角画法类似，采用第三角画法的三视图也有下述特性，即多面正投影的投影规律：主、俯视图长对正；主、右视图高平齐；俯、右视图宽相等，前后对应。

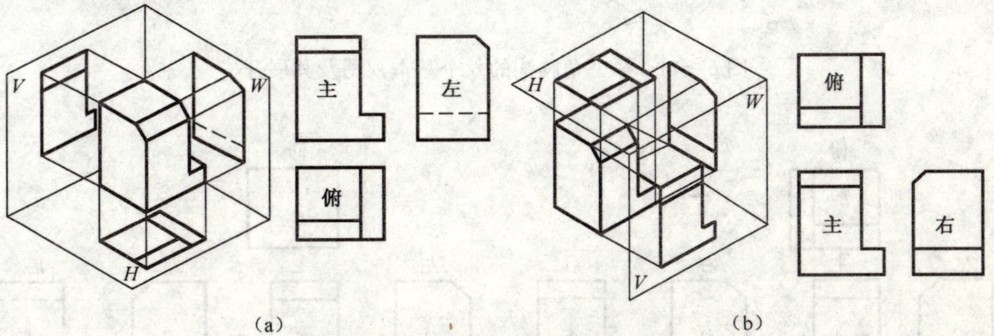

图 6－43　第一角画法与第三角画法的位置关系对比

（a）第一角画法；（b）第三角画法

③与第一角画法一样，第三角画法也有六个基本视图。将机件向正六面体的六个平面（基本投影面）进行投射，然后按如图 6－44 所示的方法展开，即得六个基本视图，它们相应的配置如图 6－43（a）所示。

④第三角画法与第一角画法在各自的投影面体系中，观察者、机件、投影面三者之间的相对位置不同，决定了它们的六个基本视图的配置关系的不同。从如图 6－45 所示两种画法的对比中，可很清楚地看到：

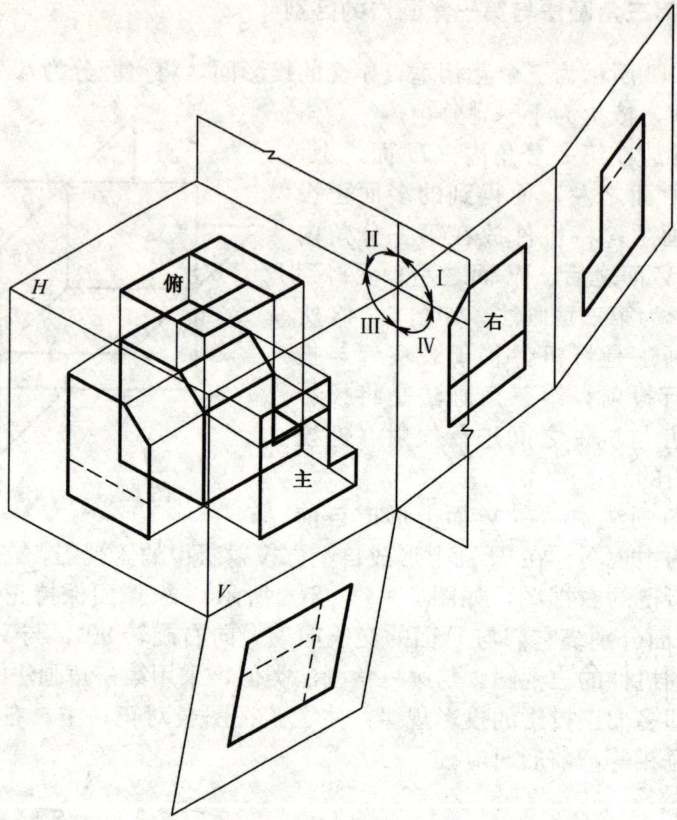

图 6-44 第三角画法的六个基本视图及其展开

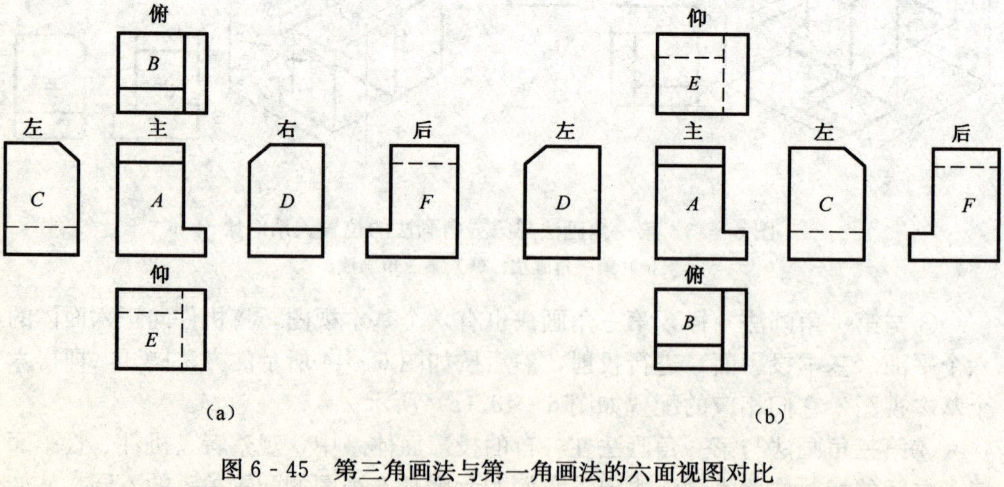

图 6-45 第三角画法与第一角画法的六面视图对比

(a) 第三角画法；(b) 第一角画法

第三角画法的俯视图和仰视图与第一角画法的俯视图和仰视图的位置对换；第三角画法的左视图和右视图与第一角画法的左视图和右视图的位置对换；第三角画法的主、后视图与第一角画法的主、后视图一致。

6.5.2　第三角画法与第一角画法的识别符号

为了识别第三角画法与第一角画法，规定了相应的识别符号，如图 6 - 46 所示。该符号一般标注在所画图纸标题栏的上方或左方。

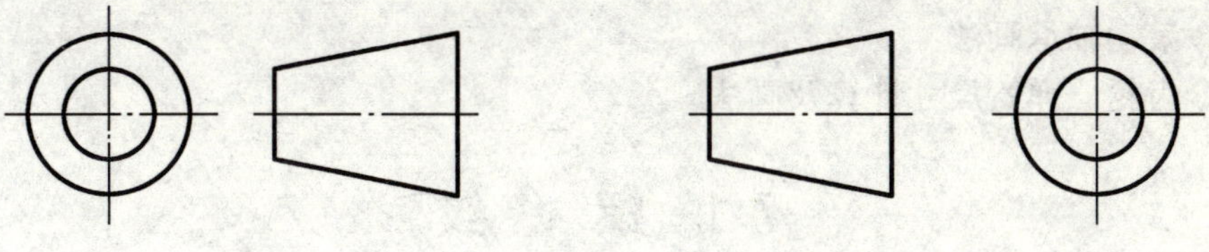

(a)　(b)

图 6 - 46　第三角画法和第一角画法符号

(a) 第三角画法符号；(b) 第一角画法符号

第7章 标准件与常用件

学习完本章，应该掌握如下内容：

◆螺纹及螺纹紧固件画法、标记

◆螺纹紧固件标记及连接画法

◆滚动轴承画法

◆齿轮、弹簧尺寸计算及画法

7.1 螺 纹

任何机器或部件都是由零件装配而成的。除一般零件外，在各种机器和设备中，应用最广泛的是螺栓、螺柱、螺钉、键、销、滚动轴承及弹簧、齿轮等标准件和常用件。由于这些零件用量很大，为了确保产品质量、提高生产效率、降低成本，国家标准总局对这些零件的结构、尺寸、成品质量等方面均制定出标准，这种零件称为标准件。对它们的画法也有具体的规定。

7.1.1 螺纹的基本要素和分类

1. 圆柱螺旋线与螺纹形成

圆柱面上一点绕其轴线作匀速旋转运动，同时沿母线作匀速直线运动所形成的复合轨迹称为圆柱螺旋线。

螺纹是指在圆柱或圆锥表面上，沿着螺旋线所形成的具有相同剖面的连续凸起和凹槽（实为一平面图形作螺旋运动形成的螺旋体）。在圆柱表面上形成的螺纹为圆柱螺纹，在圆锥表面上形成的螺纹为圆锥螺纹。

在外表面加工的螺纹称为外螺纹，如图 7 - 1 (a)、(c) 所示，在内表面加工的螺纹称为内螺纹，如图 7 - 1 (b)、(d) 所示。

2. 螺纹的基本要素

螺纹的结构和尺寸是由牙型、直径、螺距（导程）、线数和旋向五个要素确定的，如图 7 - 2 所示。

(1) 牙型

通过轴线纵向剖切时螺纹的轮廓形状称为螺纹牙型。常见标准螺纹的牙型有三角形、梯形、锯齿形。

(2) 大径、小径和中径

大径：螺纹最大的直径，也称为公称直径。对外螺纹为牙顶所在圆的直径，

用 d 表示，对内螺纹为牙底所在圆的直径，用 D 表示。

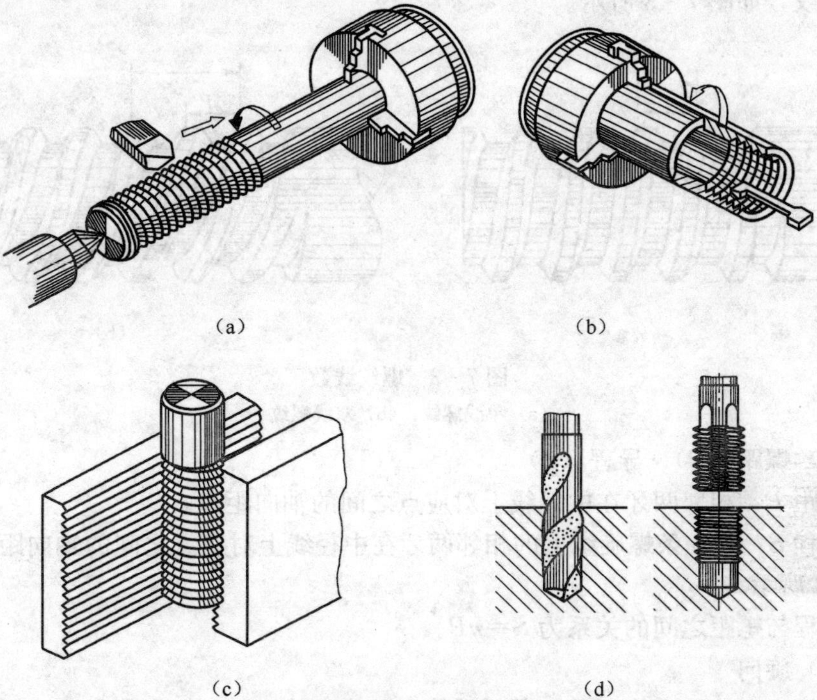

图 7 - 1　螺纹的形成

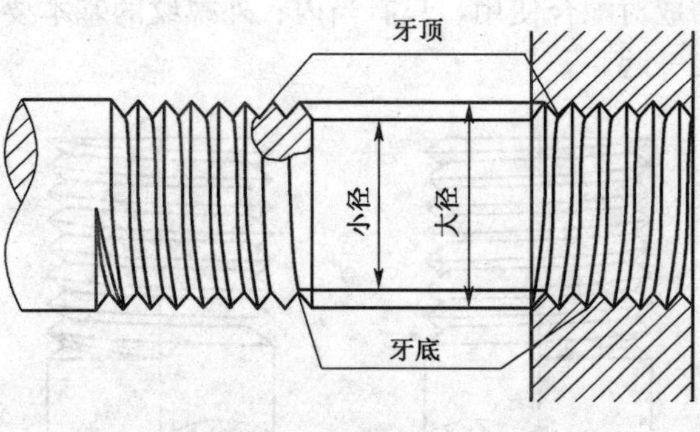

图 7 - 2　螺纹的要素

小径：螺纹最小的直径。对外螺纹为牙底所在圆的直径，用 d_1 表示，对内螺纹为牙顶所在圆的直径，用 D_1 表示。

中径：假想圆柱的直径，该圆柱的母线通过牙型上沟槽和凸起宽度相等的地方，此假想圆柱称为中径圆柱。外螺纹用 d_2、内螺纹用 D_2 表示。

(3) 线数（n）

在同一回转面上加工螺纹的数量，用 n 表示。

加工一条的称为单线螺纹，加工两条的称为双线螺纹，加工两条以上的称为多线螺纹，如图 7 - 3 所示。

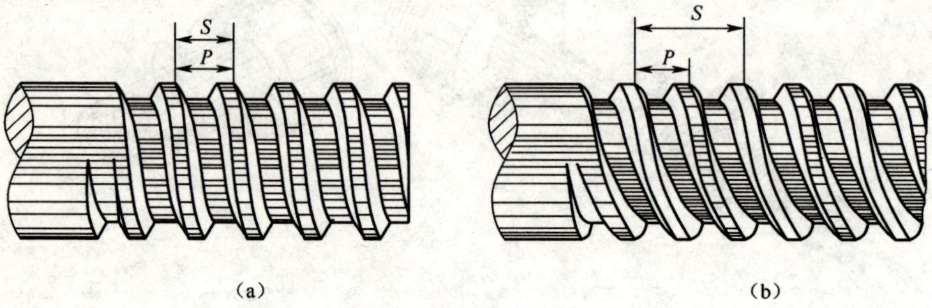

图 7 - 3　螺纹线数

(a) 单线螺纹；(b) 双线螺纹

(4) 螺距（P）、导程（S）

螺距 P：相邻两牙在中径线上对应点之间的轴向距离。

导程 S：同一条螺旋线上的相邻两牙在中径线上对应点之间的轴向距离，如图 7 - 3 所示。

导程与螺距之间的关系为 $S=nP$。

(5) 旋向

螺纹有左旋、右旋两种。顺时针旋入的为右旋，工程上用得最多。逆时针旋入的为左旋。判断方法如图 7 - 4 所示。

内、外螺纹需成对配合使用，只有当内、外螺纹的基本要素完全相同，内、外螺纹才能旋合在一起。

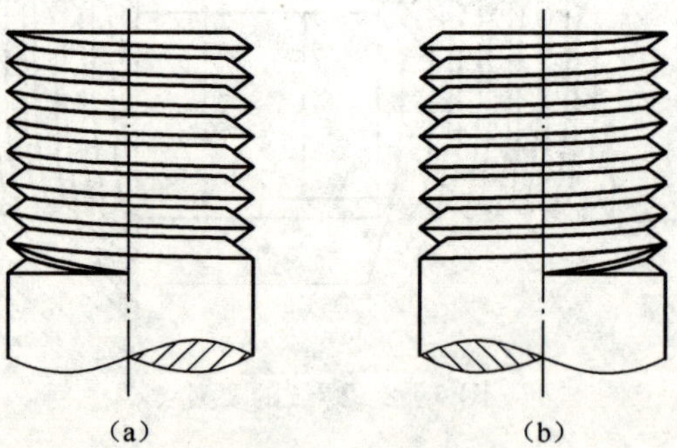

图 7 - 4　螺纹旋向

(a) 左旋；(b) 右旋

3. 螺纹的种类

国家标准对上述螺纹五要素中的牙型、公称直径（大径）和螺距进行了规定，按此三要素是否符合标准，螺纹可分为以下三类。

①标准螺纹：牙型、公称直径、螺距三要素均符合国家标准的螺纹。

②特殊螺纹：牙型符合国家标准，而公称直径或螺距不符合国家标准的螺纹。

③非标准螺纹：牙型不符合国家标准的螺纹，如矩形螺纹。

螺纹按用途分为两类，起连接作用的螺纹称为连接螺纹，如普通螺纹和管螺纹；起传递动力或运动的螺纹称为传动螺纹，如梯形螺纹和锯齿形螺纹。

①普通螺纹。牙型为等边三角形，牙型角为 60°，如图 7 - 5（a）所示，牙型符号用“M”表示。普通螺纹又可分为粗牙与细牙，其区别为在相同的公称直径下，细牙比粗牙的螺距小，故细牙螺纹多用在受力较小、精度等级较高的地方。

普通螺纹大径、螺距的关系可在附表 1 中查取。

②管螺纹。管螺纹牙型为等腰三角形，牙型角为 55°，如图 7 - 5（b）所示，螺纹特征代号较为多样：

非螺纹密封的管螺纹，用 G 表示。

螺纹密封的圆柱内管螺纹，用 R_p 表示。

螺纹密封的锥管外螺纹，用 R 表示。

螺纹密封的锥管内螺纹，用 R_c 表示。

从附表 2 中可查得尺寸代号、每英寸牙数。例如非螺纹密封的管螺纹尺寸代号 1，每英寸牙数 11。尺寸代号是指被连接管的孔径为 1in（1in＝25.4mm），它不是指管螺纹的大径，其大径查表为 33.249mm，管螺纹的螺距是以每英寸螺纹的牙数来表示的，换算成 mm，$P=25.4/11=2.309$mm。其他数据均可在附表 2 中查得。

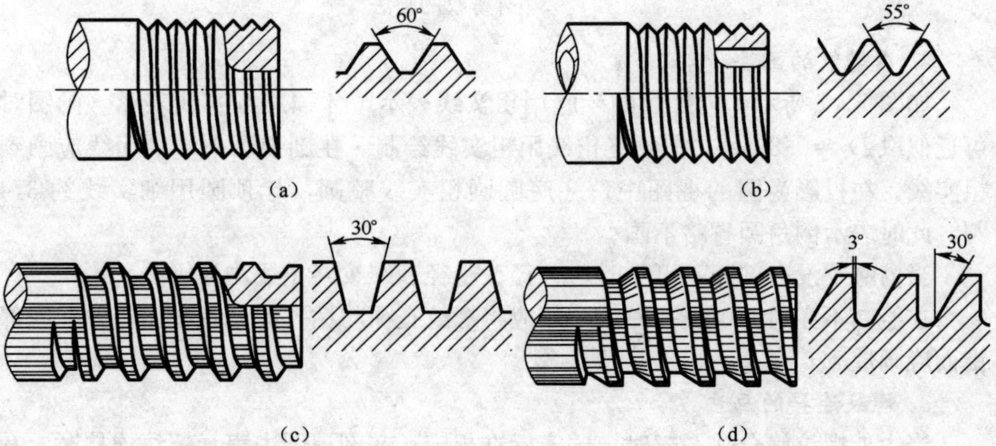

图 7 - 5　常用标准螺纹的牙型

（a）普通螺纹；（b）管螺纹；（c）梯形螺纹；（d）锯齿形螺纹

③梯形螺纹

梯形螺纹的牙型为等腰梯形，牙型角为 30°，如图 7 - 5（c）所示，牙型符号用“Tr”表示。其各部分的尺寸可查阅附表 3。

④锯齿形螺纹

锯齿形螺纹牙型为不等腰梯形，牙型角一边为 30°，另一边为 3°，如图 7 - 5（d）所示，牙型符号用“B”表示。其各部分尺寸可查阅有关资料。

7.1.2 螺纹的规定画法

螺纹的真实投影是比较复杂的。为了简化作图，国家标准规定，不管螺纹的种类如何，螺纹的画法均按规定绘制。

1. 外螺纹的画法

如图 7 - 6 所示，不论外螺纹牙型如何，螺纹的牙顶用粗实线表示，牙底用细实线表示，且要画到倒角或倒圆处（画图时可近似取 $d_1=0.85d$），螺纹终止线用粗实线绘制。在剖视图中，剖面线应画到粗实线。在投影为圆的视图中，牙顶圆画粗实线整圆，牙底圆用细实线约 3/4 圆，此时表示倒角圆省略不画。

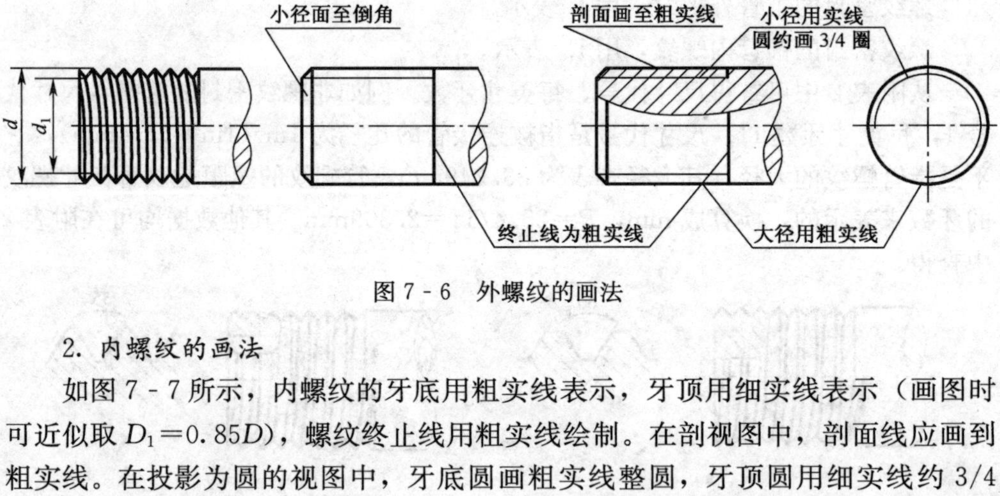

图 7 - 6 外螺纹的画法

2. 内螺纹的画法

如图 7 - 7 所示，内螺纹的牙底用粗实线表示，牙顶用细实线表示（画图时可近似取 $D_1=0.85D$），螺纹终止线用粗实线绘制。在剖视图中，剖面线应画到粗实线。在投影为圆的视图中，牙底圆画粗实线整圆，牙顶圆用细实线约 3/4 圆，此时表示倒角圆省略不画。

当内螺纹没有剖开不可见时，大径、小径和螺纹终止线均为虚线。

在绘制不穿通的螺纹孔时，一般应将螺纹孔深与钻孔深分别画出，钻孔底部锥面应画成 120°角。

3. 螺纹连接的画法

当内外螺纹旋合在一起时，国家标准规定，在剖视图中表示螺纹连接时，其旋合部分应按外螺纹的画法绘制，其余部分仍按各自的画法绘制，如图 7 - 8 所示。

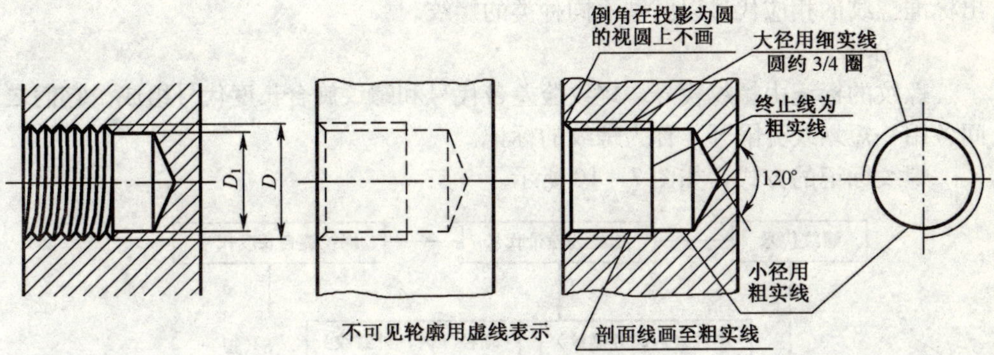

图7-7　内螺纹的画法

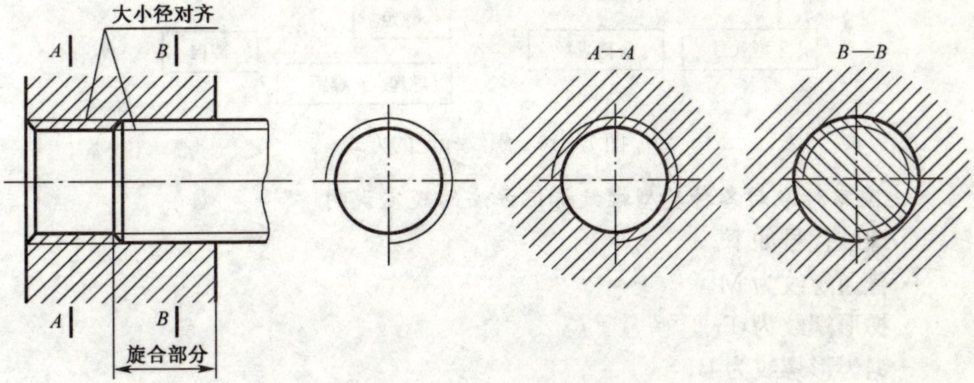

图7-8　螺纹连接的画法

4. 螺纹牙型的表示法

螺纹的牙型一般在图形中不表示，当需要表示或表示非标准螺纹（如矩形螺纹）时，可如图7-9所示的形式绘制，即可在剖视图中表示几个牙型，也可以用局部放大图表示。

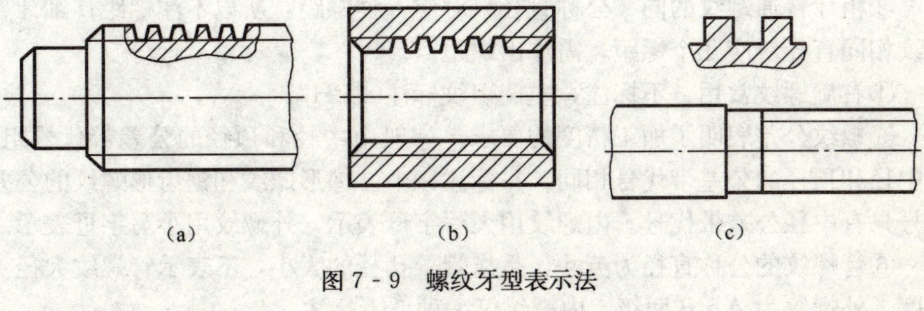

图7-9　螺纹牙型表示法

7.1.3　螺纹标注

由于螺纹种类、牙型多样，其画法却相同，因此国家标准规定，应在图上注出标准螺纹的相应代号以区别不同种类的螺纹。

1. 标注内容

螺纹的标记由螺纹代号，螺纹公差带代号和螺纹旋合长度代号组成。它们之间各用一短划线分隔开，称为螺纹的标记。

螺纹标记的方式，如图 7 - 10 所示。

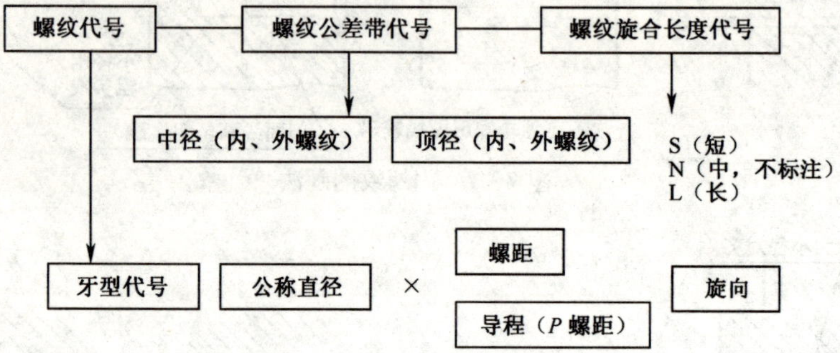

图 7 - 10　螺纹标记的方式

2. 国家标准对各种类型螺纹标记方法的规定说明

①螺纹代号如下。

· 普通螺纹为 M。

· 梯形螺纹为 Tr。

· 锯齿形螺纹为 B。

· 非螺纹密封的管螺纹为 G。

· 用螺纹密封的圆锥内管螺纹为 R_c。

· 用螺纹密封的圆锥外管螺纹为 R。

· 用螺纹密封的圆柱内管螺纹为 R_p。

②单线螺纹标注螺距；多线螺纹同时注出导程（*P* 螺距）。

③粗牙普通螺纹的同一公称直径只对应一种螺距，所以不注螺距；细牙普通螺纹相同直径对应几个螺距，需注出螺距。

④右旋螺纹常用，不标注，左旋螺纹标注“LH”。

⑤螺纹公差表明了加工精度的要求。一般由中径和顶径的公差带代号组成，若中径和顶径的公差带代号相同，只标注一个。梯形螺纹和锯齿形螺纹的公差带代号只有中径公差带代号。内螺纹用大写字母表示，外螺纹用小写字母表示。

⑥管螺纹的公称直径为英寸，是指管子孔径的大小，不表示管螺纹大径。其精度，外螺纹为 A、B 两级，内螺纹仅一种，不标注。

⑦旋合长度代号分三种：S（短）、N（中）及 L（长）。常用的中等旋合长度不标注 N。

⑧内、外螺纹旋合在一起，如需标记时，标记中的公差带代号用斜线分开，

左边表示内螺纹公差带代号，右边表示外螺纹公差带代号，例如 M20 - 6H/5g6g。

各种螺纹的标注方法，见表 7 - 1。

表 7 - 1　螺纹的标注方法

螺纹类别	牙型符号	标注示例	标注含义
普通螺纹	M	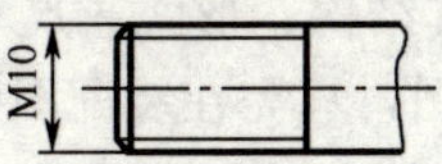	粗牙普通螺纹，公称直径 10，右旋
		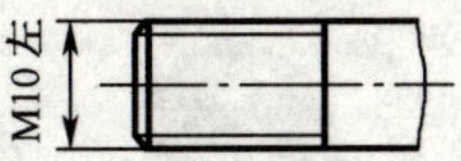	粗牙普通螺纹，公称直径 10，左旋
		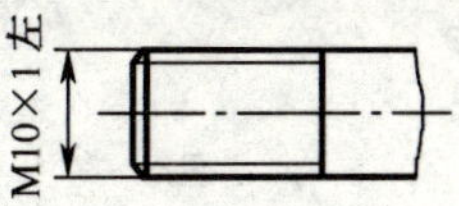	细牙普通螺纹，公称直径 10，螺距 1，左旋
		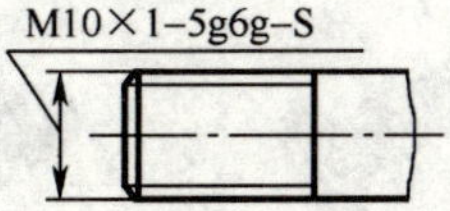	细牙普通螺纹，公称直径 10，螺距 1，右旋，中径公差带代号为 5g，顶径公差带代号为 6g，短旋合长度
梯形螺纹	Tr	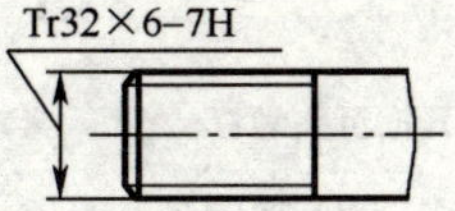	梯形螺纹，单线，公称直径 32，螺距 6，右旋，中径公差带代号为 7H
		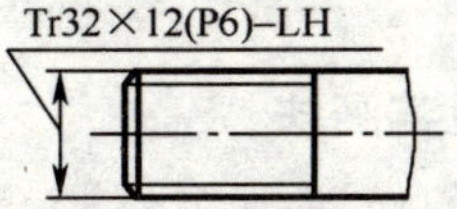	梯形螺纹，双线，公称直径 32，螺距 6，导程 12，左旋
锯齿形螺纹	S	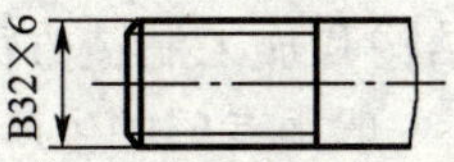	锯齿形螺纹，公称直径 32，螺距 6，右旋
管螺纹	G R R_c R_p	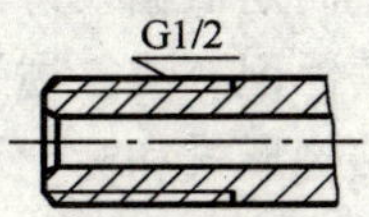	非螺纹密封的外管螺纹，尺寸代号 1/2 英寸，右旋，查表得螺距 1.814，公称直径 20.95
		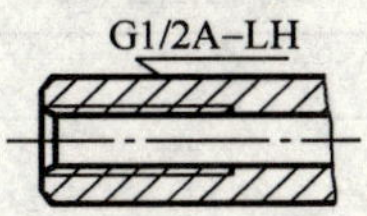	非螺纹密封的管螺纹，尺寸代号 1/2 英寸，左旋，查表得螺距 1.814，公称直径 20.95，公差等级为 A 级
		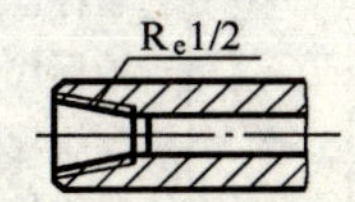	螺纹密封的锥管内螺纹，尺寸代号 1/2 英寸，右旋

7.2 螺纹紧固件及其连接画法

螺纹紧固件就是运用一对内、外螺纹的连接作用将两个或两个以上的零件连接在一起的零件。常用的螺纹紧固件有螺栓、螺柱、螺钉、螺母和垫圈等，如图7-11所示。螺纹紧固件属于标准件，其结构、形式、尺寸等均已标准化，都是标准件，在设计时不需画出它们的零件图，只需在装配图中注明其标记即可。

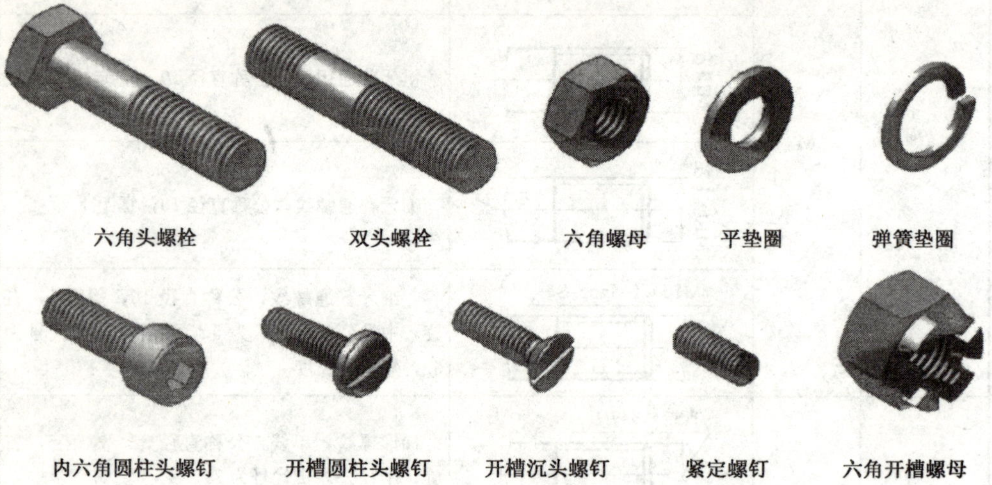

图7-11 常用螺纹紧固件

7.2.1 常用的螺纹紧固件的标记及其画法

1. 标记

螺纹紧固件都是标准件，其材料、结构和加工制造方面的要求等都有具体的标准和规定。它们的尺寸也有系列标准，一般由专门的生产厂家加工制造，因此在设计制图时，无需单独绘制它们的零件图，而是根据设计需要按相应的国家标准选取，这就要求熟悉它们的结构形式并掌握其标记方法。通过其标记，可查阅相关标准，了解其具体的结构尺寸。螺纹紧固件结构形式和标记示例，见表7-2。

表7-2 螺纹紧固件及其标记示例

名称	图例	规定标记及说明
六角头螺栓	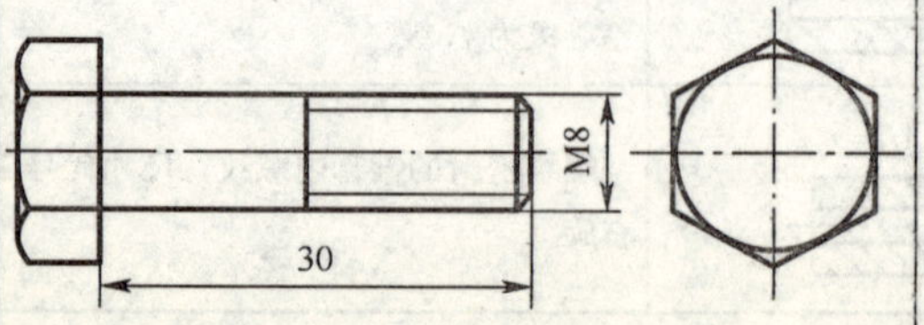	螺栓 GB/T 5780—2000 M8×30 名称：螺栓 国标代号：GB/T 5780—2000 螺纹规格：M8 公称长度：30mm

（续）

名称	图　例	规定标记及说明
双头螺柱	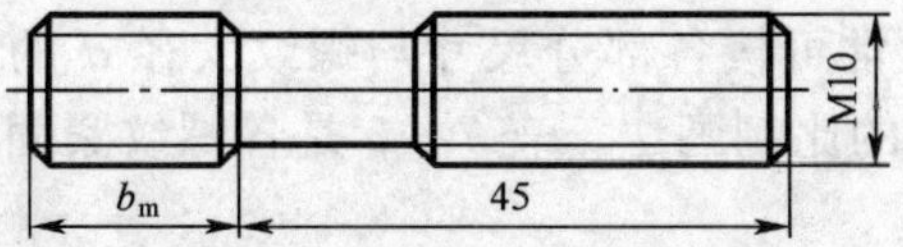 注：旋入端的长度 b_m 由被旋入零件的材料决定	螺柱 GB/T 898—1998　M10×45 名称：螺柱 国标代号：GB/T 898—1998 螺纹规格：M10 公称长度：45mm
开槽圆柱头螺钉	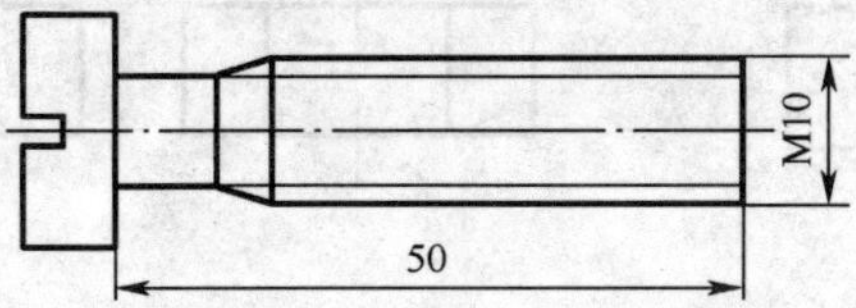	螺钉 GB/T 65—2000　M10×50 名称：螺钉 国标代号：GB/T 65—2000 螺纹规格：M10 公称长度：50mm
开槽沉头螺钉	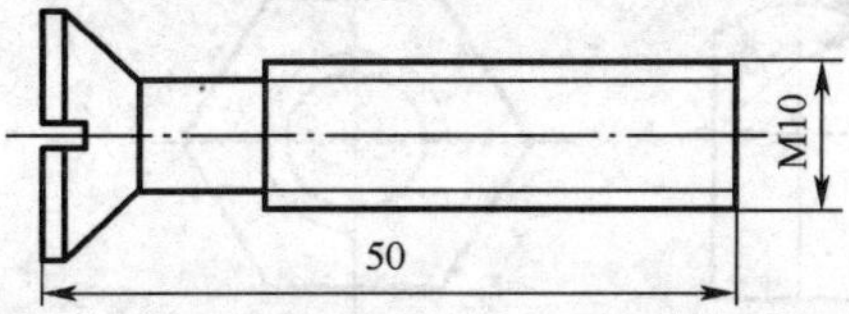	螺钉 GB/T 68—2000　M10×50 名称：螺钉 国标代号：GB/T 68—2000 螺纹规格：M10 公称长度：50mm
紧定螺钉	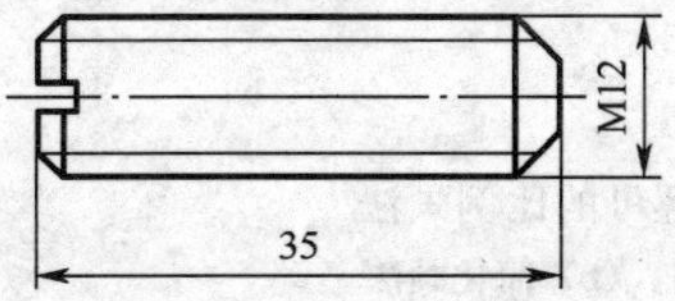	螺钉 GB/T 71—1985　M12×35 名称：螺钉 国标代号：GB/T 71—1985 螺纹规格：M12 公称长度：35mm
六角螺母	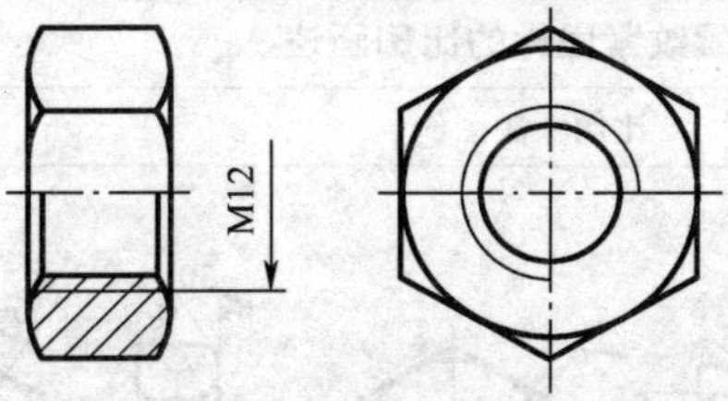	螺母 GB/T 6170—2000　M12 名称：螺母 国标代号：GB/T 6170—2000 螺纹规格：M12
平垫圈	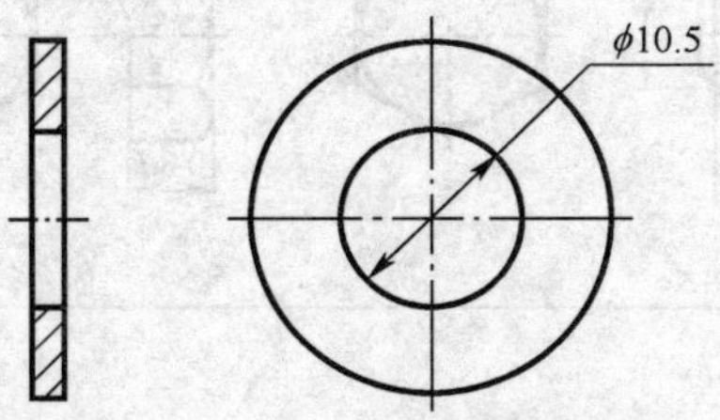	垫圈 GB/T 97.1—2002　10～140HV 名称：垫圈 国标代号：GB/T 97.1—2002 规格：10 性能等级：140HV（硬度）级
弹簧垫圈	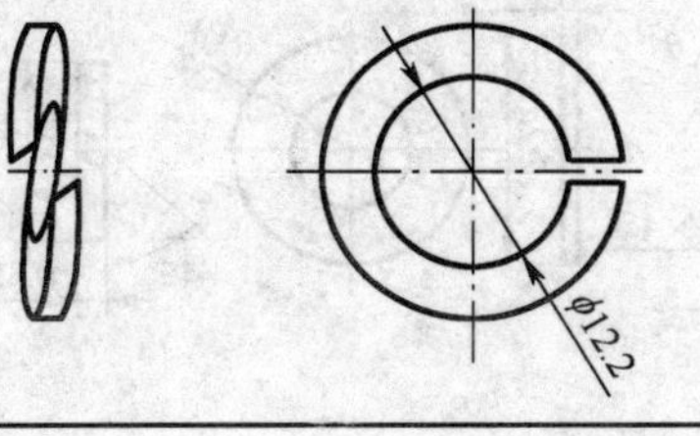	垫圈 GB/T 93—1987 12 名称：垫圈 国标代号：GB/T 93—1987 规格：12

2. 比例画法

绘制螺纹紧固件的装配图时，可按标记在有关标准中查得绘图所需的数据，进行绘图。但为了作图的简便，通常可按各部分尺寸与螺纹大径 d 的近似比例关系绘制，如图 7 - 12 所示为螺母的比例画法。表 7 - 3 是各螺纹紧固件的比例作图画法。

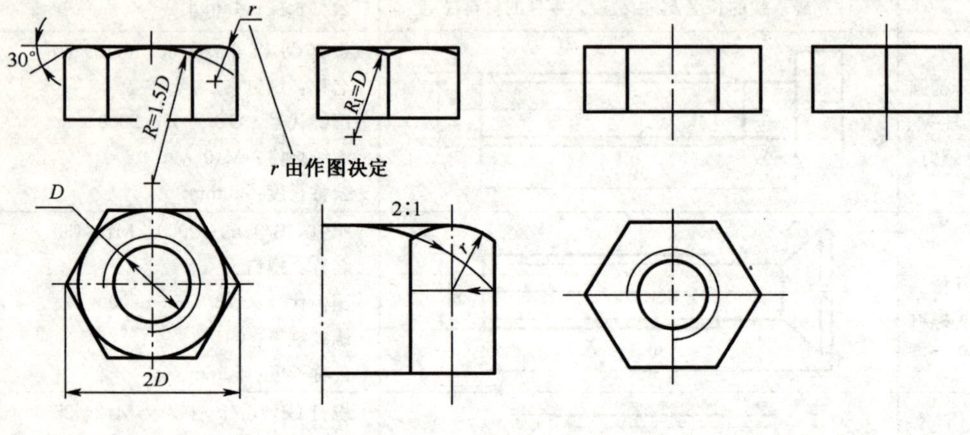

(a)　　　(b)

图 7 - 12　螺母的比例画法

(a) 比例画法；(b) 简化画法

表 7 - 3　常用螺纹紧固件的比例画法

名称	比例画法图例
螺栓、螺母	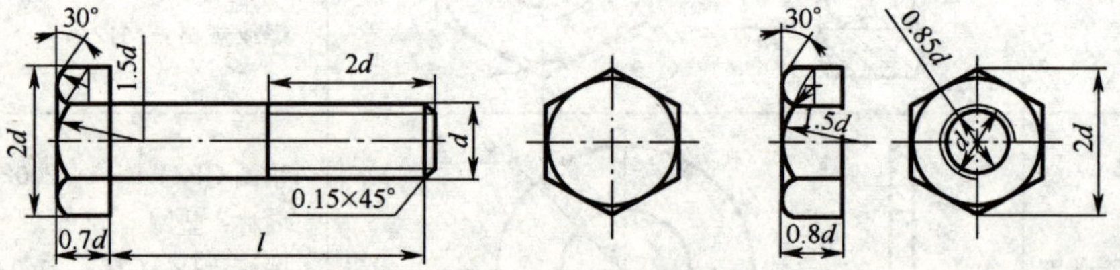
螺柱、垫圈	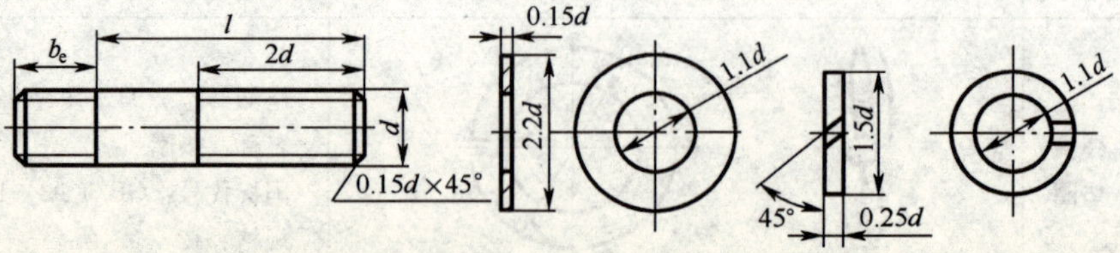

（续）

名称	比例画法图例
开槽圆柱头螺钉紧定螺钉	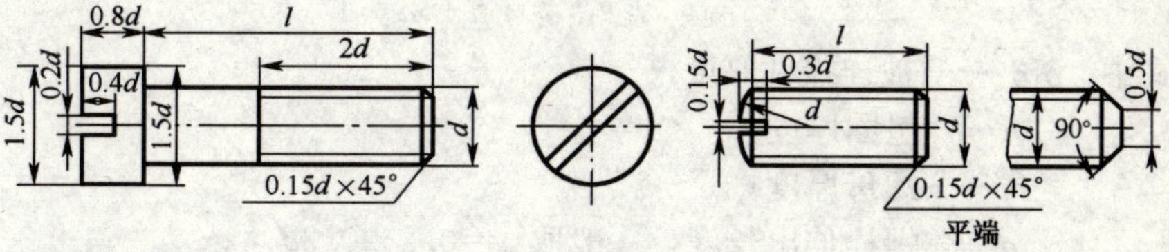
沉头螺钉半圆头螺钉	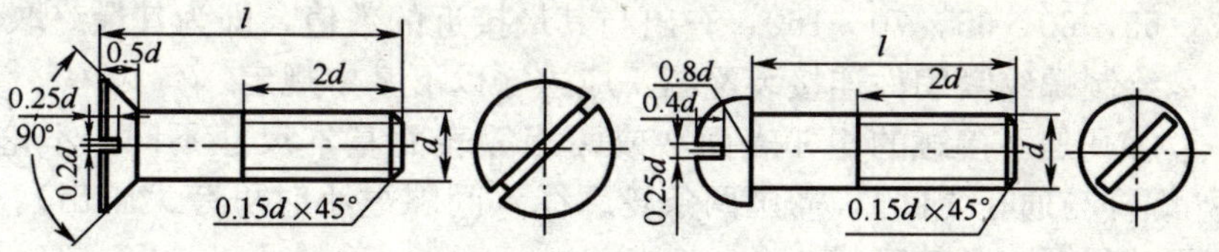

7.2.2　螺纹紧固件的连接画法

1. 螺栓连接

螺栓常用于不太厚的零件之间的连接。被连接件上钻有通孔，装配时，为了避免碰伤螺纹、便于安装，其通孔的直径略大于螺栓大径（约 1.1d），螺栓装入后，套入垫圈，再拧紧螺母，如图 7 - 13 所示。

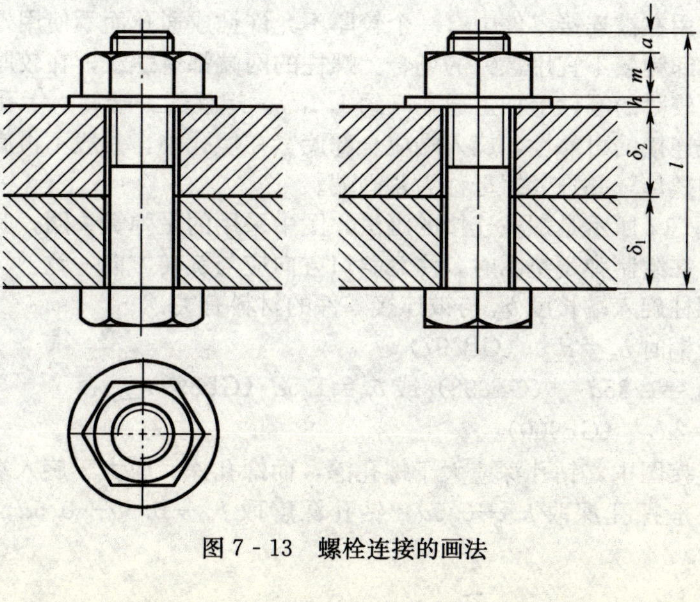

图 7 - 13　螺栓连接的画法

其中，垫圈的作用是增加接触面，防止损伤被连接零件的表面。

为适应连接不同厚度的零件，螺栓有各种长度规格。螺栓公称长度 l 可按下式估算：

$$l \geqslant \delta_1 \delta_2 + h + m + a$$

式中 $\delta_1 \delta_2$——被连接件厚度；

h——垫圈厚度；

m——螺母厚度；

a——螺栓伸出长度，一般取 $a=0.2\sim0.3d$。

根据上式计算出的螺栓长度，还需从相应的螺栓公称长度系列中选取与它相近的标准值。螺栓 l 的长度系列为 6，8，10，12，16，20，25，30，35，40，50，55，60，65，70～160，查出与其最接近的数值，即为其最终取值。

绘制螺纹紧固件连接装配图，应遵守以下基本规定。

①凡是不接触的相邻表面，或两相邻表面基本尺寸不同，不论其间隙大小（如螺杆与通孔之间），需画两条轮廓线（间隙过小时可夸大画出）。两零件接触表面处只画一条轮廓线。

②在剖视图和剖面图中，相邻两零件的剖面线，应画成不同方向或同一方向但不同间距来加以区别。且同一零件在各个剖视图和剖面图中，其剖面线方向和间距必须完全一致。

③在剖视图中，当剖切平面通过实心轴或标准件的轴线时，则这些零件按不剖画出，即只画其外形。

④主视图中已表达出装配的内部结构，如图 7 - 13 所示，其左视图可以按外形视图绘制。

2. 螺柱连接

螺柱常用在被连接零件中有一个较厚不允许钻成通孔而不使用螺栓连接的情况，或因拆卸频繁不宜用螺钉的场合。螺柱的两端都有螺纹，在较厚的机件上加工螺孔，在较薄的零件上加工通孔（约 $1.1d$）。螺柱的一端旋入螺孔中称为旋入端，为保证连接的可靠性，旋入端应全部旋紧在螺孔中，一般不再旋出。另一端套上垫圈和螺母，并拧紧螺母称为紧固端。

如图 7 - 14 所示是螺柱连接的画法，图中采用的是弹簧垫圈，其作用是为了防止松动，在绘制弹簧垫圈时，注意斜口方向应与旋转方向一致。

双头螺柱旋入端长度 b_m 与被连接零件的材料有关：

钢或青铜时 $b_m=d$ （GB897）

铸铁 $b_m=1.25d$ （GB898）或 $b_m=1.5d$（GB899）

铝 $b_m=2d$ （GB900）

螺柱连接图中，钻孔深应大于螺孔深，而螺孔深又应大于旋入端 b_m 的深度。画图时，一般螺孔深取 $b_m+0.5d$；钻孔深度取 $b_m+0.5d+0.5d$，如图 7 - 15 所示。

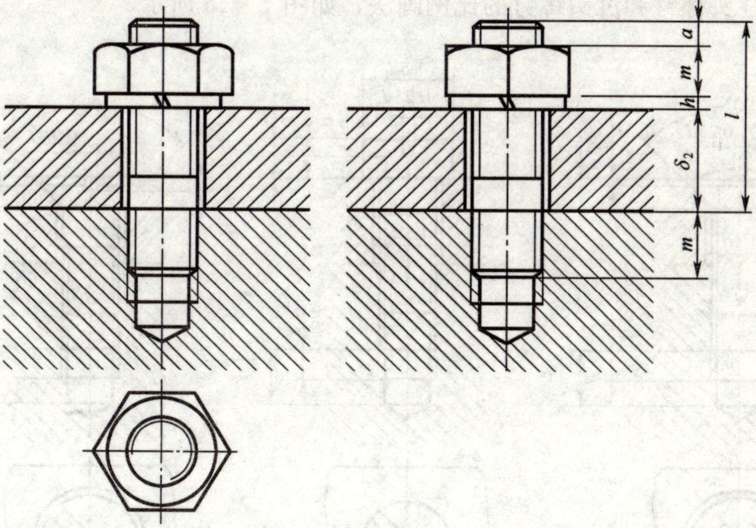

图 7 - 14　螺柱连接的画法

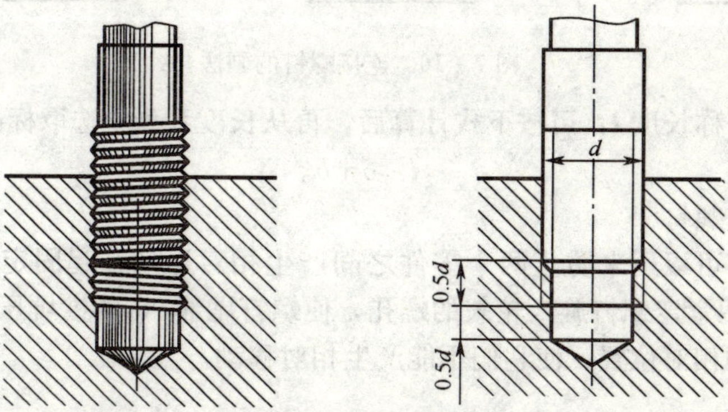

图 7 - 15　钻孔和螺孔深度

螺柱的公称长度 l 可通过下式计算后，在标准中查表选定：

$$l \geqslant \delta_1 \delta_2 + h + m + a$$

3. 螺钉连接

螺钉连接的种类很多，按用途可分为连接螺钉和紧定螺钉两类。

(1) 连接螺钉

连接螺钉常用在受力不太大且不经常拆卸的地方。螺钉穿入零件的通孔（孔径约 1.1d），而与另一零件的螺孔旋合，它不需要螺母，靠自身的螺钉头将零件连接起来，如图 7 - 16 所示。螺钉旋入螺孔的深度 b_m 与螺柱旋入端 b_m 的长度取法相同，它与被连接件的材料有关。为了保证连接的可靠性，螺钉上螺纹的长度

b 应大于螺孔的深度。在反映圆的视图中，螺钉头部的一字槽应与水平成 45°角画出。圆柱头螺钉和沉头螺钉的比例画法，如图 7 - 16 所示。

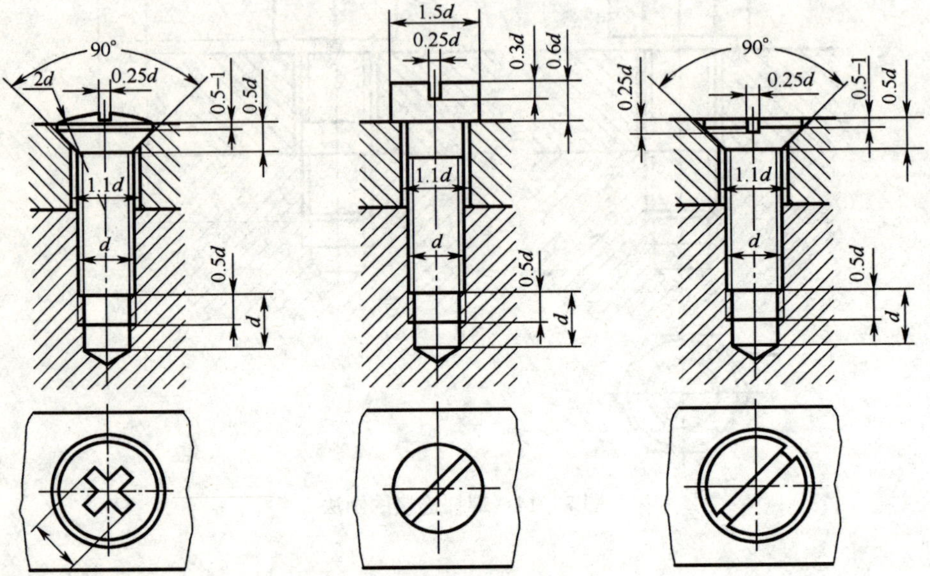

图 7 - 16　连接螺钉的画法

螺钉的公称长度 l，可按下式计算后，再从长度系列中选取标准值：

$$l \geqslant \delta + b_{m}$$

(2) 紧定螺钉

紧定螺钉可以用来防止两个零件之间产生相对运动，起固定的作用。如图 7 - 17 所示，用紧定螺钉旋入轮毂的螺孔，使螺钉尾部 90°的锥坑压紧，从而固定了轴和轮子的相对位置，使它们不能产生相对移动。

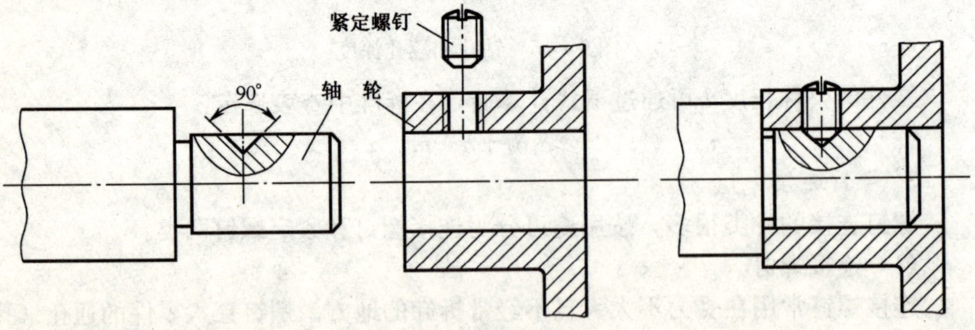

图 7 - 17　紧定螺钉的画法

螺纹连接件的连接装配画法正误对照举例，见表 7 - 4。

表 7 - 4　螺纹连接件的连接装配画法正误对照举例

形式	螺栓连接	双头螺柱连接	螺钉连接
错误画法	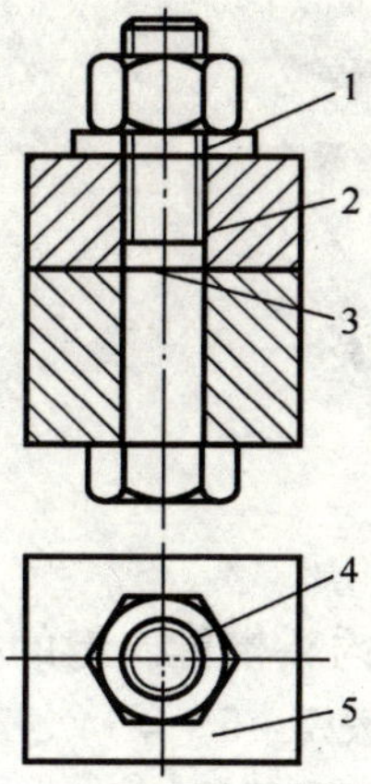	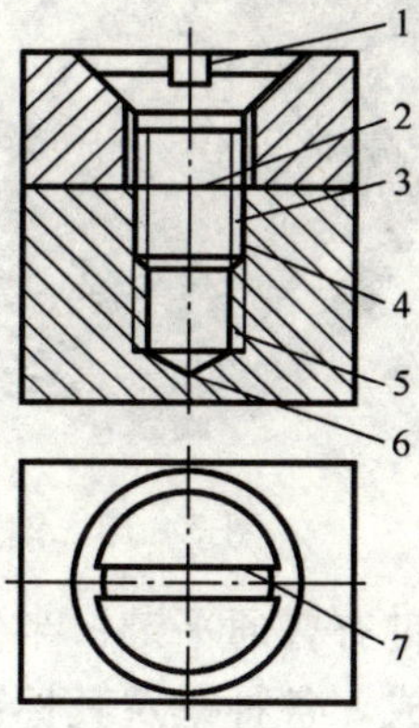	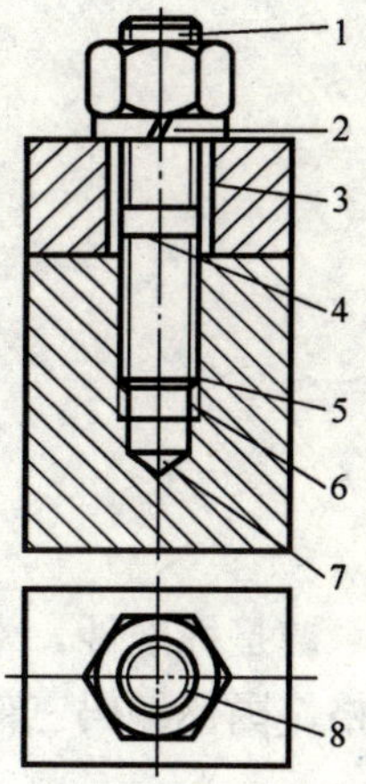
正确画法	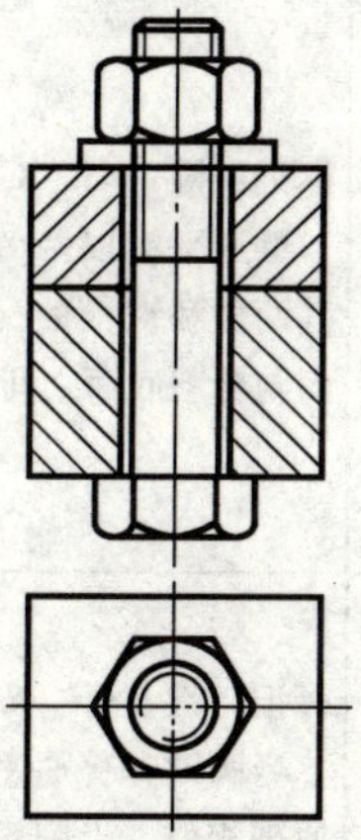	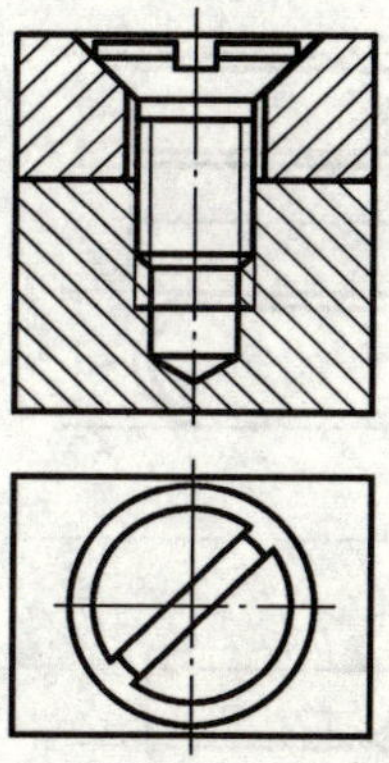	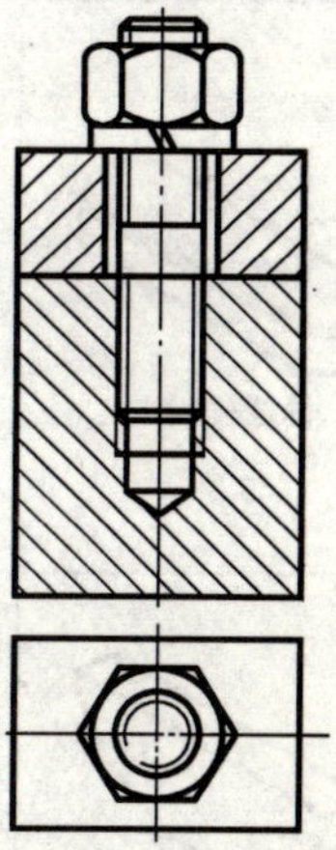

7.3　键　和　销

7.3.1　键及其连接

1. 作用、种类及标记

键主要用于轴和轴上零件（如齿轮、带轮）间的周向连接，以传递扭矩。如图 7 - 18 所示，在被连接的轴上和轮毂孔中制出键槽，先将键嵌入轴上的键槽内，再对准轮毂孔中的键槽（该键槽是穿通的槽），将它们装配在一起，便可达到连接目的。

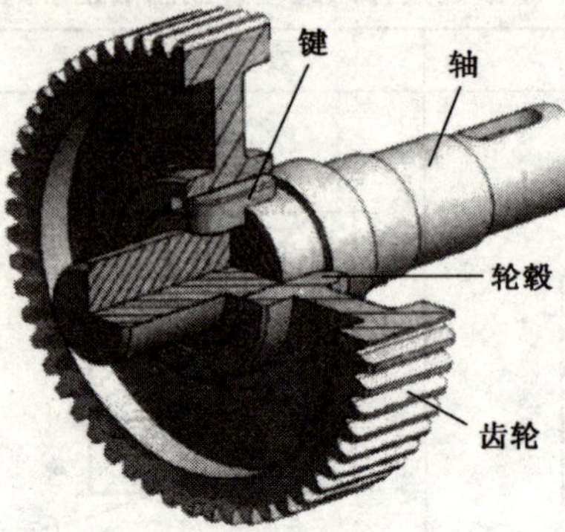

图 7 - 18　键连接

键是标准件，常用的键有普通平键、半圆键和钩头楔键。键的标记由名称、规格、国标编码三部分组成，各种键及其标记，见表 7 - 5。

表 7 - 5　键的结构形式及其标记示例和说明

名称	图例	标记及说明
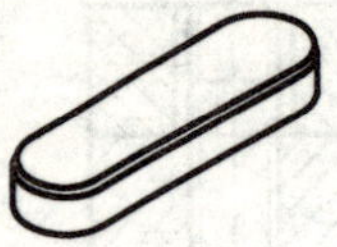 普通平键	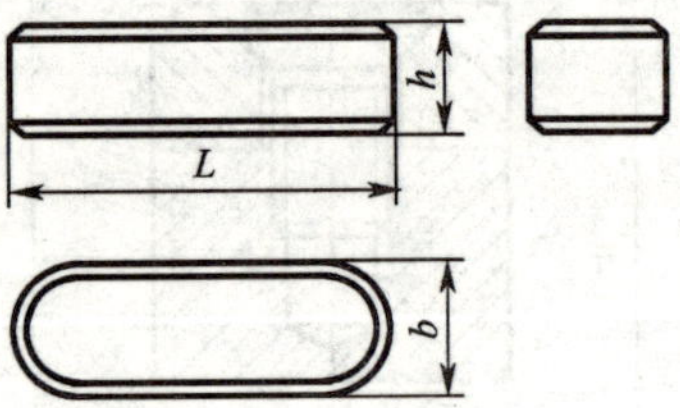	标记：键 $b \times L$　GB/T 1096—1979 普通平键以两侧为工作面，因此其两侧和键槽的配合较紧，键的顶面与轮毂底面之间留有间隙
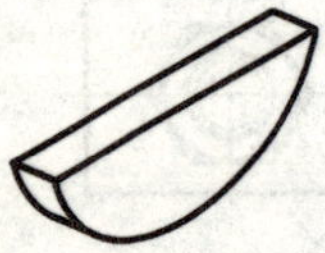 半圆键	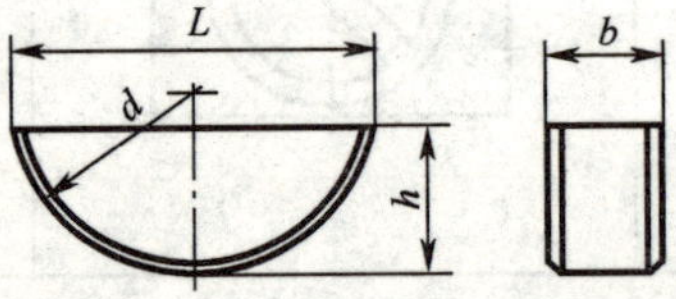	标记：键 $b \times d$　GB/T 1099—1979 半圆键和普通平键连接的作用和原理相似，半圆键常用于载荷不大的传动轴上
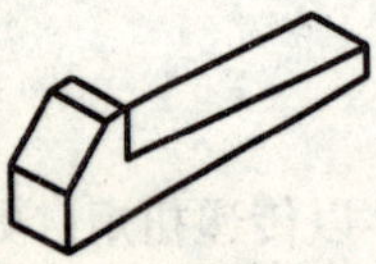 钩头楔键	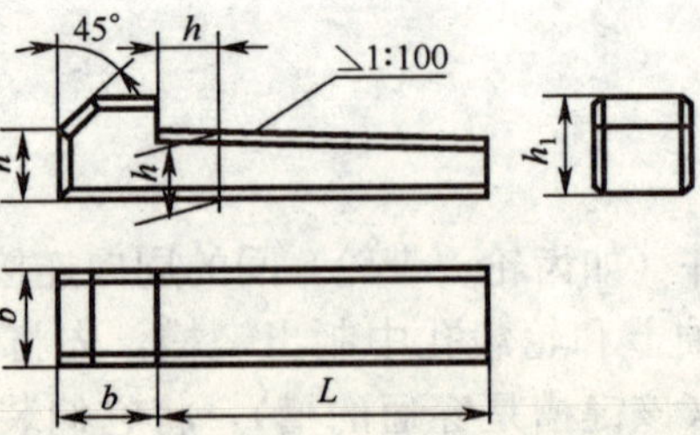	标记：键 $b \times L$　GB/T 1565—1979 钩头楔键的上、下两面是工作面，工作时，靠摩擦力来传递扭矩。由于同轴度差，因此钩头楔键用于精度要求不高、载荷平稳和低速的场合

2. 键连接的画法

采用普通平键连接时，要在轴、轮的接触面处各开一键槽，将键嵌入。键的两侧面是工作面，因此它的两侧面应与轴、轮毂的键槽两侧面紧密接触，键的顶面为非工作面，应与轮毂键槽的顶面留有一定的间隙。

轴、轮毂上的键槽是标准结构要素，它的尺寸应根据轴径查阅相应标准。如图 7 - 19（a）所示，轴的直径 $d=28$，从键槽标准中查得，键槽宽 $b=8$，轴的键槽深 $d-t=28-4=24$，毂的键槽深 $d=28+3.3=31.3$。普通平键连接的画法，如图 7 - 19（b）所示。

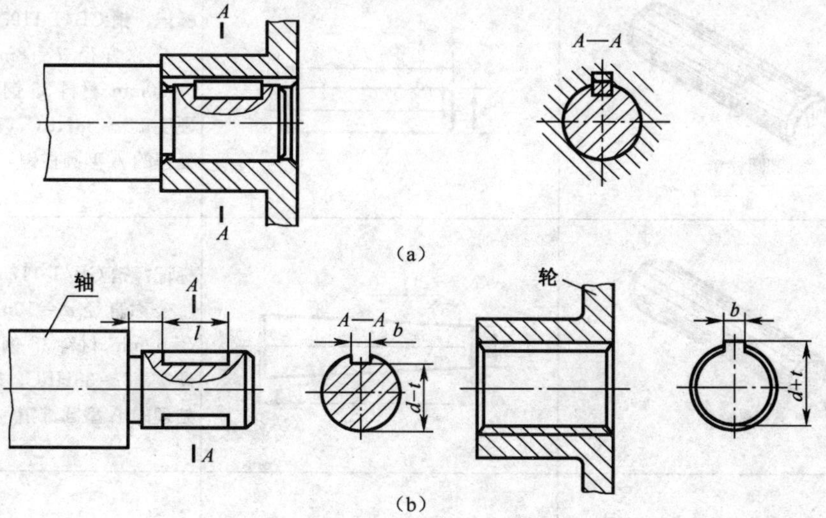

图 7 - 19　普通平键连接的画法

如图 7 - 20 所示是半圆键的连接画法。半圆键的工作面也是两侧面，连接情况与平键相似。

如图 7 - 21 所示是钩头楔键的连接画法。钩头楔键的顶部有 1∶100 的斜度，连接时沿轴向将键打入键槽内，直至打紧为止。因此键的上、下两面为工作面，两侧面为非工作面。

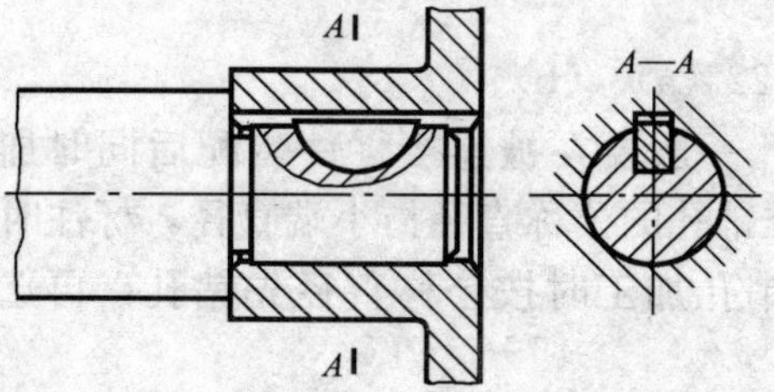

图 7 - 20　半圆键连接的画法

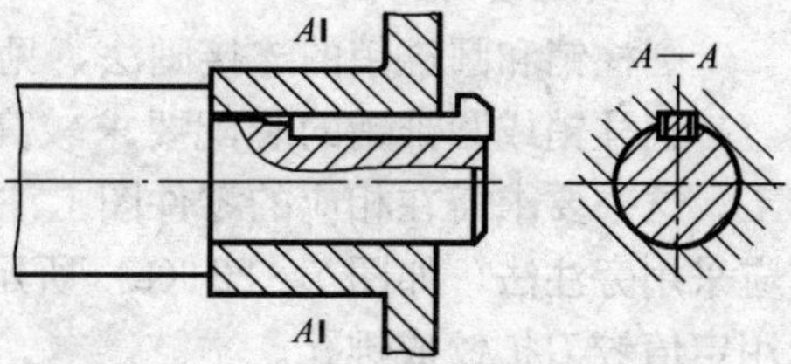

图 7 - 21　钩头楔键连接的画法

7.3.2 销及其连接

1. 作用、种类及标记

销是标准件，常用的销有圆柱销、圆锥销和开口销等。圆柱销和圆锥销主要用于零件之间的连接和定位；开口销用于防止连接螺母松动或固定其他零件。

销的标记内容与键的标记类似，各种销的标记，见表 7-6。

表 7-6 销的结构形式及其标记示例和说明

名称	图例	标记及说明
 圆柱销	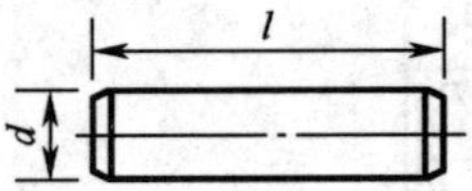	标记：销 GB/T 119.18×30 公称直径 d=8mm、长度 l=30mm、材料 35 钢、热处理硬度 28～38HRC、表面氧化处理的 A 型圆柱销
 圆锥销	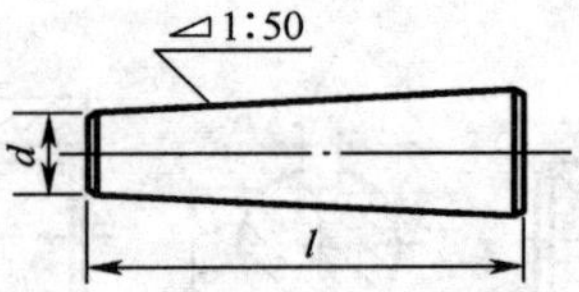	标记：销 GB/T 117 A10×60 公称直径 d=10mm、长度 l=60mm、材料 35 钢、热处理硬度 28～38HRC、表面氧化处理的 A 型圆锥销
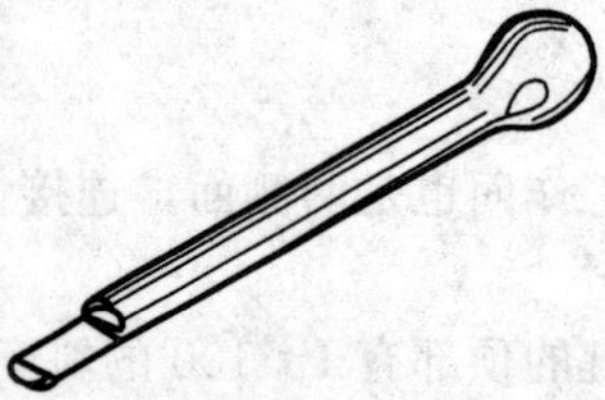 开口销		标记：销 GB/T 91 5×50 公称直径 d=5mm、长度 l=50mm、材料为低碳钢、不经表面处理的开口销

2. 销连接的画法

圆柱销和圆锥销的连接画法，见图 7-22（a）、（b）。

圆柱销或圆锥销的装配要求较高，销孔一般要在被连接零件装配后同时加工。这一要求需在相应的零件图上注明。锥销孔的公称直径指小端直径，标注时应采用旁注法，如图 7-22（c）所示。锥销孔加工时按公称直径先钻孔，再选用定值铰刀扩铰成锥孔。

带销孔螺杆和槽形螺母用开口销锁紧防松的连接图，见图 7-23。

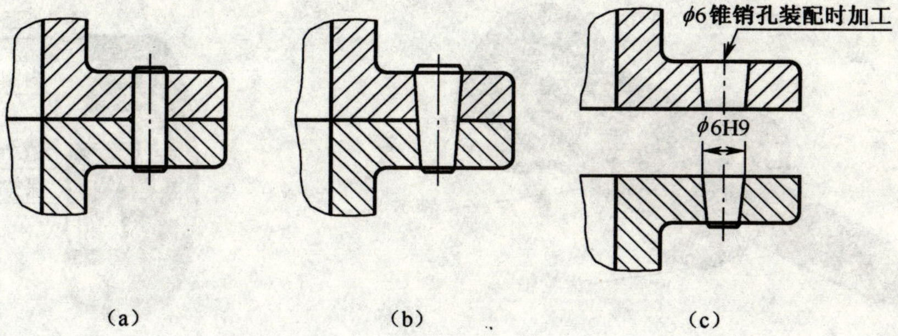

图 7-22　销连接的画法

(a) 圆柱销连接；(b) 圆锥销连接；(c) 锥销孔尺寸注法

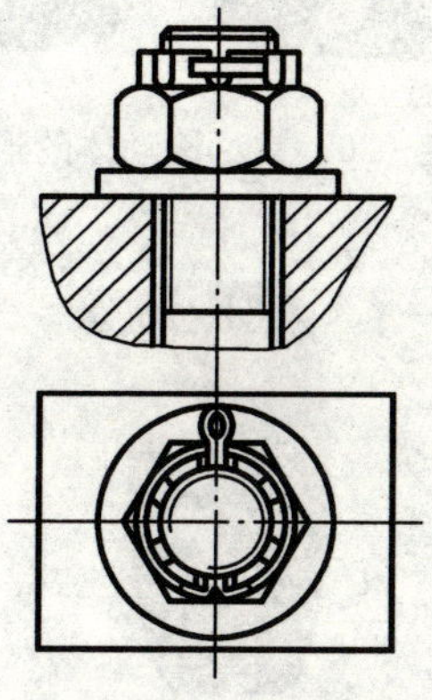

图 7-23　开口销连接

7.4　滚动轴承

7.4.1　作用、结构、种类及标记

滚动轴承是用作支撑传动轴的标准件，如图 7-24 所示。滚动轴承由于具有结构紧凑、摩擦阻力小、能量损耗少等优点，因而被广泛使用。

滚动轴承一般由外圈、内圈、滚动体和保持架四部分组成，如图 7-25 所示。其中，滚动体可做成滚珠（球）或滚子（圆柱、圆锥或针状）形状，常见滚动体的形状如图 7-26 所示。

按可承受载荷的方向，滚动轴承分为以下三类，如图 7-27 所示。

(1) 向心轴承：主要承受径向载荷。如深沟球轴承。

(2) 推力轴承：只承受轴向载荷。如圆锥滚子轴承。

（3）向心推力轴承：既可承受径向载荷，又可承受轴向载荷。

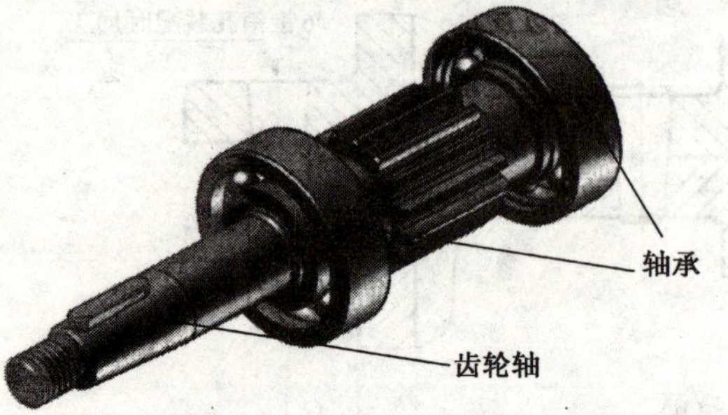

图 7－24　滚动轴承的应用及其结构

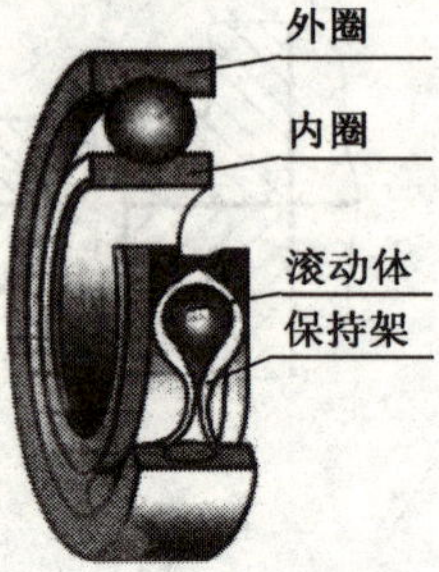

图 7－25　滚动轴承的结构

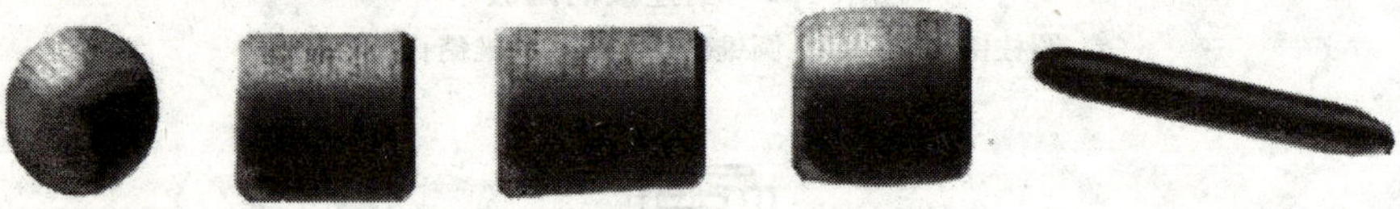

图 7－26　常见滚动体的形状

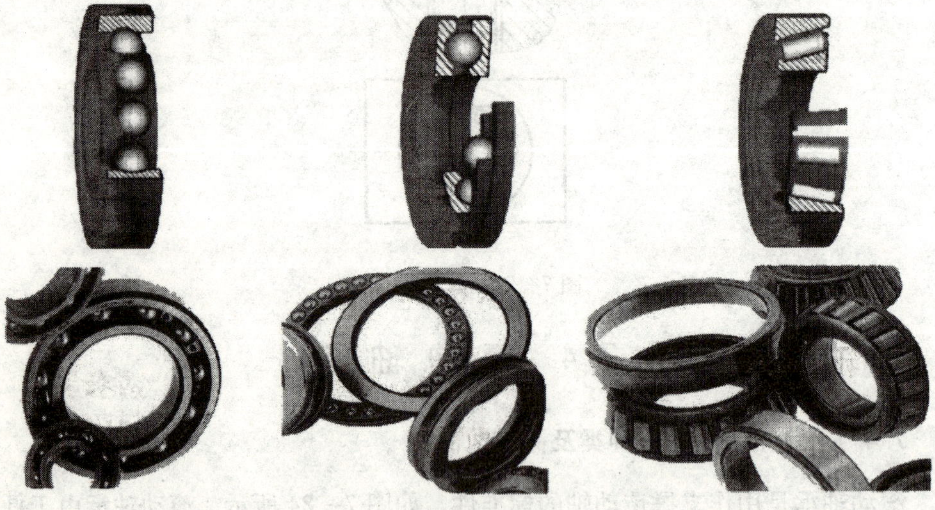

（a）　（b）　（c）

图 7－27　滚动轴承的类型

（a）向心轴承；（b）推力轴承；（c）向心推力轴承

滚动轴承是标准部件，因此不必画出其零件图，只需根据需要确定型号即可。

滚动轴承的型号常用四位数字的代号表示。从右至左第一、二位数字表示轴承内径代号，第三位数字表示轴承直径系列，第四位数字表示轴承类型，具体内容见表 7 - 7。

滚动轴承的标记形式为：轴承　数字代号　国标编号

例 7 - 1　轴承 206　GB273.3—1988

该标记表示轴承内径 $d=06\times5=30$，2 表示轻系列、深沟球轴承

例 7 - 2　轴承 7315　GB273.1—1987

该标记表示轴承内径 $d=15\times5=75$，3 表示中系列，7 表示圆锥滚子轴承。

表 7 - 7　滚动轴承代号意义

<table>
<tr><td colspan="2">从右至左</td><td>第四位数</td><td>第三位数</td><td>第一、二位数</td></tr>
<tr><td colspan="2">数字代表的意义</td><td>轴承类型</td><td>直径系列</td><td>轴承内径</td></tr>
<tr><td rowspan="10">代号</td><td>0</td><td>深沟球轴承</td><td></td><td rowspan="10">代号为 00、01、02、03 时，轴承的内径分别为 d=10、12、15、17；
代号为 04 以上时，轴承内径 d=数字×5，例如，09 为 d=9×5=45</td></tr>
<tr><td>1</td><td>调心球轴承</td><td>特轻</td></tr>
<tr><td>2</td><td>圆柱滚子轴承</td><td>轻</td></tr>
<tr><td>3</td><td>调心滚子轴承</td><td>中</td></tr>
<tr><td>4</td><td>滚针轴承</td><td>重</td></tr>
<tr><td>5</td><td>螺旋滚子轴承</td><td>轻</td></tr>
<tr><td>6</td><td>角接触球轴承</td><td>中</td></tr>
<tr><td>7</td><td>圆锥滚子轴承</td><td>特轻</td></tr>
<tr><td>8</td><td>推力球轴承</td><td>超轻</td></tr>
<tr><td>9</td><td>推力滚子轴承</td><td>超轻</td></tr>
</table>

7.4.2　滚动轴承的画法

当需要在装配图中表达滚动轴承的主要结构时，只需根据滚动轴承的代号，在附表中查出外径 D、内径 d 和宽度 B 等几个主要尺寸，按规定画法画出即可。常用滚动轴承的比例画法，见表 7 - 8。

表 7 - 8　常用滚动轴承的规定画法

轴承类型	深沟球轴承 60000 型 GB/T 276—1994	圆锥滚子轴承 30000 型 GB/T 297—1994	推力球轴承 50000 型 GB/T 301—1995
结构形式	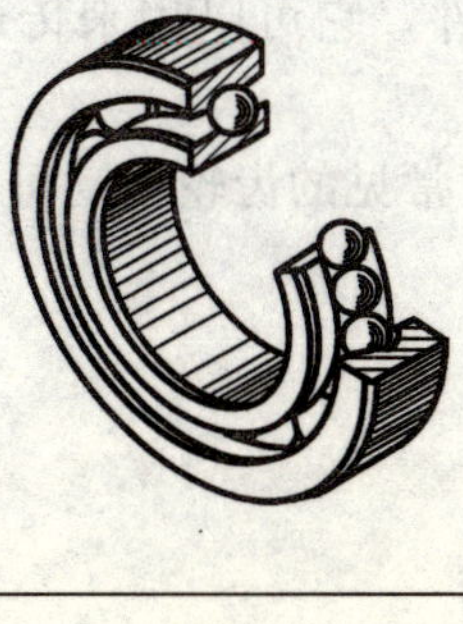	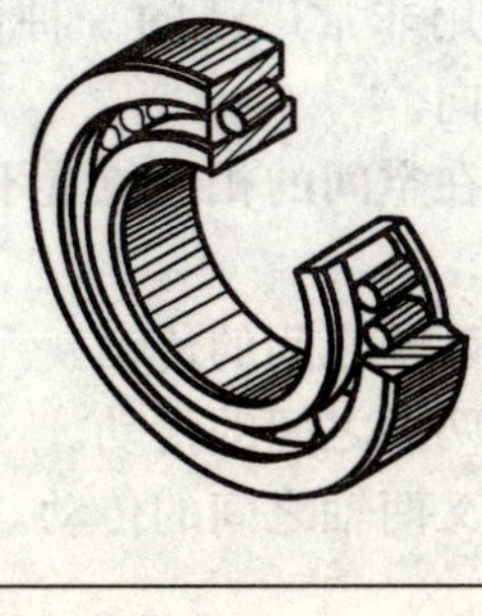	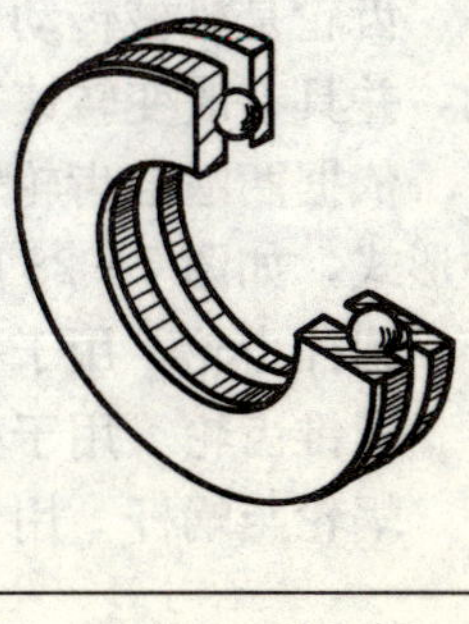

（续）

<table>
<tr><th>轴承类型</th><th>深沟球轴承 60000 型
GB/T 276—1994</th><th>圆锥滚子轴承 30000 型
GB/T 297—1994</th><th>推力球轴承 50000 型
GB/T 301—1995</th></tr>
<tr><td>规定画法</td><td>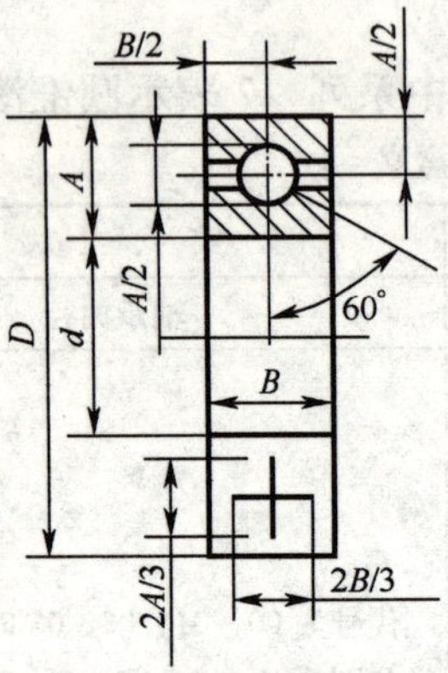
</td><td>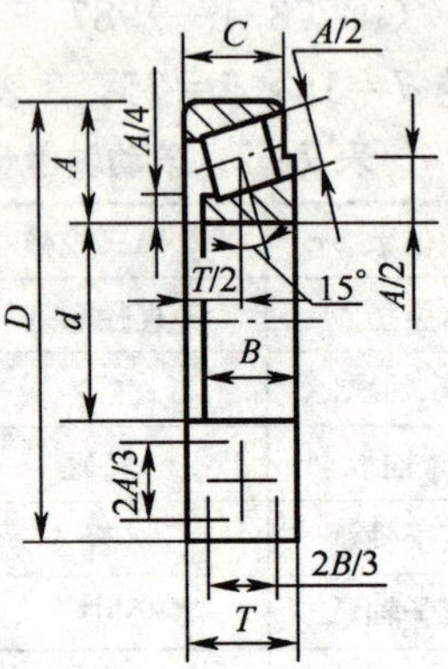
</td><td>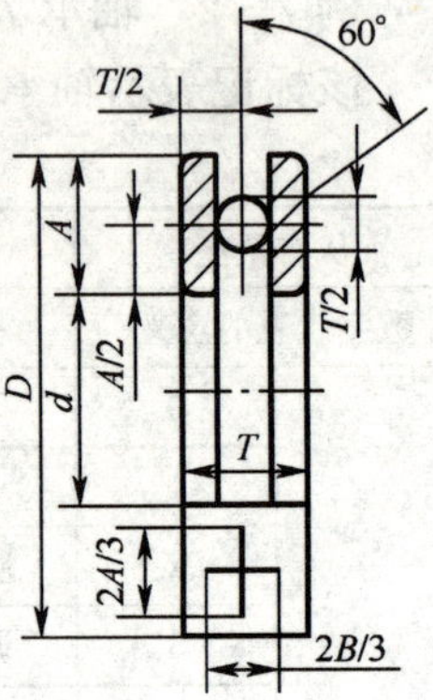
</td></tr>
<tr><td>特征画法</td><td>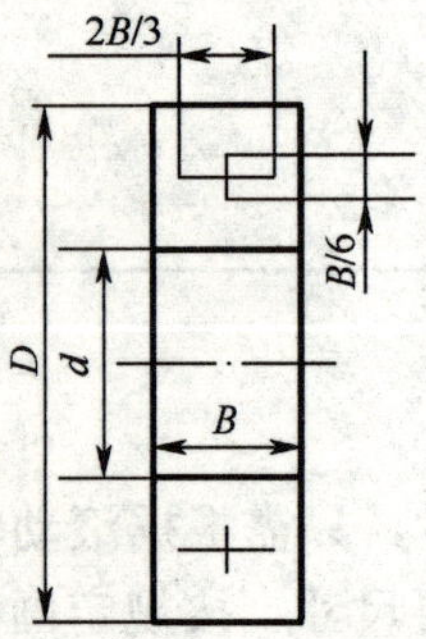
</td><td>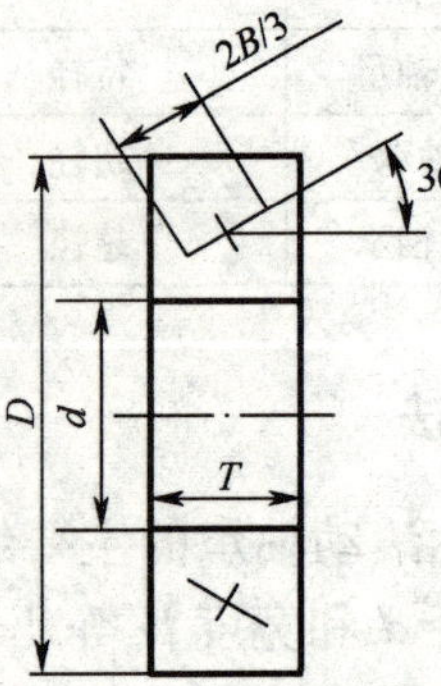
</td><td>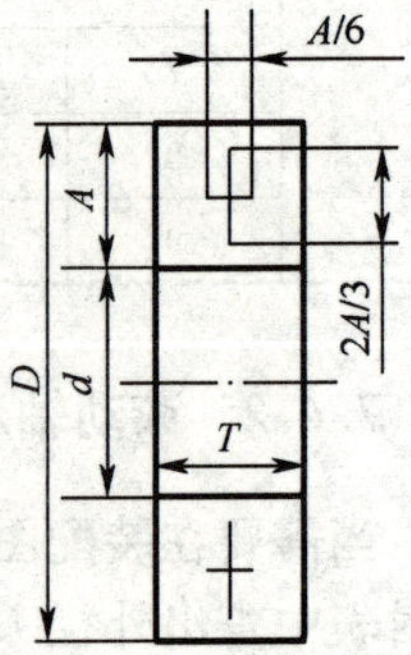
</td></tr>
</table>

7.5 齿　　轮

齿轮是机械传动中应用非常广泛的一种传动件，它可以用来传递动力和运动，并具有改变转速和方向。

依据两啮合齿轮轴线在空间的相对位置不同，常见的齿轮传动可分为以下三种形式，如图 7 - 28 所示。

圆柱齿轮　用于平行两轴之间的传动。

圆锥齿轮　用于相交两轴之间的传动。

蜗轮与蜗杆　用于交叉两轴之间的传动。

根据齿轮齿廓形状又可分渐开线齿轮、摆线齿轮、圆弧齿轮。

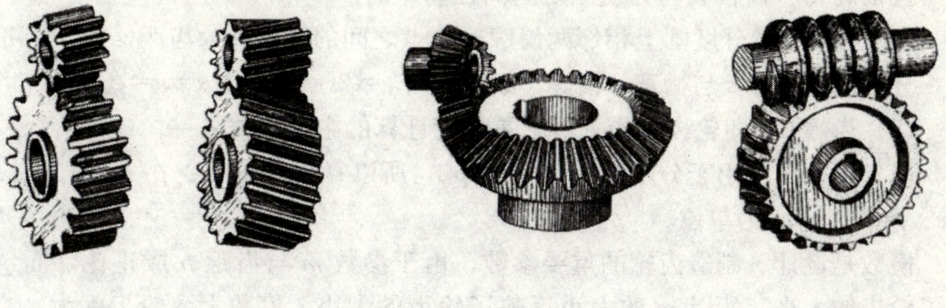

(a)　　(b)　　(c)

图 7-28　齿轮传动

(a) 圆柱齿轮；(b) 圆锥齿轮；(c) 蜗轮与蜗杆

7.5.1　圆柱齿轮

圆柱齿轮的轮齿有直齿、斜齿和人字齿三种，如图 7-29 所示。由于直齿圆柱齿轮应用较广，本节主要介绍直齿圆柱齿轮的基本参数和规定画法。

(a)　　(b)　　(c)

图 7-29　圆柱齿轮

(a) 直齿圆柱齿轮；(b) 斜齿圆柱齿轮；(c) 人字齿圆柱齿轮

1. 直齿圆柱齿轮各部分名称及有关参数

(1) 齿顶圆 d_a　通过轮齿顶部的圆称为齿顶圆。

(2) 齿根圆 d_f　通过轮齿根部的圆称为齿根圆。

(3) 分度圆 d　齿轮设计和加工时计算尺寸的基准圆称为分度圆，它位于齿顶圆和齿根圆之间，是一个约定的假想圆。

(4) 节圆 d'　两齿轮啮合时，位于连心线 O_1O_2 上的两齿廓接触点 C，称为节点。分别以 O_1、O_2 为圆心，O_1C、O_2C 为半径所作的两个相切的圆称为节圆。

(5) 齿高 h　轮齿在齿顶圆与齿根圆之间的径向距离称为齿高。齿高 h 分为齿顶高 h_a、齿根高 h_f 两段 ($h=h_a+h_f$)：

齿顶高 h_a　齿顶圆与分度圆之间的径向距离。

齿根高 h_f　齿根圆与分度圆之间的径向距离。

（6）齿距 p　分度圆上相邻两齿廓对应点之间的弧长称为齿距。对于标准齿轮，分度圆上齿厚 s 与槽宽 e 相等，故 $p=s+e=2s=2e$，或 $s=e=p/2$。

（7）齿数 z　即轮齿的个数，它是齿轮计算的主要参数之一。

（8）模数 m　由于分度圆周长 $\pi d=pz$，所以 $d=pz/\pi$，令 $p/\pi=m$，则 $d=mz$。模数以 mm 为单位。

模数是设计、制造齿轮的重要参数。由于参数 m 与齿距 p 成正比，而 p 决定了轮齿的大小，所以 m 的大小反映了轮齿的大小。模数大，轮齿就大，在其他条件相同的情况下，齿轮的承载能力也就大；反之承载能力就小。此外，模数相等的两个齿轮才能成对配合。加工齿轮也须选用与齿轮模数相同的刀具，因而模数又是选择刀具的依据。

为了便于设计和制造，减少加工齿轮的刀具数量，国家标准对齿轮模数作了统一的规定，其值如表 7 - 9 所示。

表 7 - 9　标准模数

第一系列	0.5，0.6，0.8，1，1.25，1.5，2，2.5，3，4，5，6，8，10，12，16，20，25，32，40，50
第二系列	0.9，1.75，2.25，2.75，(3.25)，3.5，(3.75)，4.5，5.5，(6.5)，7，9，(11)，14，18，22，28，(30)，36，45

注：在选用模数时，应优先采用第一系列，其次是第二系列。括号内的模数，尽可能不采用

（9）传动比 i　主动齿轮转速 n_1（转/分）与从动齿轮转速 n_2（转/分）之比，即 $i=n_1/n_2$。由于转速与齿数成反比，所以

$$i=\frac{n_1}{n_2}=\frac{z_2}{z_1}$$

（10）压力角 α　如图 7 - 30 所示，轮齿在分度圆上啮合点 C 的受力方向（即渐开线齿廓曲线的法线方向）与该点的瞬时速度方向（分度圆的切线方向）所夹的锐角 α 称为压力角。我国规定的标准压力角 $\alpha=20°$。

（11）中心距 a　两圆柱齿轮轴线之间的最短距离称中心距。装配准确的标准齿轮，其中心距

$$a=\frac{d_1}{2}+\frac{d_2}{2}=\frac{1}{2}m\ (z_1+z_2)$$

2. 标准直齿圆柱齿轮各部分的尺寸与模数的关系

标准直齿圆柱齿轮各部分的尺寸，都是根据模数来确定的，计算公式见表 7 - 10。

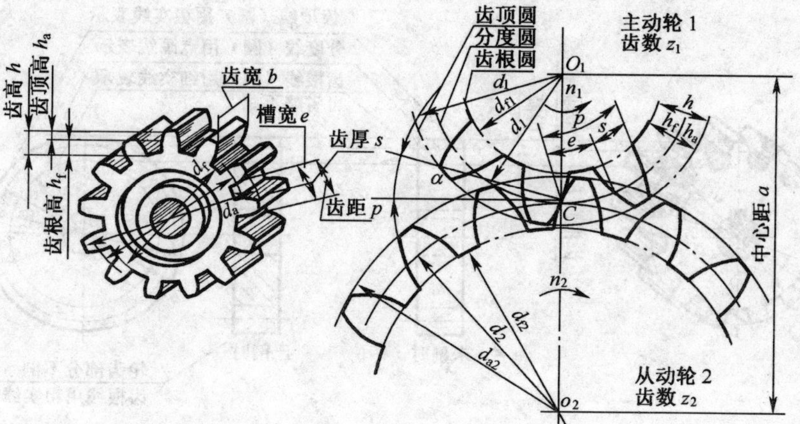

图 7 - 30　圆柱齿轮各部分名称和代号

表 7 - 10　直齿圆柱齿轮各部分的尺寸关系

名称及代号	公式
模数 m	$m=p/\pi=d/z$
齿顶高 h_a	$h_a=m$
齿根高 h_f	$h_f=1.25m$
齿高 h	$h=h_a+h_f$
分度圆直径 d	$d=mz$
齿顶圆直径 d_a	$d_a=d+2h_a=m$（$z+2$）
齿根圆直径 d_f	$d_f=d+2h_f=m$（$z-2.5$）
齿距 p	$p=\pi m$
中心距 a	$a=$（d_1+d_2）$/2=m$（z_1+z_2）$/2$

7.5.2　直齿圆柱齿轮的画法

国家标准对齿轮的轮齿部分画法有以下规定：在投影为圆的视图中，分别用齿顶圆、分度圆和齿根圆表示，在非圆视图中，分别用齿顶线、分度线和齿根线表示。

1. 单个齿轮的画法

（1）国家标准规定，表示齿轮一般用两个视图或者用一个视图和一个局部视图。还规定在剖视图中，当剖切平面通过齿轮的轴线时，轮齿一律按不剖处理，此时，齿根线用粗实线画出，如图 7 - 31 所示。

（2）对于斜齿和人字齿，还需在外形图上画出三条与齿形线方向一致的细实线，表示齿向和倾角，如图 7 - 32 所示。

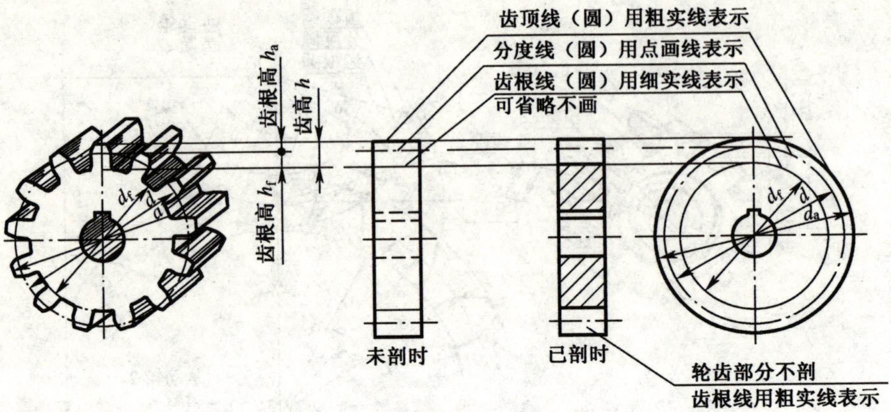

图 7-31　直齿圆柱齿轮的画法

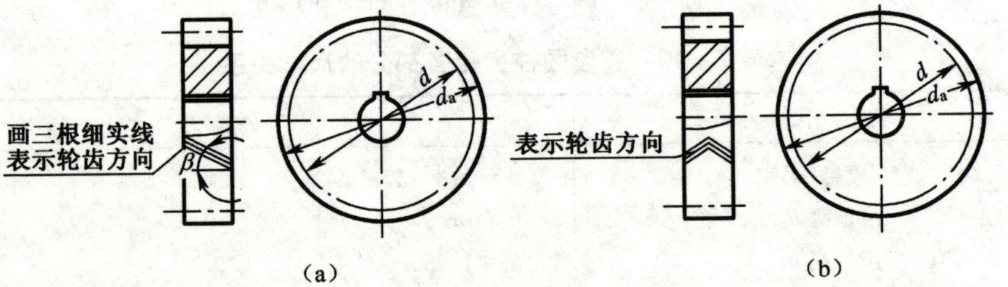

图 7-32　斜齿与人字齿的表示方法

(a) 斜齿；(b) 人字齿

2. 啮合齿轮的画法

画齿轮啮合图时，必须注意啮合区的画法。国家标准中对齿轮啮合画法规定如下：

(1) 在垂直于圆柱齿轮轴线的投影面的视图中，两节圆应相切；啮合区内的齿顶圆均用粗实线绘制，如图 7-33 (a) 的左视图；也可省略不画，如图 7-33 (b) 左视图所示。齿根圆全部不画。

(2) 在平行于齿轮轴线的投影面的视图（非圆视图）中，当采用剖视且剖切平面通过两齿轮的轴线时，在啮合区将一个齿轮的轮齿粗实线绘制，另一个齿轮的轮齿被遮挡的部分用虚线绘制，虚线也可以省略，如图 7-33 (b) 所示。

当不采用剖视而用外形视图表示时，啮合区的齿顶不需要画出，节线用粗实线绘制；非啮合区的节线仍用点画线绘制，齿根线均不画出，如图 7-33 (b) 所示。

3. 直齿圆齿圆柱齿轮的零件图

如图 7-34 所示，为一直齿圆齿圆柱齿轮的零件图，应在图样右上角列表中注写模数、齿数、压力角等基本参数。其他内容与要求与一般零件相同。

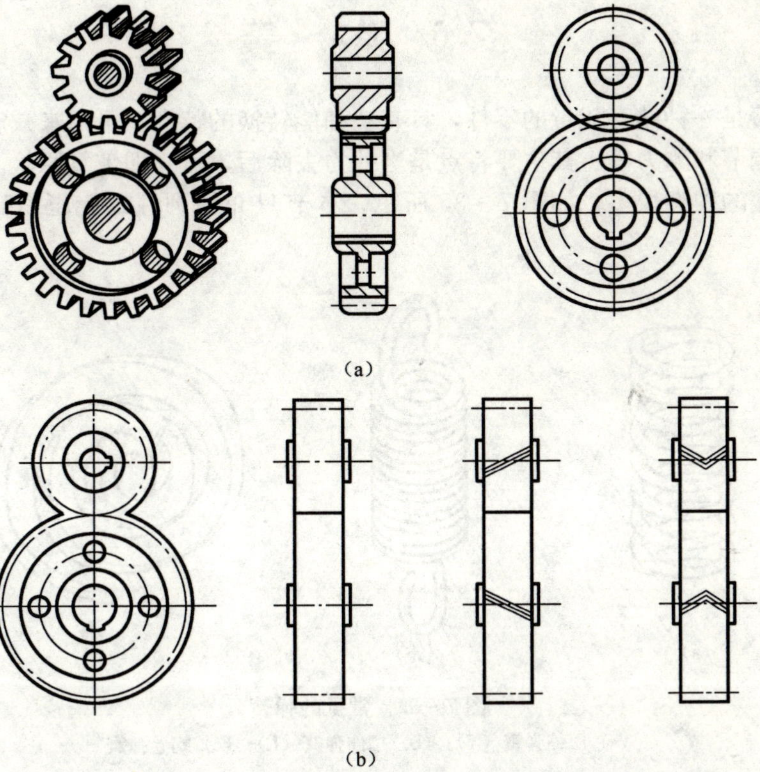

图 7 - 33　直齿圆柱齿轮的啮合画法

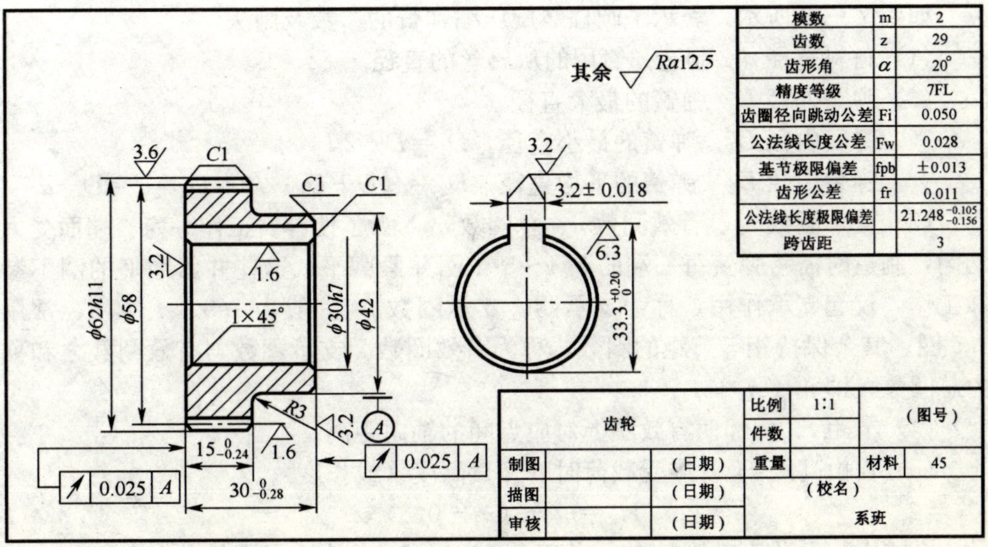

图 7 - 34　直齿圆柱齿轮的零件图

7.6 弹　簧

弹簧是一种储存能量的零件，具有功和能转换的特性，可用来减震、压紧与复位、调节和测力等。其主要特点是当外力去除后，可立即恢复原状。

弹簧的种类很多，如图 7－35 所示。本节只介绍圆柱螺旋压缩弹簧的有关画法。

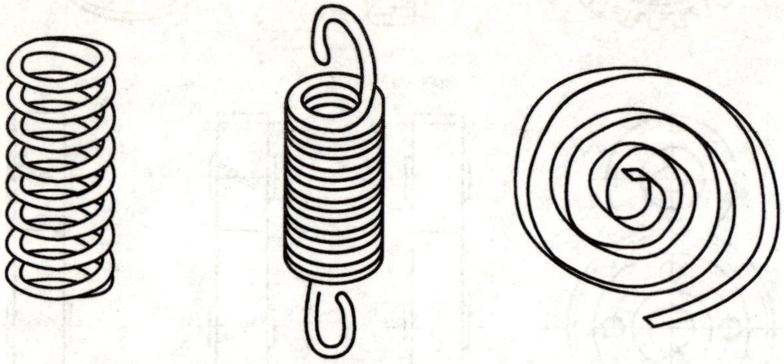

(a)　　(b)　　(c)

图 7－35　常见的弹簧

(a) 压缩弹簧（Y）；(b) 拉伸弹簧（L）；(c) 蜗卷弹簧

7.6.1　圆柱螺旋压缩弹簧各部分名称及尺寸计算

如图 7－36 所示，表示了圆柱螺旋压缩弹簧的参数及画法。

(1) 材料直径 d　制造弹簧用的从属丝的直径。

(2) 弹簧外径 D　弹簧的最大直径。

弹簧内径 D_1　弹簧的最小直径，$D_1=D-2d$。

弹簧中径 D_2　弹簧的平均直径，$D_2=(D+D_1)/2=D_1+d=D-d$

(3) 支承圈数 n_2、有效圈数 n、总圈数 n_1　为了使弹簧工作平稳、端面受力均匀，制造时需将弹簧每一端的 3/4～5/4 圈并紧磨平，这些并紧磨平的圈不参加工作，仅起支承作用，称为支承圈。支承圈数 n_2 一般为 1.5、2、2.5，常用 2.5 圈。其余保持相等节距的圈数，称为有效圈数。支承圈数与有效圈数之和称为总圈数，即 $n_1=n_2+n$。

(4) 节距 t　相邻两有效圈上对应点间的轴向距离。

(5) 自由高度 H_0　未受载荷时的弹簧高度（或长度）。

$$H_0=nt+(n_2-0.5)d$$

上式中，nt 为有效圈的自由高度，$(n_2-0.5)d$ 为支承圈的自由高度。

(6) 展开长度 L　制造弹簧时所需金属丝的长度。按螺旋线展开可得：

$$L \approx n_1 \sqrt{(\pi D_2)^2 + t^2}$$

(7) 旋向　螺旋弹簧分为右旋和左旋两种。

7.6.2　螺旋弹簧的规定画法

1. 单个弹簧的画法

(1) 无论支承圈的圈数多少，均可按 2.5 圈的形式绘制。

(2) 在非圆视图上，各圈的轮廓应画成直线。

(3) 当弹簧有效圈数大于 4 圈时，可只画两端的 1～2 圈，中间各圈可省略不画，且允许适当缩短图形的长度。

(4) 弹簧均可画成右旋，但对左旋弹簧，无论画成左旋或右旋，必须加注"左"字。

弹簧的画图步骤，如图 7-36 所示。

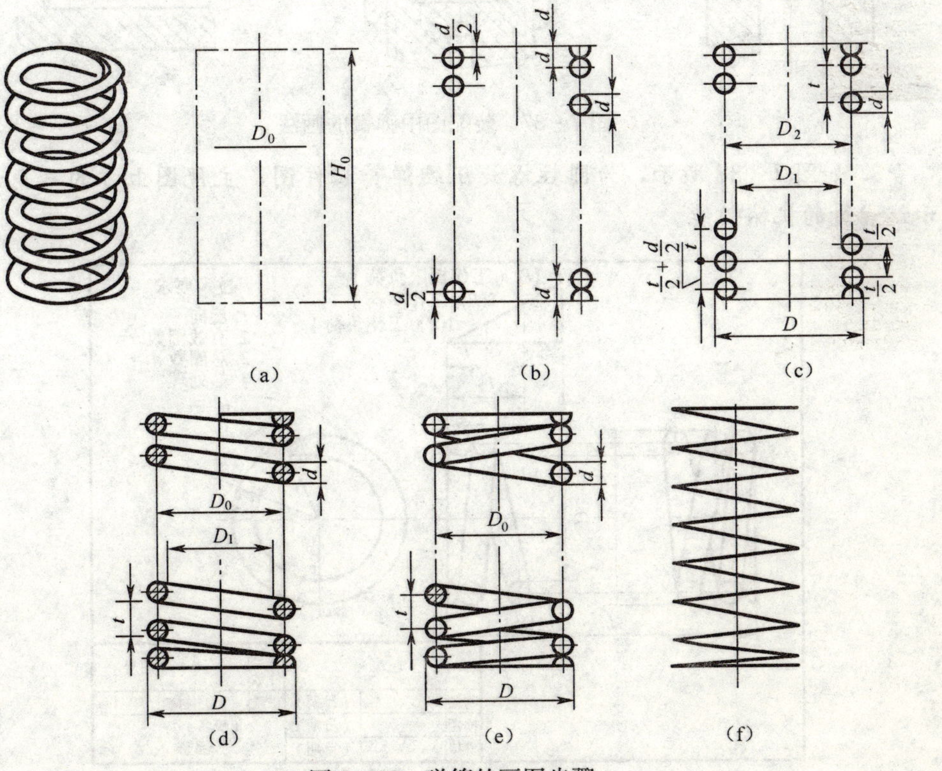

图 7-36　弹簧的画图步骤

2. 装配图中弹簧的画法

(1) 被弹簧挡住的结构一般不画出，可见部分应从弹簧的外轮廓线或从弹簧钢丝断面的中线画起，如图 7-37 (a) 所示。

(2) 当弹簧钢丝直径等于或小于 2mm 时，其断面可以涂黑，而且不画各圈的轮廓线如图 7 - 37（b）所示。

（3）当弹簧钢丝直径等于或小于 2mm 时，允许采用示意画法，如图 7 - 37（c）所示。

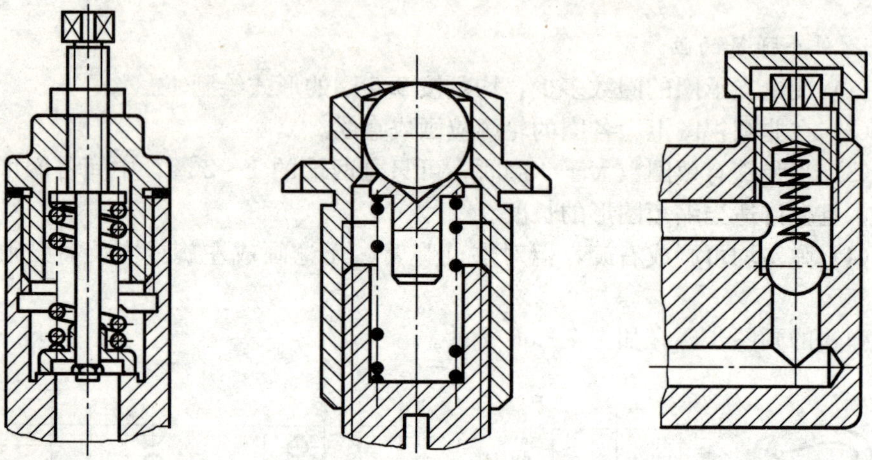

图 7 - 37　装配图中弹簧的画法

3. 如图 7 - 38 所示，为圆柱螺旋压缩弹簧零件图，主视图上方的三角形表示该弹簧的机械性能。

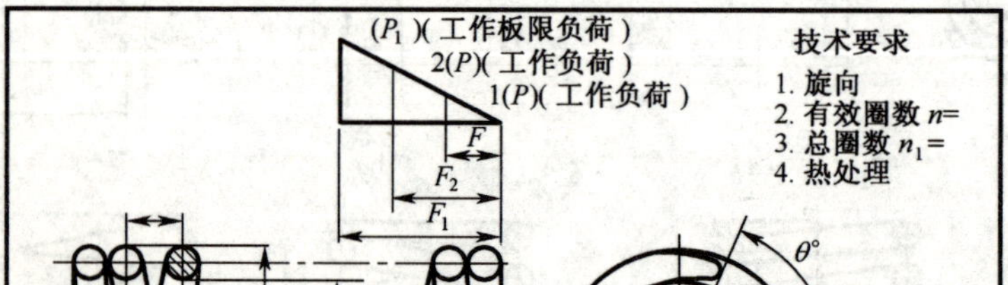

图 7 - 38　圆柱螺旋压缩弹簧零件图

第8章 零 件 图

学习完本章，应该掌握如下内容：

◆掌握零件图的作用和内容

◆熟悉零件图视图选择的基本要求，主视图和其他视图的选择

◆了解零件图尺寸标注的基本要求，学会尺寸基准的选择

◆掌握零件图表面粗糙度和形状位置公差的标注和识别

◆了解极限与配合的基本概念

◆了解读零件图的方法和步骤

任何机器或部件都是由许多零件组成的。表达单个零件的结构形状、尺寸大小及技术要求等内容的图样，称为零件图。本章主要介绍零件图的有关内容及其绘制与阅读方法。

8.1 零件图的作用与内容

8.1.1 零件图的作用

零件图是制造与检验零件的主要依据，是设计部门提交给生产部门的重要技术文件，也是进行技术交流中重要的技术资料。

8.1.2 零件图的内容

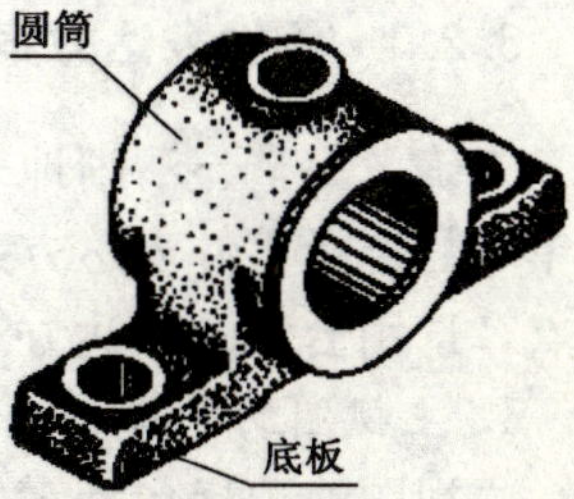

图 8 - 1 轴承座立体图

如图 8 - 1 所示轴承座是整体轴承中一个重要的零件，如图 8 - 2 所示是它的零件图。从图中可看出一张完整的零件图必须包括下列内容：

1. 一组视图

用各种表达方法完整、清楚地表达出零件的内、外结构形状。

2. 完整的尺寸

应标注出制造和检验零件所需的全部尺寸。

3. 技术要求

有规定的符号、数字、字母或文字注解，说明零件在加工、检验或装配时应达到的一些技术要求，如零件的表面粗糙度、尺寸公差、形状和位置公差以及材料热处理等方面的要求。

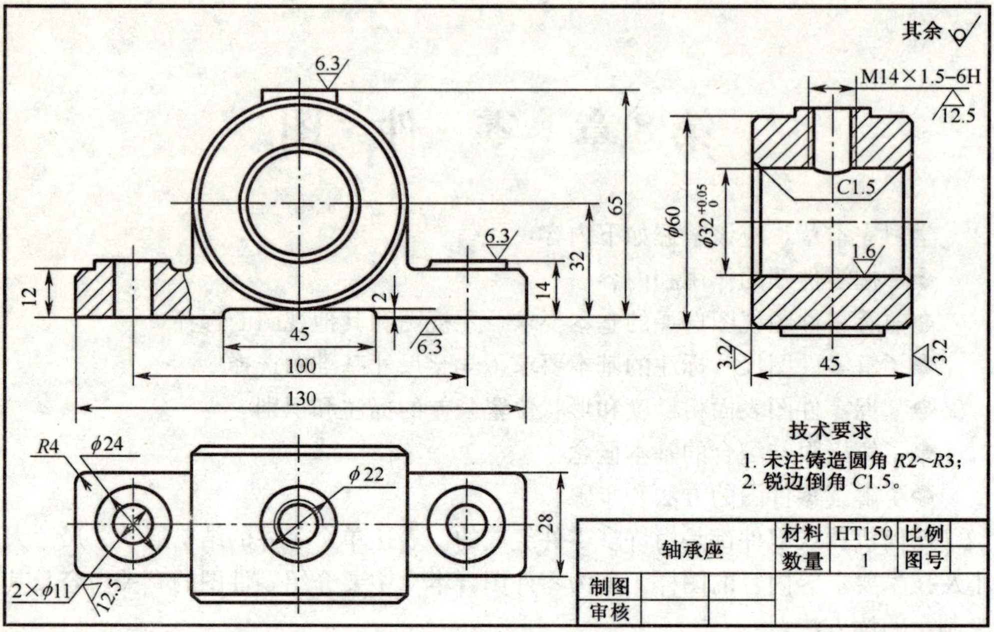

图 8-2　轴承座零件图

4. 标题栏

放在图样的右下角，用来填写零件的名称、材料、比例、图号及有关责任人的签字等内容。

8.2　零件表达方案的选择与尺寸标注

8.2.1　零件表达方案的选择

正确、完整、清晰地表达零件内、外结构形状，并且要考虑读图方便、画图简单，是选择零件表达方案的基本要求。要达到这些要求，就要分析零件的结构特点，选用恰当的表达方法。首先选好主视图，再选其他视图及表达方法。

1. 主视图的选择

主视图的选择包括零件的安放位置和选择投射方向两个方面的内容。

①零件的安放位置应符合零件的工作位置和加工位置原则。

②主视图的投射方向应突出零件各部分的形状和位置特征。

如图 8-1 所示轴承座，按工作位置考虑应按如图 8-3（a）所示安放。按此位置安放，选择投射方向有 *A*、*B* 两个方向。从 *A* 向投射到如图 8-3（b）所示主视图，这时圆筒和底板结合情况很明显，而且轴承座特征非常突出。如选 *B* 向作主视方向并取半剖得到如图 8-3（c）所示的主视图，虽然凸台与圆筒及圆筒内、外结构都比较清楚，但圆筒与底板的位置及整体形状特征反映不如 A 向清楚。所以还是选 A 向作为主视图投射方向比较好。

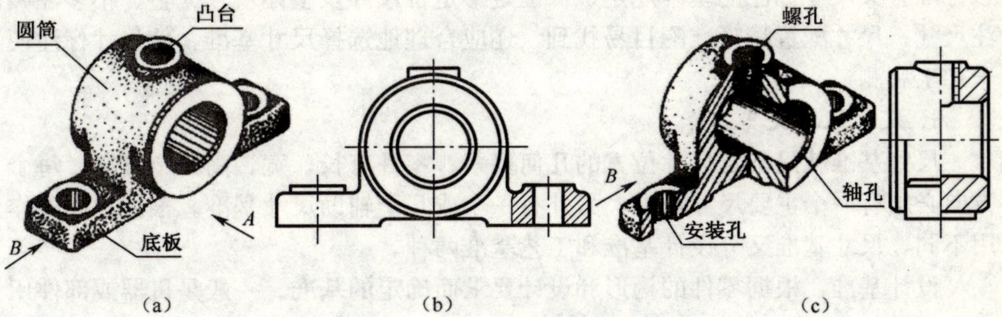

图 8-3　轴承座主视图的选择

(a) 轴承座的安放位置；(b) 选择 A 向作主视图；(c) 选择 B 向作主视图

2. 其他视图表达方法的选择

其他视图及表达方法的选择，要根据零件的复杂程度和内、外结构情况等进行综合考虑，使每个视图或表达方法都有一个表达重点。优先选择基本视图以及在基本视图上作剖视或断面等。

轴承座主视图选好后，再选半剖的左视图，表达凸台螺孔及圆筒内部结构形状。另选俯视图补充表达凸台和底板的形状特征。具体表达方案如图 8-4 所示。

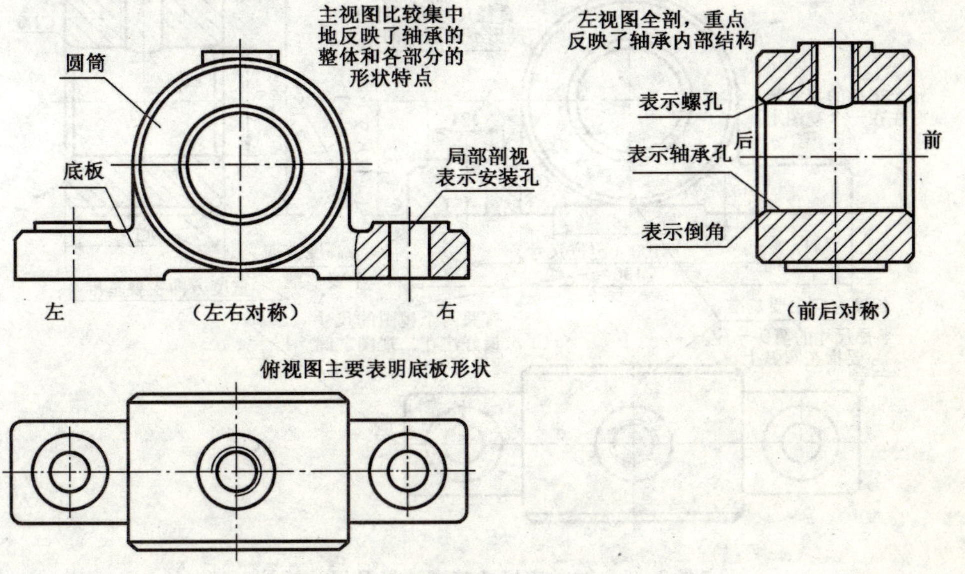

图 8-4　轴承座的表达方案

8.2.2　零件图的尺寸标注

零件图中的尺寸，是加工和检验零件的重要依据。因此，零件图中的尺寸标注要求做到：正确、完整、清晰和合理。为了达到这些要求，除了要严格遵守国家标准有关尺寸标注的基本规定、保证定形定位尺寸及整体尺寸完整、不多注漏注尺寸、尺寸配置清晰、醒目易找到，还应合理地选择尺寸基准，使尺寸标注便于加工和测量。

1. 尺寸基准及其选择

尺寸基准就是确定尺寸位置的几何要素。零件有长、宽、高三个方向，每个方向必须有一个主要尺寸基准，另外有一个或几个辅助尺寸基准。根据基准的作用不同，尺寸基准又分设计基准和工艺基准两种。

设计基准：根据零件的构形和设计要求而确定的基准。一般是机器或部件用以确定零件位置的面和线。

工艺基准：为便于加工和测量而确定的基准。一般是在加工过程中用以确定零件加工或测量位置的一些面和线。

选择尺寸基准时，尽量使设计基准与工艺基准重合，当两者不能做到统一时，应选择设计基准作为主要基准，工艺基准作为辅助基准。但要注意的是，主要基准与辅助基准之间必须要有一个联系尺寸。

轴承座的尺寸基准选择及尺寸标注，如图 8 - 5 所示。

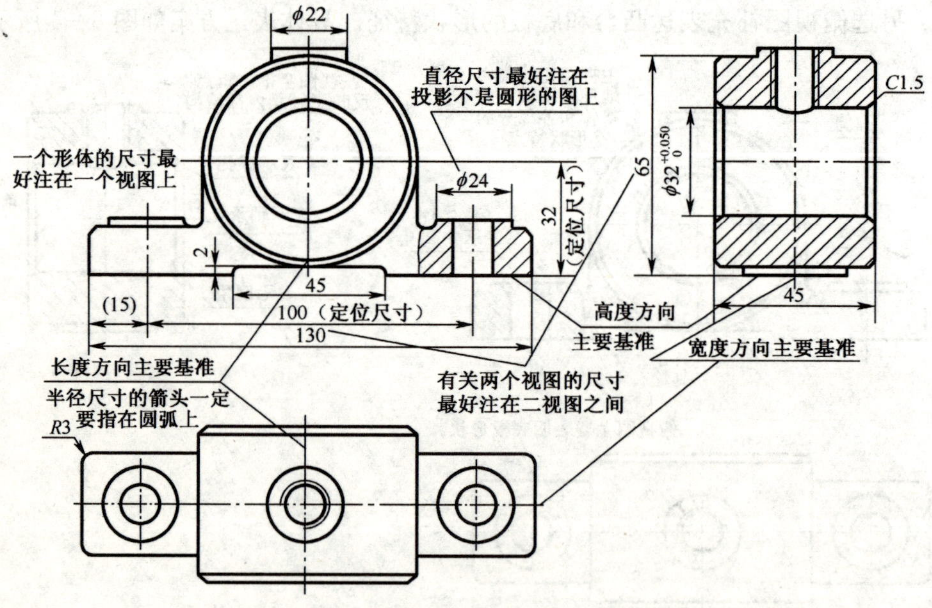

图 8 - 5　轴承座尺寸基准选择及尺寸标注

2. 零件尺寸标注的一般原则

①零件的重要尺寸应直接标注。零件上的重要尺寸是指影响零件工作性能的尺寸、有配合要求的尺寸和确定各部分结构相对位置的尺寸等。如轴承座的定位

尺寸 32 和 100 及配合尺寸 $\phi 32$ 上偏差 $+0.050$ 下偏差 0 等尺寸就是重要尺寸，在零件图上应直接标出，如图 8 - 5 所示。

②尺寸标注要便于加工和测量，如图 8 - 6 所示。

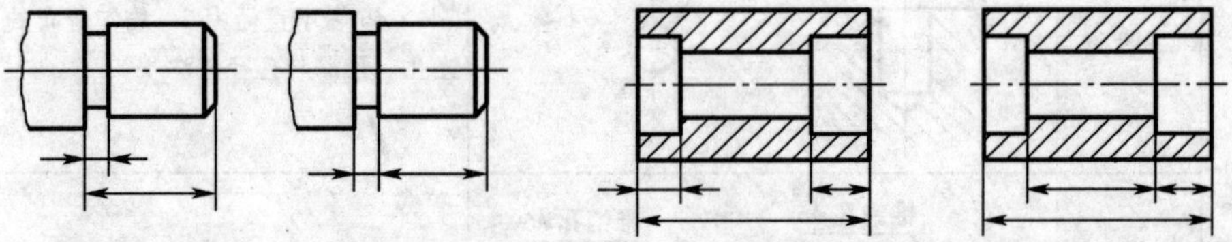

便于加工　　不便加工　　便于测量　　不便测量

（a）　　（b）

图 8 - 6　尺寸标注要便于加工和测量

③不要注成封闭尺寸链。如图 8 - 7（a）所示注出了总长和各段长度 A、B、C，形成了封闭尺寸链，将给加工造成困难。所以应按如图 8 - 7（b）所示的形式标注。

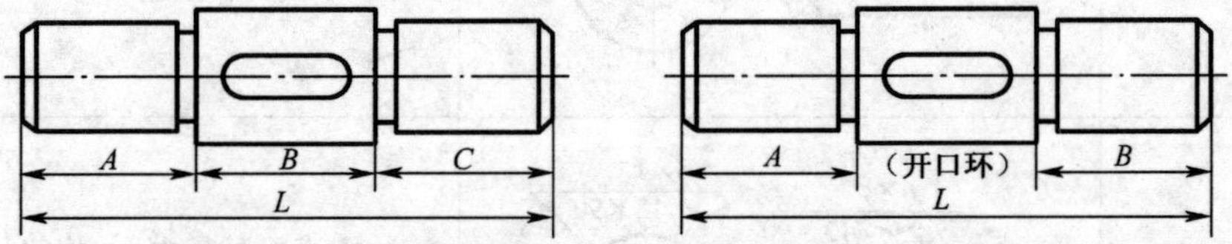

（a）　　（b）

图 8 - 7　尺寸链

（a）封闭尺寸链；（b）开口尺寸链

④零件上常见结构要素的尺寸注法见表 8 - 1。如果是标准结构要素，其尺寸应查有关标准手册确定。

表 8 - 1　常见结构要素的尺寸注法

零件结构类型		标注方法	说明
螺孔	通孔	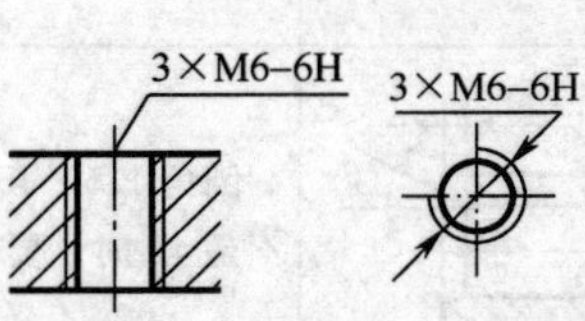	3×M6 表示直径为 6，均匀分布的 3 个螺孔
	不通孔	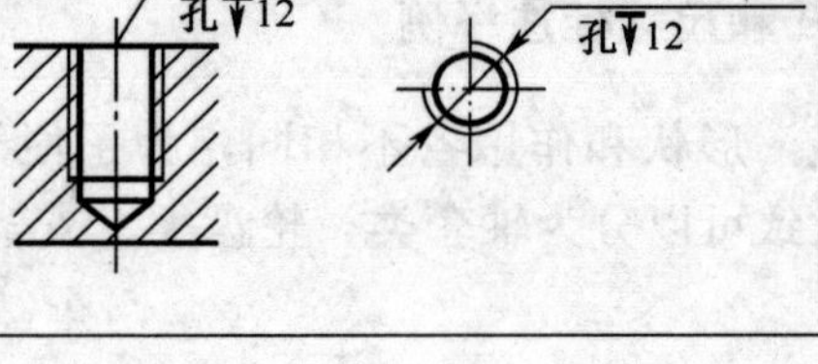	螺孔深度可与螺孔直径连注；需要注出孔深时，应明确标注孔深尺寸

（续）

零件结构类型		标注方法	说明
光孔	一般孔	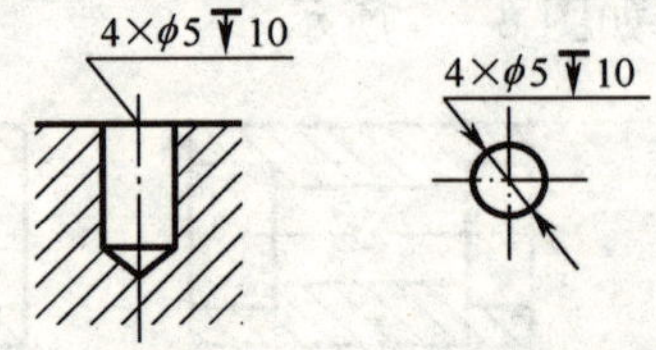	4×ϕ5 表示直径为 5，均匀分布的 4 个光孔。孔深与孔径连注
	锥销孔	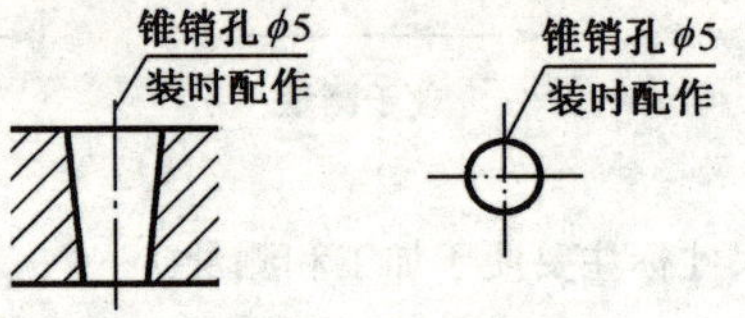	ϕ5 为与锥销孔相配的圆锥销小头的直径。锥销孔通常是相邻两零件装在一起时加工的
沉孔	锪平面	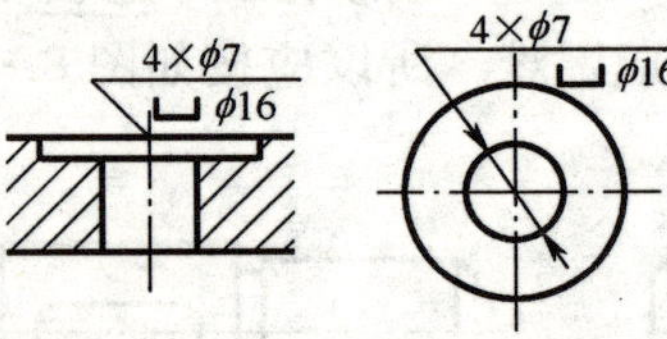	锪平面 ϕ16 的深度不需标注，一般锪平到不出现毛面为止
	锥形沉孔	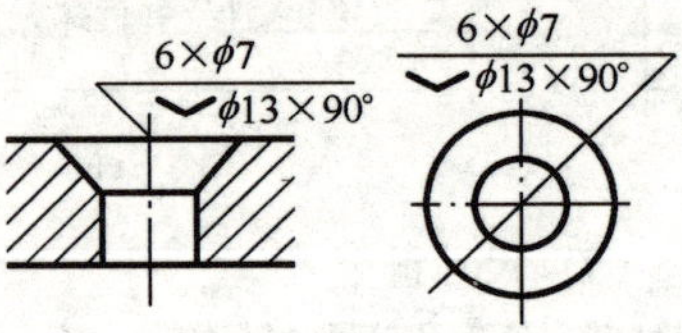	6×ϕ7 表面直径为 7，均匀分布的 6 个孔
	柱形沉孔	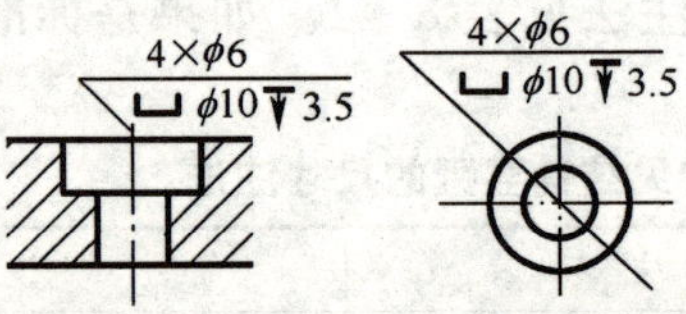	柱形沉孔的小直径为 ϕ6，大直径为 ϕ10，深度为 3.5，均需标注
倒角		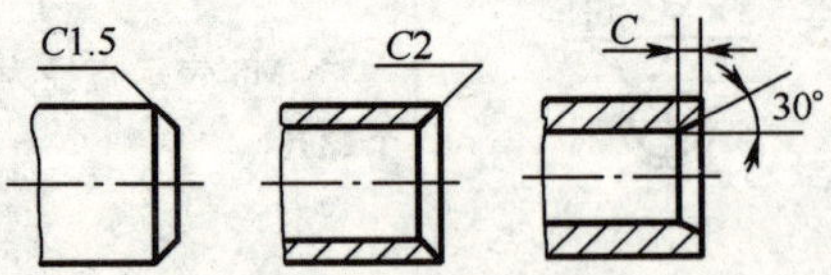	倒角 1.5×45°时，可注成 C1.5；倒角不是 45°时，要分开标注

8.2.3 零件表达方案的选择和尺寸标注举例

生产实际中的零件种类繁多，形状和作用各不相同，为了便于分析和掌握，根据它们的结构形状及作用，大致可以分为轴套类、轮盘类、支架类和箱体类等几种类型。

1. 轴套类零件

轴套类零件包括各种轴和套，在机器或部件中大多起传递运动和扭矩以及定位作用。其主体结构为直径不同的回转体，而且一般都在车床上加工。所以，一般只用一个基本视图（轴线水平放置），如图 8-8（a）所示。实心轴不必剖视，对轴上的键槽、销孔及退刀槽等结构，常用移出断面、局部剖视和局部放大图等表达方法表示，较长的轴还可以采用折断画法，对空心轴或套，则用全剖或局部剖表示。

标注尺寸时，可选择轴线为高度和宽度主要尺寸基准，长度主要基准通常选择比较重要的端面或安装结合面。注意按加工顺序安排尺寸，把不同工序的尺寸分别集中，方便加工和测量。如图 8-8 所示是一传动轴表达方案与尺寸标注的例子。

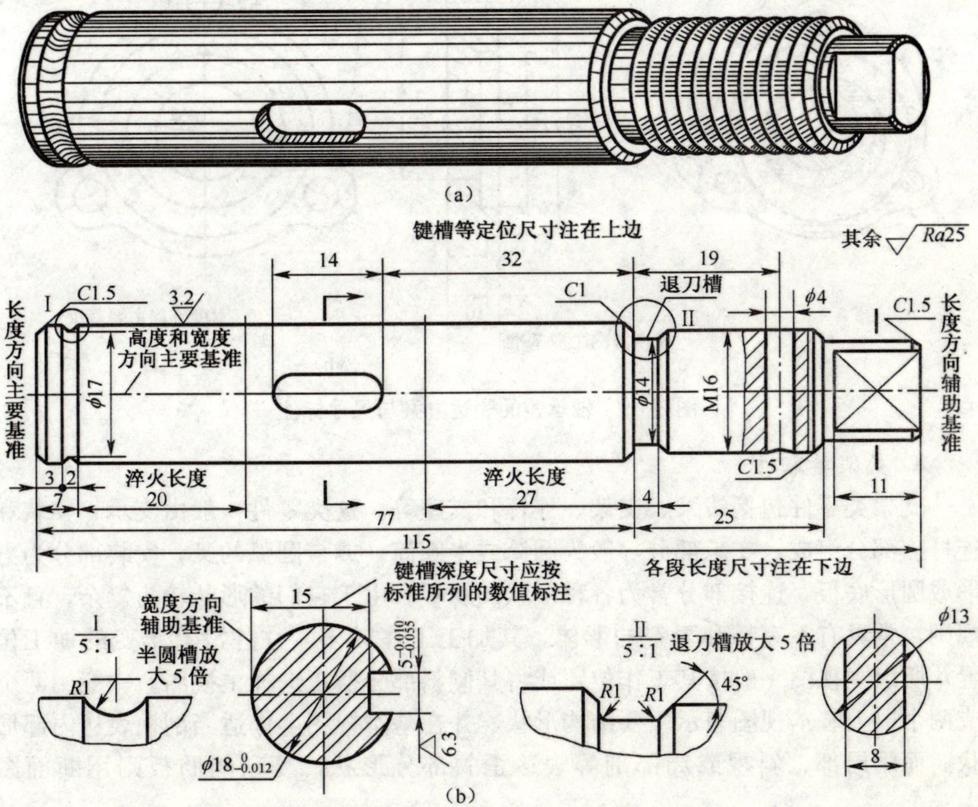

图 8-8　轴的表达方案与尺寸标注

2. 轮盘类零件

轮盘类零件包括各种手轮、带轮、法兰盘、轴承盖等。其主体结构也为回转体，但其径向尺寸远远大于轴向尺寸，呈盘状。还有轴孔、均匀分布的肋和螺栓孔等辅助结构。它在机器或部件中主要起传动、支承或密封作用。轮盘类零件一般需用1～2个基本视图表达，另采用一些局部视图、局部剖视或移出断面等方法表达其辅助结构。如图8-9所示轴承盖，可选A和B作为主视图投射方向。取A向并全剖作主视图，符合加工位置，注上尺寸后看图很方便。如果取B向作主视图，显然形状特征明显，但不如选A向看图方便。

轮盘类零件尺寸基准选择与轴套类零件相同。对于均布的孔，其定位尺寸通常要注出定位圆周的直径，如图8-9所示的$\phi52$。

轴承盖的表达方案与尺寸标注，如图8-9所示。

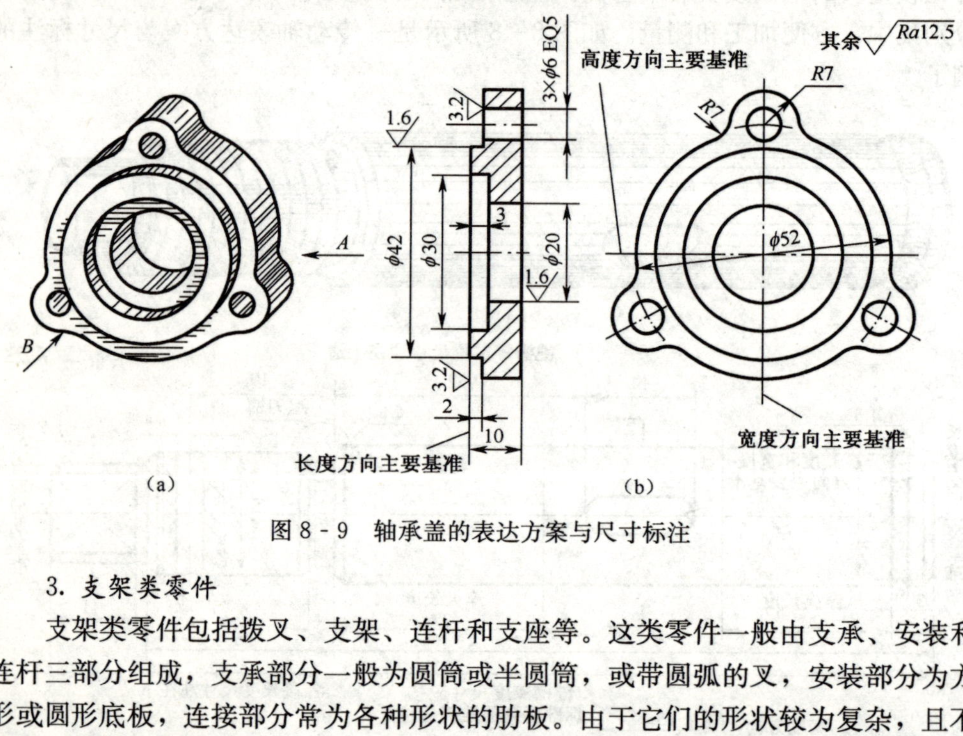

图8-9 轴承盖的表达方案与尺寸标注

3. 支架类零件

支架类零件包括拨叉、支架、连杆和支座等。这类零件一般由支承、安装和连杆三部分组成，支承部分一般为圆筒或半圆筒，或带圆弧的叉，安装部分为方形或圆形底板，连接部分常为各种形状的肋板。由于它们的形状较为复杂，且不规则，常具有不完整和歪斜的形体。其加工工序较多，往往没有不变的加工位置，所以主视图一般按其工作位置或将其倾斜部分摆正选择主视图。一般用两个或两个以上基本视图表示主要结构形状，并在基本视图上作适当剖视表达内部形状。而用局部、斜视或局部剖等表达歪斜部分形状，复杂的肋板则用断面图表示。

支架类零件长、宽、高三个方向的主要尺寸基准，一般为对称面、轴线、中心线或较大的加工面。定位尺寸较多，应优先标注出，然后按形体分析法标注各部分定形尺寸。如图8-10所示为一支架类零件的表达方案和尺寸标注的示例。

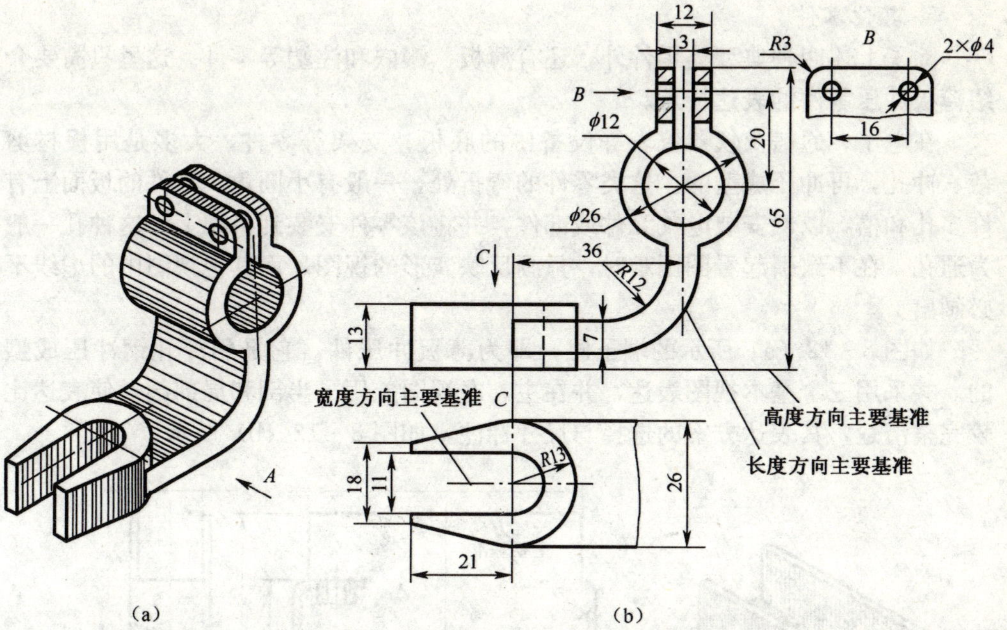

图 8 - 10　支架的表达方案与尺寸标注

4. 箱体类零件

箱体类零件包括阀体、泵体和箱体等，在机器或部件中主要起包容、支承或定位其他零件的作用。其结构较为复杂，多为外形简单，内形复杂的箱体。一般要用三个或三个以上的基本视图表达，并在基本视图上作各种剖视表达其内部结构，另用局部视图表示尚未表达清楚的结构。

如图 8 - 11 所示为电动机上接线盒的表达方案与尺寸标注示例。

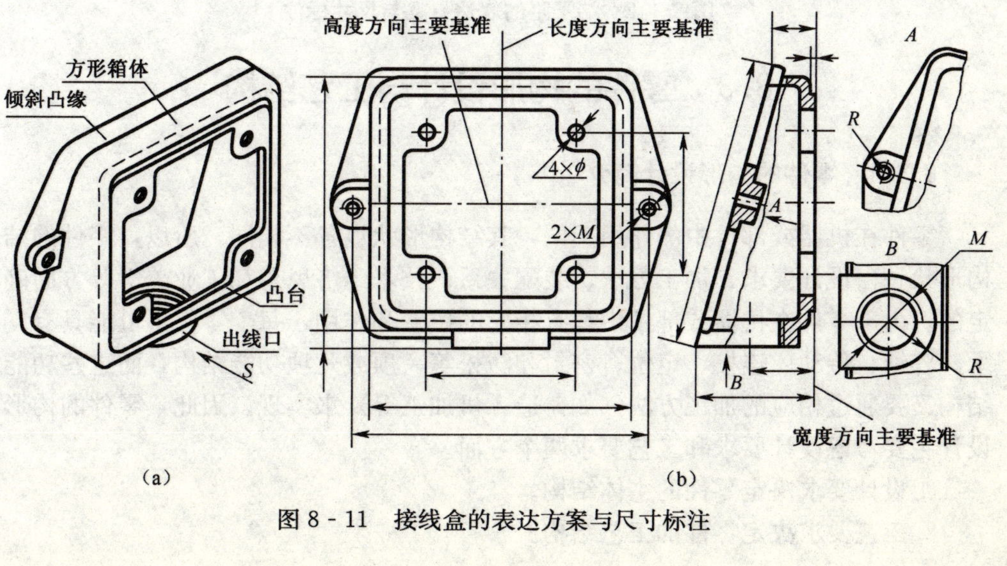

图 8 - 11　接线盒的表达方案与尺寸标注

5. 其他零件

除了上述四种典型类零件外，还有薄板、镶嵌和注塑等零件。这里只简要介绍薄板冲压零件的表达特点。

在电子、通信及仪器仪表等设备中的底板、支架等零件，大多是用板材剪裁、冲孔，再冲压成型的。这类零件的弯折处，一般有小圆角，零件的板面上有许多孔和槽，以便安装电气元件或部件，并将该零件安装到机架上，这种孔一般为通孔，在不致引起看图困难时，只画反映实形的视图，而其他视图中的虚线不必画出。

如图 8 - 12（a）所示的端子匣，即为薄板冲压件，它是用冷轧钢冲压成型的。共采用三个基本视图表达，并在主、左视图上用了半剖和局部剖，使表达比较完整清楚，其表达方案的选择与尺寸标注，如图 8 - 12（b）所示。

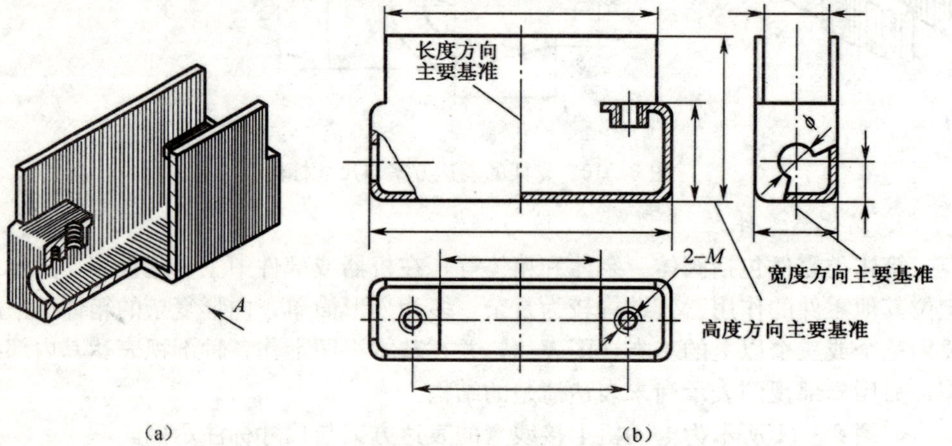

图 8 - 12　端子匣的表达方案与尺寸标注

8.3　零件的构形设计与工艺结构

8.3.1　零件的构形设计简介

零件在机器或部件中的作用不同，其结构形状也各不相同。所以，零件的结构形状是由设计要求、加工方法、装配关系、技术经济思想和工业美学等方面确定的。由于零件在机器或部件中都有相应的位置和作用，每个零件上可能具有支承、容纳、传动、连接、定位、密封和防松等一项或几项功能结构，而这些功能结构又要通过相应的加工方法（如铸造、机加工等）来实现。因此，零件的构形设计主要考虑设计要求和工艺要求两个方面。

①设计要求决定零件的主体结构。

②工艺要求决定零件的工艺结构。

除此之外，零件构形还要求轻便、经济和美观。

下面以如图 8-13 所示传动轴为例。说明零件构形设计的过程。

如图 8-13 所示从动轴是某减速器中的零件，其主要功用是装在两个滚动轴承中，用来支承齿轮并传递扭矩，还要求与外部设备连接，把运动传出去。从动轴的加工方法主要是车削，然后铣键槽。它的构形设计过程见表 8-2。

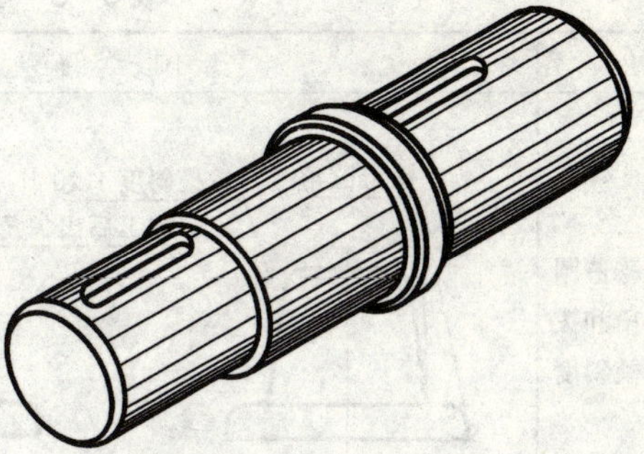

图 8-13　从动轴

表 8-2　从动轴的构形设计过程

结构形状形成过程	主要考虑的问题	结构形状形成过程	主要考虑的问题
(1) 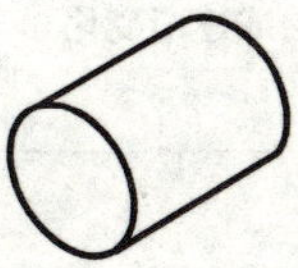	为伸出外部与其他机器相接，制出一轴颈	(4) 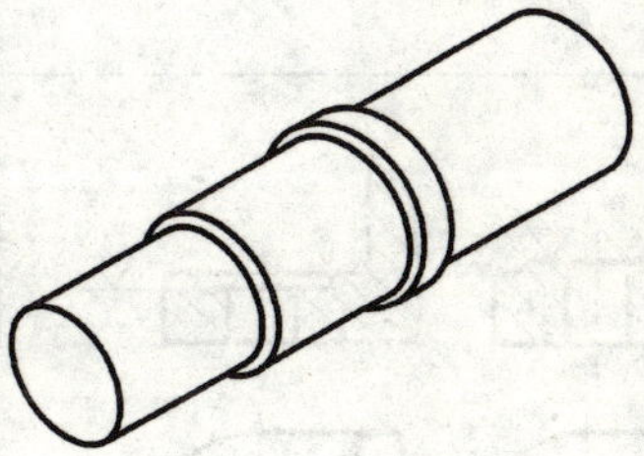	为了支承齿轮和用轴承支承轴，轴端做成轴颈
(2) 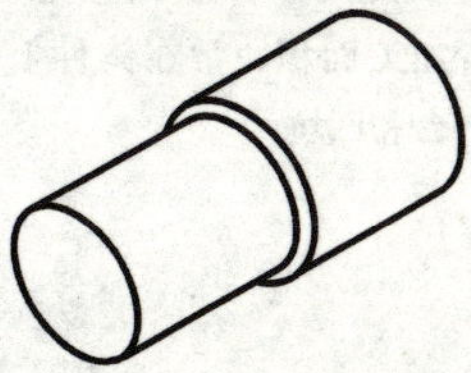	为了用轴承支承轴又在左端做一轴颈		
(3) 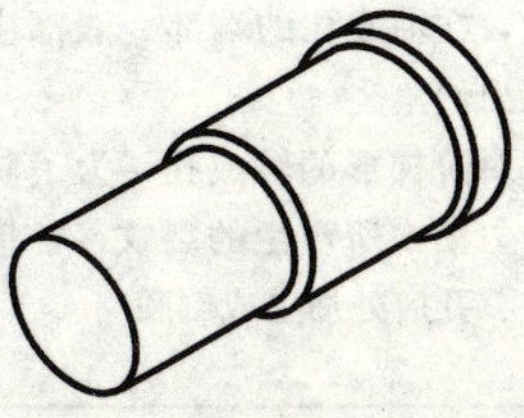	为了固定齿轮的轴向位置，增加一稍大的凸肩	(5) 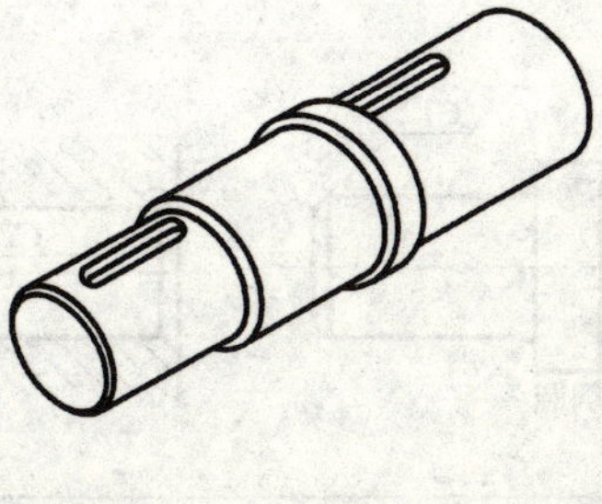	为了与齿轮连接，左端做一键槽；为了与外部设备连接，右端也做一键槽；为了装配方便、保护装配表面，多处做成倒角、退刀槽

8.3.2　零件常见的工艺结构

为了使零件的毛坯制造、机械加工、测量和装配更加顺利、方便，零件的主体结构确定之后，还必须设计出合理的工艺结构。零件常见的工艺结构见表8-3。

表 8-3　零件常见工艺结构

内　容	图　例	说　明
铸造圆角和拔模斜度	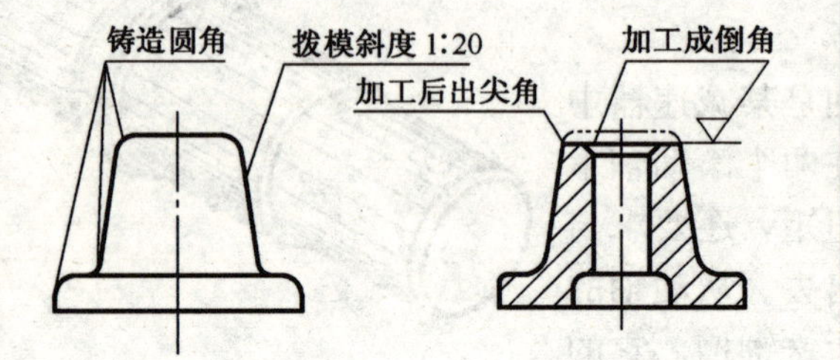	为防止砂型在尖角处脱落和避免铸件冷却收缩时，在尖角处产生裂纹，铸件各表面相交处应做成圆角。 为起模方便，铸件表面沿拨模方向作出斜度，一般为 1：20。起模斜度若无特殊要求时，图中可不画出、也不作标注
铸件壁厚	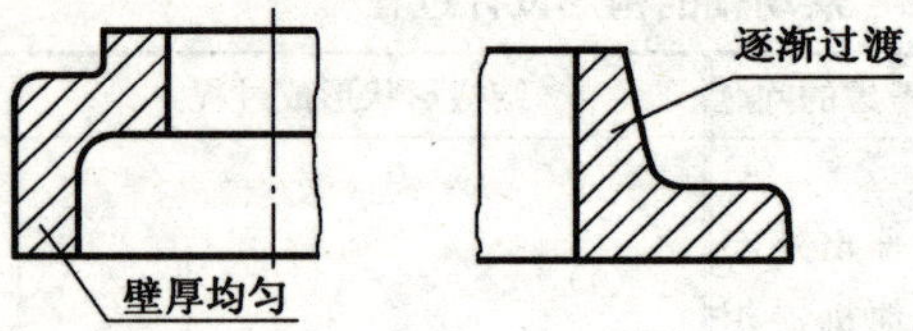	为了避免浇铸后零件各部分因冷却速度不同，而产生缩孔，裂纹等缺陷，因此，尽可能使铸件壁厚均匀或逐渐变化
凸台和凹坑	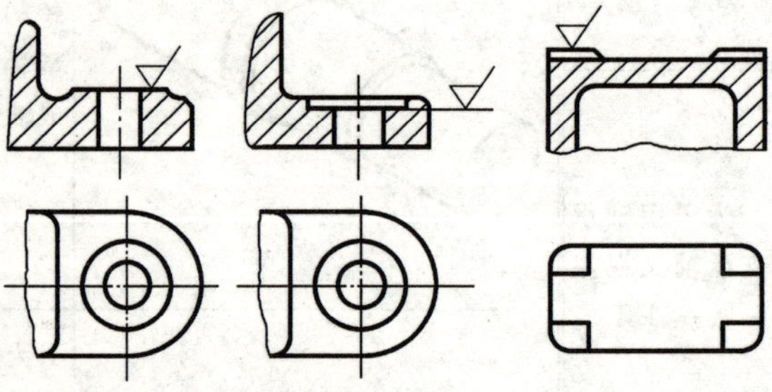	为了使两零件表面接触良好、减少加工面积、常在铸件上设计出凸台和凹坑
倒角和倒圆	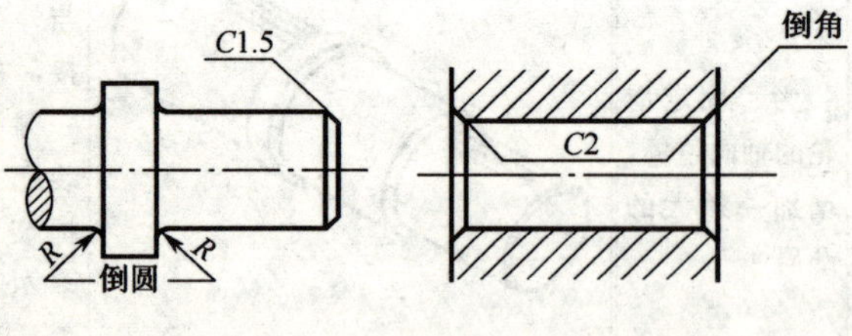	为了方便装配和去掉毛刺、锐边，在轴或孔的端部一般都应加工出倒角。 对阶梯形的轴或孔，为了防止应力集中所产生的裂纹，常把轴肩、孔肩处加工成倒圆
退刀槽和砂轮越程槽	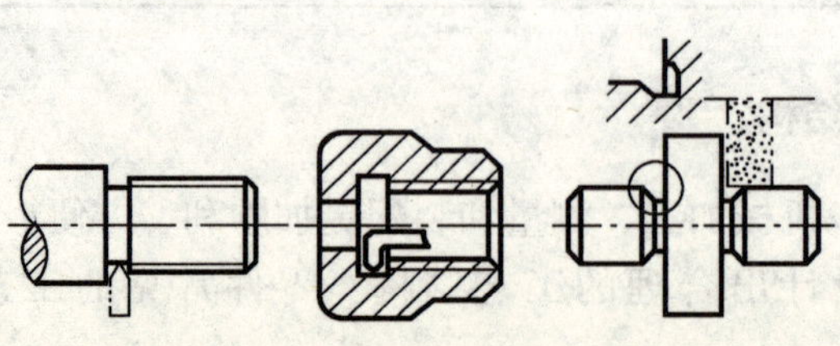	在车削加工、磨削加工和车螺纹时，为了便于退出刀具或砂轮越过加工面，经常在待加工面的末端先加工出退刀槽或砂轮越程槽

（续）

内　容	图　例	说　明
合理的钻孔结构	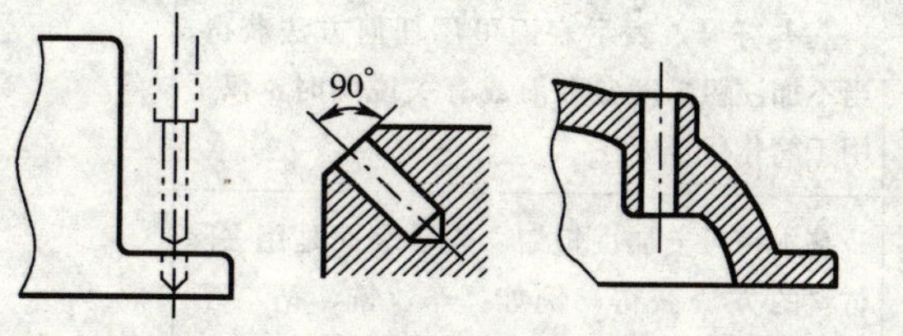	用钻头加工孔时，钻头的轴线应尽量垂直于被加工零件表面，以保证正确的钻孔位置和不损坏钻头。同时还要考虑方便钻头加工

8.4　零件的技术要求

零件图上除了有表达零件结构形状的图形及尺寸大小外，还必须有加工制造该零件时应达到的一些技术要求。零件的技术要求主要有：表面粗糙度、极限与配合、形位公差及材料热处理等方面的要求。

8.4.1　表面粗糙度

1. 表面粗糙度的概念（GB/T 3505—2000）

加工后的零件表面看起来似乎很平整光滑，但在显微镜下观察就会发现，实际表面是由许多高低不平的峰谷组成的，如图8-14所示。零件加工表面上具有的这种较小间距和峰谷所组成的微观几何形状特征，称为表面粗糙度。它是评定零件表面质量的一项重要的技术指标。

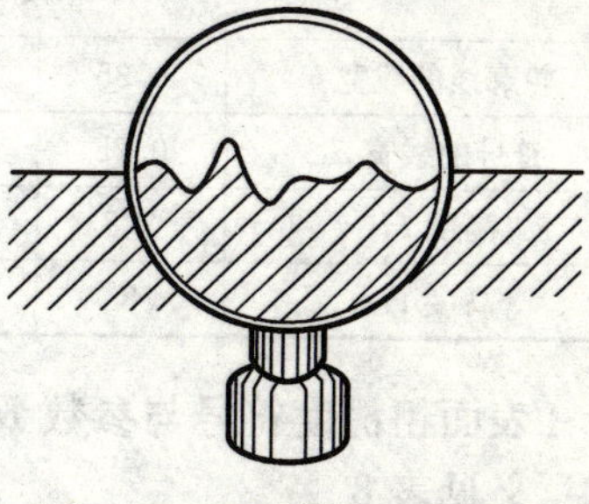

图8-14　零件表面的峰谷

2. 表面粗糙度的评定参数

评定表面粗糙度常用两个参数：轮廓算术平均值（*Ra*）和轮廓最大高度（*Rz*）。其中，轮廓算术平均值 *Ra* 是目前生产中评定零件表面质量的主要参数。*Ra* 值越小，表面质量要求越高，零件表面越光滑，反之亦然。如表8-4所列为 *Ra* 的优先选用系列值。

表8-4　轮廓算术平均值 *Ra* 值系列

第一系列	0.012，0.025，0.050，0.10，0.20，0.40，0.80，1.60，3.2，6.3，12.5，25，50，100
第二系列	0.008，0.016，0.032，0.063，0.125，0.25，0.50，1.00，2.00，4.0，8.0，16.0，32，63
	0.010，0.020，0.040，0.080，0.160，0.32，0.63，1.25，2.5，5.0，10.0，20，40，80

注：优先选用第一系列值

3. 表面粗糙度的符号、代号及其标注

在图样上表示零件表面粗糙度的符号及其画法，见表8-5。

表 8 - 5　表面粗糙度符号

符号	意义	符号画法
	基本符号，表示表面可用任何方法获得。当不加注粗糙度参数值或有关说明时，仅适用于简化代号标注	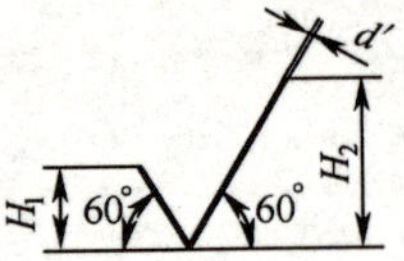
	基本符号上加一短划，表示表面是用去除材料的方法获得，例如：车、铣、钻、磨、剪切、抛光、腐蚀、电火花加工等	
	基本符号上加一小圆，表示表面是用不去除材料的方法获得，例如：铸、锻、冲压、热轧、冷轧、粉末冶金等；或者用于保持原供应状况的表面（包括保持上道工序的表面）	
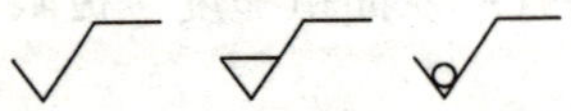	在上述三个符号的长边上均可加一横线，用于标注有关参数和说明	
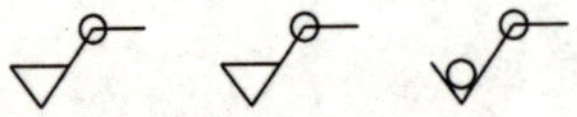	在上述三个符号上均可加一小圆，表示所有表面具有相同的表面粗糙度要求	

表面粗糙度符号的尺寸，见表 8 - 6。

表 8 - 6　表面粗糙度符号尺寸　(mm)

轮廓线的线宽 b	0.35	0.5	0.7	1	1.4	2	2.8
符号的线宽 d'	0.25	0.35	0.5	0.7	1	1.4	2
高度 H_1	3.5	5	7	10	14	20	28
高度 H_2	8	11	15	21	30	42	60

表面粗糙度符号与参数 Ra 的具体数值相结合，便组成了表面粗糙度代号，其意义见表 8 - 7。

表 8 - 7　参数 Ra 值的标注及其意义

代号	意　义	代号	意　义
 3.2	用任何方法获得的表面粗糙度，Ra 的上限值为 3.2μm	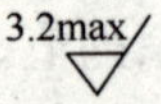 3.2max	用任何方法获得的表面粗糙度，Ra 的最大值为 3.2μm
 3.2	用去除材料方法获得的表面粗糙度，Ra 的上限值为 3.2μm	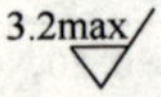 3.2max	用去除材料方法获得的表面粗糙度，Ra 的最大值为 3.2μm
 3.2	用不去除材料方法获得的表面粗糙度，Ra 的上限值为 3.2μm	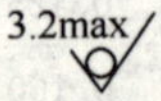 3.2max	用不去除材料方法获得的表面粗糙度，Ra 的最大值为 3.2μm
 3.2 1.6	用去除材料方法获得的表面粗糙度，Ra 的上限值为 3.2μm，Ra 的下限值为 1.6μm	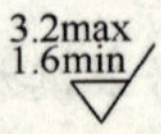 3.2max 1.6min	用去除材料方法获得的表面粗糙度，Ra 的上限值为 3.2μm，Ra 的下限值为 1.6μm

4. 表面粗糙度代号在图样上的标注

在图样中标注表面粗糙度的基本原则（GB/T 131—1993）如下。

①在同一图样中，零件每个表面只标注一次表面粗糙度代号，并应注在可见轮廓线、尺寸线、尺寸界线或其延长线上。符号的尖端必须从材料外指向被加工表面。

②在表面粗糙度代号中，数值的大小和方向必须与图中尺寸数值的大小和方向一致。

③图样上所注表面粗糙度，是指零件完工后的要求。

表面粗糙度标注示例，见表 8 - 8。

表 8 - 8　表面粗糙度标注示例

图例	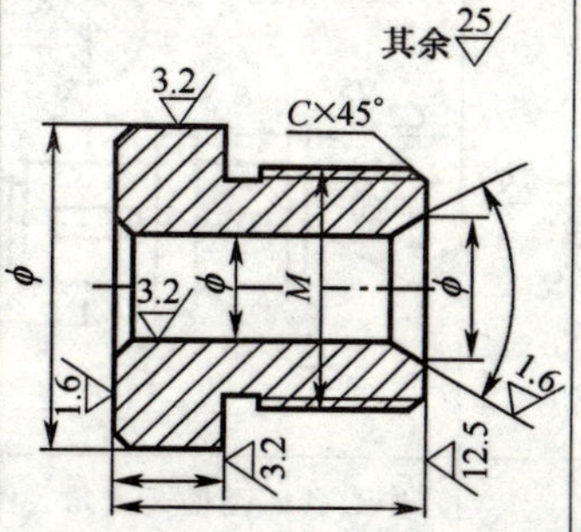	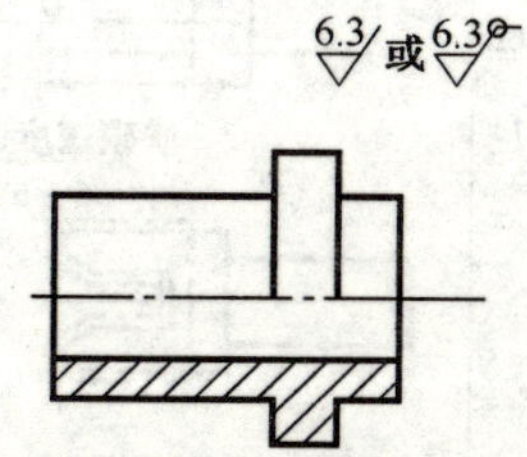	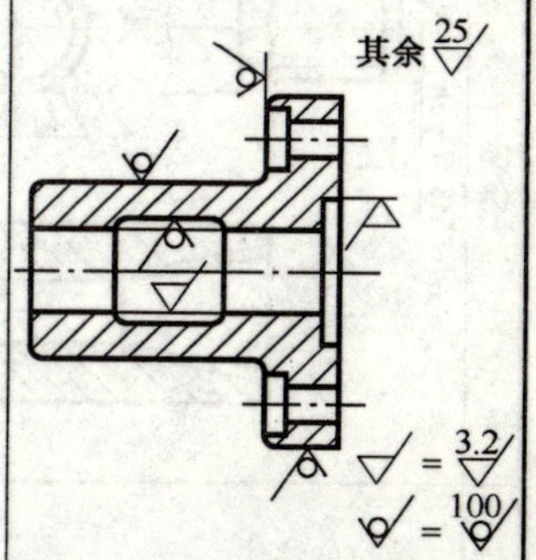
说明	对其中使用最多的一种代号可以统一标注在图纸右上角，并加注“其余”二字，其大小为图样中其他代号的 1.4 倍	当零件所有表面具有相同特征时，可在图形右上角统一标注。其代号大小为图样中代号的 1.4 倍	可以标注简化代号，但要在标题栏附近说明这些简化代号的意义
图例	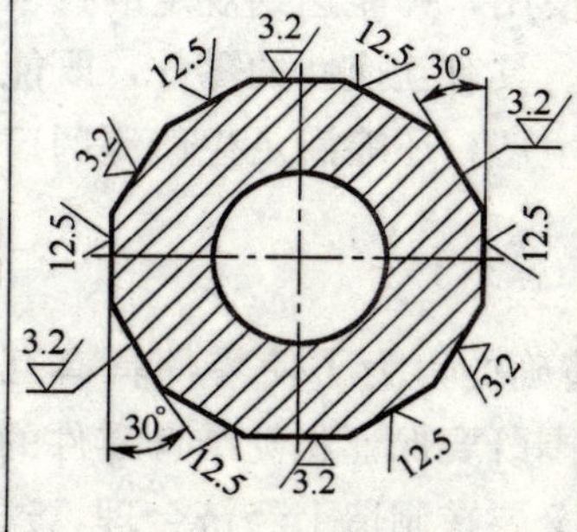	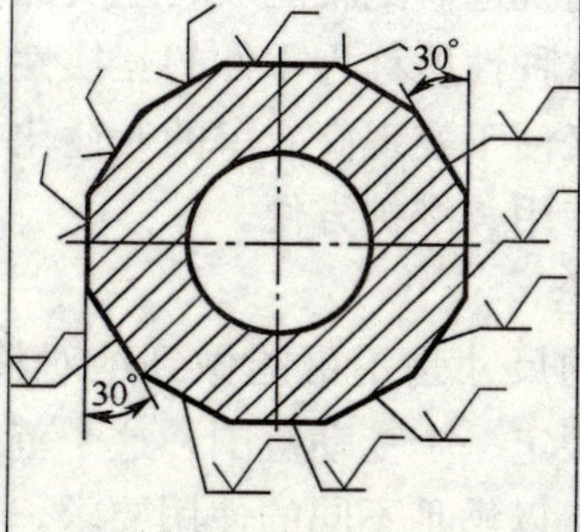	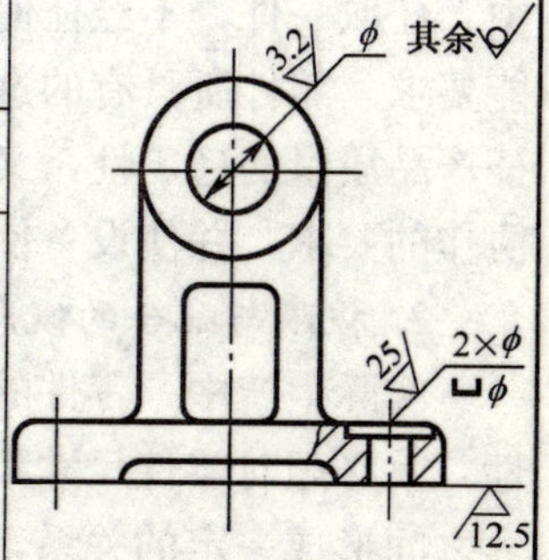
说明	各倾斜表面粗糙度代号的注法	带有横线的表面粗糙度符号的标法	用细线相连的表面只标注一次

（续）

图例	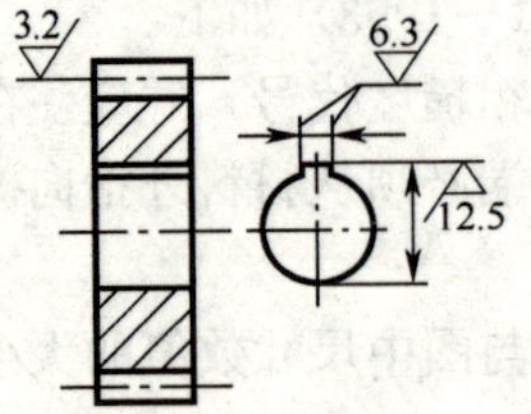	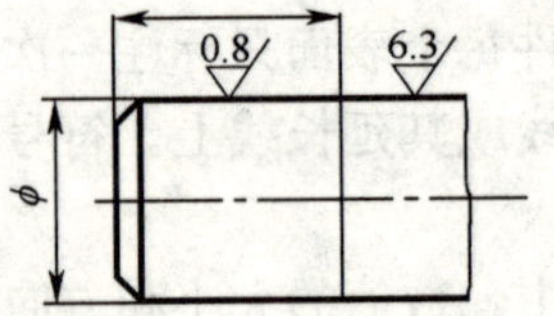	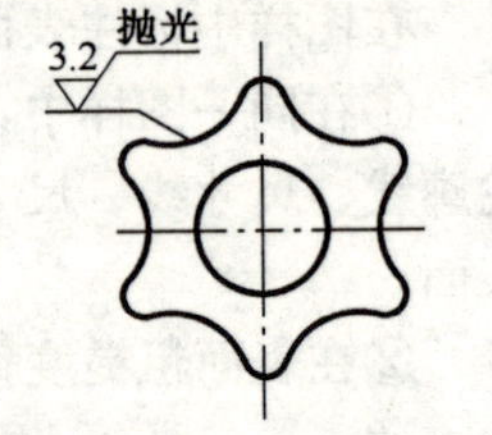
说明	齿轮的注法	同一表面不同表面粗糙度的注法	连续表面的表面粗糙度只注一次
图例	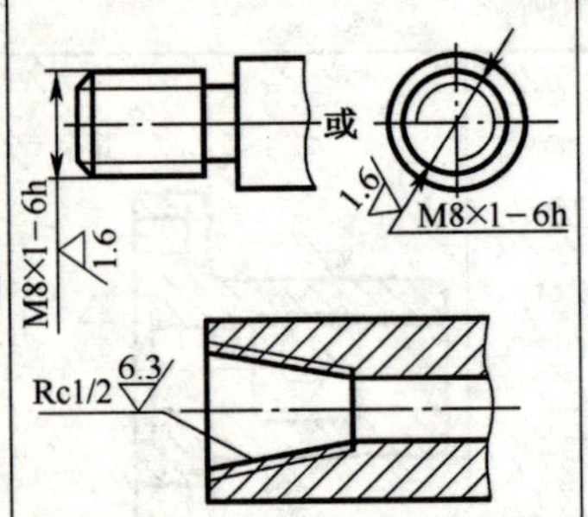	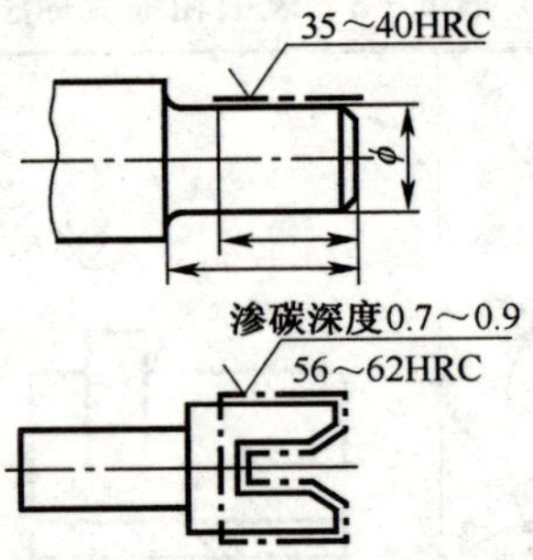	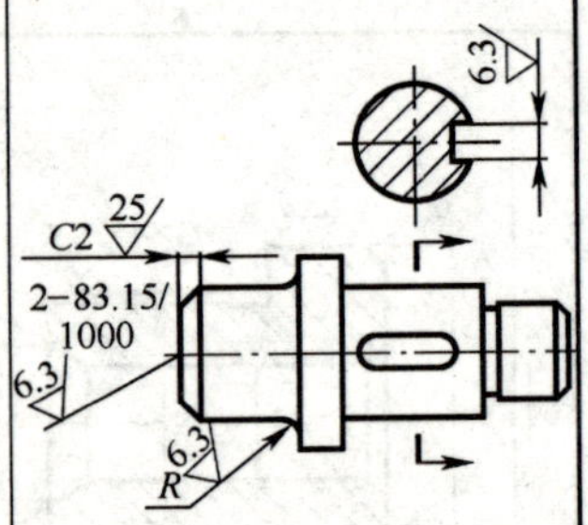
说明	螺纹的注法	局部处理的注法	中心孔、键槽、圆角、倒角的注法

8.4.2 极限与配合

1. 零件的互换性概念

在制造机器或设备时，为了便于装配和维修，要求在按同一图样加工的零件中，任取一件，不经任何挑选修配就能顺利地装配使用，并能达到规定的技术性能要求，零件所具有的这种性质称为零件的互换性。具有互换性的零件，既能保证产品质量的稳定性，又便于实现高效率的专业化生产，还能满足生产部门广泛协作的要求，并使设备使用、维护方便。

2. 极限与配合的概念

实际生产中，零件的尺寸是不可能做到绝对精确的，为了使零件具有互换性，就必须对零件尺寸限定一个变动范围，这个范围既要保证相互结合零件的尺寸之间形成一定的关系，以满足不同的使用要求，又要在制造上经济合理，这就形成了“极限与配合”。

3. 有关极限与配合的术语及定义（如图 8 - 15）（GB/T 1800.1—1997）

（1）基本尺寸

设计时给定的尺寸。

（2）实际尺寸

零件完工后实际测量所得的尺寸。

（3）极限尺寸

允许尺寸变化的两个界限值。它以基本尺寸为基数来确定，极限尺寸中较大的一个称为最大的极限尺寸，较小的一个称为最小的极限尺寸。

（4）尺寸偏差（简称偏差）

某一尺寸减去基本尺寸所得的代数差。尺寸偏差有上偏差和下偏差之分。

上偏差（es 轴，ES 孔）＝最大极限尺寸－基本尺寸。

下偏差（ei 轴，EI 孔）＝最小极限尺寸－基本尺寸。

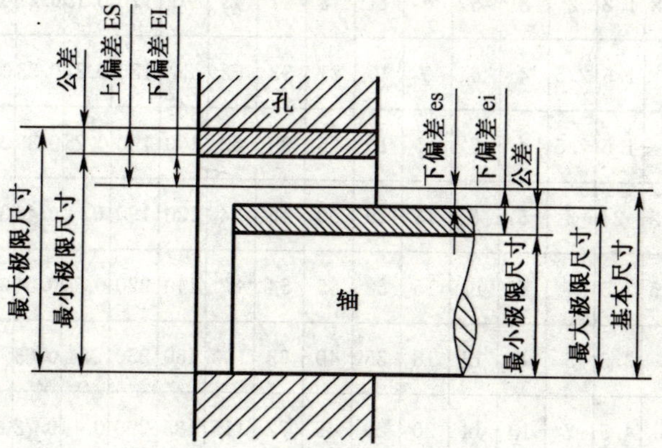

图 8-15　公差的术语及定义

（5）尺寸偏差（简称公差）

允许尺寸的变动量

公差＝最大极限尺寸－最小极限尺寸＝上偏差－下偏差

（6）零线

表示基本尺寸的一条直线。用以确定偏差和公差。

（7）尺寸公差带（简称公差带）

由代表上、下偏差的两条直线所限定的一个区域，如图 8-16 所示。

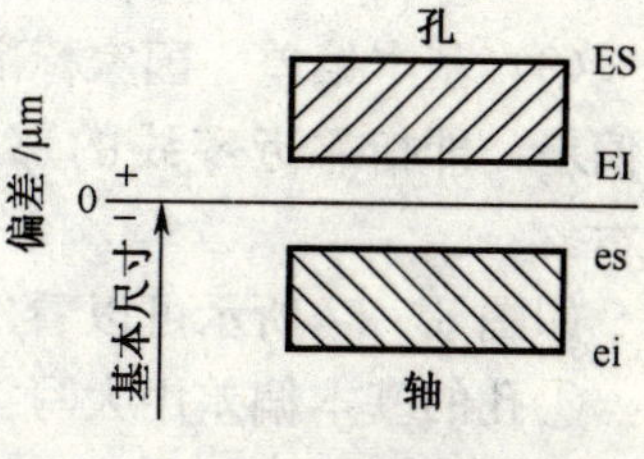

图 8-16　公差的术语及定义

（8）标准公差

国家标准规定用以确定公差带大小的公差，如表 8-9 所列。标准公差用 IT 表示，IT 后面的阿拉伯数字是标准公差等级。国家标准将公差等级分为 20 级，即从 IT01、IT0、IT1～IT18。其尺寸精度从 IT01～IT18 依次降低。

表 8 - 9 标准公差数值（GB/T 1800.3—1998）

基本尺寸/mm		标准公差等级																			
		IT01	IT0	IT1	IT2	IT3	IT4	IT5	IT6	IT7	IT8	IT9	IT10	IT11	IT12	IT13	IT14	IT15	IT16	IT17	IT18
大于	至	(μm)													(mm)						
—	3	0.3	0.5	0.8	1.2	2	3	4	6	10	14	25	40	60	0.1	0.14	0.25	0.4	0.6	1	1.4
3	6	0.4	0.6	1	1.5	2.5	4	5	8	12	18	30	48	75	0.12	0.18	0.3	0.48	0.75	1.2	1.8
6	10	0.4	0.6	1	1.5	2.5	4	6	9	15	22	36	58	90	0.15	0.22	0.36	0.58	0.9	1.5	2.2
10	18	0.5	0.8	1.2	2	3	5	8	11	18	27	43	70	110	0.18	0.27	0.43	0.7	1.1	1.8	2.7
18	30	0.6	1	1.5	2.5	4	6	9	13	21	33	52	84	130	0.21	0.33	0.52	0.84	1.3	2.1	3.3
30	50	0.6	1	1.5	2.5	4	7	11	16	25	39	62	100	160	0.25	0.39	0.62	1	1.6	2.5	3.9
50	80	0.8	1.2	2	3	5	8	13	19	30	46	74	120	190	0.3	0.46	0.74	1.2	1.9	3	4.6
80	120	1	1.5	2.5	4	6	10	15	22	35	54	87	140	220	0.35	0.54	0.87	1.4	2.2	3.5	5.4
120	180	1.2	2	3.5	5	8	12	18	25	40	63	100	160	250	0.4	0.63	1	1.6	2.5	4	6.3
180	250	2	3	4.5	7	10	14	20	29	46	72	115	185	290	0.46	0.72	1.15	1.85	2.9	4.6	7.2
250	315	2.5	4	6	8	12	16	23	32	52	81	130	210	320	0.52	0.81	1.3	2.1	3.2	5.2	8.1
315	400	3	5	7	9	13	18	25	36	57	89	140	230	360	0.57	0.89	1.4	2.3	3.6	5.7	8.9
400	500	4	6	8	10	15	20	27	40	63	97	155	250	400	0.63	0.97	1.55	2.5	4	6.3	9.7

（9）基本偏差　国家标准规定的用以确定公差带相对于零线位置的上偏差或下偏差，即指靠近零线的那个偏差。孔和轴各有 28 个基本偏差，如图 8 - 17 所示。

如图 8 - 17 所示可以看出以下几点。

①孔的基本偏差用大写字母表示，轴的基本偏差用小写字母表示。

②当公差带在零线上方时，基本偏差为下偏差，当公差带在零线下方时，基本偏差为上偏差。

4. 配合的概念

基本尺寸相同的相互结合孔和轴公差带之间的关系，称为配合。配合分为间隙配合、过盈配合和过渡配合三种，如图 8 - 18 所示。

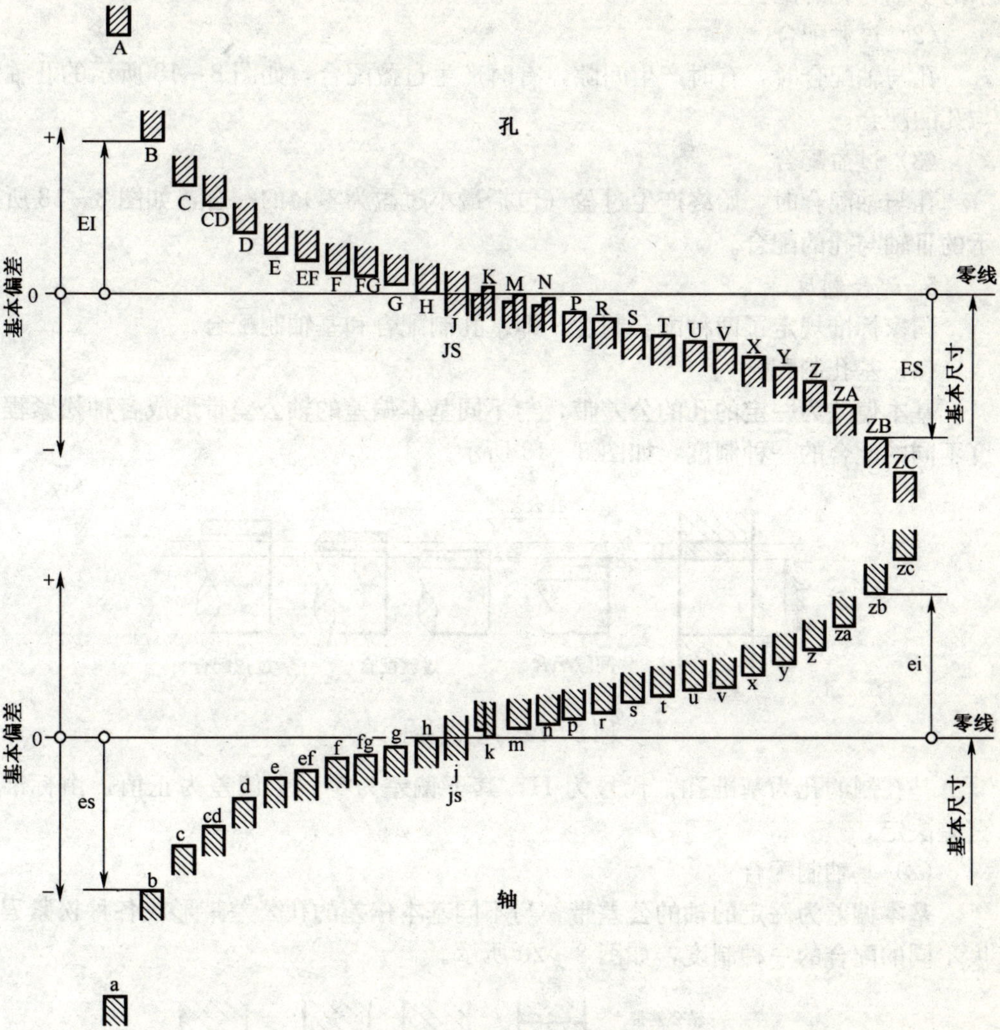

图 8 - 17　基本偏差系列示意图

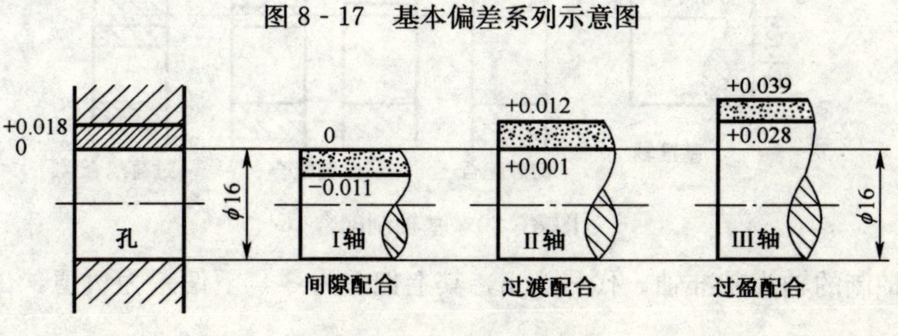

图 8 - 18　配合的种类

（1）间隙配合

孔与轴配合时，始终产生间隙（包括最小间隙为零）的配合，如图 8 - 18 所示的Ⅰ轴与孔的配合。

(2) 过渡配合

孔与轴配合时，有时产生间隙，有时产生过盈配合，如图 8 - 18 所示的Ⅱ轴与孔的配合。

(3) 过盈配合

孔与轴配合时，始终产生过盈（包括最小过盈为零）的配合，如图 8 - 18 所示的Ⅲ轴与孔的配合。

5. 配合制度

国家标准规定了两种配合制度，即基孔制配合和基轴制配合。

(1) 基孔制配合

基本偏差为一定的孔的公差带，与不同基本偏差的轴公差带形成各种松紧程度不同的配合的一种制度，如图 8 - 19 所示。

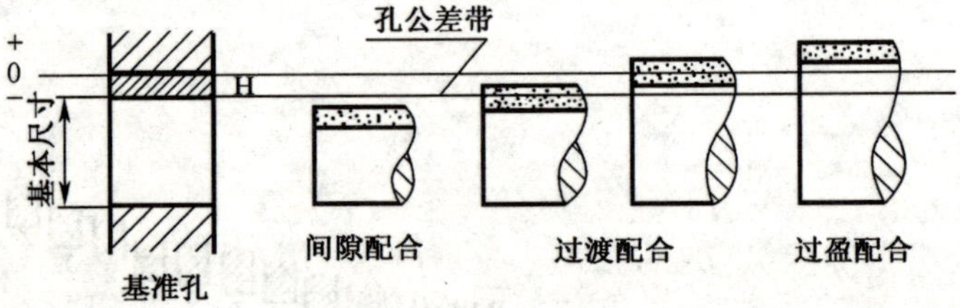

图 8 - 19　基孔制配合

基孔制的孔为基准孔，代号为 H，其下偏差为零，上偏差为正值，由标准公差决定。

(2) 基轴制配合

基本偏差为一定的轴的公差带，与不同基本偏差的孔公差带形成各种松紧程度不同的配合的一种制度，如图 8 - 20 所示。

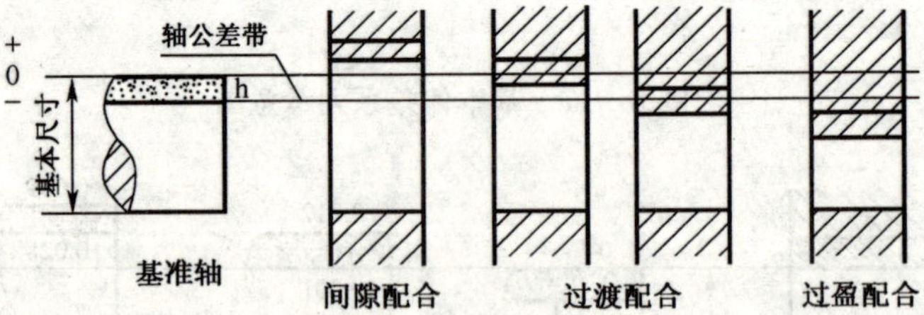

图 8 - 20　基轴制配合

基轴制的轴为基准轴，代号为 h，其上偏差为零，下偏差为负值，由标准公差决定。

一般情况下，应优先选用基孔制，只在特殊情况下或与标准件配合时，才选用基轴制。

6. 极限与配合的标注

（1）在零件图上的标注

国家标准规定，在图样上采用基本尺寸后跟所要求的公差代号或对应的偏差数值表示，如图 8 - 22 所示。孔、轴的公差带代号，均由基本偏差代号和表示标准公差等级的数字组成，如 H7、K6 等为孔公差带代号；h6、f7 等为轴的公差带代号。

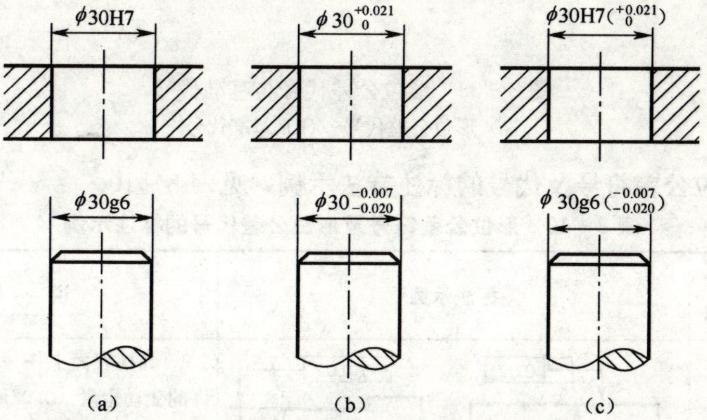

图 8 - 21 零件图上公差注法

（2）在装配图上的标注

国家标准规定，在装配图上采用分数形式标注。分子为孔公差带代号，分母为轴公差代号，如图 8 - 22 所示。其孔、轴公差代号均可采用零件图上标注的三种形式。

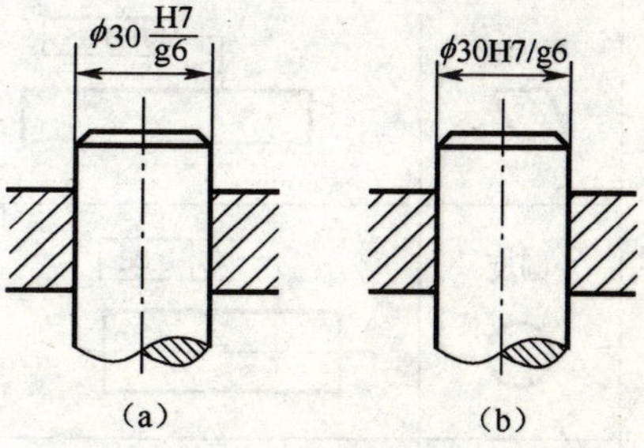

图 8 - 22 装配图上配合代号注法

8.4.3 形位公差简介

1. 形位公差的基本概念（GB/T 1182—2008）

形状公差是指零件表面的实际形状对其理想形状所允许的变动全量；位置公差是指零件表面的实际位置对其理想位置所允许的变动全量。形状和位置公差，简称形位公差。

2. 形位公差代号及标注示例

在工程技术图样中，形位公差应采用代号标注。当无法采用代号标注时，允许在技术要求中用文字说明。形位公差代号包括形位公差的项目代号（共有二类十四项）、形位公差框格及指引线、形位公差值和其他有关符号、基准代号等，如图 8 - 23 所示。

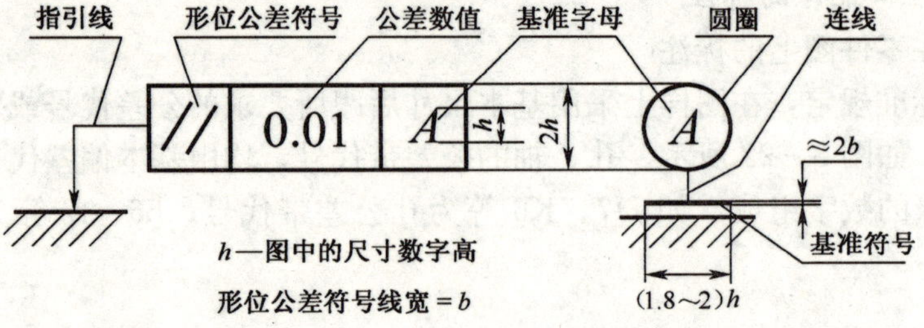

(a)　　　　　　　　　　(b)

图 8-23　形位公差代号与基准代号

(a) 形位公差代号；(b) 基准代号

各项形位公差符号及代号的标注方法示例，见表 8-10。

表 8-10　形位公差符号及形位公差代号的标注示例

分类	项目／符号	标注示例	说　明
形状公差	直线度 —	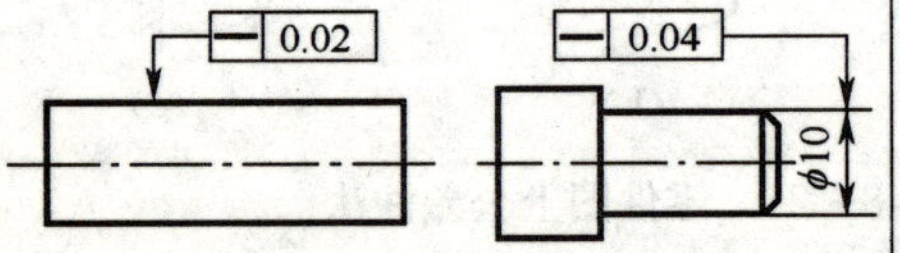	1. 圆柱表面上任一素线的形状所允许的变动全量（0.02mm）（左图）； 2. φ10 轴线的形状所允许的变动全量（φ0.04mm）（右图）
形状公差	平面度 ⏥	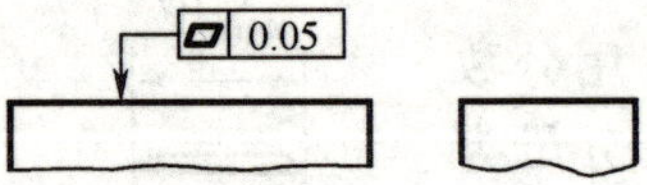	实际平面的形状所允许的变动全量（0.05mm）
形状公差	圆度 ○	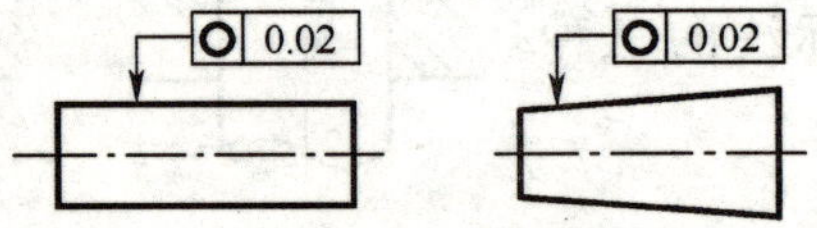	在圆柱轴线方向上任一横截面的实际圆所允许的变动全量（0.02mm）
形状公差	圆柱度 ⌭	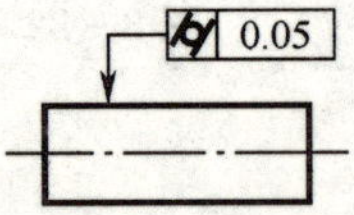	实际圆柱面的形状所允许的变动全量（0.05mm）
形状或位置公差	线轮廓度 ⌒	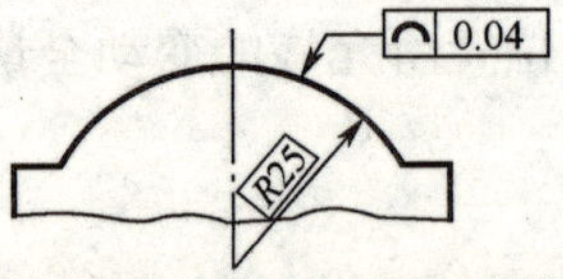	在零件宽度方向，任一横截面上实际线上轮廓形状所允许的变动全量（0.04mm） （尺寸线上有方框之尺寸为理想轮廓尺寸）
形状或位置公差	面轮廓度 ⌓	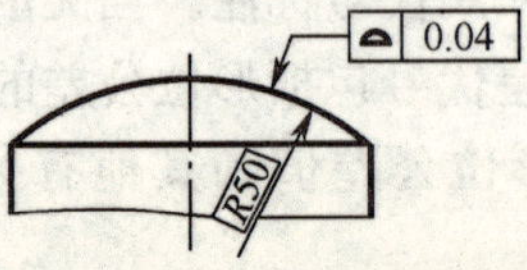	实际表面的轮廓形状所允许的变动全量（0.04mm）

（续）

<table>
<tr><th>分类</th><th>项目
符号</th><th>标注示例</th><th>说　明</th></tr>
<tr><td>位置公差</td><td>平行度
∥
垂直度
⊥
倾斜度
∠</td><td>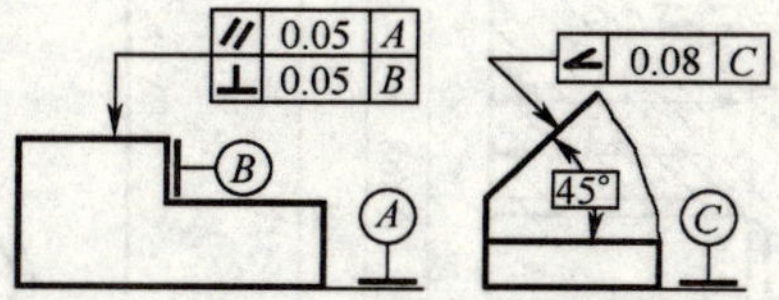
</td><td>实际要素对基准在方向上所允许的变动全量（∥为 0.05mm，⊥ 0.05mm，∠为 0.08mm）</td></tr>
<tr><td rowspan="2">位置公差</td><td>同轴度
◎
对称度
⌯
位置度
⌖</td><td>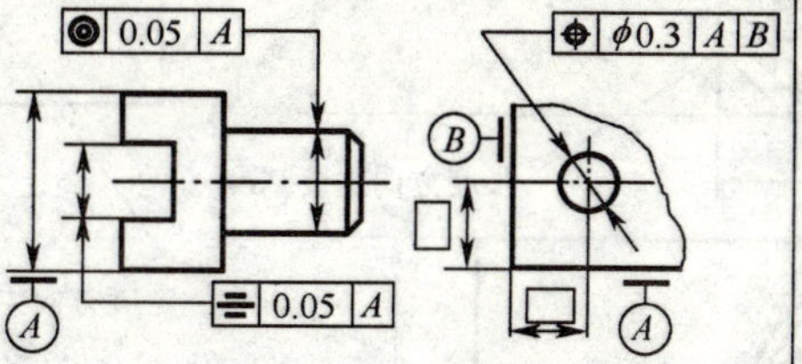
</td><td>实际要素对基准在位置上所允许的变动全量（◎为 0.05mm，⌯为 0.05mm，⌖为 φ0.3mm）（尺寸线上有方框之尺寸为理想位置尺寸）</td></tr>
<tr><td>圆跳动
↗
全跳动
⌰</td><td>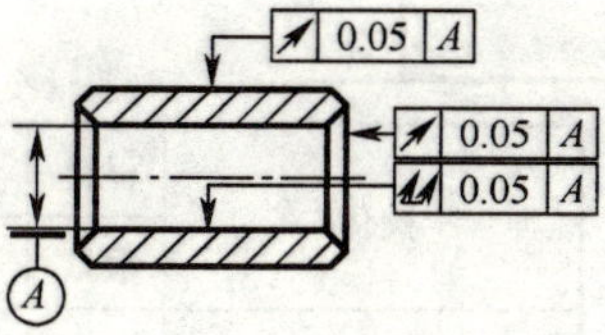
</td><td>1. 实际要素绕基准轴线回转一周时所允许的最大跳动量（圆跳动）；
2. 实际要素绕基准轴线连续回转时所允许的最大跳动量（全跳动）
（图中从上至下所注，分别为圆跳动的径向跳动、端面跳动及全跳动的径跳）</td></tr>
</table>

8.5　看零件图

看零件图的目的就是要根据零件图，了解零件的名称、材料和用途；并分析视图，构思想象出零件的结构形状；分析尺寸，了解零件各部分大小及相对位置；分析零件的技术要求，以便指导零件生产或评价零件设计的合理性，必要时提出改进意见。因此，从事各专业的工程技术人员，都必须具备看零件图的能力。现以阀体的零件图为例，如图 8 - 24 所示，介绍看零件图的一般方法和步骤。

1. 概括了解

首先从零件图的标题栏，了解零件的名称、材料及画图比例等。然后从相关的技术资料（如装配图等）或其他途径了解零件的主要作用和与其他零件的连接关系等。如图 8 - 24 所示可知，该零件为阀体，材料为 1Cr13，比例为 1∶1。阀体是旋塞中的一个重要零件，在旋塞中起包容和支承作用，详见装配图中介绍。

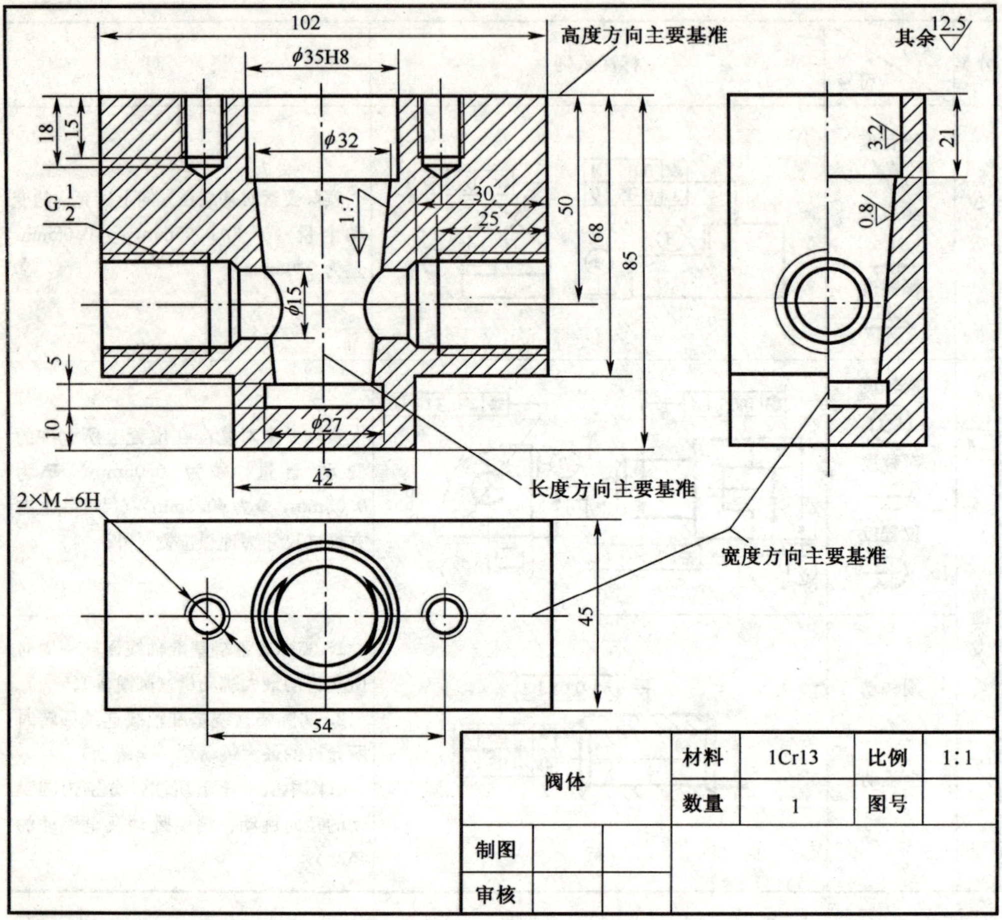

图 8 - 24　阀体零件图

2. 分析视图

分析视图及其表达方法，能迅速构思想象出零件的结构形状。如图 8 - 24 所示可以看出，表达阀体共有了三个基本视图，并在主视图作了全剖视，左视图作了半剖视。主、左视图清楚地反映了阀体的内部结构形状，左、右锥螺纹孔分别为进、出油（气）孔，垂直方向锥孔为与阀杆配合孔，利用阀杆上的单向孔是否与阀体上左、右螺孔相通，达到控制液体（气体）开或关的目的。俯视图反映外形结构，阀体的结构形状如图 8 - 25 所示。

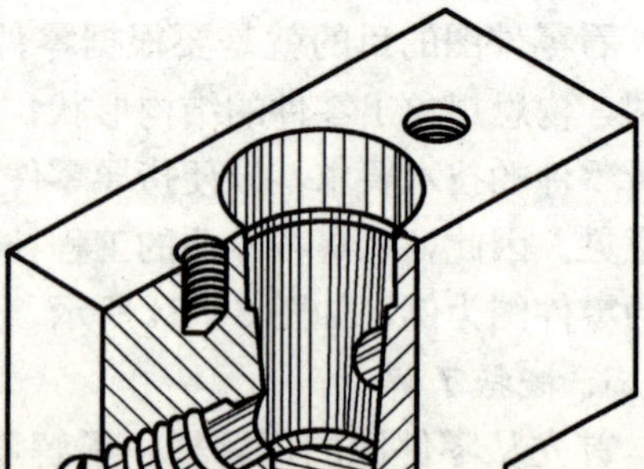

图 8 - 25　阀体的立体图

3. 分析尺寸

分析零件图的尺寸，了解零件各部分大小，首先应分析并找到三个方向的尺寸基准。阀体左、右，前、后均对称，所以，其长度基准和宽度基准，分别为左右对称中心线和前后对称中心线，而高度基准为上底面。从这三个基准出发，以结构形状为线索，就能方便地找到阀体各部分的定位尺寸和定形尺寸，从而掌握各部分结构大小及其定位尺寸。

4. 了解技术要求

先了解表面粗糙度，找出加工要求高的表面。如图 8 - 24 所示可知，阀体表面有三种表面粗糙度要求，分别为 0.8、3.2、12.5，其中要求最高的是锥孔表面，表面粗糙度为 0.8，故锥孔要磨削。再了解尺寸公差及精度，如图 8 - 24 所示，阀体只有两处有尺寸精度要求，分别是：ϕ35H8 和 2×M10 - 6H。其余为未注公差，精度要求不高，而且整个阀体没有形位公差的要求。

5. 综合归纳

通过以上分析，对阀体的结构形状和尺寸大小有了比较深刻的认识，对技术要求也有一定的了解，最后进行综合归纳，对阀体就会有一个总体概念。从而达到能指导生产的目的。

第9章 装配图的用途和内容

学习完本章，应该掌握如下内容：

◆装配图的内容和表达方法

◆装配图的规定画法和特殊画法

◆装配体测绘的方法和步骤

9.1 装配图的用途和内容

装配图是表达机器或部件的图样。在进行装配、调整、检验和维修时都需要装配图。在设计新产品、改进原产品时都必须先绘制装配图，再根据装配图画出全部零件图。

在一台机器的全套图纸中，一般都有总装配图和若干部件装配图。总装配图主要表达机器的全貌、工作原理、各组成部分之间的相对位置、机器的技术性能等。部件装配图主要表达部件的工作性能、零件之间的装配和连接关系、主要零件的结构以及部件装配时的技术要求等。下面结合油杯轴承的部件装配图（如图9-3)，说明装配图中一般应包括的内容：

①一组图形。选择一组图形及恰当的表达方法，表达出部件的工作原理、性能、零件之间的装配关系和连接方法，以及主要零件的结构形状。

②必要的尺寸。根据装配、调整、检验、维修的要求，在部件装配图中，一般应注出反映机器的性能、规格、零件之间的配合要求，以及总体和安装时所需要的尺寸。

③技术要求。用文字或符号注写出部件在装配、调整、检验、使用时的技术要求。

④编号和明细栏。为说明部件或机器的组成情况，应将各类零件、标准件进行编号、并填写明细栏。

⑤标题栏。填写图名、图号、数量、比例和制图、审核等有关事项。

9.2 装配图的规定画法和特殊画法

绘制零件图所采用的视图、剖视图、剖面图等表达方法，在绘制装配图时，仍可使用。装配图主要是表达各零件之间的装配关系、连接方法、相对位置、运动情况和零件的主要结构形状，为此，在绘制装配图时，还需采用一些规定画法和特殊表达方法。

9.2.1　规定画法

①两相邻零件的接触表面，只画一条轮廓线。不接触的表面，应分别画出两条轮廓线，若间隙很小时，可夸大表示，如图 9 - 1（a）（b）所示。

②相互邻接的两个或两个以上的金属零件，其剖面线的倾斜方向应当相反，或者方向一致间隔不同以示区分，如图 9 - 1（a）（c）所示。

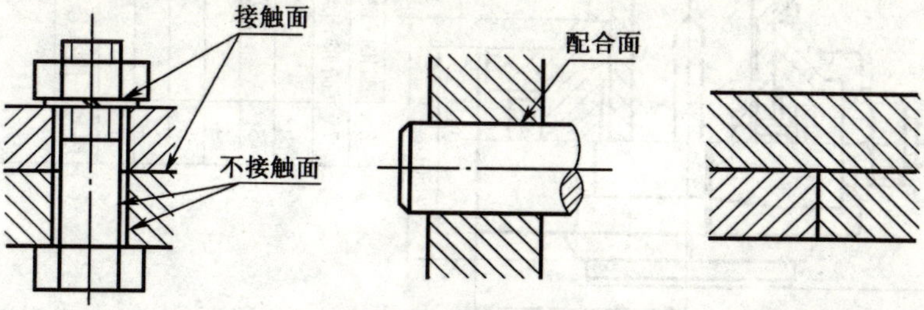

（a）　（b）　（c）

图 9 - 1　规定画法

③同一零件在各视图中的剖面线方向和间隔必须一致，如图 9 - 3 所示。

④在装配图中，当剖切平面通过螺钉、螺母、垫圈等紧固件，以及轴、手柄、连杆、球、键、销等实心零件的轴线时，这些零件均按不剖切绘制，如图9 - 1（a）所示。如需特别表明零件的结构，如凹槽、键槽、销孔等则可用局部剖视表示，如图 9 - 2 所示。当剖切平面垂直于这些零件的轴线剖切时，需画出剖面线，如图 9 - 3 所示的俯视图中的螺栓。

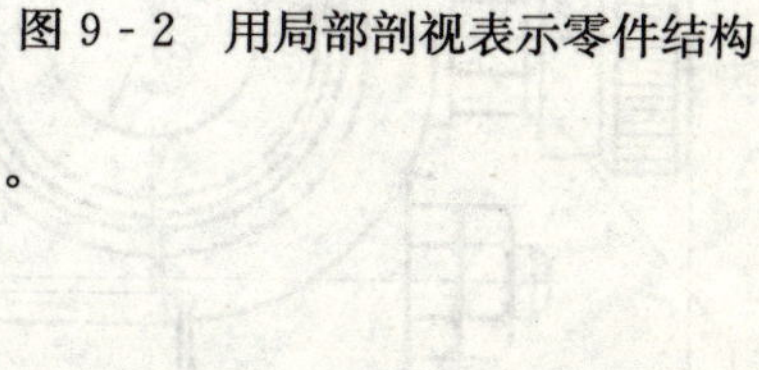

图 9 - 2　用局部剖视表示零件结构

9.2.2　特殊表达方法

1. 沿结合面剖切和拆卸

在装配图中可假想沿某些零件的结合面剖切或假想将某些零件拆卸后绘制，需要说明时可加标注“拆去××等”。拆卸与剖视结合，如图 9 - 3 所示，油杯轴承的俯视图是用假想剖切平面沿轴承盖和轴承底座的空隙及上下轴衬的接触面剖切，由于剖切平面垂直于螺栓轴线，故在螺栓被切断处画上剖面线。

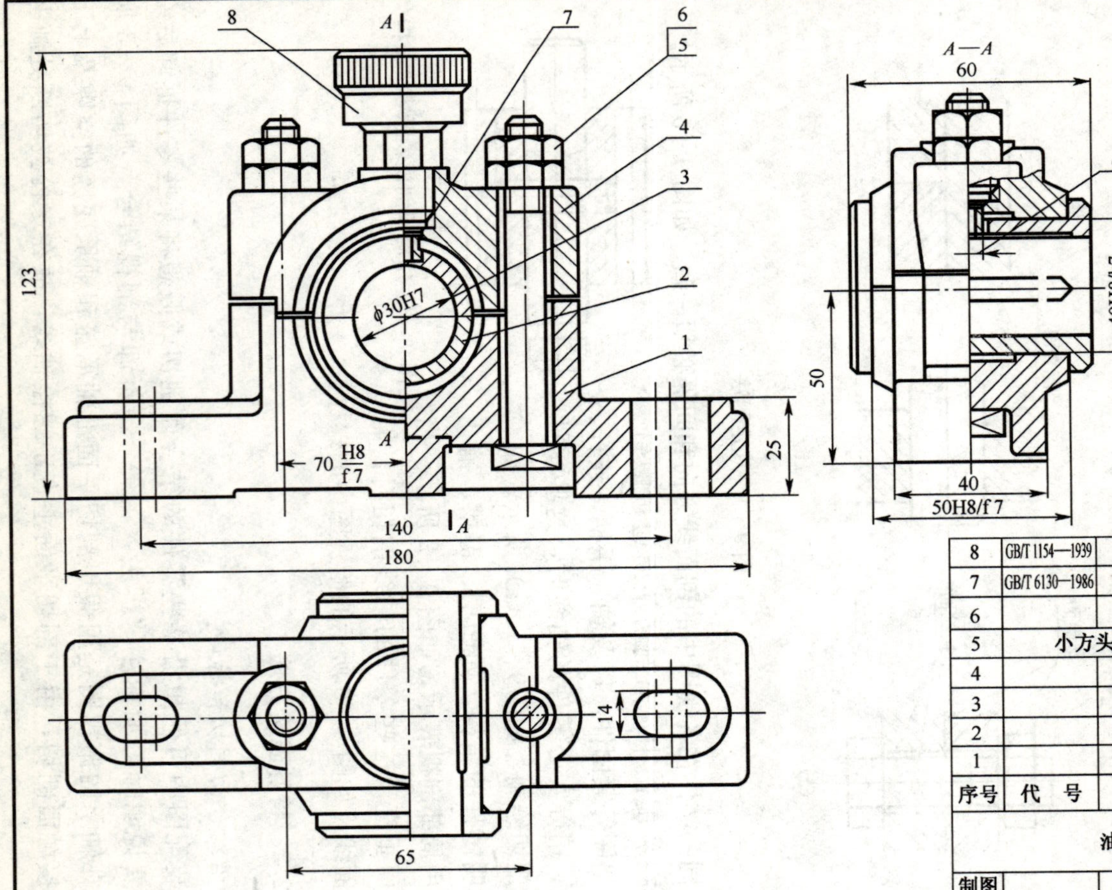

技术要求

1. 装配时轴承盖与轴承底座加垫片调整，保证轴与轴衬间的配合要求。
2. 调整试转后，零件用煤油清洗，工作面涂一层防锈油。

序号	代号	名称	材料	数量	附注
8	GB/T 1154—1939	油杯 B12		1	
7	GB/T 6130—1986	轴衬固定套	Q235	1	
6		螺母 M10		4	
5		小方头螺栓 M10×90	Q235	2	
4		轴承盖	HT150	1	
3		上轴衬	ZQAL9-4	1	
2		下轴衬	ZQAL9-4	1	
1		轴承底座	HT150	1	

油杯轴承		比例	1:1
		共 张 第 张	
制图		北京理工大学	
审核			

图 9-3 油杯轴承

2. 假想画法

为表达部件或零件与相邻的其他辅助零件、部件的关系，可用双点画线画出这些辅助零件、部件的轮廓线，如图 9 - 4 所示，与车床尾架相邻的车床导轨就是用双点画线画出的。

对于运动的零件，当需要表明其运动范围或运动的极限位置时，也用双点画线表示，如图 9 - 4 所示中的手柄，在一个极限位置处画出该零件，又在另一个极限位置处用双点画线画出其外形轮廓。

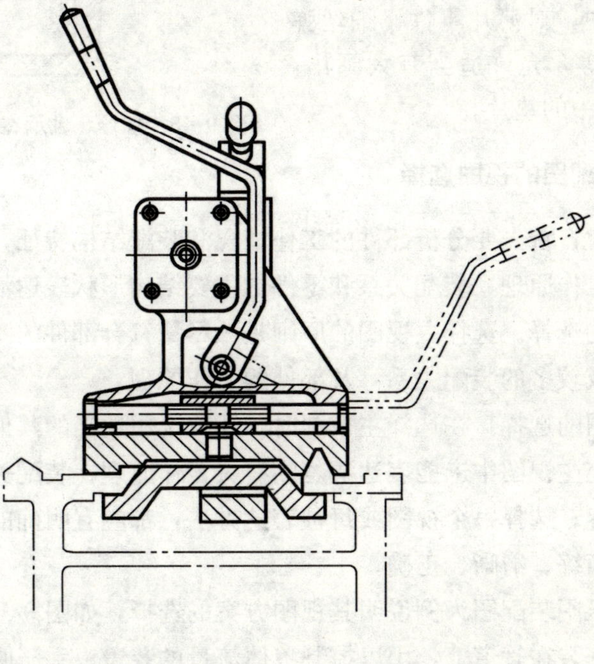

图 9 - 4　用双点画线表示极限位置

3. 移出画法

在装配图中，当某零件的结构形状需要表示而又未能表示清楚时，可单独画出该零件的一个视图或几个视图，并在该视图的上方注出零件的编号和投射方向。

4. 简化画法

在装配图中，对零件的部分工艺结构，如小圆角、倒角、退刀槽等，可省略不画。

对于装配图中若干相同零件组如螺栓连接等，可仅详细地画出一组或几组，其余则以点画线表示其中心位置，如图 9 - 5 所示。

装配图中的滚动轴承可以一半画成剖视图，另一半用粗实线十字表示，如图9-5所示。

当剖切平面通过的某个部件为标准化产品，或者该部件已在其他装配图中表达清楚时，可只画出其外形，如图9-3所示主视图的油杯。

5. 夸大画法

在装配图中，对薄片零件、细丝弹簧或较小间隙等，允许适当夸大画出，如图9-5所示中的垫片。

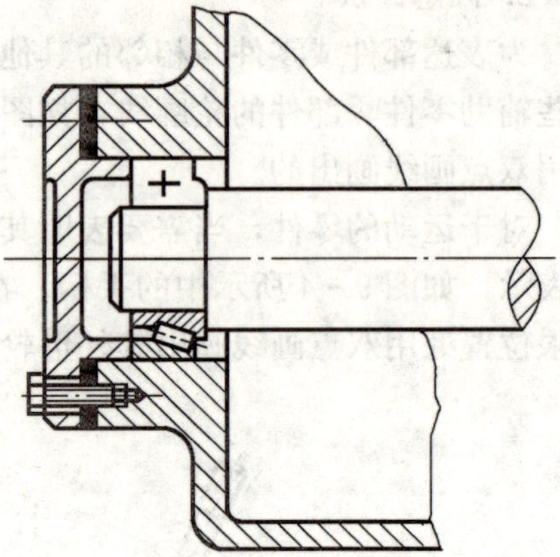
图9-5 螺栓、轴承在装配图中的画法

9.2.3 装配图的视图选择

画装配图时，首先要分析部件的工作情况和装配结构特征，然后选择一组图形，把部件的工作原理、装配关系和零件的主要结构形状表达清楚。

①主视图的选择。选择主视图的原则是：尽量符合部件的工作位置和能表达主要装配干线或较多的装配关系，及部件的工作原理。

②其他视图的选择。在选择主视图时，还应选用适当的其他视图及相应的表达方法，来补充主视图中未能表达清楚的有关工作原理、装配关系和主要零件的结构形状等内容。选择每个视图或每种表达方法，都应有明确的目的性。整个表达方案应力求简练、清晰、正确。

下面以手压阀装配图为例说明其视图方案的选择，如图9-6所示。

手压阀是安装在管道上，用以控制液体流量的装置。手压阀的主视图是按工作位置绘制的，主视图取全剖视以表示沿件5阀杆轴线的主要装配干线。在这条装配干线上，表示了压盖螺母（件7）、填料压盖（件8）、填料（件6）、阀体（件3）上的阀座孔与阀杆上的阀瓣、弹簧（件4）、弹簧座（件1）等零件的结构关系和它们的装配关系。

选取左视图。左视图取局部剖视以表示阀体与托架（件12）的形状、连接和定位关系。它们是用四个螺钉和四个销钉连接定位的。并选用A向视图表示螺钉、销钉的位置。同时在左视图上也用局部剖视表达了手柄是由小轴（件11）、开口销（件10）连接的。

选择俯视图，是为了表达阀体的主体形状。选定这样的表达方案，即可将手压阀的装配关系和主要零件的结构形状表达清楚。

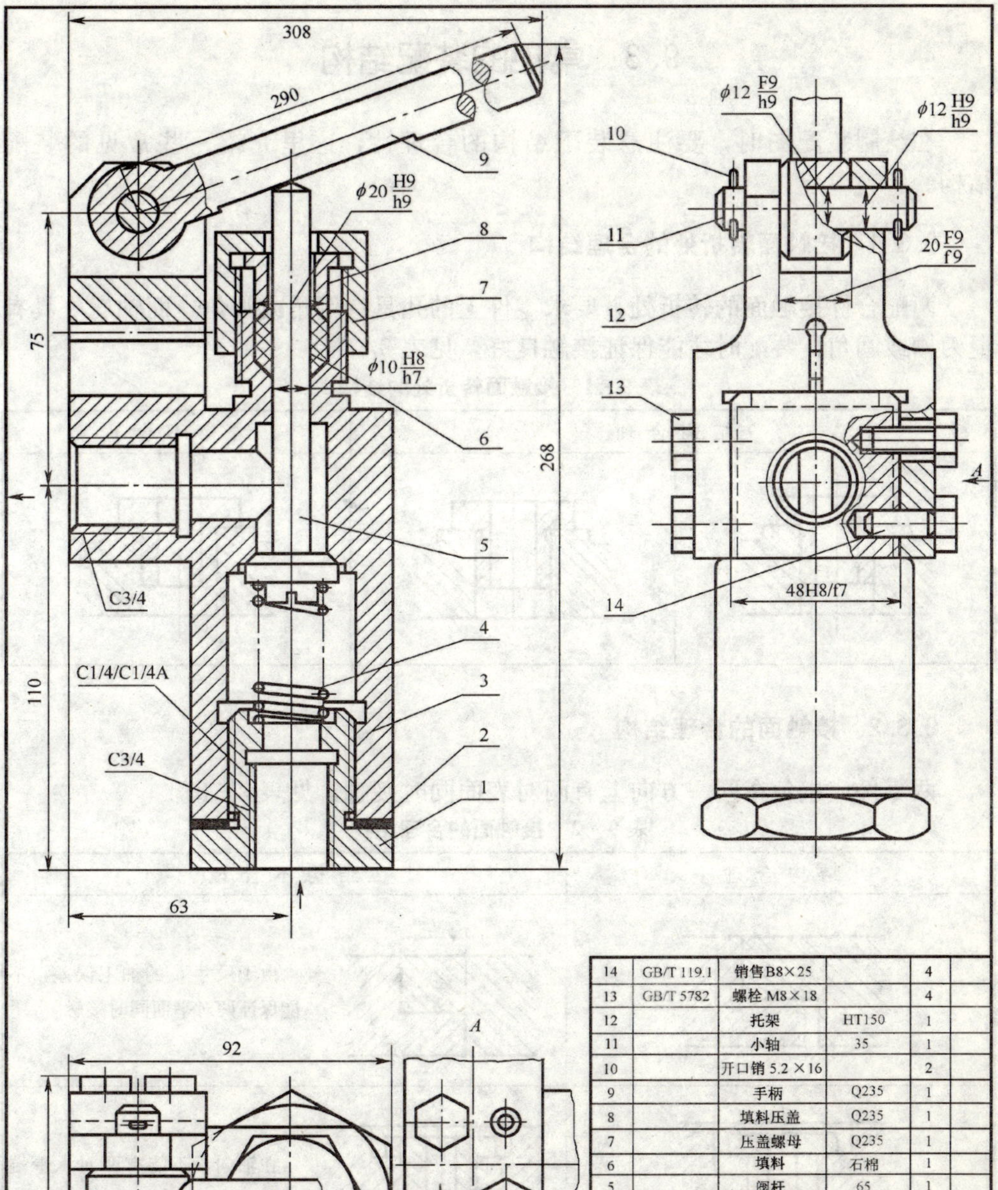

序号	代号	名称	材料	数量	附注
14	GB/T 119.1	销售B8×25		4	
13	GB/T 5782	螺栓 M8×18		4	
12		托架	HT150	1	
11		小轴	35	1	
10		开口销 5.2×16		2	
9		手柄	Q235	1	
8		填料压盖	Q235	1	
7		压盖螺母	Q235	1	
6		填料	石棉	1	
5		阀杆	65	1	
4		弹簧	65Mn	1	
3		阀体	ZQSn6-6-3	1	
2		垫片	皮革	1	
1		弹簧座	Q234	1	

手　压　阀	比例	1:1
制图		
审核		

技术要求

1. 阀杆与阀体装配研磨；
2. 装配后进行水压试验，压力为 196N/cm²。

图 9-6　手压阀

9.3 常见的装配结构

在绘制装配图时，要注意装配结构的合理性，这里介绍一些常见的装配结构。

9.3.1 接触面转折处的合理结构

两配合件接触面的转折处，要求零件上的孔具有倒角或圆角，而轴肩处具有退刀槽或圆角，装配时才能保证接触良好，见表 9 - 1。

表 9 - 1 接触面转折处的结构

结构合理		结构不合理
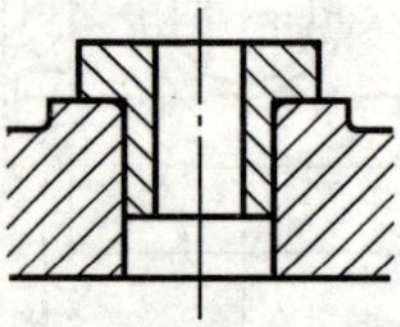	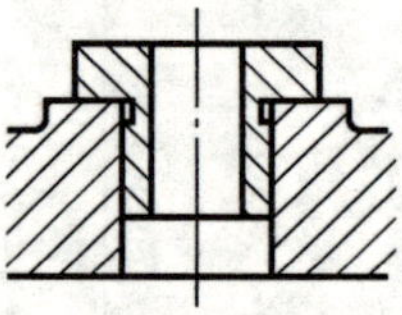	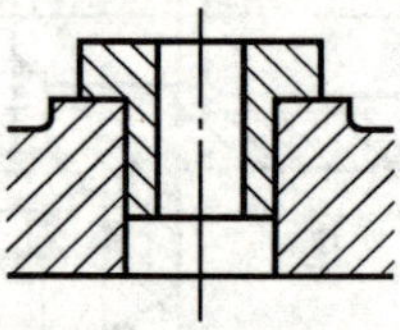

9.3.2 接触面的合理结构

两零件应避免在同一方向上有两对表面同时接触，见表 9 - 2。

表 9 - 2 接触面的合理结构

结构合理	结构不合理	
	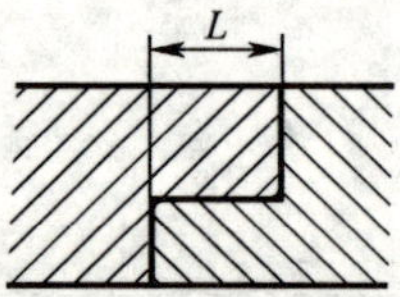	由于尺寸 L 的加工误差，不能保证两对平面同时接触
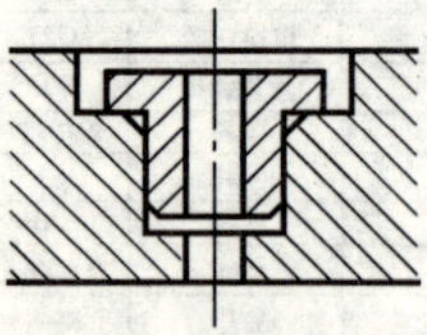	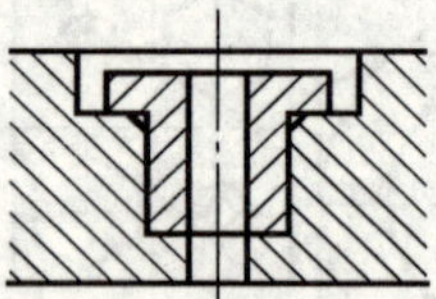	在轴向，不能有两对水平端面同时接触
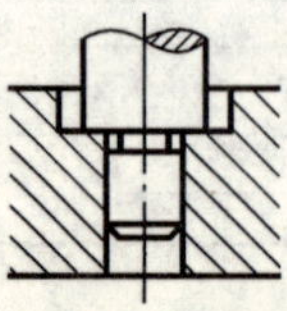	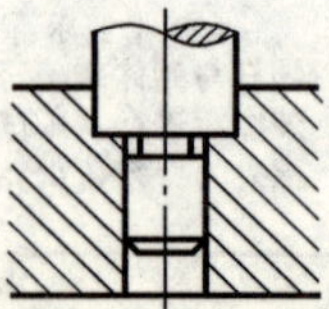	在径向，不能有两对圆柱面同时接触

9.3.3　螺纹防松装置

由于机器的振动，有些紧固件常会逐渐松动，为避免松动而常采用的各种防松锁紧装置见表 9-3。

表 9-3　锁紧装置

双螺母锁紧	弹簧垫圈锁紧	开口销锁紧
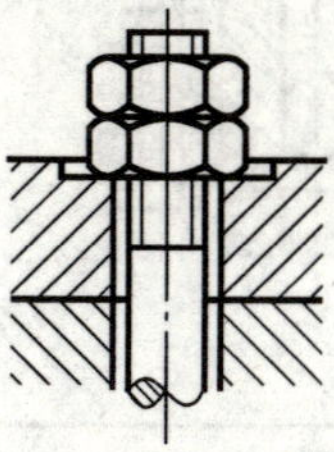	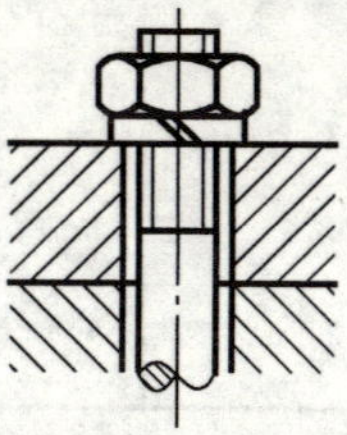	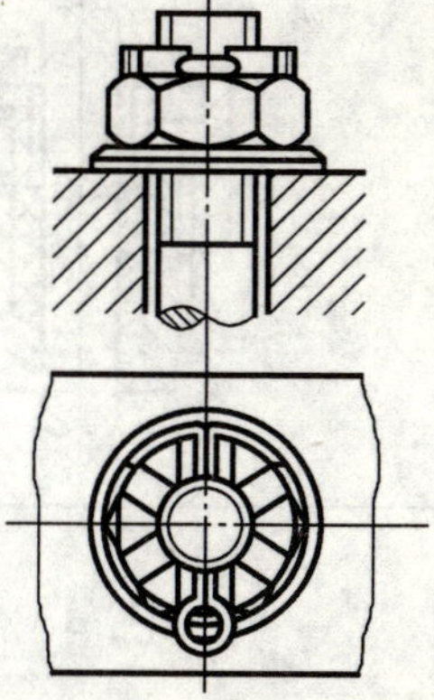

9.3.4　便于装拆的合理结构

要考虑装拆有足够的空间和装配的可能性，见表 9-4。

表 9-4　拆装的合理结构

结构合理	结构不合理
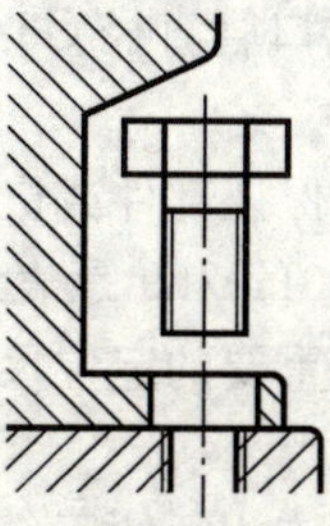	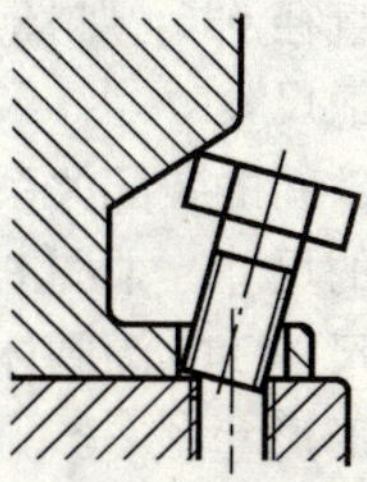
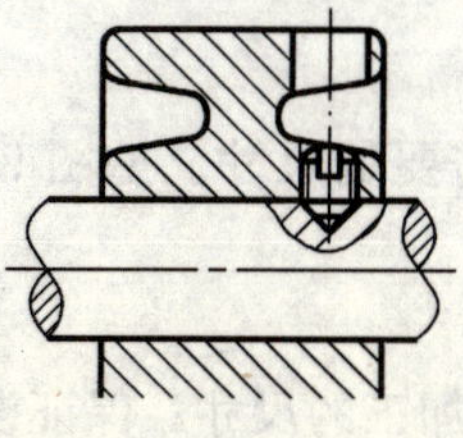	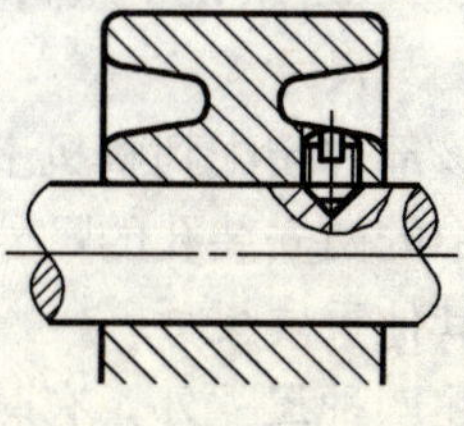

9.3.5 密封装置

为了防止机器内部的液体或气体向外渗漏和防止外面的灰尘等杂物侵入机器内部，常使用密封装置，见表 9-5。

表 9-5 密封装置

填料箱密封	矩形橡胶圈密封
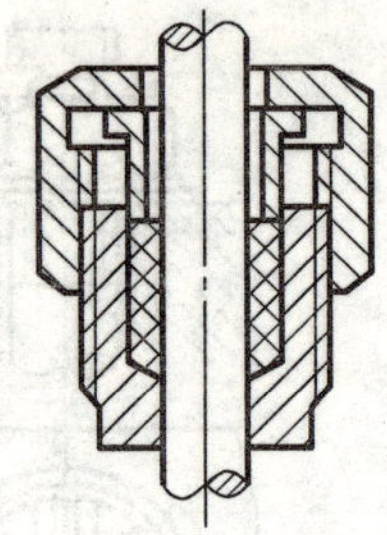	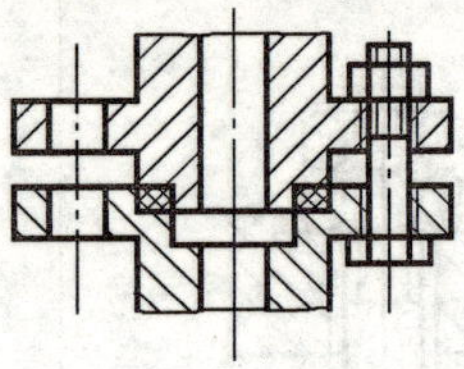

9.4 装配图的尺寸注法和技术要求

9.4.1 尺寸标注

部件装配图所标注的尺寸，是为了进一步说明部件的性能、工作原理、装配关系和总装配时的安装要求。一般应标注出下列几种尺寸。

(1) 规格尺寸

表示部件的性能和规格的尺寸，是设计该部件的依据。如图 9-3 所示油杯轴承的轴孔直径 $\phi30$，如图 9-6 所示手压阀的进、出口管直径 G3/4。

(2) 装配尺寸

表示零件间的装配关系和重要的相对位置，用以保证部件或机器的工作精度和性能要求的尺寸。如图 9-6 所示，手压阀中的 $\phi20H9/h9$ 是表示装配关系的配合尺寸。尺寸 110 为阀体出口到底面的距离，属于重要的定位尺寸。

(3) 外形尺寸

表示该部件的总长、总宽、总高。反映了部件的体积，便于包装、运输和安装。如图 9-6 所示，手压阀中的 308、80、268。

(4) 安装尺寸

表示该部件装配到整机上或安装在地基上所需要的尺寸。如图 9-3 所示，油杯轴承中的两安装孔的尺寸 14、140、25。

(5) 其他重要尺寸

除上述四种尺寸外，有时还需注出装配时需要加工的尺寸、保证设计性能的尺寸、某些重要的结构尺寸等。

9.4.2　技术要求

一般应注意写以下几方面的内容。

①在装配过程中的注意事项和装配后应满足的要求，如保证间隙、精度要求、润滑方式、密封要求等。

②检验、试验的条件和规范，以及操作要求等。

③部件的性能、规格参数、包装、运输、使用时的注意事项和涂饰要求等。

9.5　装配图中零、部件序号和明细栏

9.5.1　零、部件序号（GB/T 4458.2—2003）

装配图中所有零件、部件都必须编写序号，以便读图时根据序号对照明细栏找出各零件、部件的名称、材料以及在图上的位置，同时也为图样管理提供方便。

《机械制图》的国家标准规定有以下几点。

①在指引线的水平线（细实线）上或圆（细实线）内注写序号，如图 9－7（a）所示。序号字高比该装配图中所注尺寸数字高度大一号或两号。

②相同的零、部件用一个序号，一般只标注一次。多次出现的相同的零、部件，必要时也可重复标注。

③指引线应自所指部分的可见轮廓内引出，并在末端画一圆点。若所指部分（很薄的零件或涂黑的零件剖面）内不便画圆点时，可在指引线的末端画出箭头，并指向该部分的轮廓，如图 9－7（b）所示。

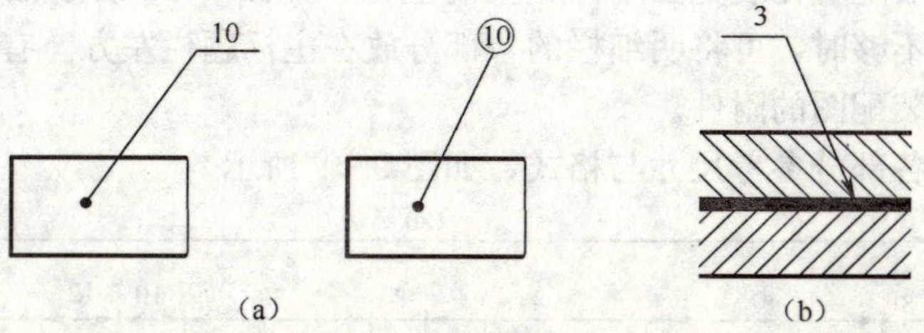

图 9－7　序号的画法

指引线相互不能相交，当通过有剖面线的区域时，指引线不应与剖面线平行。

指引线可以画成折线，但只可曲折一次。

一组紧固件以及装配关系清楚的零件组，可以采用公共指引线，如图 9－8 所示。

④装配图中序号应按水平或垂直方向排列整齐，并按顺时针或逆时针方向顺次排列。

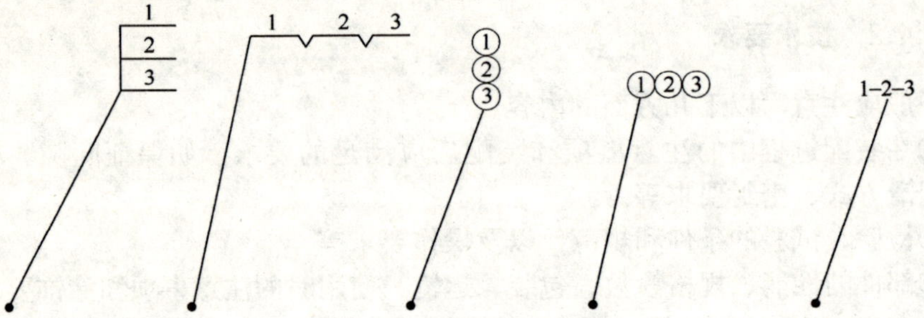

图 9 - 8 组件的序号画法

9.5.2 明细栏

明细栏的内容有零、部件序号、代号、名称、材料、数量、重量以及备注等，也可按实际需要增加或减少。

明细栏是部件或机器中全部零件、部件的详细目录，是组织生产的重要资料。

明细栏填写的序号应与装配图上所编写序号一致，各零件按序号自下而上顺序填写。代号栏除填写零件的代号外，对标准件应填写“国标”代号，如×××—××，材料栏应填写零件材料的牌号，如 45、HT200、Q235，……数量栏填写一个部件中所用该零件的数量，备注栏内可填写零件的工艺说明，如渗碳等；也可注明该零件是否为外购件、借用件等；还可填写齿轮、螺纹连接件、弹簧等零件的参数，如模数 m、齿数 z 等。

明细栏一般配置在装配图中标题栏的上方，如图 9 - 3 所示油杯轴承。如标题栏上方位置不够时，可将明细栏的一部分分放在主标题栏左方。有时明细栏可单独编写，作为装配图的附件。

明细栏的各部分参考尺寸与格式，如图 9 - 9 所示。

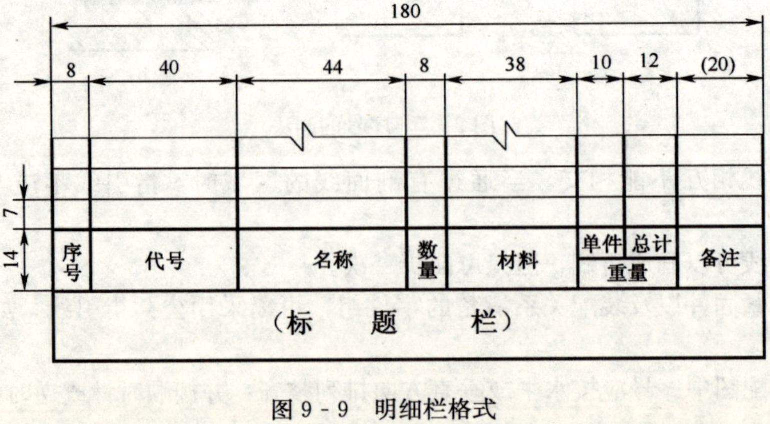

图 9 - 9 明细栏格式

9.6　装配体测绘

根据机器或部件徒手画出其零件草图，然后由零件草图整理绘制装配图，再由装配图拆绘出全套零件图，这一个过程称为装配体测绘。在教学过程中进行装配体测绘，是培养绘图能力的一种有效方法，现以机用虎钳为例说明装配体测绘的方法和步骤。

9.6.1　分析装配体

要认真分析研究测绘对象，了解该装配体的用途、工作原理、结构特点、零件之间的装配关系和连接方法，以及拆装顺序和拆装方法等。

如图 9 - 10 所示是机用虎钳的轴测图。虎钳是装在机床工作台上，用来夹紧零件，以便进行加工的夹具。

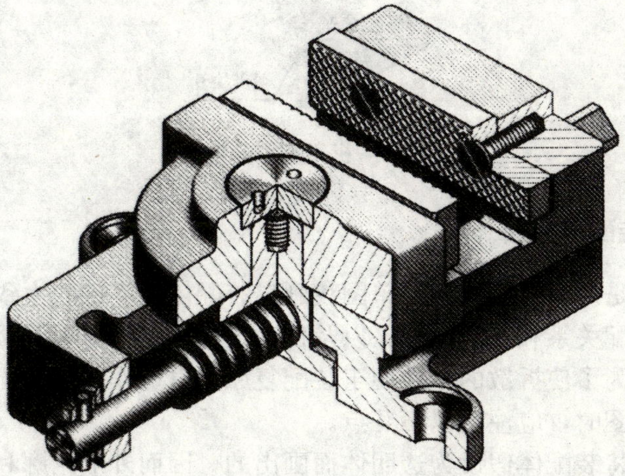

图 9 - 10　机用虎钳轴测图

如图 9 - 11 所示是机用虎钳的分解图。它是由固定钳身、活动钳身、螺杆、螺母等 11 种零件组成。螺母与活动钳身用螺钉（如图 9 - 12 所示）件 3 连成一体，螺母下方凸出的台阶与固定钳身接触，当螺杆转动时，螺母只作直线运动，不作旋转运动。钳口板（件 2）是用螺钉（件 10）分别固定在两个钳身上。螺杆左端有一个环（件 6）用销钉（件 7）与螺杆固定。

机用虎钳的工作原理是用手柄转动螺杆（件 8），螺杆带动螺母（件 9），使活动钳身（件 4）沿着固定钳座（件 1）作直线运动，这样，使钳口闭合或张开，即可夹紧或卸下零件。

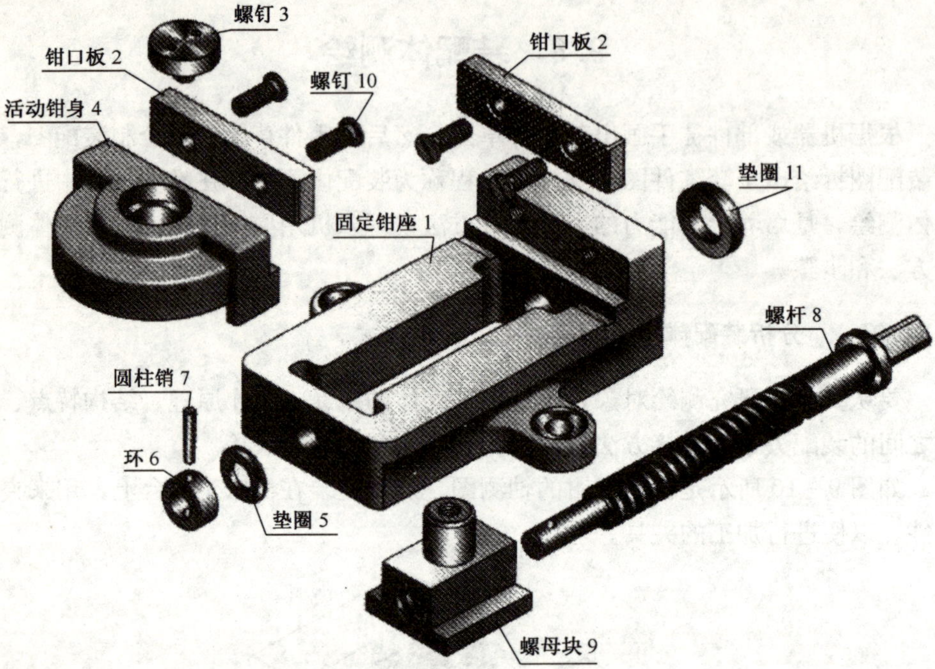

图 9 - 11 机用虎钳分解图

9.6.2 画装配示意图

装配示意图是用规定符号和简单图线画出装配体各零件的大致轮廓，用以说明零件之间的装配关系和相对位置，以及传动情况和工作原理等，如图 9 - 12 所示。它的作用是为了使拆散的零件便于装配复原，也可作为画装配图时的参考。

画装配示意图时，应注意以下几点。

①示意图是将装配体假设为透明体而画出的，因而外形轮廓和内部构造均可反映出来；

②每个零件只画大致轮廓，或用单线表示；

③常用零件的规定符号见国家标准《技术制图和机械制图》GB/T 4460—1984；

④装配示意图一般只画一、两个视图。两个零件的接触面要留出间隙，便于区分零件；

⑤装配示意图一般应编出零件序号，列表写出零件的名称、数量、材料等信息，简单的装配示意图可以把零件名称和序号直接写在示意图上，如图 9 - 12 所示。

9.6.3 画零件草图

对所有非标准零件均应画出零件草图，以便绘制其他零件图。对标准件一般不画零件草图，只需测量出规格尺寸并定出其标准代号，画出标准件的表格，或者注写在示意图上。如图 9 - 13 所示是机用虎钳活动钳身的零件草图。

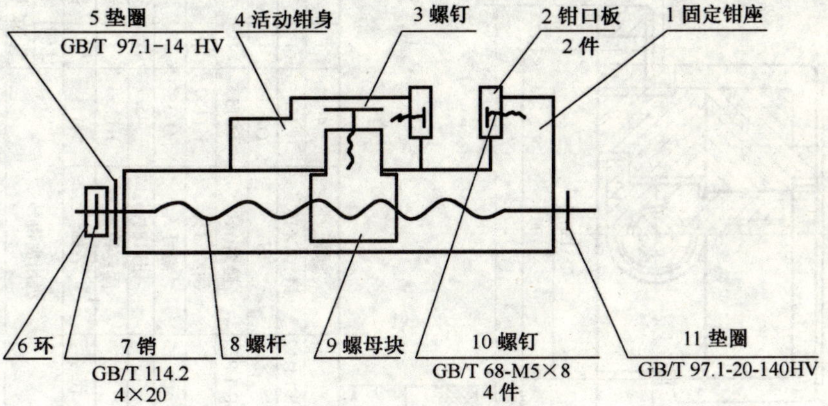

图 9 - 12　装配示意图

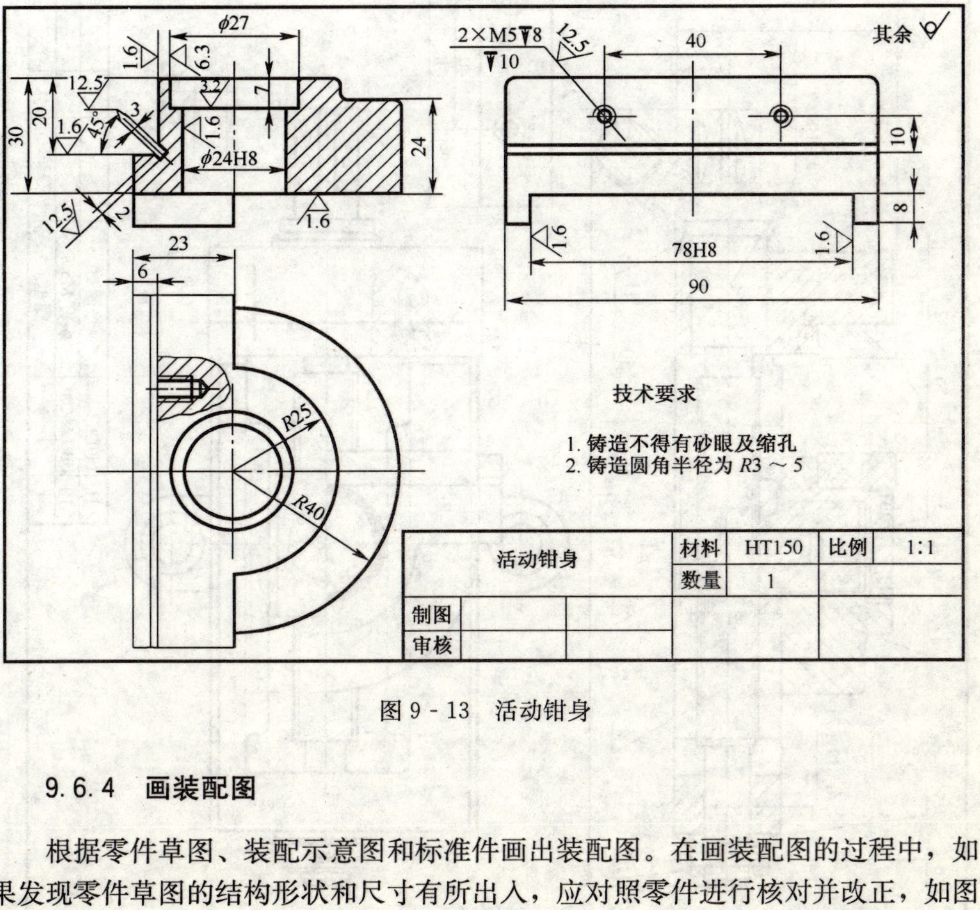

图 9 - 13　活动钳身

9.6.4　画装配图

根据零件草图、装配示意图和标准件画出装配图。在画装配图的过程中，如果发现零件草图的结构形状和尺寸有所出入，应对照零件进行核对并改正，如图 9 - 14 所示。

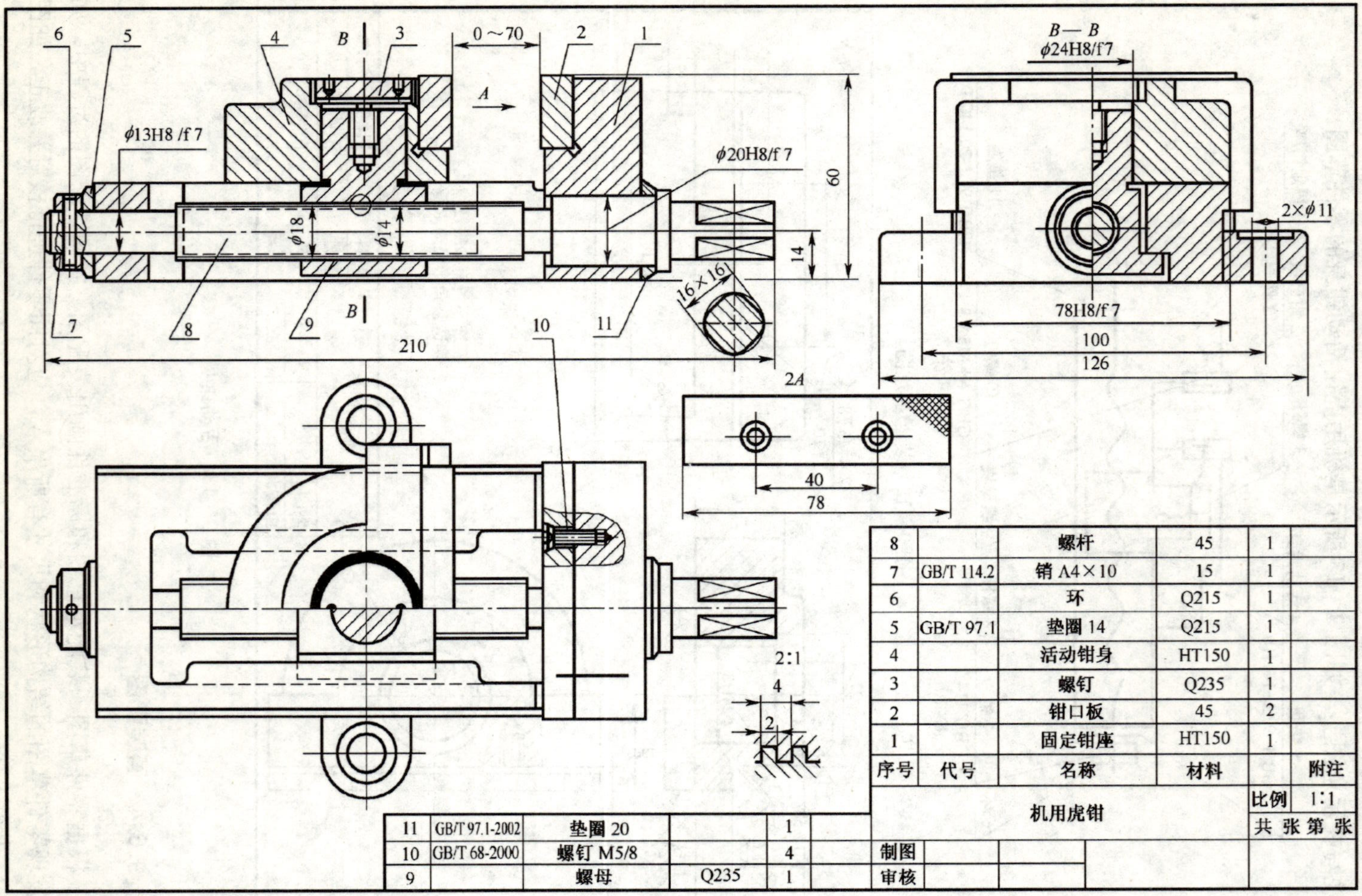

8		螺杆	45	1	
7	GB/T 114.2	销 A4×10	15	1	
6		环	Q215	1	
5	GB/T 97.1	垫圈 14	Q215	1	
4		活动钳身	HT150	1	
3		螺钉	Q235	1	
2		钳口板	45	2	
1		固定钳座	HT150	1	
序号	代号	名称	材料		附注

11	GB/T 97.1-2002	垫圈 20		1
10	GB/T 68-2000	螺钉 M5/8		4
9		螺母	Q235	1

机用虎钳		比例	1:1
		共 张 第 张	
制图			
审核			

图 9-14 机用虎钳装配图

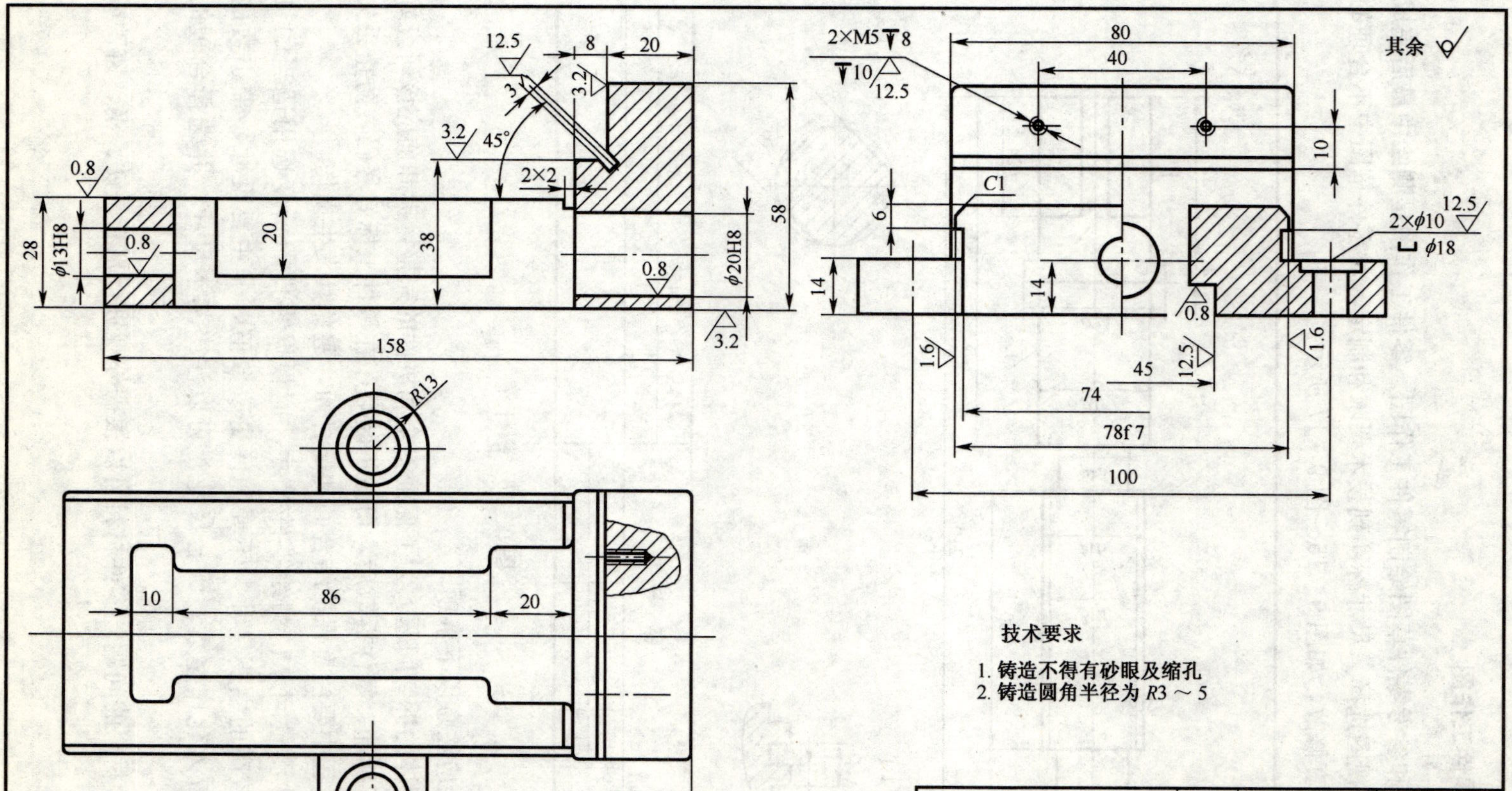

技术要求

1. 铸造不得有砂眼及缩孔
2. 铸造圆角半径为 $R3 \sim 5$

固定钳座		材料	HT150	比例	1:1
		数量	1		
制图					
审核					

图 9-15　固定钳座

9.6.5 画零件工作图

根据装配图和参考零件草图绘制零件工作图。零件工作图是测绘中最后完成的技术图样，从视图选择、尺寸标注到技术要求和制定，对零件草图中不合理的部分都要进行认真修改，如图 9 - 15～图 9 - 17 所示。

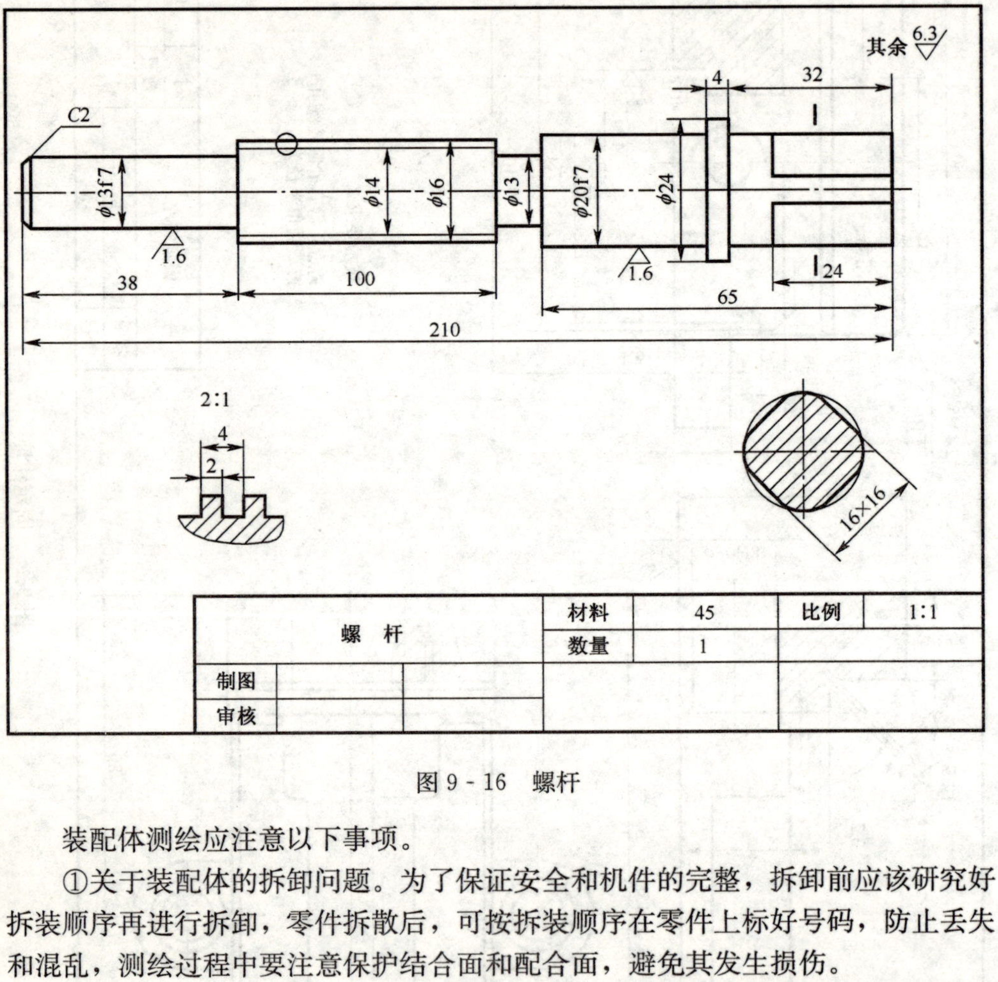

图 9 - 16　螺杆

装配体测绘应注意以下事项。

①关于装配体的拆卸问题。为了保证安全和机件的完整，拆卸前应该研究好拆装顺序再进行拆卸，零件拆散后，可按拆装顺序在零件上标好号码，防止丢失和混乱，测绘过程中要注意保护结合面和配合面，避免其发生损伤。

②有关尺寸测量问题。测绘零件尺寸，应根据零件的精度选用适当的量具。对于精度较高的主要尺寸，不要随便更改数值；非主要尺寸，带小数的尺寸可以四舍五入化作整数；配合尺寸，可以注出基本尺寸，并选择合理的配合类型 。

③有关零件材料的问题。零件材料可以根据外观进行判断是铁、钢、铸铁或是铸钢。

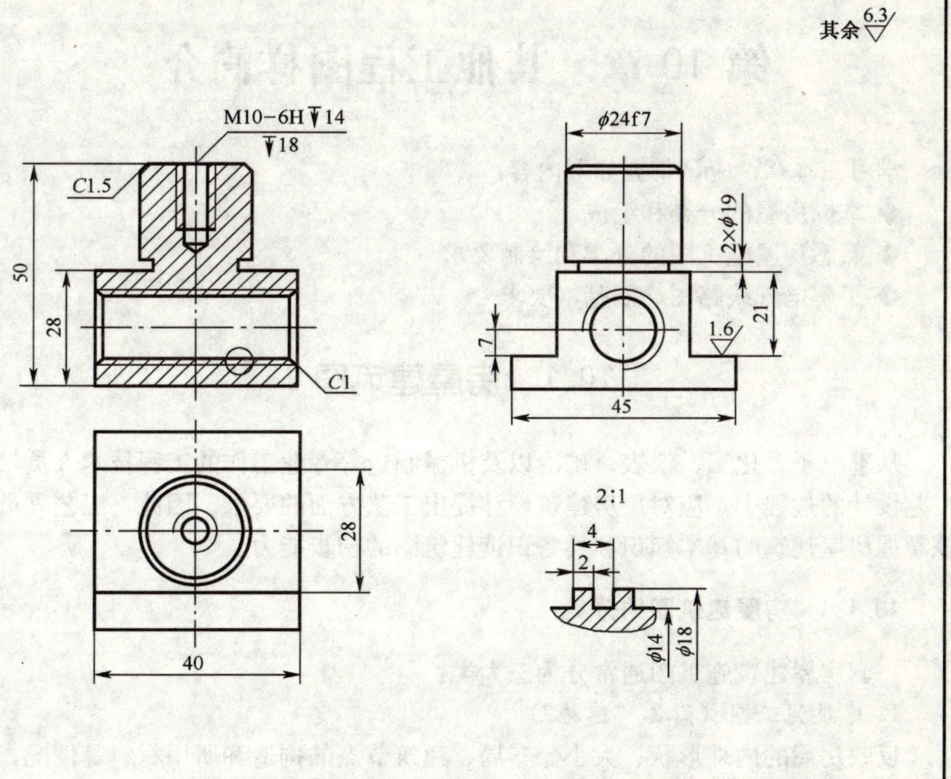

螺　母		材料	Q235	比例	1:1
		数量	1		
制图					
审核					

图 9 - 17　螺母

第10章 其他工程图样简介

学习完本章，应该掌握如下内容：

◆ 掌握房屋的分类和组成

◆ 熟悉房屋施工图的分类和绘制要求

◆ 了解电气线路图绘制基本要求

10.1 房屋建筑图

从事电子、化工、仪表、矿冶以及机械制造等专业工作的工程技术人员，在工艺设计的过程中，应对厂房建筑设计提出工艺方面的要求。因此，工艺人员应该掌握房屋建筑的基本知识和具备识读建筑图的初步能力。

10.1.1 房屋建筑图的分类

一套房屋建筑施工图通常分为三大类：

1. 建筑施工图（简称“建施”）

反映房屋的内外形状、大小、布局、建筑节点的构造和所用材料等情况，包括总平面图、建筑平面图、立面图、剖面图和详图等。

2. 结构施工图（简称“结施”）

反映房屋的承重构件的布置，构件的形状、大小、材料及其构造等情况。包括结构计算说明书、基础图、结构布置平面图以及构件的详图等。

3. 设备施工图（简称“设施”）

反映各种设备、管道和线路的布置、走向、安装要求等情况。包括给水排水、采暖通风与空调、电气等设备的布置平面图、系统图以及各种详图等。

这里主要介绍建筑施工图的形成和内容以及阅读和绘制方法。

10.1.2 建筑施工图的形成和内容

现以如图10-1所示的传达室为例，简要地说明平、立、剖面图的形成和内容。

1. 平面图

如图10-2所示，假想用经过门窗洞沿水平面将房屋剖开，移去上部，由上向下投射所得到的水平剖视图，称为平面图。如果是楼房，沿底层剖开所得到的剖视图称底层平面图，沿二层、三层依次剖开所得到的剖视图则分别称为二层平面图、三层平面图等。

平面图表示房屋的平面布局，反映各个房间的分隔、大小、用途，门、窗以及其他主要构配件和设施的位置等内容。如果是楼房，还应表示楼梯的位置、形式和走向。

2. 立面图

在与房屋立面平行的投影面上所作出的房屋的正投影图，称为立面图。如图 10 - 1 所示是从房屋的正面（即反映房屋的主要出入口或比较显著地反映出房屋外貌特征的那个立面）由前向后投射所得的正立面图。从房屋的左或右侧面由左向右投射或由右向左投射所得的是左侧立面图或右侧立面图；而从房屋的背面由后向前投射所得的，则是背立面图。立面图也可按房屋的朝向分别称为东立面图、南立面图、西立面图和北立面图。

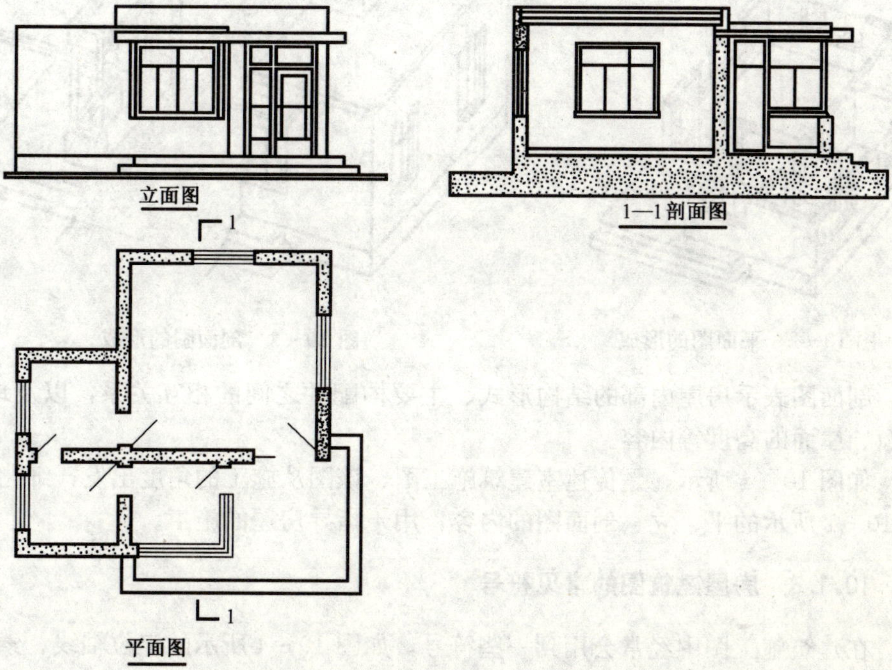

图 10 - 1　某传达室的平、立、剖面图

立面图表示房屋的外貌，反映房屋的高度，门窗的形式、大小和位置，屋面的形式和墙面的做法等内容。

3. 剖面图

如图 10 - 3 所示，假想用侧平面（或正平面）将房屋剖开，移去处于观察者和剖切面之间的部分，把余下的部分向投影面投射所得的剖视图，称为剖面图。如图 10 - 1 所示的平面图中画出了剖切符号，按 GBJ/T 50001—2001 规定：投射方向用粗实线表示，根据剖切符号所示的剖切位置和投射方向作了 1—1 剖面图。剖切位置应选在房屋内部构造较复杂和典型的部位，并通过门窗洞，若为多层房屋，应选在楼梯间或层高不同、层数不同的部位。

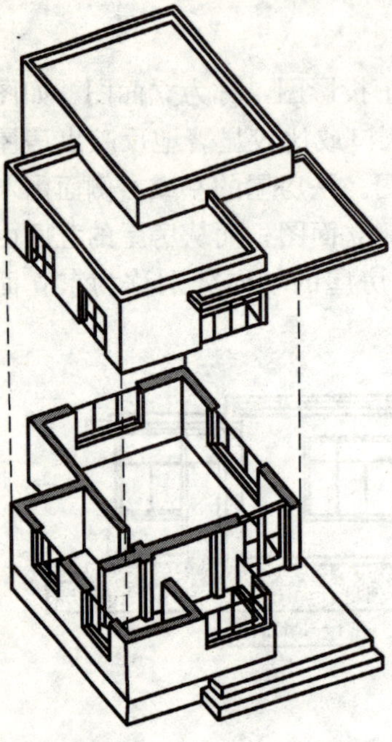

图 10 - 2 平面图的形成

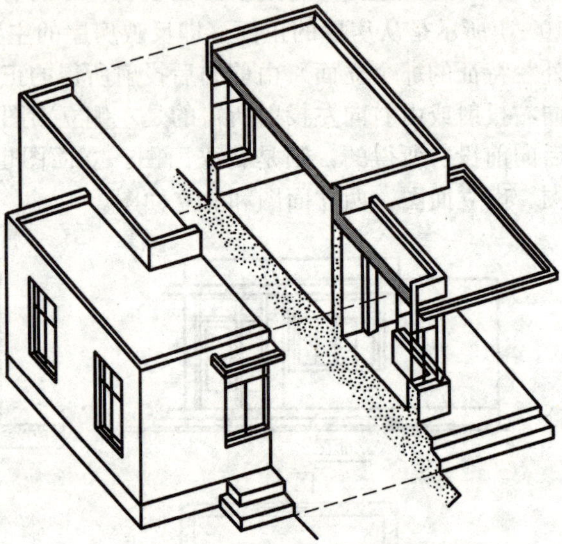

图 10 - 3 剖面图的形成

剖面图表示房屋内部的结构形式、主要构配件之间的相互关系，以及地面、门窗、屋面的高度等内容。

如图 10 - 4 所示，是传达室建筑施工图，该图从施工的角度出发，细化了如图 10 - 1 所示的平、立、剖面图的内容，用于指导房屋的施工。

10.1.3 房屋建筑图的常见符号

在建筑施工图中经常会用到一些符号，如图 10 - 4 所示的定位轴线、索引符号和详图符号、标高符号等。如表 10 - 1 所列是房屋建筑施工图中常用的符号，读者可以对照传达室建筑施工图仔细阅读，了解各种符号的画法及其应用。

表 10 - 1 房屋建筑施工图中常用的符号

名称	画法	说明
定位轴线	1 一般标注；1/3 2/C 附加定位轴线	定位轴线用细单点长画线绘制，编号圆用细实线绘制，直径为 8mm，详图可增至 10mm

（续）

名称	画　法	说　明
标高符号	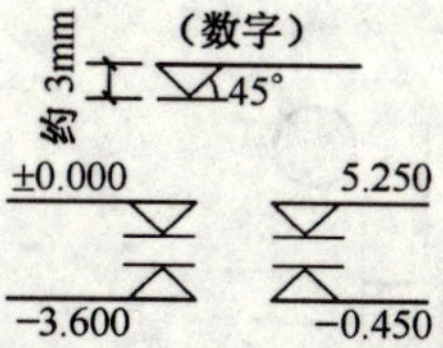 标高符号的尖端应指向被标注的高度	标高符号用细实线绘制，标高符号的尖端应指向被标注的高度，标高数字用米作单位
对称符号	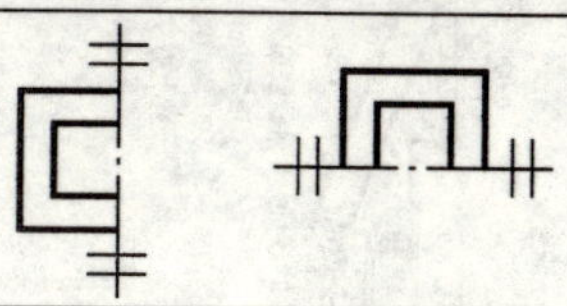	对称符号用细线绘制，平行线长度宜为 6～10mm，平行线间距宜为 2～3mm，平行线在对称线的两侧的长度应相等
索引符号	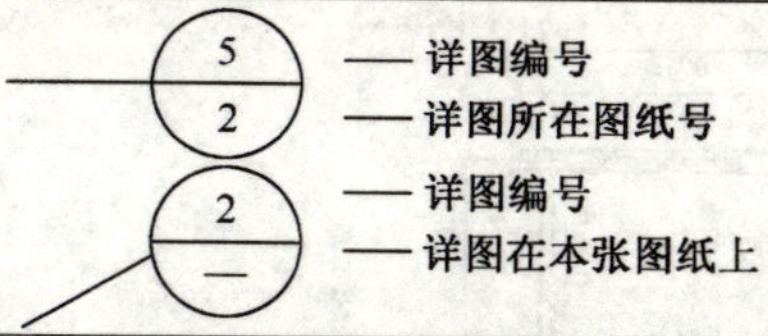	详图符号表示详图的位置与编号，以直径为 14mm 的粗实线圆绘制
详图符号	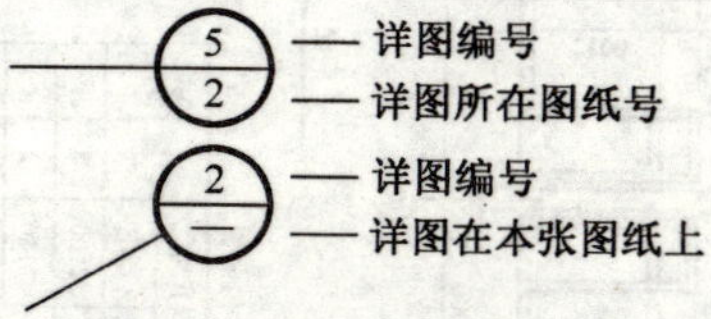	详图符号表示详图的位置与编号，以直径为 14mm 的粗实线圆绘制
指北针和风玫瑰图	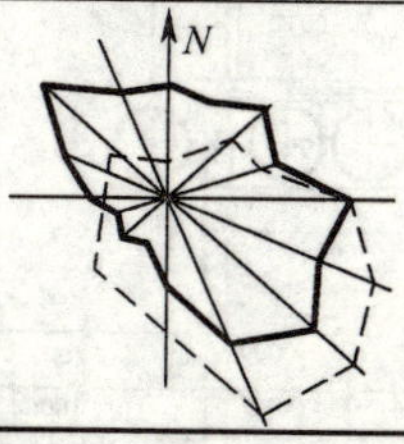	用细实线绘制，圆的直径为 24mm，指针尾间的宽度宜为 3mm，针尖方向为北向

10.1.4　房屋图的绘图规则

1. 图样的名称与配置

房屋建筑图与机械图的图样名称的区别，见表 10 - 2。

表 10 - 2　房屋建筑图与机械图的图样名称区别

房屋建筑图	正立面图	侧立面图	平面图	剖面图	断面图
机械图	主视图	左视图或右视图	俯视图投射方向的全剖视图	剖视图	断面图

房屋建筑图的视力配置（排列），通常是将平面图画在正立面图的下方，如果需要绘制左、右侧立面图，也常将左侧立面图画在正立面图的左方，右侧立面图画在正立面图的右方。也可以将平面图、立面图分别画在不同的图纸上。剖面图或详图，可根据需要用不同的比例画在图纸的空白处或另外的图纸上，如图 10 - 4 所示。

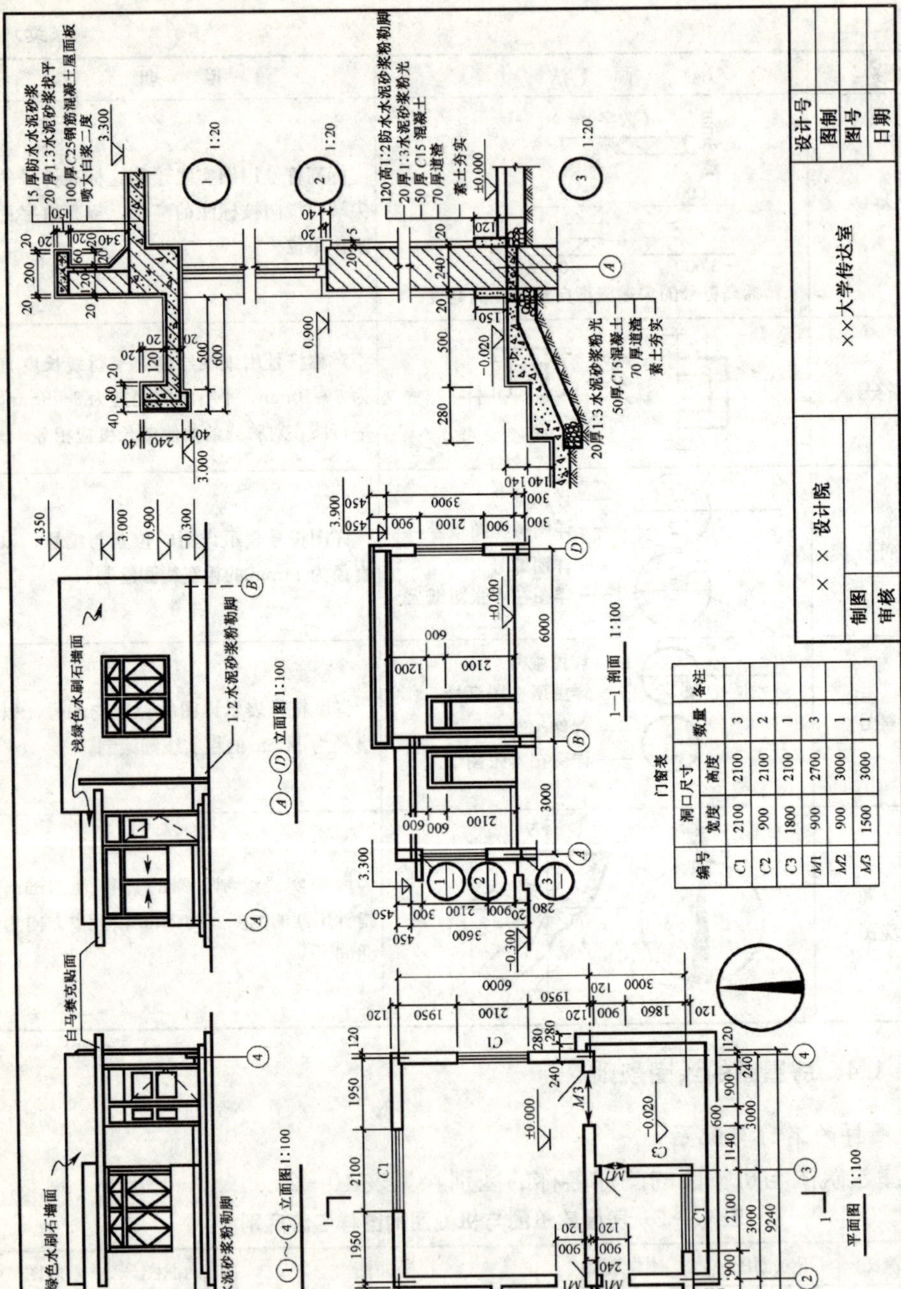

门窗表

编号	洞口尺寸 宽度	洞口尺寸 高度	数量	备注
C1	2100	2100	3	
C2	900	2100	2	
C3	1800	2100	1	
M1	900	2700	3	
M2	900	3000	1	
M3	1500	3000	1	

图 10-4 传达室的建筑施工图

房屋建筑图的每个图样都应标注图名，图名标注在图样的下方或一侧，并在图名下绘一粗横线，如图 10 - 4 所示。

2. 比例

由于房屋建筑的形体庞大，所以施工图一般都用较小的比例绘制。如房屋的平、立、剖面图常用的比例是 1∶50、1∶100、1∶200；又因为房屋建筑的内部构造比较复杂，在小比例的平、立、剖面图中无法表达清楚。所以详图选用的比例要大一些，常用的比例是 1∶1、1∶2、1∶5、1∶10、1∶20、1∶50 等。如图 10 - 4 所示的平、立、剖面图的比例均采用 1∶100，外墙剖面节点详图采用的比例为 1∶20。比例应注写在图名的右侧，比例的字高应比图名的字高小一号或二号。

3. 图线

房屋建筑图所采用线形、线宽和用途，见表 10 - 3。

表 10 - 3　建筑图的线型

名称	线　型	线宽	用　途
粗实线		b	平、剖面图中被剖切的主要建筑构造（包括构配件）的轮廓线 建筑立面图的外轮廓线 建筑构造详图中被剖切的主要部分的轮廓线 建筑构配件详图中构配件的外轮廓线
中实线		$0.5b$	平、剖面图中被剖切的次要建筑构造（包括构配件）的轮廓线 建筑平、立、剖面图中建筑构配件的轮廓线 建筑构造详图及建筑构配件详图中的一般轮廓线
细实线		$0.35b$	小于 $0.5b$ 的图形线、尺寸线、尺寸界线、图例线、索引符号、标高符号等
中虚线		$0.5b$	建筑构造及建筑构配件不可见的轮廓线 平面图中的起重机（吊车）轮廓线 拟扩建的建筑物轮廓线
细虚线		$0.35b$	图例线，小于 $0.5b$ 的不可见轮廓线
粗单点长画线		b	起重机（吊车）轨道线
细单点长画线		$0.35b$	中心线、对称线、定位轴线
折断线		$0.35b$	不需画全的断开界线
波浪线		$0.35b$	不需画全的断开界线 构造层次的断开界线

4. 尺寸标注

如图 10 - 5 所示，在房屋建筑图上的尺寸应包括尺寸界线、尺寸线、尺寸起止符号和尺寸数字。尺寸界线用细实线绘制，其一端应离开图样轮廓线不小于 2mm，另一端宜超出尺寸线 2～3mm；尺寸线用细实线绘制，应与被注长度平行，且不宜超出尺寸界线；尺寸起止符号用中粗斜短线绘制，其倾斜方向应与尺寸界线成顺时针 45°，长度为 2～3mm；尺寸数字应根据读数方向在靠近尺寸线的上方中部注写。尺寸单位除标高及总平面图以“米”为单位外，均以“毫米”为单位。

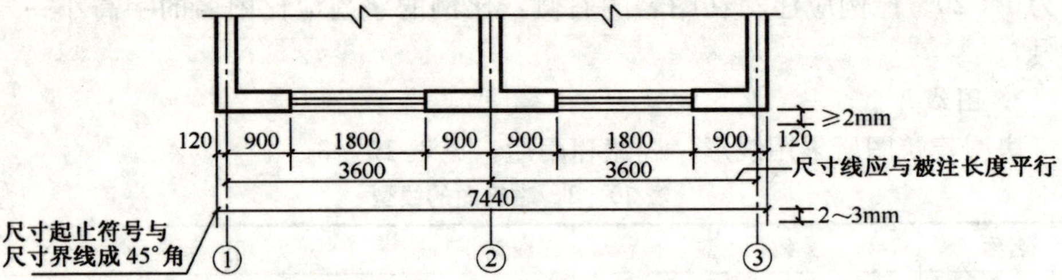

图 10 - 5 尺寸标注

5. 建筑构配件的图例

由于建筑平、立、剖面图是采用小比例绘制的，有些内容不可能按实际情况画出，因此，常采用各种规定的图例来表示各种建筑构配件和建筑材料。如表 10 - 4 所列的是几种常用的构配件的图例。

表 10 - 4 常用的建筑构造及配件图例

名称	图 例	说 明	名称	图 例	说 明
楼梯	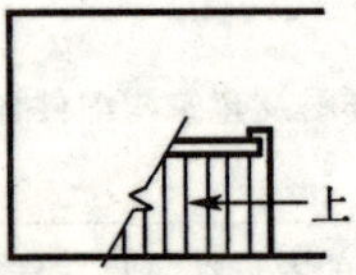	1. 上图为底层楼梯平面，中图为中间层楼梯平面，下图为顶层楼梯平面 2. 楼梯及栏杆扶手的形式及踏步数应按实际情况绘制	检查孔		左图为可见检查孔 右图为不可见检查孔
	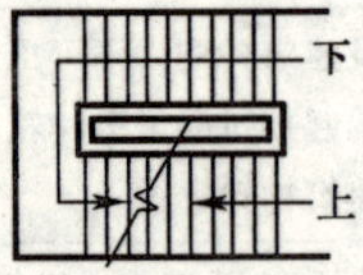		孔洞		
	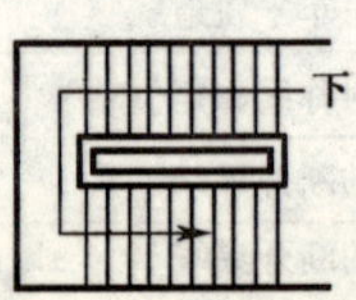		坑槽		
			烟道	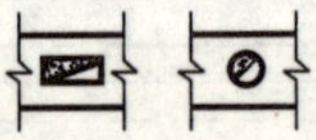	
			通风道	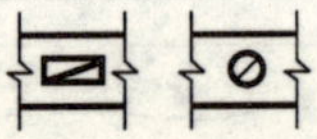	

（续）

名称	图　例	说　明	名称	图　例	说　明
单扇门（包括平开或单面弹簧）	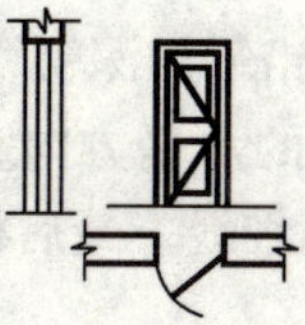	1. 门的名称代号用 M 表示 2. 在剖面图中，左为外，右为内；在平面图中，下为外，上为内 3. 在立面图中，开启方向线交角的一侧，为安装合页的一侧。实线为外开，虚线为内开 4. 平面图上门线应 90° 或 45° 开启，开启弧线宜画出 5. 立面形式应按实际情况绘制	单层固定窗	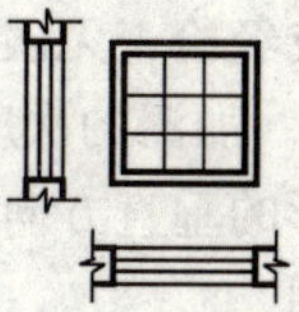	1. 窗的名称代号用 C 表示 2. 立面图中的斜线表示窗的开启方向，实线为外开，虚线为内开；开启方向线交角的一侧为安装合页的一侧，一般设计图中可不表示 3. 在剖面中，左为外，右为内；在平面图中，下为外，上为内 4. 平、剖面图中的虚线，仅说明开关方式，在设计图中不需要表示 5. 窗的立面形式应按实际情况绘制
双扇门（包括平开或单面弹簧）	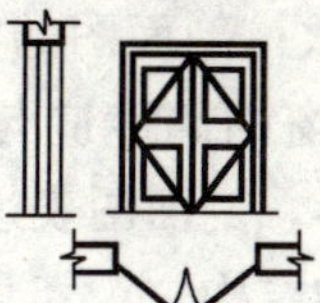		单层外开上悬窗	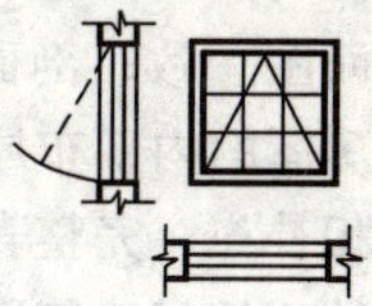	
对开折叠门	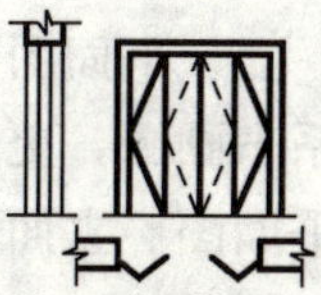		单层中悬窗	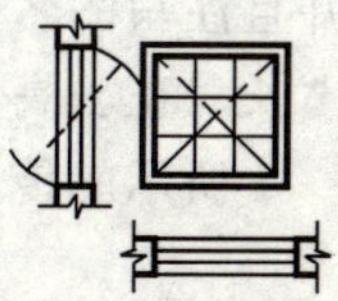	
墙内单扇推拉门	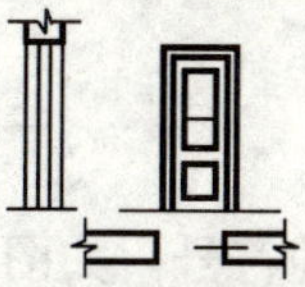	同单扇门说明中的 1、2、5	单层外开平开窗	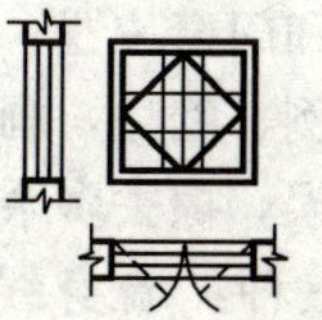	
单扇双面弹簧门	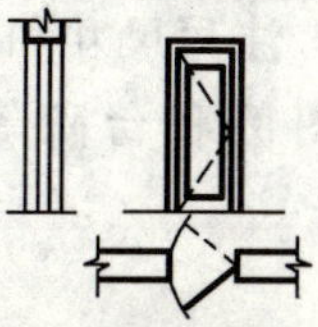	同单扇门说明	双层内外开平开窗	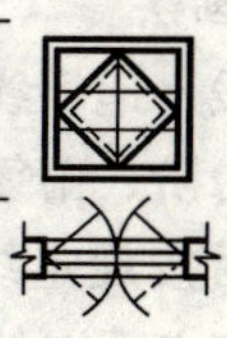	
双扇双面弹簧门	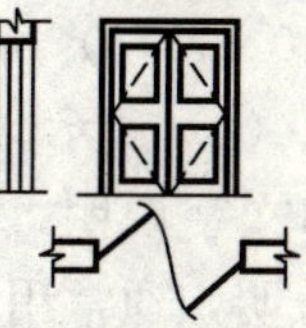				

10.1.5　绘制建筑平、立、剖面图的方法与步骤

在初步掌握房屋建筑基本表达形式和图示方法的基础上，通过绘制建筑平、立、剖面图。进一步理解房屋建筑图的图示内容和表达特点。

绘图过程中应注意以下几点。

①绘图的顺序一般是从平面图开始，再画立面图和剖面图。绘图时先用2H或H铅笔画出轻淡的底稿。画底稿时可将同一方向的尺寸一次量出，以提高绘图速度。底稿完成经检查无误，按规定的线型用B或2B铅笔加深粗线，用H或2H铅笔加深细线。加深的次序是先从上到下画相同线形的水平方向直线，再从左到右画相同线形的垂直方向直线和斜线。先画粗线再画细线。最后标注尺寸和注写有关文字说明。

②绘图过程中应注意平面图、立面图、剖面图之间的对应关系。如立面图的定位轴线，外墙上门窗的位置与宽度应与平面图保持一致；剖面图的定位轴线，房屋总宽应与平面图一致；剖面图的高度以及外墙上门窗的高度应与立面图一致；平面图表明房屋的内部布局，立面图反映房屋的外形，剖面图表达房屋的内部构造，三者互相补充，完整表达一幢房屋的内外形状和结构。

③选择合适的比例（建筑平、立、剖面图通常采用1∶100），合理布置。平面图、立面图、剖面图可以分别画在不同的图纸上，但尺寸和各部分的对应关系必须保持一致，并且注写图名。对于小型建筑，如果平、立、剖面图画在同一张图纸内，则按照“长对正、高平齐、宽相等”的投影关系来画图，更为方便。

现以如图10-1所示的传达室为例，说明绘制建筑平面图、立面图、剖面图的步骤。

1. 平面图的画法

①画定位轴线，如图10-6（a）所示。

②画墙身线和门窗位置，如图10-6（b）所示。

③画门窗图例、编号，画尺寸线、标高以及其他各种符号，如图10-6（c）所示。经检查无误，擦去多余作图线，按规定加深图线、注写尺寸和文字。平面图上的线形有三种：墙身线画粗实线（b），门、窗图例和台阶等画中粗线（$0.5b$），其余的均为细实线（$0.25b$）。

2. 立面图的画法

①画定位轴线、地坪线、屋面和外墙轮廓线，如图10-7（a）所示。

②画门窗、台阶、雨篷、雨水管等细部，如图10-7（b）所示。

③检查无误后按规定线型加深并注写尺寸、标高和文字说明，如图10-7（c）所示。为了使立面图的外形清晰、重点突出和层次分明，通常用粗实线（b）画房屋的外墙轮廓；用中实线（$0.5b$）画门窗洞、窗台、檐口、雨篷、台阶和勒脚等轮廓线；用细实线（$0.25b$）画门窗扇、雨水管等。有时也将地坪线画成特粗线（$1.4b$）。

3. 剖面图的画法

① 画定位轴线、地坪线、屋面及墙身轮廓线，如图10-8（a）所示。

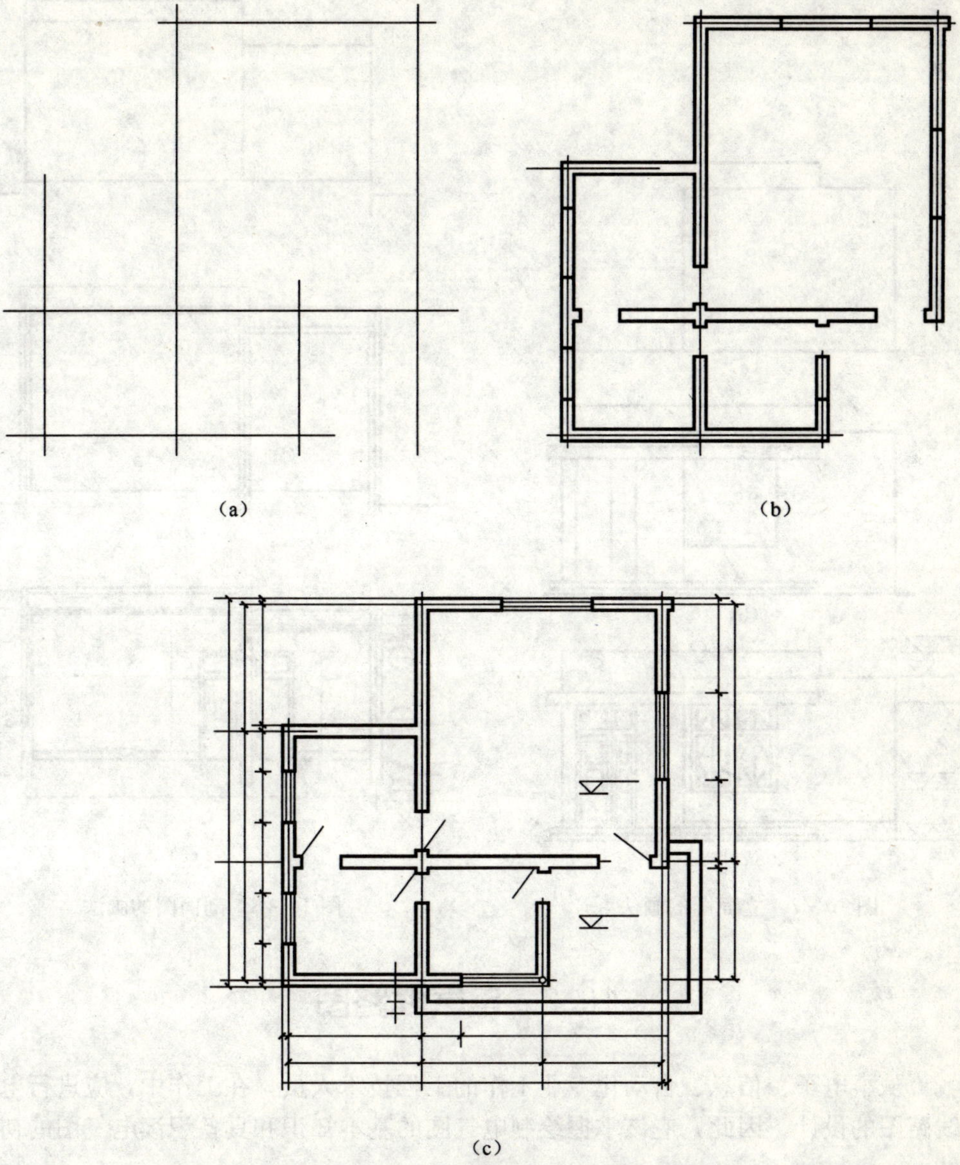

图 10 - 6　平面图的画法

②画门窗位置、屋面板厚度以及女儿墙、雨篷等细部，如图 10 - 8（b）所示。

③经检查无误后按与平面图相同的线型加深，注写尺寸、标高和有关文字说明，如图 10 - 8（c）所示。完成后的平、立、剖面图如图 10 - 4 所示传达室平面图、①～④立面图和 1—1 剖面图。

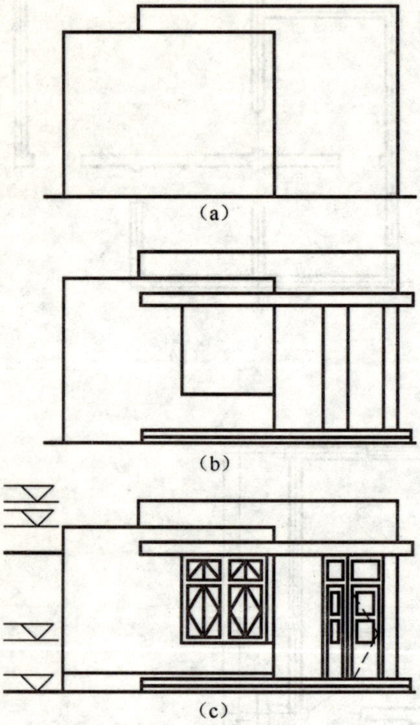

图 10 - 7　立面图的画法

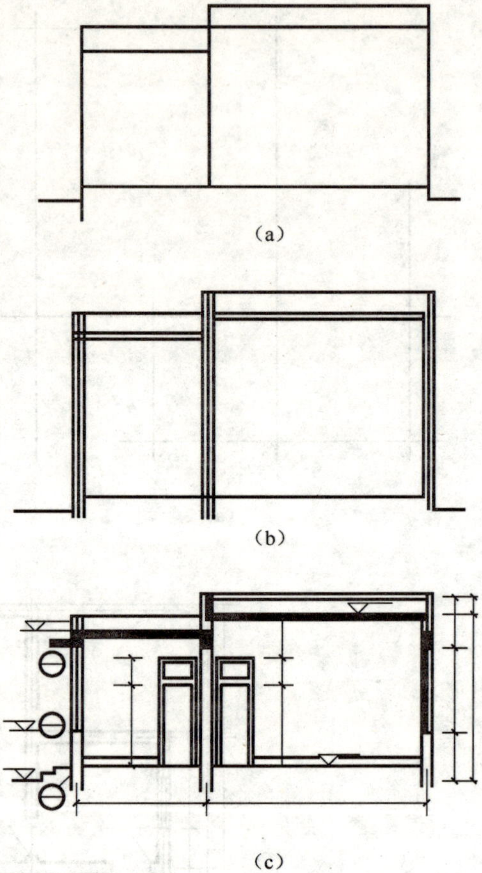

图 10 - 8　剖面图的画法

10.2　电气线路图

从事电子、信息、自动化专业工作的工程技术人员，在工作中，应进行电气线路图的设计。因此，应该掌握绘制电气图的基本知识和具备识读电气图的初步能力。

电气图与机械图的绘制原理与表达方法存在很大差别。在学习本节时，必须弄清这两种图的区别，要熟悉国家标准《电气制图标准》（GB/T 18135—2008）的有关规定，掌握电气图的表达方法和绘图原则。

10.2.1　电气线路图的分类

电气线路图的种类很多，主要包括以下几种：

1. 概略图

表示系统、分系统、装置、部件、设备、软件中各项目之间的主要关系和连接的相对单的简图，通常用单线表示法。

2. 功能图

用理论的或理想的电路而不涉及实现方法来详细表示系统、分系统、装置、部件、设备软件功能的简图。

3. 电路图

表示系统、分系统、装置、部件、设备、软件等实际电路的简图，采用按功能排列的图形符号和连接关系来表示各元件，以表示功能而不需考虑项目的实际尺寸、形状或装置。

4. 接线图

表示或列出一个装置或设备的连接关系的简图（表）。它可以分为单元接线图（表）、连接线图（表）、端子接线图（表）和电缆图（表）。

这里所谓的简图是指采用图形符号和带注释的框来表示包括连线在内的一个系统或设备的多个部件或零件之间关系的图示形式。

本节主要介绍电路图的内容、常见符号和绘制规则等。

10.2.2 电路图主要包含的内容

①表示电路中元件或功能件的图形符号。

②元件或功能件之间的连接线。

③项目代号。

④端子代号。

⑤用于逻辑信号的电平约定。

⑥电路寻迹所必需的信息（信号代号、位置检索标记）。

⑦了解功能件必需的补充信息。

如图 10 - 9 所示，是简单的数码混响卡拉 OK 无线话筒的电路图。LS889 是一单片数码卡拉 OK 混响专用集成电路，内部包括了话筒放大、振荡、延时等电路，只需少量的外围元件就可组成数码混响电路。混响信号由 IC 的 4 脚输出，经三极管 V 及 L_2、C_{15} 等组成的调频发射电路调制后，由天线发射出去。电路中的电位器 R_p 可用来调节话筒的混响深度。本电路发射距离 50m，可用调频收音机接收信号。

10.2.3 电路图常见符号

电路图常见符号，见表 10 - 5。

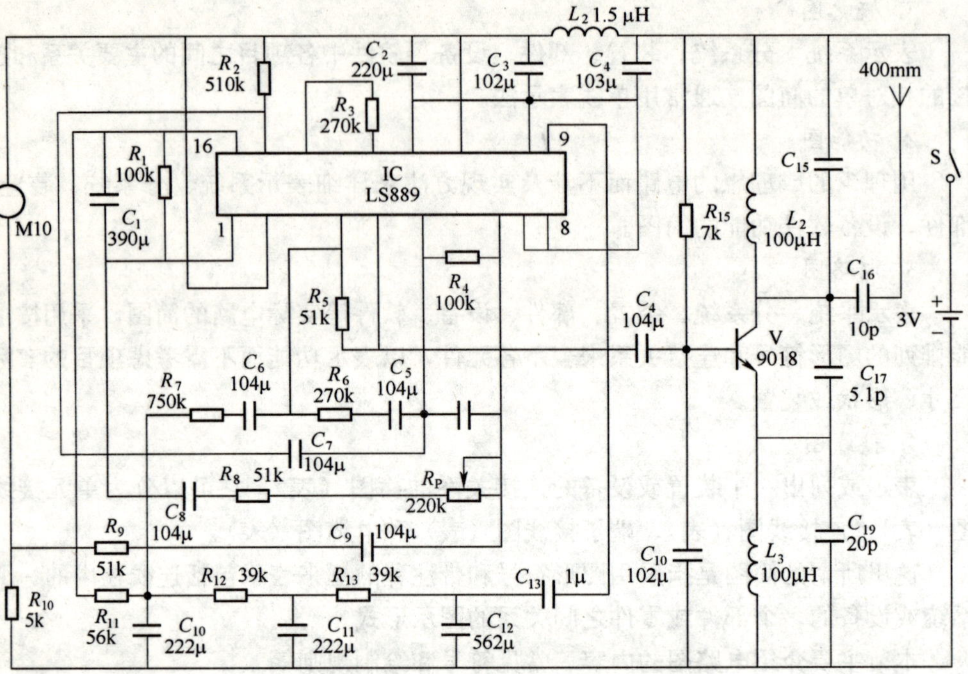

图 10 - 9 数码混响卡拉 OK 无线话筒电路图

表 10 - 5 电路图常见符号

元件名称	图形符号	文字符号	元件名称	图形符号	文字符号
电容器	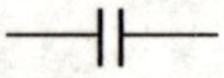	*C*	发光二极管		LED
电阻器	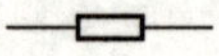	*R*	运算放大器	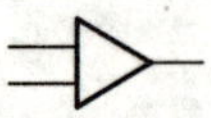	A
电感		*L*	电池	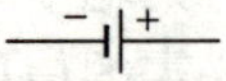	GB
晶体管	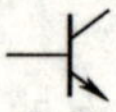	V	开关		S
扬声器	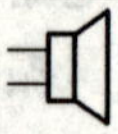	Y	指示灯		H
二极管	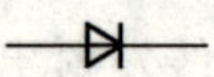	D	变压线圈		B
扩音器		MIC	插座	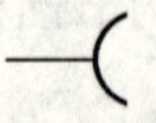	XS

10.2.4 电路图绘图规则

1. 绘制电路图应遵守 GB 6988.2—1997《电气制图：电路图》的规定。电路图用线型主要有四种，见表 10 - 6。

表10-6　电路图用主要线型

图线名称	图线形式	一般应用	图线宽度
实线	————————	基本线、简图主要内容（图形符号及连线）用线、可见轮廓线、可见导线	0.25、0.35、0.5、0.7、1.0、1.4、2.0
虚线	- - - - - - - - - - - -	辅助线、屏蔽线、机械（液压、气动等）连接线、不可见导线、不可见轮廓线	
点画线	——·——·——	分界线（表示结构、功能分组用）、围框线、控制及信号线路（电力及照明用）	
双点画线	——··——··——	辅助围框线 50V及以下电力及照明线路	

2. 图形符号应遵守 GB/T 4728.1—2005《电气简图用图形符号》的规定。

图形符号旁应标注项目代号，需要时还可标注主要参数。当电路水平布置时，标在图形符号的上方；垂直布置时，标在图形符号的左方。不论电路水平还是垂直布置，项目应水平书写，如图10-9所示。

项目代号中的文字符号应遵守 GB/T 7159—1987《电气技术中的文字符号制订通则》的规定。如表10-5所列是常见元器件的图形符号和文字符号摘录。

3. 电路图中的信号流主要流向应是从左至右，或从上至下。

当单一信号流方向不明确时，应在连接线上画上箭头符号（见 GB/T 4728.2—2005 的符号），如图10-10所示。

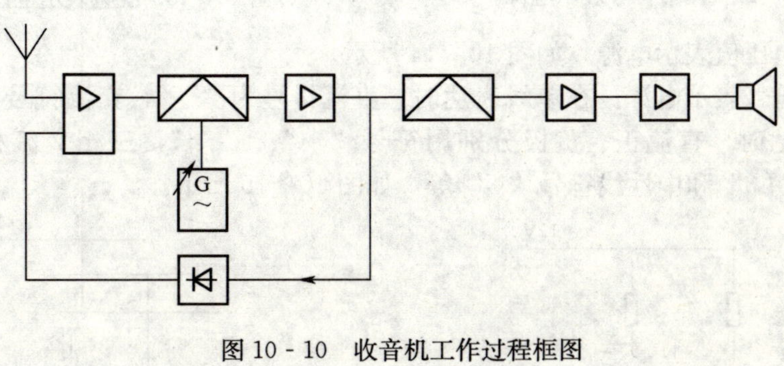

图10-10　收音机工作过程框图

4. 表示导线或连接线的图线都应是交叉和折弯最少的直线。

图线可水平布置，各个类似项目应纵向对齐，如图10-11（a）所示；也可垂直布置，此时各个类似项目应横向对齐，如图10-11（b）所示。一张图中图线宽度应保持一致。

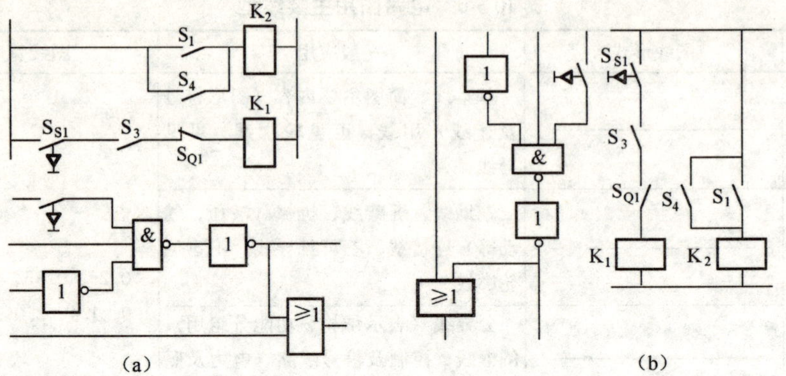

图 10 - 11　图线的布置方式

5. 在功能上或结构上属于同一单元的项目，可用点画线围框。

10.2.5　电路图常见表达方法

1. 电路电源表示方法

①用图形符号表示电源，如图 10 - 12 所示。

②用线条表示电源，如图 10 - 13 所示。

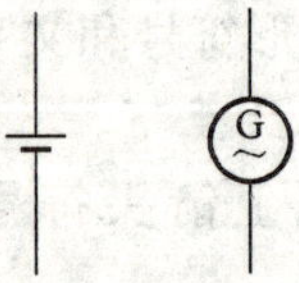

图 10 - 12　图形符号表示电源

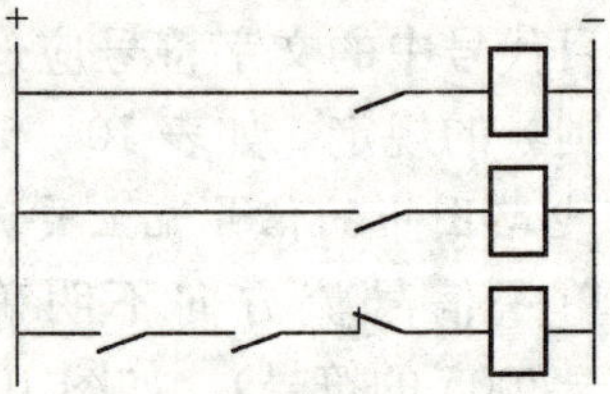

图 10 - 13　线条表示电源

③用电压值表示电源，如图 10 - 14 所示。

④用符号表示电源。在单线表达时，直流符号为“—”，交流符号为“～”；在多线表达时，直流正、负极分别用符号“+”、“−”，三相交流相序符号“L1、L2、L3”和中性线符号“N”等，如图 10 - 15 所示。

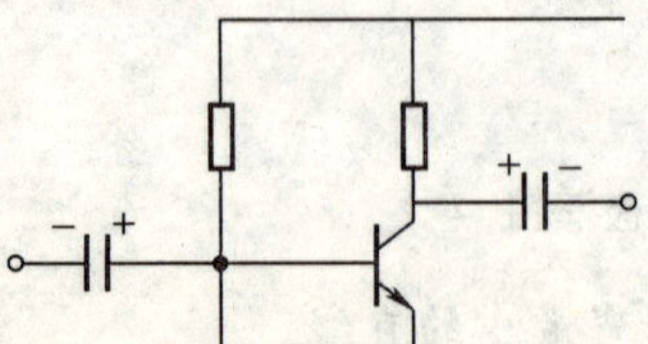

图 10 - 14　电压值表示电源

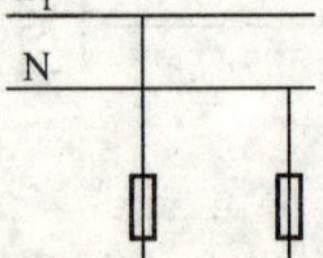

图 10 - 15　符号表示电源

⑤同时用线条和符号表示电源。

2. 导线连接形式表示法

导线连接有“T”形连接和“+”形连接两种形式。“T”形连接可加实心圆点“.”，也可不加实心圆点。“+”形连接表示两导线相交时，必须加实心圆点“.”，如图 10 - 16 所示；表示交叉而不连接（跨越）的两导线，在交叉处不加实心圆点。

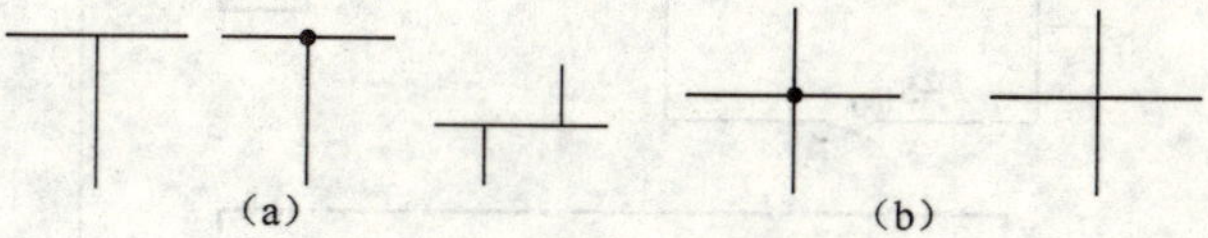

图 10 - 16　导线连接形式

(a)“T”形连接；(b)“+”形连接

3. 元器件和设备的可动部分通常应表示在非激动或不工作的状态或位置

以图 10 - 9 为例：

①开关——在断开位置。

②带零位的手动控制开关在零位位置；不带零的手动控制开关在图中规定位置。

③继电器、接触器、电磁铁等——在非激励位置。

④机械操作开关——例如行程开关在非工作的状态和位置（搁置时的情况），即没有机械力作用的位置。

多重开关器件的各组成部分必须表示在互相一致的位置上，而不管电路的实际工作状态。

4. 简化电路表示方法

(1) 并联电路的简化

多个相同的支路并联时，可用标有公共连接符号的一个支路来表示，公共连接符号如图 10 - 17 所示。符号的折弯方向与支路的连接情况相符。因为简化而未画出的各项目的代号，则在对应的图形符号旁全部标注出来，公共连接符号旁加注并联支路的总数。

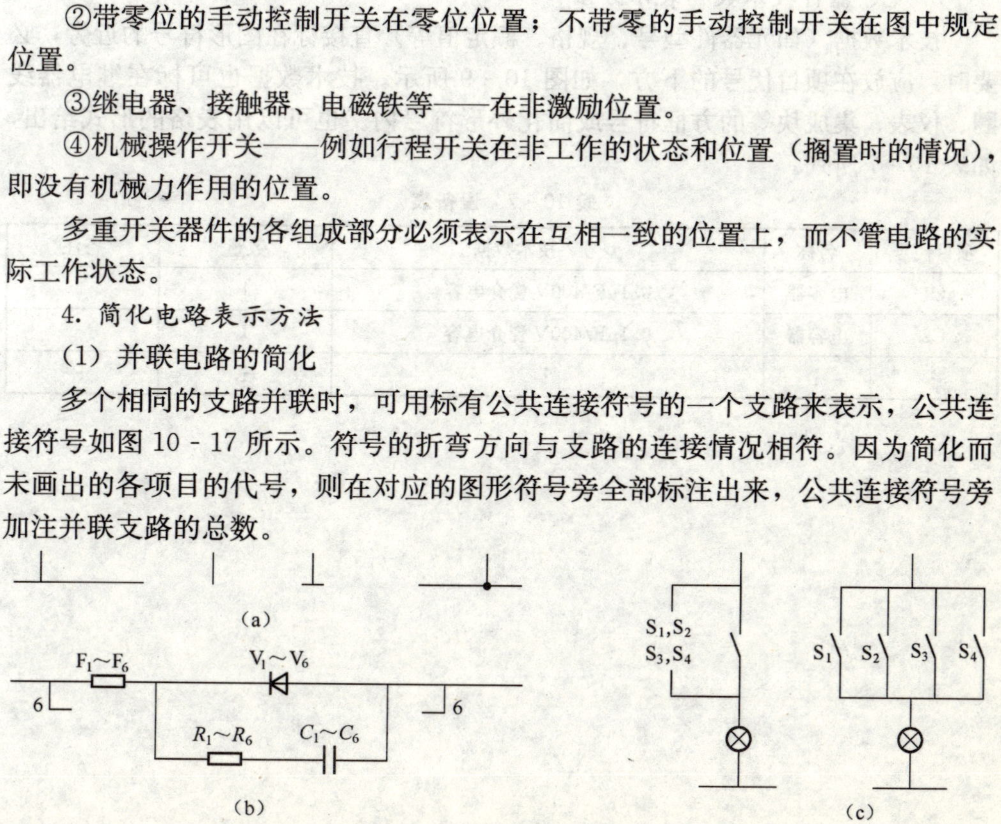

图 10 - 17　并联电路的简化

(a) 公共连接符号；(b) 六个并联支路的简化；(c) 四个并联支路的简化

(2) 相同电路的简化

重复出现的电路，仅需详细地画出其中的一个，并加画围框表示范围。相同的电路画出空白的围框，在框内注明必要的文字注释，如图 10 - 18 所示。

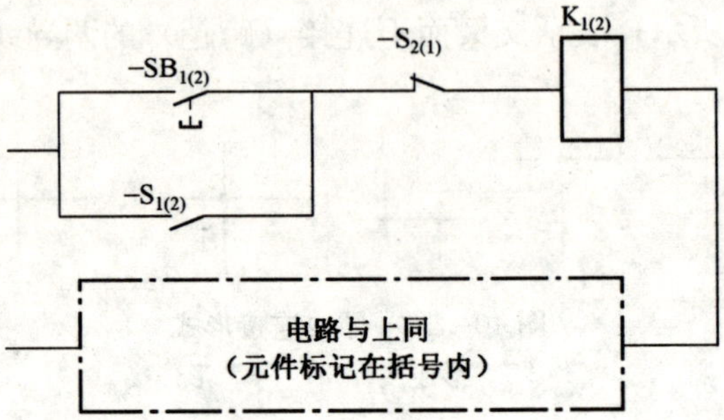

图 10 - 18 相同电路的简化

5. 元、器件技术数据表示方法

技术数据（如元器件型号、规格、额定值等）直接标在图形符号的近旁，必要时，应放在项目代号的下方，如图 10 - 9 所示。技术数据也可标在继电器线圈、仪表、集成块等的方框符号或简化外形符号内。也可以用表格的形式给出，如表 10 - 7 所列。

表 10 - 7 设备表

项目代号	名称	型号、技术数据	数量	备注
C1	电容器	0.1μF/400V 瓷介电容	1	
C2	电容器	0.1μF/400V 瓷介电容	1	
⋮	⋮	⋮	⋮	⋮

第 11 章 AutoCAD 2007 绘图基础

学习完本章，应该掌握如下内容：

◆ 初步学习了解计算机绘图的特点

◆ 掌握 AutoCAD 视图显示、基本的绘图和编辑命令

◆ 通过学习最终能够绘制简单的平面图形

AutoCAD 是现代工程人员必备的绘图工具，本章从绘图的实用性出发，主要介绍 AutoCAD 2007 的基本操作，掌握一些文件的管理和图层、显示的控制。并熟悉一些基本的绘图和编辑命令，在学习的同时，要求读者多上机实践，最终能达到快速轻松地绘制一张完整工程图样。

11.1 计算机绘图概述

随着科学技术的飞速发展，计算机的不断更新，人们的产品观念越来越复杂，产品更新换代的周期越来越短，依托传统的手工绘图设计、修改来完成新产品的开发工作，在速度及精度上已逐渐不能适应市场的需求，于是计算机绘图（Computer Graphics）应运而生。

计算机绘图技术不但是工程技术人员必须掌握的基本技能之一，同时还是工程图学与计算机科学的一个重要分支，它是一门以图形硬件设备，图形专用算法和图形软件系统为研究对象的新兴交叉学科，它把计算机设计结果用图形在显示器或绘图仪上输出，也可把已有的图形或文字通过专门设备输入到计算机中进行增删、修改后再输出。

11.2 AutoCAD 2007 软件的界面

当已正确安装了 AutoCAD 2007 时，双击桌面上的 AutoCAD 2007 的快捷图标，即可进入 AutoCAD 2007 主界面，如图 11 - 1 所示。

AutoCAD 2007 主界面包括如下几部分：

标题栏——显示当前所用软件的信息及图形文件名。

菜单栏——包括各菜单选项、对话框或子菜单选项，每个选项代表一个命令。

工具栏——工具栏提供了最常用的操作按钮，是应用程序调用命令的一种方

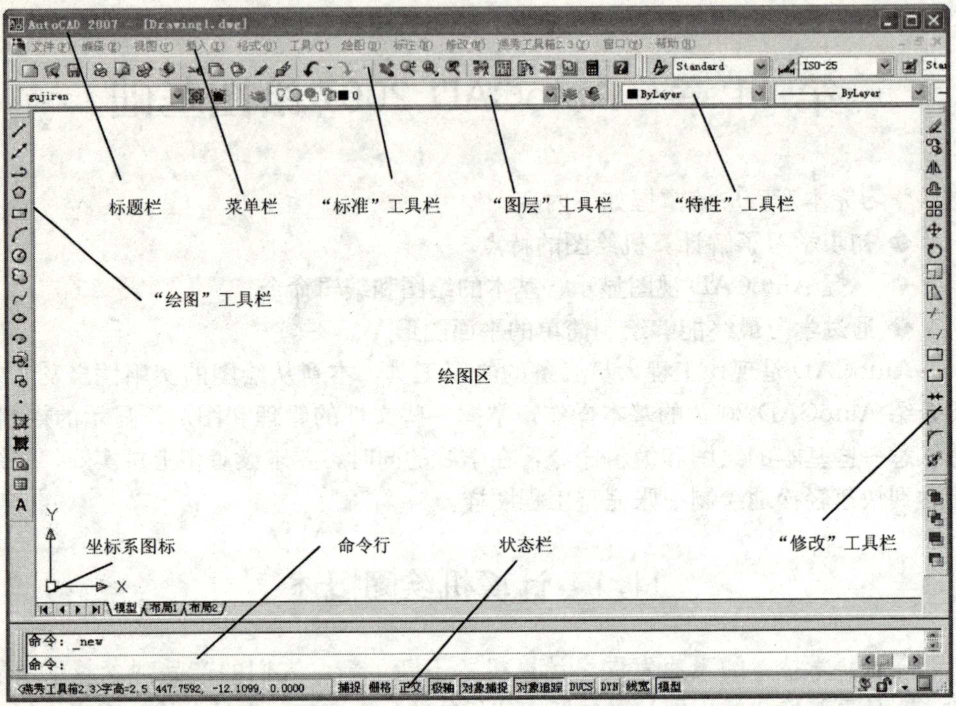

图 11 - 1 AutoCAD 2007 主界面

式。默认设置下，工作界面显示出“标准”、“图层”、“特性”、“绘图”和“修改”等工具栏。例如，“绘图”工具栏上每个小图标分别代表一个命令，当光标指向某个图标并略停时，则会显示该图标的名称，单击它就可以激活该命令。

绘图区——用来显示和编辑图形区域，其左下角箭头代表坐标系及原点。

命令行——用来输入和显示用户键入的命令，并显示系统提示的信息。默认情况下，窗口中保留所执行的最后 3 行命令或信息。

状态栏——状态栏位于屏幕的底部，它的左边是不断变化的数字，记录着鼠标指针当前所在的位置，右边是一些常用的工具按钮，表示绘图时是否打开了正交、栅格捕捉、栅格显示等功能，用户可以通过单击这些按钮在打开和关闭两种状态间转换。

11.3 文件的管理

11.3.1 新建文件

当需要创建一张新的图纸时，只需单击标准工具栏中的第一个按钮“新建”，即可进入 AutoCAD 2007 主界面，如图 11 - 1 所示。

11.3.2　保存文件

当已经完成了一张工程图时，并想让这张工程图保存下来，只需要单击“保存”按钮，如果事先没有给文件取名，此时只需要在“保存对话框”中给图形文件取个名字，并单击“确定”即可把这张图保存下来。

11.3.3　打开已有文件

在工程上有时一张图纸要进行反复的修改或使用，这时为了方便，只需要将事先保存好的图纸调出来即可。这时只需要单击“打开”按钮，在“打开”对话框中找到所需要的文件。

11.4　命令和数据的输入方法

11.4.1　命令的输入方法

AutoCAD 2007 提供了三种主要方式输入命令：一种是从工具栏上单击所需要命令的按钮；二是从命令行中输入每个命令的英文；三是从菜单栏上单击每个命令所在的菜单选项。

11.4.2　坐标和数据的输入方法

1. 坐标

AutoCAD 2007 常用三种方式表示点的坐标，分别介绍如下。

绝对坐标——在绝对坐标中，相当于数学中的坐标系，在输入点的坐标时，始终以（0，0，0）为相对原点。例如：输入（50，35），这时 X，Y，Z 相对于原点的距离分别为 50，35，0。

相对坐标——后一点相对于前一点在 X，Y，Z 方向的位移量，其格式为“@ΔX，ΔY，ΔZ”，例如@60，－30；表示后一点相对于前一点，右移 60，下移 30，@表示相对的意思，ΔZ 默认为 0。

相对极坐标——用后一点与前一点直线距离和该直线与 X 轴的夹角表示点的相对坐标。其格式为“@距离＜角度”，“＜”表示角度，以逆时针表示正，例如：@100＜135，表示后一点相对于前一点的直线距离为 100，同时该两点的连线与 X 轴成 135°角。

2. 数据

数据的输入方法有两种，分别介绍如下。

数据输入法——直接用键盘输入点的坐标、角度、半径、高度、行列距、位移量等。

鼠标输入法——将鼠标移到所要求的位置后，单击左键确定点的坐标，也可以用鼠标定两点表示长度（如半径、位移量等）、角度（由起点与终点的连线与 X 轴的夹角组成）等。

11.5 图　层

每一个图形对象都有颜色、线型、线宽等特征属性。在绘制比较复杂的图形时，为了使图形的结构更加清晰，通常可以将图形分布在不同的层上。比如，图形实体在一层，尺寸标注在一层，而文字说明又在另一个层上，这些不同的层就叫图层。我们可以把图层想象为没有厚度的透明纸，将不同性质的图形内容绘制在不同的透明纸上，然后将这些透明纸重叠在一起就会得到完整的图形。每个图层都可以有自己的颜色、线型、线宽等特征，并且可以对图层进行打开、关闭、冻结、解冻等操作。图形的绘制在当前层上进行，在“随层”（Bylayer）的情况下，在某一图层中生成的图形对象都具有这个图层定义的颜色、线型和线宽等特征。通过对图层进行有序的管理，可以提高绘图效率。

11.5.1　图层的设置

启动 AutoCAD 2007 后，系统自动建立一个名为“0”的图层，图层的设置情况都显示在“图层”和“特性”工具栏中，如图 11 - 2 所示。

图 11 - 2　“图层”和“特性”工具栏

在 AutoCAD 2007 中，可以通过 Layer 命令自行设置新的图层。

命令：Layer↙

此时弹出“图层特性管理器”对话框，如图 11 - 3 所示。在该对话框中可进行如下设置：

设置新图层——单击“新建”按钮，在图层列表中出现一个名为“图层 1”的新图层。单击该图层的名字之后，可以修改为自己所需要的图层名。

设置当前层——图形的绘制只能在当前层上进行。选中某一图层后，单击“当前”按钮即可将该图层设置为当前层。或者在“对象特性”工具栏的“图形

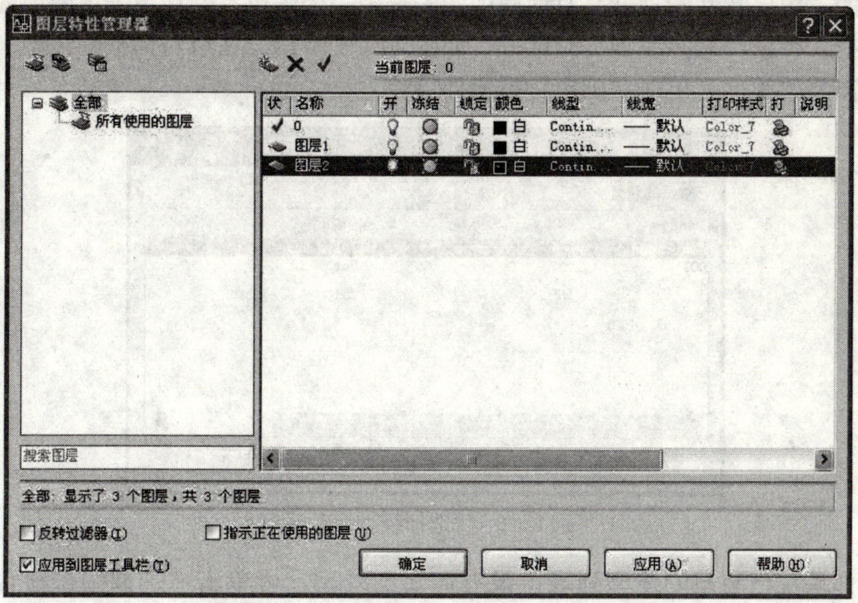

图 11 - 3 “图层特性管理器”对话框

控制”下拉列表中，单击该图层的名字。

删除图层——选中某一图层后，单击“删除”按钮即可将其删除。注：0 层和当前层不能被删除。

显示图层的详细信息——选中某一图层后，单击“显示细节”按钮即在对话框下方显示该图层的详细信息。

11.5.2 图层的颜色

所谓图层的颜色，实际上是指绘制在该图层上的图形对象的颜色。在如图 11 - 3 所示的“图层特性管理器”对话框中，先选中一个图层，然后单击该图层的“颜色”栏，弹出“选择颜色”对话框，通过该对话框可以设置图层的颜色。

在“对象特性”工具栏的“图层控制”下拉列表中，单击某图层的颜色标志，也可以弹出“选择颜色”对话框。

可以通过“对象特性”工具栏的“颜色控制”下拉列表，控制图形对象的颜色是否随层。在“对象特性”工具栏的“颜色控制”下拉列表中，如果选中“随层”，则在该图层上绘制的图形都具有该图层的颜色。如果希望图形的颜色有别于其所属的图层，可在“颜色控制”下拉列表中选择适当的颜色。

11.5.3 图层的线型

在绘制图形的过程中，常常需要采用不同的线型，如实线、虚线、点画线等。所谓图层的线型，也是指绘制在该图层上的图形对象的线型。在如图 11 - 3

所示的“图层特性管理器”对话框中，先选中一个图层，然后单击该图层的“线型”栏，弹出“选择线型”对话框，如图 11 - 4 所示。在该对话框的线型列表中选择需要的线型，单击“确定”按钮即可。

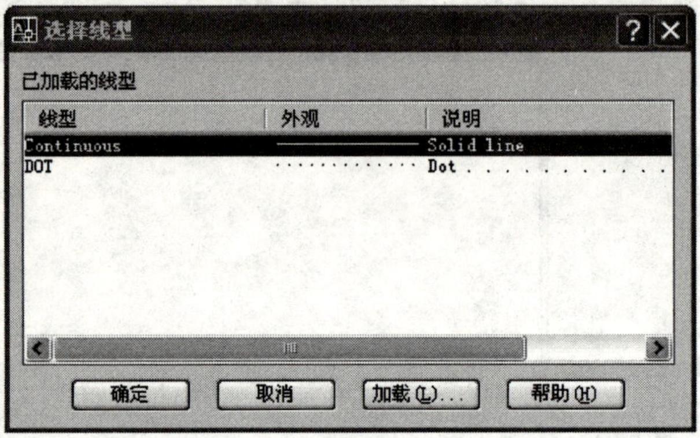

图 11 - 4 “选择线型”对话框

如果在已装载的线型列表中没有需要的线型，可单击“加载”按钮自行装载。单击“加载”按钮后弹出“加载或重载线型”对话框，选择需要的线型，单击“确定”按钮，即返回“选择线型”对话框，并将选中的线型装载到列表中。

可以通过“对象特性”工具栏的“线型控制”下拉列表，控制图形对象的线型是否随层。

11.5.4 图层的线宽

所谓“线宽”是指图形线条的粗细。如图 11 - 3 所示的“图层特性管理器”对话框中，先选中一个图层，然后单击该层的“线宽”栏，弹出“线宽”对话框，通过该对话框可以设置图层的线宽。

可以通过“对象特性”工具栏的“线宽控制”下拉列表，控制图形对象的线宽是否随层。“状态栏”中右侧的“线宽”按钮可以控制是否在屏幕上以实际的线宽显示图形对象。

11.6 绘图的基本命令

在 AutoCAD 2007 中，绘图工具栏共有 19 个按钮，如图 11 - 5 所示，上面每个小图标都代表一个命令，本节就常用的命令出发，分别作如下介绍：

图 11 - 5 “绘图”工具栏

11.6.1　直线——Line

在 AutoCAD 2007 中可以用 Line 命令在绘图窗口的指定位置绘制各种方向上的直线。

命令：_ line↙

指定直线第一点：0，0↙

指定下一点或［放弃（U）］：420，0↙

指定下一点或［放弃（U）］：@0，297↙

指定下一点或［闭合（C）/放弃（U）］：@－420，0↙

指定下一点或［闭合（C）/放弃（U）］：C↙

若极轴与对象追踪都打开了，输入坐标时就不必这样烦琐，直接输入单个坐标值即可。当哪一点画错了，立即键入 U 并回车即可将最后的线删除。上述如程序如图 11 - 6 所示。

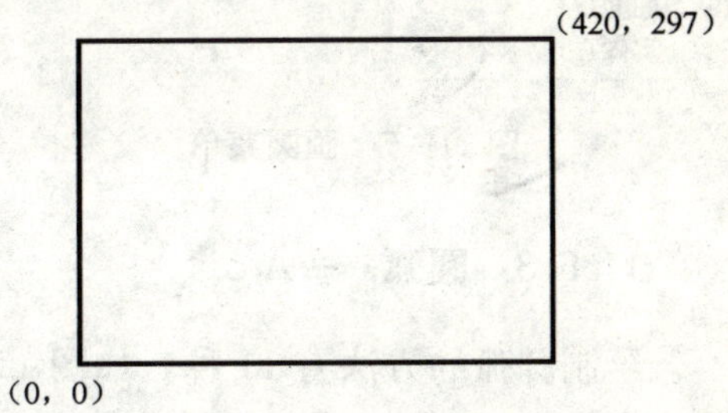

图 11 - 6　画四边形

11.6.2　圆——Circle

绘制圆的方法有 6 种，如图 11 - 7 所示，下面举例说明其中 2 种方法。

命令：_ circle↙

CIRCLE 指定圆的圆心或［三点（3P）/两点（2P）/相切、相切、半径（T）］：100，50↙

指定圆的半径或［直径（D）］：30↙

得到圆 C1，圆心坐标为 100，50，半径为 30。若要用直径来表示，只要在“指定圆的半径或［直径（D）］”后输入 D。

CIRCLE 指定圆的圆心或［三点（3P）/两点（2P）/相切、相切、半径（T）］：3P↙

指定圆上的第一点：100，50↙

指定圆上的第二点：200，60↙

指定圆上的第三点：180，80↙

得到圆 C2，此圆是利用 3 点绘圆的方法绘制的，三点的坐标分为（100，50）、（200，60）、（180，80），并且这三点都分布在 C2 的圆周上。上述程序如图 11 - 8 所示。

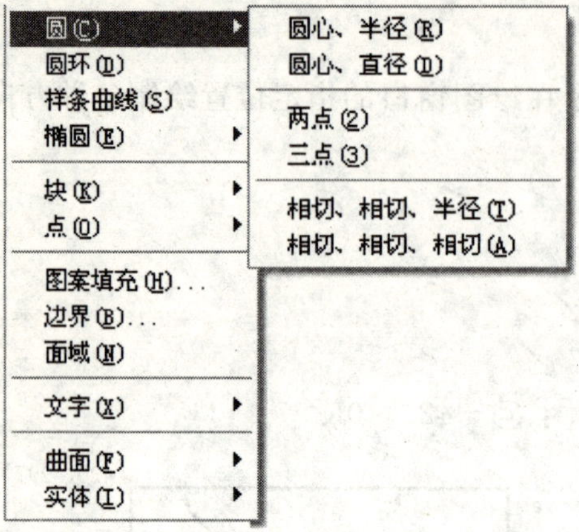

图 11-7　画圆菜单

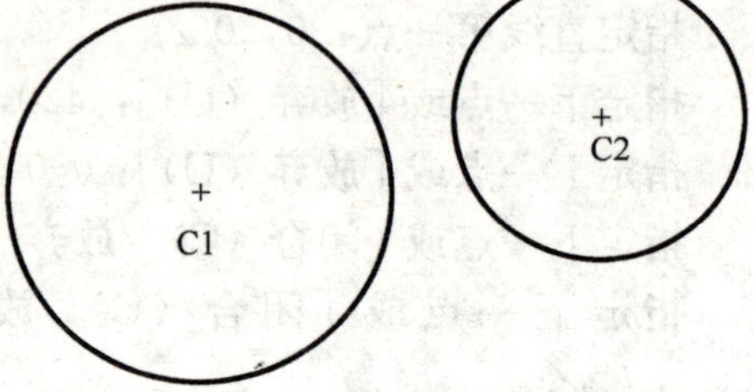

图 11-8　圆心半径和三点画圆

11.6.3　圆弧——Arc

绘制圆弧的方法有 11 种，如图 11-9 所示，下面举例讲解其中 3 种。

命令：_arc↙

指定圆弧的起点或［圆心（CE）］：50，50↙

指定圆弧的第二点或［圆心（CE）/端点（EN）］：100，0↙

指定圆弧的端点：100，80↙

得到如图 11-10 所示，圆弧的第一点坐标为（50，50），第二点坐标为（100，100），第三点坐标为（100，80），这是利用绘制圆弧的第一种方法绘制的，其三点坐标分别分布在此圆弧上。

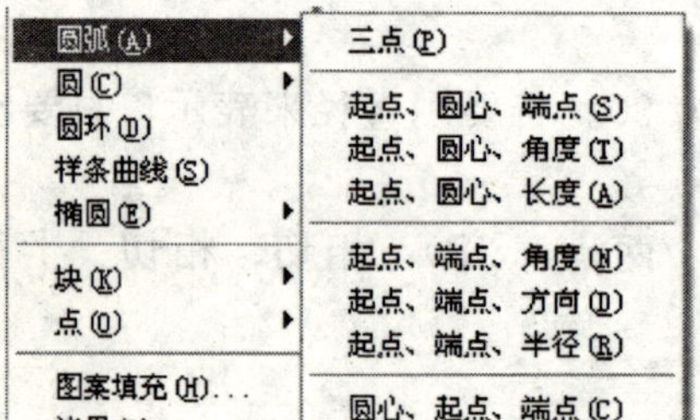

图 11-9　画圆弧菜单

图 11-10　三点画弧

当某段圆弧的已知条件为起点、圆心、端点，那么，就可以用绘制圆弧的第二种方法。

_ arc 指定圆弧的起点或 [圆心（CE）]:

指定圆弧的第二点或 [圆心（CE）/端点（EN）]: _ c 指定圆弧的圆心:

指定圆弧的端点或 [角度（A）/弦长（L）]:

如图 11 - 11 所示，此段圆弧的第一点为起点，第二点为圆心，第三点为端点。

当某段圆弧的已知条件为起点、端点、角度，那么就应该用绘制圆弧的第五种方法。

_ arc 指定圆弧的起点或 [圆心（CE）]:

指定圆弧的第二点或 [圆心（CE）/端点（EN）]: _ e

指定圆弧的端点:

指定圆弧的圆心或 [角度（A）/方向（D）/半径（R）]: _ a 指定包含角: 160↙

如图 11 - 12 所示，此段圆弧的第一点为起点，第二点为端点，且圆心角为 160°。

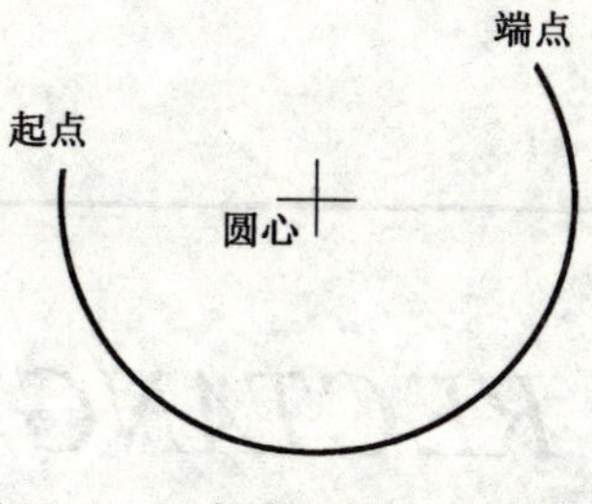

图 11 - 11 起点、圆心、端点画弧

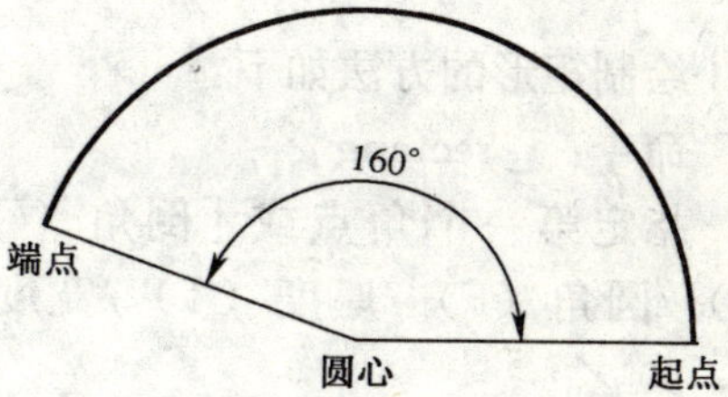

图 11 - 12 起点、端点、角度画弧

11.6.4 多边形——Polygon

由三条或三条以上的线段组成的封闭图形为多边形。在工程上应用正多边形的情况很多，为此 AutoCAD 2007 提供了正多边形命令，以方便用户快速绘图。

命令: _ polygon↙

指定多边形的中心点或 [边（E）]: 100，100↙

输入选项 [内接于圆（I）/外切于圆（C）]〈I〉: ↙

指定圆的半径: 50↙

这是绘制正多边形的第一种方法，此五边形是内接于 $\phi 50$ 的圆，如图 11 - 13 (a)所示。但有时工程上是以多边形的边长为已知条件，为此 AutoCAD2007 提供了另一种绘制多边形的方法。

命令: _ polygon↙

POLYGON 输入边的数目〈4〉: 6↙

指定多边形的中心点或［边（E)］：E↙

指定边的第一个端点：指定边的第二个端点：50↙

所绘制的五边形如图 11 - 13（b）所示。

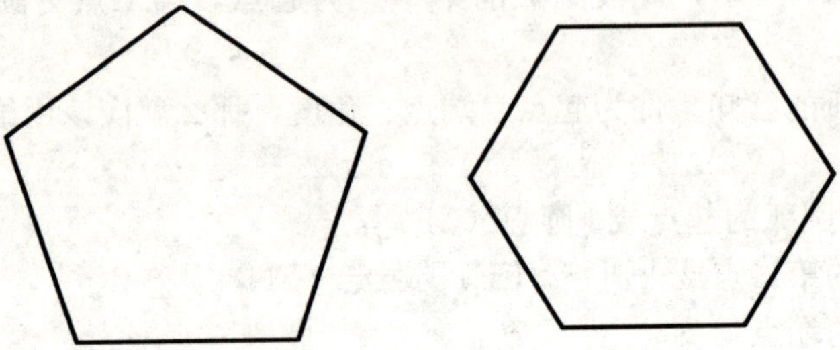

（a）　　　　（b）

图 11 - 13　两种方法绘制的多边形

11.6.5　矩形——Rectang

绘制矩形的方法如下：

命令：_ rectang↙

指定第一个角点或［倒角（C）/标高（E）/圆角（F）/厚度（T）/宽度（W)］：50，50↙

指定另一个角点：@200，120↙

矩形的左下角的坐标为（50，50），右上角的坐标用相对坐标表示，相对于左下角 *X* 方向增加 200 个单位，*Y* 方向增加 120 个单位，如图 11 - 14 所示。

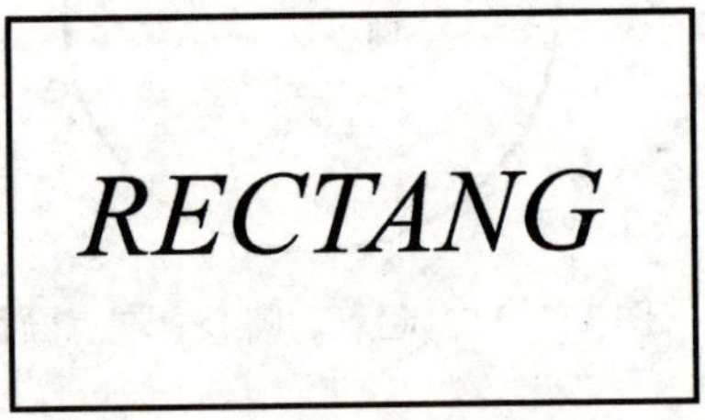

图 11 - 14　绘制的矩形

11.6.6　图案填充

为了区分复杂剖面图形的各部分零件，可使用不同的图案加以体现，AutoCAD 2007 可使用图案填充命令完成这些工作。

命令：_ bhatch↙

启动 Bhatch 命令后，AutoCAD 2007 打开“图案填充和渐变色”对话框，如图 11 - 15 所示。

点击按钮，则会弹出“填充图案选项板”对话框，如图 11 - 16 所示。若从如图 11 - 15 所示“图案”下拉列表中选择 ANSI31 图案，输入比例及角度

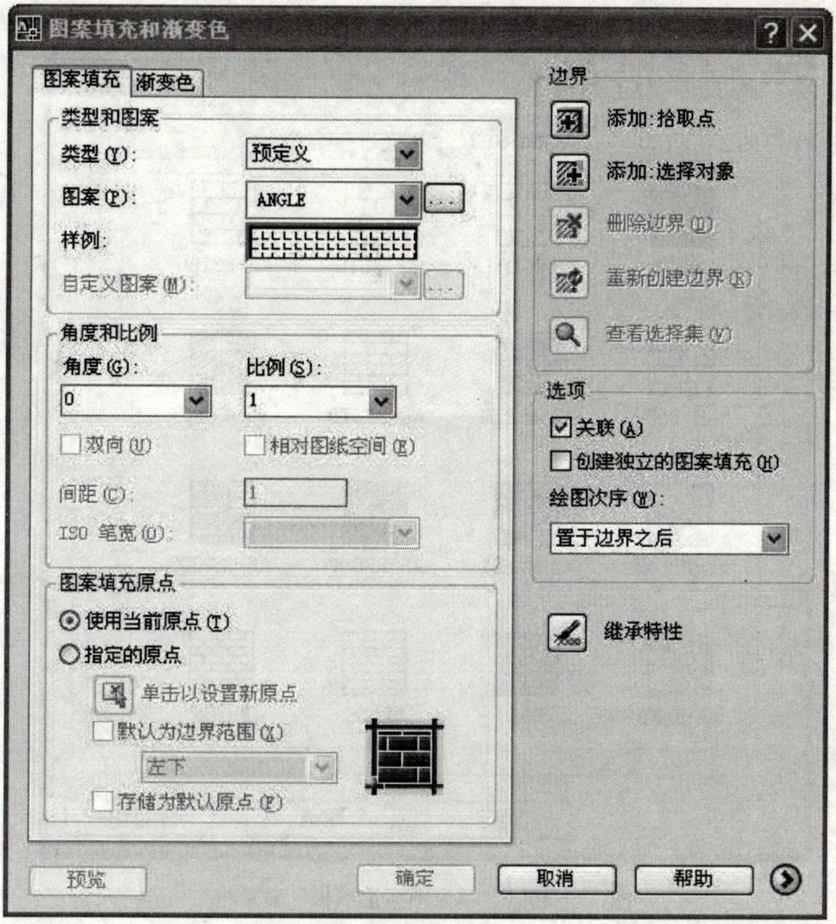

图 11-15　“图案填充和渐变色”对话框

值，单击右边的“拾取点”按钮，对话框暂时关闭，在填充区域内部任选一点，系统分析后会显示边界，全部选定需要填充的区域后回车，又会弹出填充对话框，单击左下角的“预览”按钮可显示填充的效果，单击“确定”按钮即可完成填充。

如图 11-17（a）、（b）所示分别表示拾取填充边界（按“选择对象”）和填充区域内部点两种情况。注意：选择拾取边界时，相连的边界线必须是封闭图形，即各线段必须是首尾相连接的，否则会提示填充无效。对多重封闭的嵌套图形进行填充时，可单击如图 11-15 所示中的高级选项，可从弹出的对话框中选三种方式填充：一般式、最外层和忽略式，如图 11-17（c）所示。

11.6.7　文字的输入

在完成一张完整的工程图时，不免有一些文字需要输入，AutoCAD 2007 给

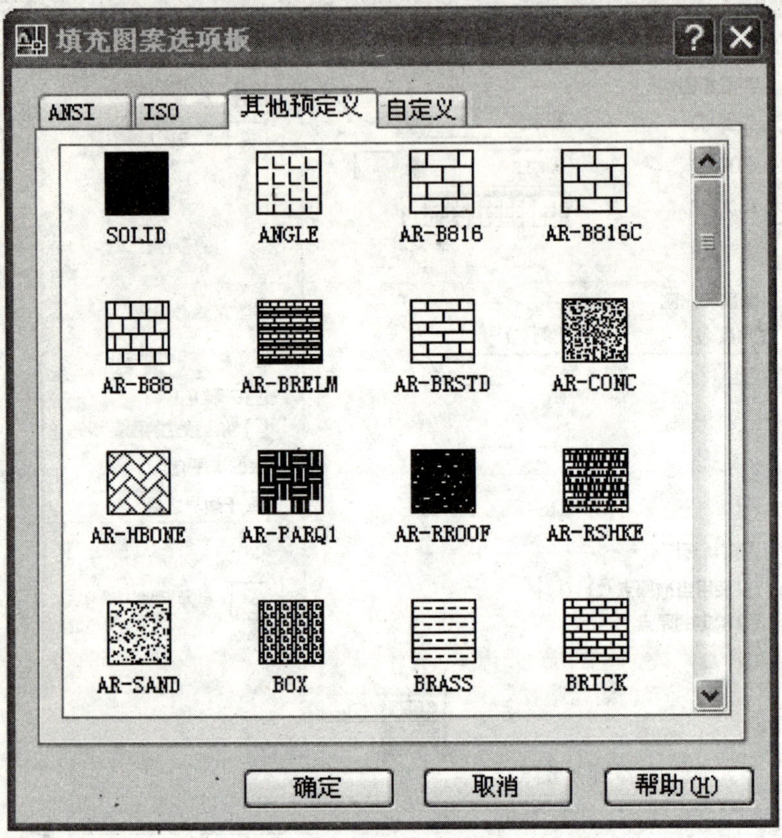

图 11-16 “填充图案选项板”对话框

我们提供了强大的文字功能。

命令：_ dtext↙

Dtext 为单行文本，当启动之后，命令行会出现如下提示：

当前文字样式：样式 1 当前文字高度：2.5000

指定文字的起点或［对正（J）/样式（S）］：J↙

［对齐（A）/调整（F）/中心（C）/中间（M）/右（R）/左上（TL）/中上（TC）/右上（TR）/左中（ML）/正中（MC）/右中（MR）/左下（BL）/中下（BC）/右下（BR）］：C↙

指定文字的中心点：(指定一点)

指定高度〈2.5000〉：8↙

指定文字的旋转角度〈0〉：↙

输入文字：AutoCAD 2007↙

输入文字：↙

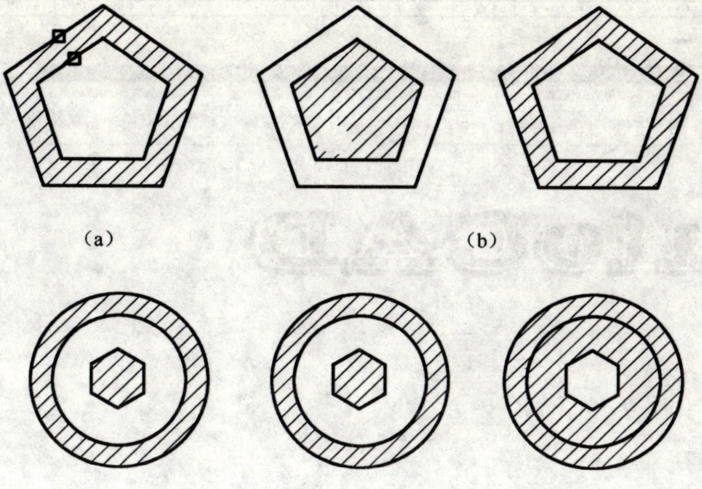

（a）　　（b）

（c）

图 11 - 17　填充图案

（a）选填充边界；（b）选填充区域内部点；（c）三种填充方式

对正的方式有很多种，这里是用其中的一种，以中心来确定文字的方位。

在制图中有许多特殊的符号，如直径符号、角度符号、公差符号，这些符号在键盘上是无法输入的，为此，AutoCAD 2007 提供了一些特殊的代码，这些代码如下：

%%C　　绘制直径符号　　ϕ60 需要输入“%%C60”

%%D　　绘制角度符号　　135°需要输入“135%%D”

%%P　　绘制公差符号　　70±0.05 需要输入“70%%P0.05”

AutoCAD 2007 提供的控制码，均由两个百分号（%%）和一个字母组成。

命令：_ mtext ↙

当前文字样式：“样式 1”当前文字高度：5

指定第一角点：

指定对角点或 [高度（H）/对正（J）/行距（L）/旋转（R）/样式（S）/宽度（W）]：

当矩形的两个对角点确定后，弹出“多行文字编辑器”对话框，如图 11 - 18 所示，从对话框中可以选择字体、字高、颜色、对齐方式和各种符号，输入文本后单击“确定”按钮即可。

特殊字符在多行文字中同单行文字一样，输入完成之后，点击“确定”即可。

其余的读者可以自己体会一下，在此笔者就不多做介绍。

图 11 - 18 “多行文字编辑器”对话框

11.7 编辑的基本命令

在绘制一张工程图时，不免要对这些图形进行一些简单的编辑，例如：修剪、镜像、移动等，为此 AutoCAD 2007 提供了一系列的编辑工具，如图 11 - 19 所示的“修改”工具栏，总共有 17 个按钮，下面就常用的命令分别做如下介绍。

图 11 - 19 “修改”工具栏

11.7.1 删除——Erase

在绘制一张工程图时，不免会出现一些错误，在出了错误的情况下，要及时地去删除或修改它。删除对象的方法如下。

命令：_ erase ↙

选择对象：

对象选择了之后，只需要单击右键或回车确定即可。也可以先选择对象，再单击删除按钮。

注：在选择对象时，可以单个选取也可用矩形选取，在必要的情况下还可以用多边形选取，只需在“选择对象：”后输入 Wp 并回车，即可实现多边形选取，当要选取的实体是最后一特征时，只需在“选择对象：”后输入 L 并回车。

11.7.2　复制——Copy

许多软件中都有复制功能，AutoCAD2007 中也不例外。

命令：_ copy↙

选择对象：找到 1 个

选择对象：↙

指定基点或位移，或者 [重复（M)]：指定位移的第二点或〈用第一点作位移〉：

如图 11 - 20 所示，图（a）为源对象，图（b）为复制后的对象。如果在一次命令中需要复制多个对象，可以在“指定基点或位移，或者 [重复（M)]：”后输入并回车。

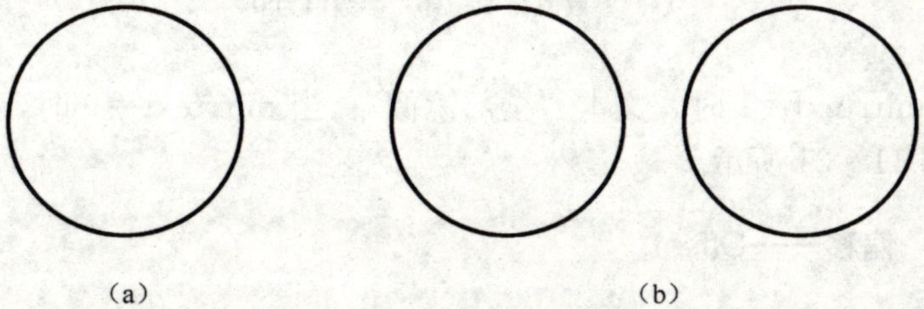

图 11 - 20　复制特征

（a）复制前；（b）复制后

11.7.3　镜像——Mirror

镜像含有复制的意义，只不过是所复制的对象在相对位置上发生了变化，镜像后的对象与镜像前的对象是关于某条轴对称的。

命令：_ mirror↙

选择对象：指定对角点：找到 4 个

选择对象：↙

指定镜像线的第一点：指定镜像线的第二点：

是否删除源对象？[是（Y）/否（N)]〈N〉：↙

如图 11 - 21（a）所示，不难发现，这里的文字也发生了变化，但工程上一般并不需要文字的镜像。在这里只需要设置一个内部参数，在命令行中输入 Mirrtext 来设置参数，具体如下：

命令：mirrtext↙

输入 MIRRTEXT 的新值〈1〉：0↙

将“文字镜像”参数从 1 设为 0。

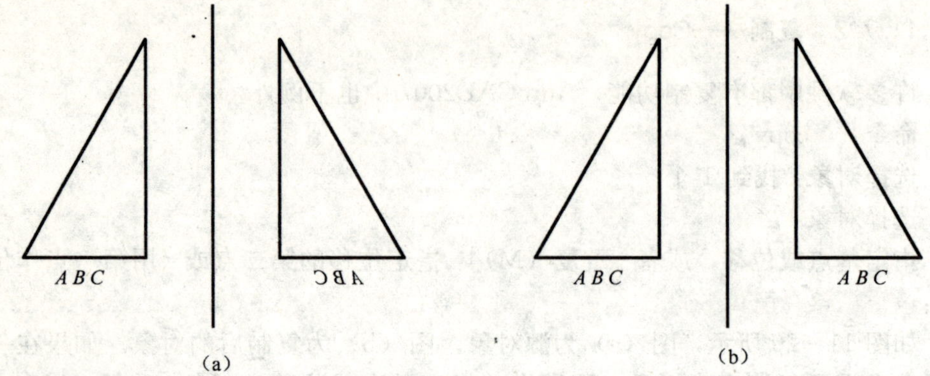

图 11 - 21　镜像特征

(a) 参数值为 1；(b) 参数值为 0

注：当 mirrtext=1 时，文本“全部镜像”；当 mirrtext=0 时，文本“部分镜像”，如图 11 - 21 所示。

11.7.4　偏移——Offset

偏移命令即复制一个等距离的实体，如等距离线（或多段线）、同心圆或多边形等，具体如下。

命令：_ offset ↙

指定偏移距离或 [通过 (T)] 〈1.0000〉：5 ↙

选择要偏移的对象或〈退出〉：

指定点以确定偏移所在一侧：

选择要偏移的对象或〈退出〉：↙

具体如图 11 - 22 所示，对于矩形和圆弧偏移后的物体与偏移前的物体在形状上相似，但不相等。

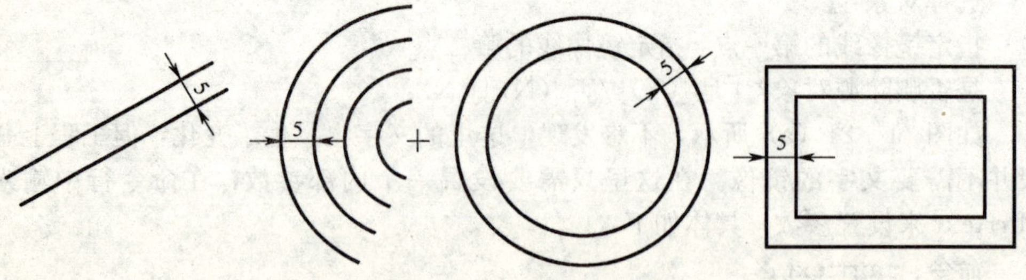

图 11 - 22　偏移特征

11.7.5　移动——Move

在绘制图形的过程中，如果所绘制图形的位置不满足要求，可以使用移动对象命令将要移动的图形对象移动到所需要的位置。

命令：_ move↙

选择对象：指定对角点：找到 10 个

选择对象：↙

指定基点或位移：指定位移的第二点或〈用第一点作位移〉：

如图 11 - 23 所示，第一个五角星在直线的左端点，移动后的五角星在直线的右端点。如果要求移动一个具体的位置，可在“指定位移的第二点”后输入一个具体的数据，在这里可以用绝对坐标或者相对坐标，具体的可根据需要而定。

图 11 - 23　移动特征

11.7.6　阵列——Array

阵列也是复制的一种特征，它可以复制呈规则分布的实体，以方便用户快速绘图。阵列分为两种，即矩形阵列、环形阵列。

1. 矩形阵列

命令：_ array↙

弹出“阵列”对话框，并选中“矩形阵列”复选框，如图 11 - 24 所示

点击“选择对象”按钮

选择对象：指定对角点：找到 1 个

在“矩形阵列”对话框中输入如图 11 - 24 所示的数据，并单击“确定”即可得到如图 11 - 25 所示的图形。

如图 11 - 25 所示，是由“要阵列的对象”阵列而成的，图中一共有 4 行、5 列，行偏移量为 15 个单位，列偏移量为 18 个单位。

注：与 X 轴平行的为行，与 Y 轴平行的为列。

2. 环形阵列

命令：_ array↙

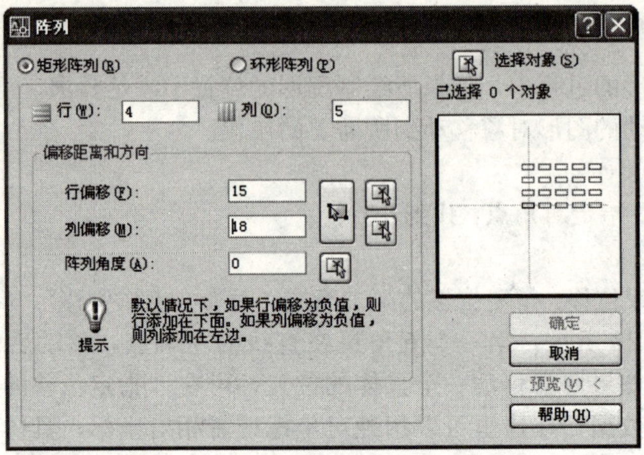

图 11-24 “矩形阵列”对话框

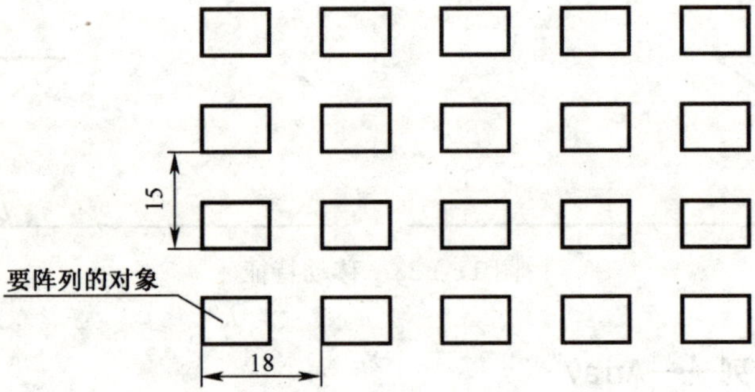

图 11-25 矩形阵列后的图形

弹出“阵列”对话框，并选中“环形阵列”复选框，如图 11-26 所示。

点击“选择对象”按钮

选择对象：指定对角点：找到 1 个（选择如图 11-27（a）所示的小矩形）

指定大圆的中心为阵列中心点，在“环形阵列”对话框输入如图 11-26 所示的数据，并单击“确定”即可得到如图 11-27（b）所示的图形。

11.7.7 旋转——Rotate

旋转是一种移动特征，要旋转图形，首先需要选择实体目标，然后输入所旋转的角度。

命令：_ rotate↙

UCS 当前的正角方向：ANGDIR＝逆时针 ANGBASE＝0

选择对象：指定对角点：找到 1 个

选择如图 11-28（a）所示中的所有图为被旋转的对象。

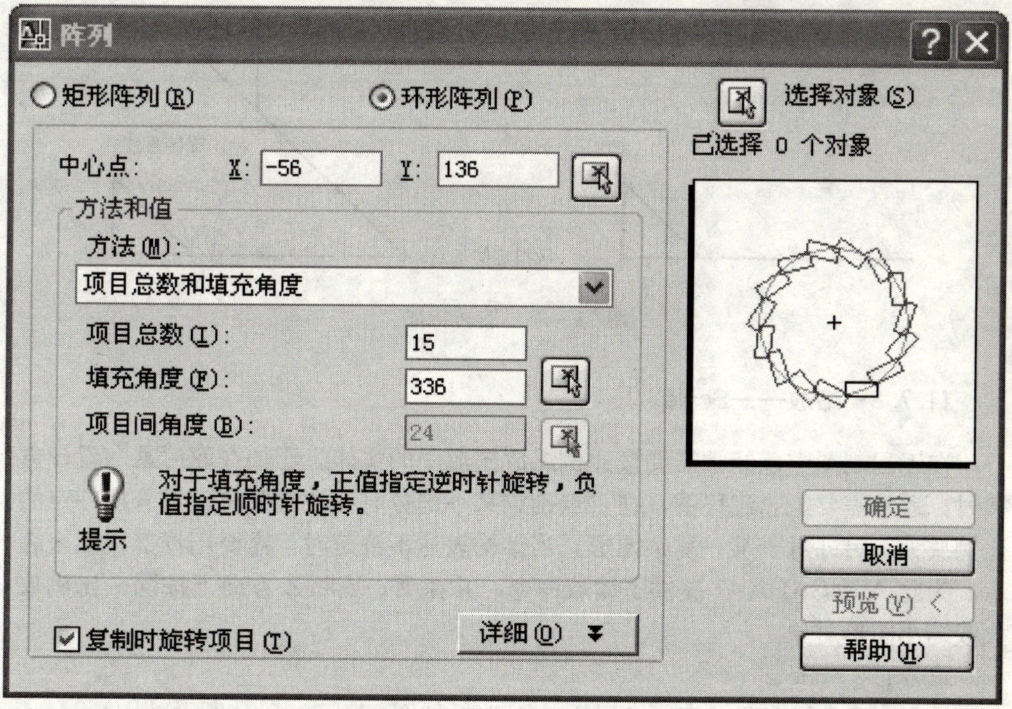

图 11 - 26　“环形阵列”对话框

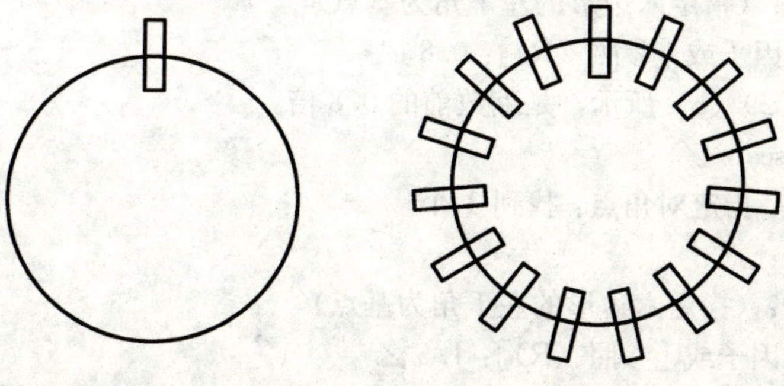

图 11 - 27　环形阵列后的图形

(a) 陈列前；(b) 陈列后

选择对象：↙

指定基点：(指定图中所标注的点为基点)

指定旋转角度或［参照 (R)］：45↙

旋转前与旋转后的对象如图 11 - 28 (b) 所示。

注意：逆时针为正，顺时针为负。

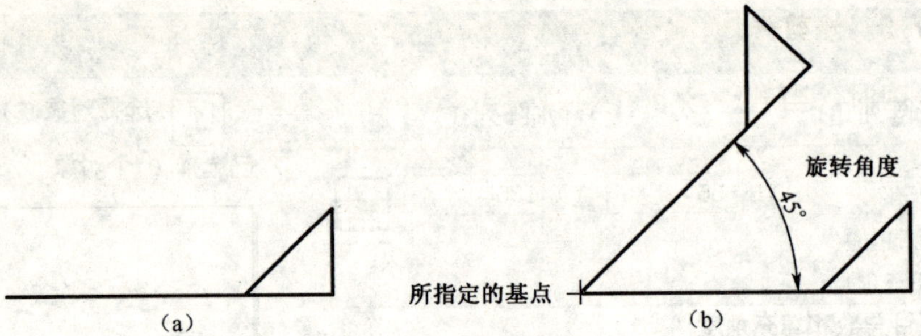

图 11 - 28　旋转特征

11.7.8　缩放——Scale

在工程制图中，经常需要按比例缩放图形中的实体。比如在商讨某一设计方案时，通常需要工艺流程图，在重点确定某一部分时，常常要将该部分按一定的比例放大。另外对于某一复杂图形，当结构表达不清楚时，需要用局部视图来表示。为此 AutoCAD2007 提供了缩放命令，并在 X、Y 和 Z 方向上按同一比例放大或缩小图形对象。

命令：_ scale↙

选择对象：指定对角点：找到 1 个（选择如图 11 - 29（a）所示的图）

选择对象：↙

指定基点：（指定六边形的左下角为基点）

指定比例因子或［参照（R)］：0.8↙

如图 11 - 29（b）所示，是缩放前的 0.8 倍。

命令：_ scale↙

选择对象：指定对角点：找到 1 个

选择对象：↙

指定基点：（指定六边形的左下角为基点）

指定比例因子或［参照（R)］：1.5↙

如图 11 - 29（c）所示，是缩放前的 1.5 倍。也可以用鼠标任意输入比例。

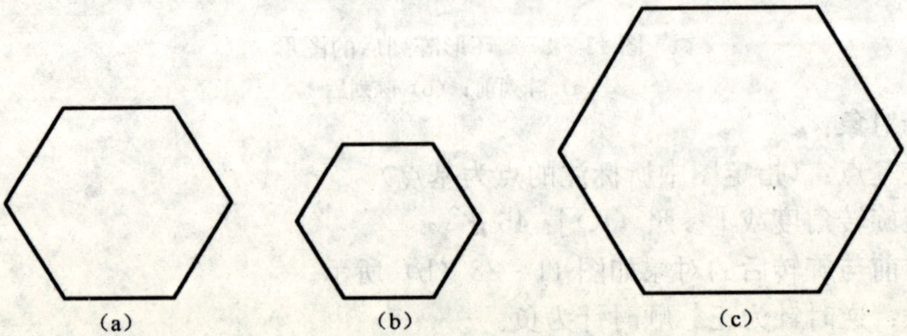

图 11 - 29　缩放特征

11.7.9　修剪——Trim

在绘图时，当若干线条相交且想在交点处精确地剪去多余的线段，可用 Trim 命令实现，先选择剪切边界，再去选择被剪的实体。可以修剪的对象为：直线、开放的二维和三维多段线、射线、参照线、样条线、构造线、圆、圆弧、椭圆及椭圆弧。

命令：_ trim↙

当前设置：投影＝UCS，边＝无

选择剪切边 ...

选择对象：指定对角点：找到 3 个

要想将图 11 - 30（a）剪为图 11 - 30（b），这 3 条线都应为剪切边界。

选择对象：↙

选择要修剪的对象，按住 Shift 键选择要延伸的对象，或［投影（P）/边（E）/放弃（U）］：

选择要修剪的对象，按住 Shift 键选择要延伸的对象，或［投影（P）/边（E）/放弃（U）］：

选择要修剪的对象，按住 Shift 键选择要延伸的对象，或［投影（P）/边（E）/放弃（U）］：

选择要修剪的对象，按住 Shift 键选择要延伸的对象，或［投影（P）/边（E）/放弃（U）］：

选择要修剪的对象，按住 Shift 键选择要延伸的对象，或［投影（P）/边（E）/放弃（U）］：

选择要修剪的对象，按住 Shift 键选择要延伸的对象，或［投影（P）/边（E）/放弃（U）］：

选择要修剪的对象，按住 Shift 键选择要延伸的对象，或［投影（P）/边（E）/放弃（U）］：

分别将要修剪的对象依次选中，如图 11 - 30 所示。

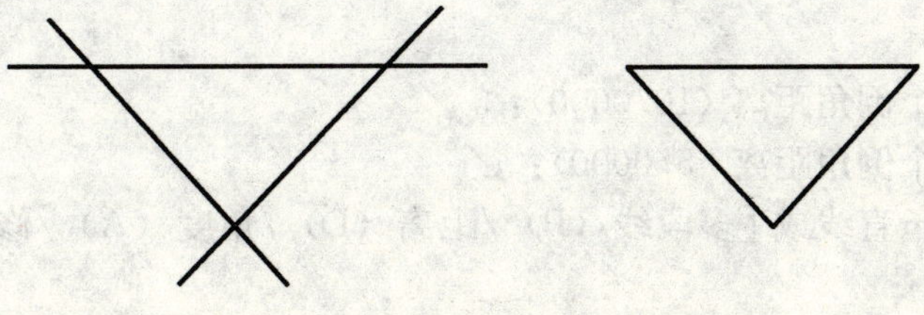

(a)　　　　(b)

图 11 - 30　修剪特征

命令：_ trim↙

当前设置：投影＝UCS，边＝无

选择剪切边...

选择对象：找到 1 个

选择对象：找到 1 个，总计 2 个（依次选择两个圆为剪切边界）

选择对象：↙

选择要修剪的对象，按住 Shift 键选择要延伸的对象，或［投影（P）/边（E）/放弃（U）］：

选择要修剪的对象，按住 Shift 键选择要延伸的对象，或［投影（P）/边（E）/放弃（U）］：

选择要修剪的对象，按住 Shift 键选择要延伸的对象，或［投影（P）/边（E）/放弃（U）］：

分别将要修剪的部分依次选中，如图 11－31 所示。

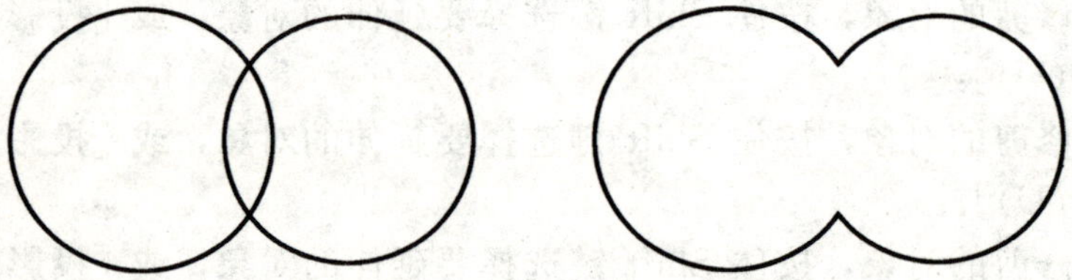

图 11－31　修剪特征

11.7.10　倒直角——Chamfer

只要两条直线已相交于一点（或可以相交于一点），就可以使用倒直角命为这两条直线倒角。

命令：_ chamfer↙

（"修剪"模式）当前倒角距离 1 ＝ 10.0000，距离 2 ＝ 10.0000

选择第一条直线或［多段线（P）/距离（D）/角度（A）/修剪（T）/方法（M）］：d↙

指定第一个倒角距离〈10.0000〉：5↙

指定第二个倒角距离〈5.0000〉：↙

选择第一条直线或［多段线（P）/距离（D）/角度（A）/修剪（T）/方法（M）］：

选择第二条直线：

命令：_ chamfer↙

（"修剪"模式）当前倒角距离 1 ＝ 5.0000，距离 2 ＝ 5.0000

选择第一条直线或［多段线（P）/距离（D）/角度（A）/修剪（T）/方法（M）］：

选择第二条直线：

如图 11 - 32 所示，被倒角的倒距为 5，当第一个倒距设置好以后，第二个倒距默认与第一个相等，当需要设置不同的值时，只要在“指定第二个倒角距离”后输入所要的值。

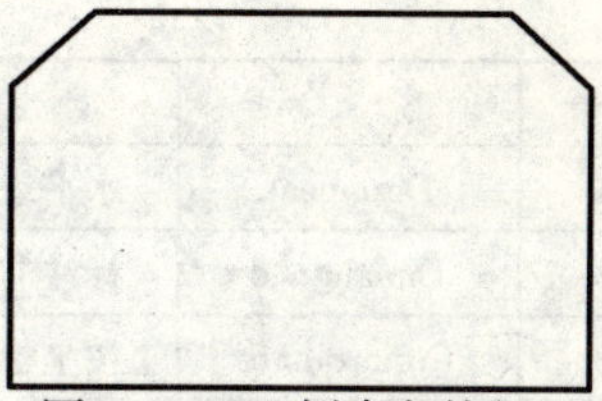

图 11 - 32　倒直角特征

11.7.11　倒圆角——Fillet

倒圆角和倒直角有些相似，它要求用一段弧在两实体之间光滑过渡。AutoCAD2007 提供了倒圆角命令以实现圆角连接功能。

命令：_ fillet↙

当前模式：模式 = 修剪，半径 = 10.0000

选择第一个对象或［多段线（P）/半径（R）/修剪（T）］：r↙

指定圆角半径〈10.0000〉：6↙

选择第一个对象或［多段线（P）/半径（R）/修剪（T）］：

选择第二个对象：

命令：_ fillet↙

当前模式：模式 = 修剪，半径 = 6.0000

选择第一个对象或［多段线（P）/半径（R）/修剪（T）］：

选择第二个对象：

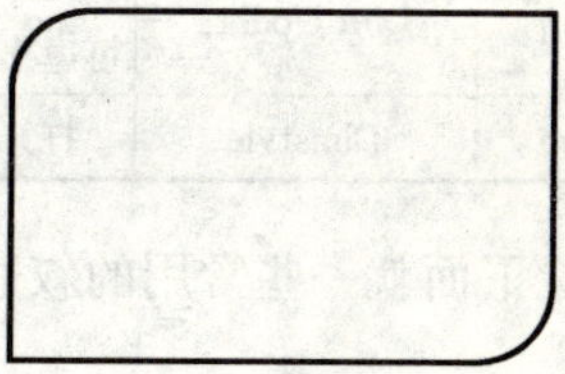

图 11 - 33　倒圆角特征

所设的圆角半径为 6，如图 11 - 33 所示。

11.8　尺寸的标注

尺寸标注是工程图中表达一个零件形状的重要参数。

为了能精确地标注尺寸一般需要与捕捉工具配合使用，如捕捉交点、端点等。此外，要使用尺寸标注工具栏如图 11 - 34 所示，从下拉列表中选择副本 ISO - 25，工具栏的主要功能见表 11 - 1。

图 11 - 34　“标注”工具栏

表 11-1 尺寸标注命令

序号	命令	含义
1	Dimlinear	水平或垂直的线性尺寸
2	Dimaligned	标注非正交尺寸和圆的直径、弧的弦长
3	Dimordinate	按坐标标注尺寸，须用 UCS、OR 命令在零件上指定原点以后使用
4	Dimradius	标注半径尺寸
5	Dimdiameter	标注直径尺寸
6	Dimangular	标注角度（锐角或其补角）
7	Qdim	快速标注尺寸
8	Dimbaseline	基线标注
9	Dimcontinue	连续标注
10	Qleader	快速创建引线标注和引线注释
11	Tolerance	打开形位公差符号选择框
12	Dimcenter	标注圆或圆弧的十字中心符号
13	Dimedit	尺寸标注的文字可进行更新、旋转或设置线性尺寸中尺寸界线的倾斜角度
14	Dimtedit	整个尺寸标注的位置可随鼠标移动，尺寸数字可转角和移动
15	Dim Update	尺寸标注样式修改后，用其对图中已标注的尺寸样式进行更新，键入 Exit 可退出该命令
16	Dimstyle	打开尺寸标注样式（Dimension Style）对话框

下面就一些常用的叙述如下：

11.8.1 线性标注

线性标注——标注水平尺寸和垂直尺寸。

命令：_ dimlinear ↙

指定第一条尺寸界线原点或〈选择对象〉：

指定第二条尺寸界线原点：指定尺寸线位置或

[多行文字（M）/文字（T）/角度（A）/水平（H）/垂直（V）/旋转（R）]：

标注文字 =54

命令：_ dimlinear ↙

指定第一条尺寸界线原点或〈选择对象〉：

指定第二条尺寸界线原点：指定尺寸线位置或

[多行文字（M）/文字（T）/角度（A）/水平（H）/垂直（V）/旋转（R）]：

标注文字 =27

命令：_ dimlinear ↙

指定第一条尺寸界线原点或〈选择对象〉：

指定第二条尺寸界线原点：指定尺寸线位置或

[多行文字（M）/文字（T）/角度（A）/水平（H）/垂直（V）/旋转（R)]：

标注文字＝36

所标注的尺寸如图 11 - 35 所示。

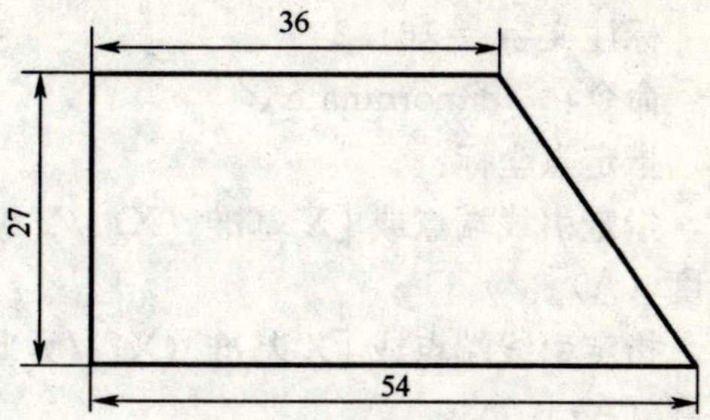

图 11 - 35　线性标注

11.8.2　对齐标注

对齐标注——标注与任意两点连线相平行的尺寸，也可标注圆的直径、弧的弦长，如图 11 - 36 所示。

命令：_ dimaligned ↙

指定第一条尺寸界线原点或〈选择对象〉：

指定第二条尺寸界线原点：

指定尺寸线位置或

[多行文字（M）/文字（T）/角度（A)]：

标注文字 ＝31.5

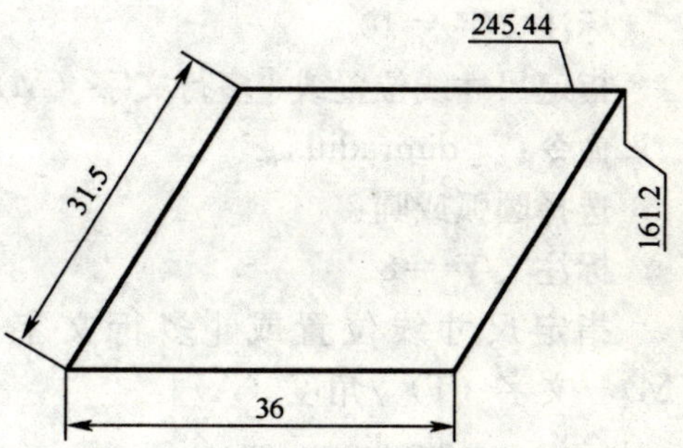

图 11 - 36　对齐标注与坐标标注

命令：_ dimaligned

指定第一条尺寸界线原点或〈选择对象〉：

指定第二条尺寸界线原点：

指定尺寸线位置或

[多行文字（M）/文字（T）/角度（A)]：

标注文字 ＝36

11.8.3　坐标标注

坐标标注——标注任意一点相对于原点的坐标值，如图 11 - 36 所示。

命令：_ dimordinate ↙

指定点坐标：

指定引线端点或 [X 基准（X）/Y 基准（Y）/多行文字（M）/文字（T）/角度（A)]：x

指定引线端点或 [X 基准（X）/Y 基准（Y）/多行文字（M）/文字（T）/

角度（A)]：

标注文字 =161.2

命令：_ dimordinate↙

指定点坐标：

指定引线端点或［X 基准（X）/Y 基准（Y）/多行文字（M）/文字（T）/角度（A)]：y

指定引线端点或［X 基准（X）/Y 基准（Y）/多行文字（M）/文字（T）/角度（A)]：

标注文字 =245.44

11.8.4 半径与直径标注

半径与直径标注——标注圆弧或圆的半径和直径。

命令：_ dimradius↙

选择圆弧或圆：

标注文字 =10

指定尺寸线位置或［多行文字（M）/文字（T）/角度（A)]：

命令：_ dimradius↙

选择圆弧或圆：

标注文字 =8

指定尺寸线位置或［多行文字（M）/文字（T）/角度（A)]：

命令：_ dimdiameter↙

选择圆弧或圆：

标注文字 =18

指定尺寸线位置或［多行文字（M）/文字（T）/角度（A)]：

所标注的半径与直径如图 11 - 37 所示。

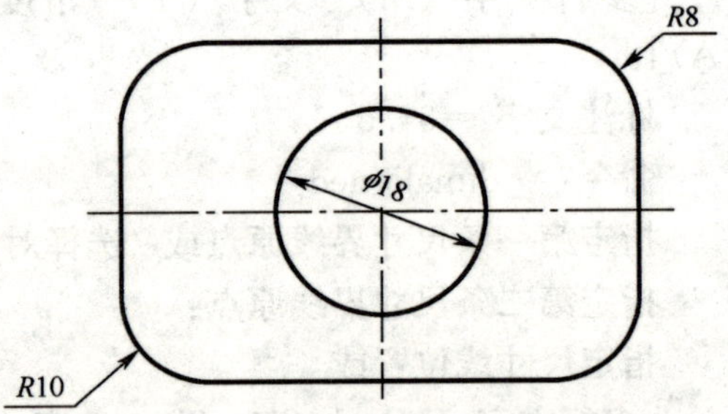

图 11 - 37 半径与直径标注

11.8.5 角度标注

角度标注——标注直线与直线的锐角或其补角、圆弧的圆心角。

命令：_ dimangular↙

选择圆弧、圆、直线或〈指定顶点〉：

选择第二条直线：

指定标注弧线位置或［多行文字（M）/文字（T）/角度（A)]：

标注文字 =30

命令：_ dimangular↙

选择圆弧、圆、直线或〈指定顶点〉：

指定标注弧线位置或［多行文字（M）/文字（T）/角度（A）］：

标注文字 =100

所标注的角度如图 11 - 38 所示。

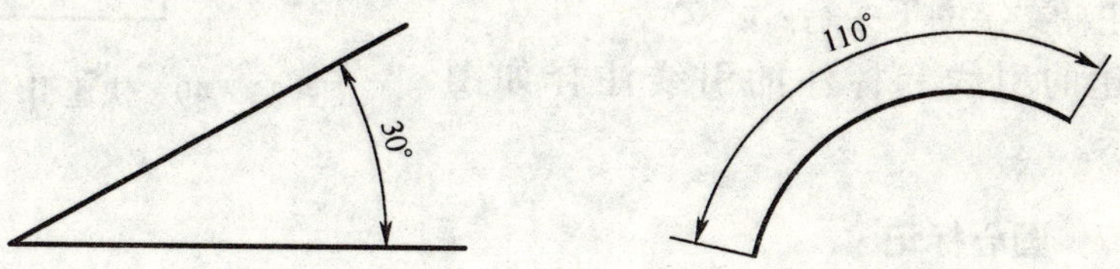

（a）　　（b）

图 11 - 38　角度标注

11.8.6　快速引线标注

快速引线标注——快速创建引线标注和引线注释。

命令：_ qleader↙

指定第一个引线点或［设置（S）］〈设置〉：s↙

弹出如图 11 - 39 所示的“引线设置”对话框，在“注释”中将“多行文字”复选框选中；在“引线和箭头”中将箭头设置为“无”，角度中的第一段设置为“45°”；在“附着”中将“最后一行加下画线”复选框选中。

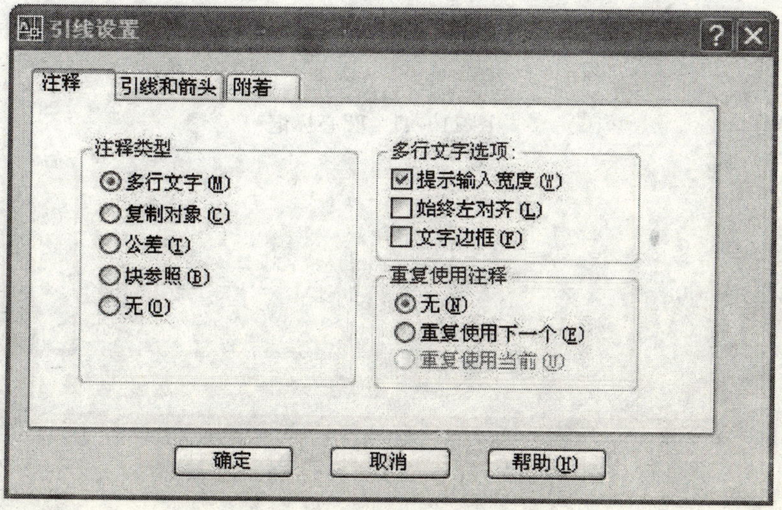

图 11 - 39　“引线设置”对话框

指定第一个引线点或［设置（S）］〈设置〉：

指定下一点：

指定下一点：

指定文字宽度〈0〉：↙

输入注释文字的第一行〈多行文字（M）〉：2×5%%D↙

输入注释文字的下一行：↙

所创建的引线和标注的引线注释如图 11 - 40所示。

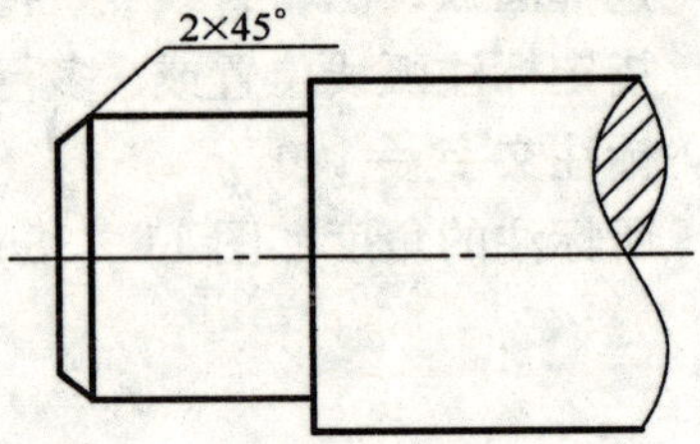

图 11 - 40　快速引线标注

11.8.7　圆心标记

圆心标记——标注圆或圆弧的十字中心符号。

命令：_ dimcenter↙

选择圆弧或圆：

命令：_ dimcenter↙

选择圆弧或圆：

所作的圆心标记如图 11 - 41 所示。

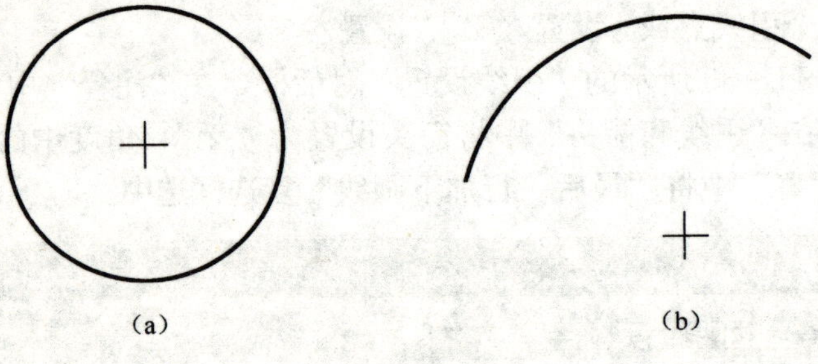

图 11 - 41　圆心标记

附　录

附表 1　普通螺纹直径与螺距系列、基本尺寸（GB/T 193—2003，GB/T 196—2003）

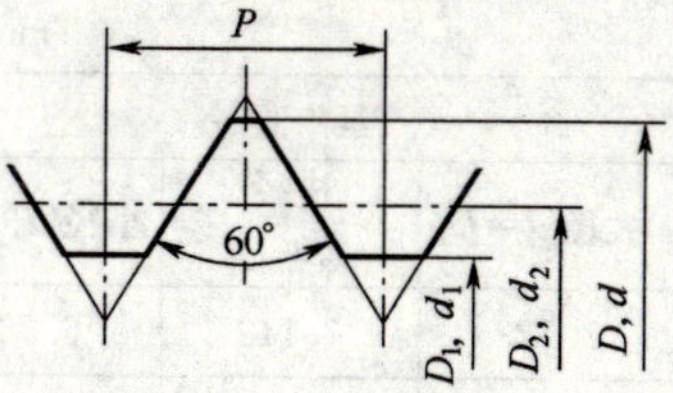

标记示例

公称直径 24mm，螺距为 3mm 的粗牙右旋普通螺纹：M24

公称直径 24mm，螺距为 1.5mm 的细牙左旋普通螺纹：M24×1.5LH

mm

公称直径 D、d		螺距 P		粗牙小径 D_1、d_1	公称直径 D、d		螺距 P		粗牙小径 D_1、d_1
第一系列	第二系列	粗牙	细　牙		第一系列	第二系列	粗牙	细　牙	
3		0.5	0.35	2.459		22	2.5	2、1.5、1、(0.75)、(0.5)	19.294
	3.5	(0.6)	0.35	2.850	24		3	2、1.5、1、(0.75)	20.752
4		0.7	0.5	3.242		27	3	2、1.5、1、(0.75)	23.751
	4.5	(0.75)	0.5	3.688	30		3.5	(3)、2、1.5、1、(0.75)	26.211
5		0.8	0.5	4.134		33	3.5	(3)、2、1.5、(1)、(0.75)	29.211
6		1	0.75、(0.5)	4.917	36		4	3、2、1.5、(1)	31.670
8		1.25	1、0.75、(0.5)	6.647		39	4	3、2、1.5、(1)	34.670
10		1.5	1.25、1、0.75、(0.5)	8.376	42		4.5	(4)、3、2、1.5、(1)	37.129
12		1.75	1.5、1.25、1、(0.75)、(0.5)	10.106		45	4.5	(4)、3、2、1.5、(1)	40.129
	14	2	1.5、(1.25)、1、(0.75)、(0.50)	11.835	48		5	(4)、3、2、1.5、(1)	42.587
16		2	1.5、1、(0.75)、(0.5)	13.835		52	5	(4)、3、2、1.5、(1)	46.587
	18	2.5	2、1.5、1、(0.75)、(0.5)	15.294	56		5.5	4、3、2、1.5、(1)	50.046
20		2.5	2、1.5、1、(0.75)、(0.5)	17.294		60	5.5	4、3、2、1.5、(1)	54.046

注：1. 优先选用第一系列，括号内尺寸尽可能不用。第三系列未列入。

2. M14×1.25 仅用于火花塞；M35×1.5 仅用于滚动轴承锁紧螺母。

3. 中径 D_2、d_2 未列入。

附表 2 非螺纹密封的管螺纹（GB/T 7307—2001）

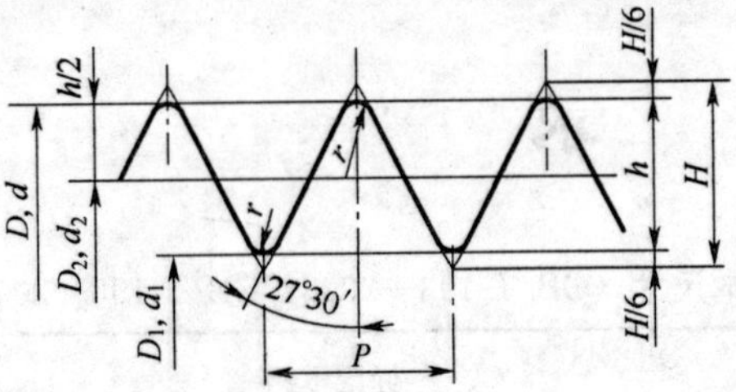

标记示例

内螺纹 G1 1/2

A 级外螺纹 G1 1/2A

B 级外螺纹 G1 1/2B

左旋 G1 1/2B - LH

$P=\frac{25.4}{n}$ $H=0.960\ 491P$

mm

尺寸代号	每 25.4mm 内的牙数 n	螺距 P	牙高 h	圆弧半径 r	基本直径		
					大径 $d=D$	中径 $d_2=D_2$	小径 $d_1=D_1$
1/16	28	0.907	0.581	0.125	7.723	7.142	6.561
1/8	28	0.907	0.581	0.125	9.728	9.147	8.566
1/4	19	1.337	0.856	0.184	13.157	12.301	11.445
3/8	19	1.337	0.856	0.184	16.662	15.806	14.950
1/2	14	1.814	1.162	0.249	20.955	19.793	18.631
5/8	14	1.814	1.162	0.249	22.911	21.749	20.587
3/4	14	1.814	1.162	0.249	26.441	25.279	24.117
7/8	14	1.814	1.162	0.249	30.201	29.039	27.877
1	11	2.309	1.479	0.317	33.249	31.770	30.291
1⅛	11	2.309	1.479	0.317	37.897	36.418	34.939
1¼	11	2.309	1.479	0.317	41.910	40.431	38.952
1½	11	2.309	1.479	0.317	47.803	46.324	44.845
1¾	11	2.309	1.479	0.317	53.746	52.267	50.788
2	11	2.309	1.479	0.317	59.614	58.135	56.658
2¼	11	2.309	1.479	0.317	65.710	64.231	62.752
2½	11	2.309	1.479	0.317	75.184	73.705	72.226
2¾	11	2.309	1.479	0.317	81.534	80.055	78.576
3	11	2.309	1.479	0.317	87.884	86.405	84.926
3½	11	2.309	1.479	0.317	100.330	98.851	97.372
4	11	2.309	1.479	0.317	113.030	111.551	110.072
4½	11	2.309	1.479	0.317	125.730	124.251	122.772
5	11	2.309	1.479	0.317	138.430	136.951	135.472
5½	11	2.309	1.479	0.317	151.130	149.651	148.172
6	11	2.309	1.479	0.317	163.830	162.351	160.872

附表 3　梯形螺纹直径与螺距系列、基本尺寸（GB/T 5796.1～5796.4—2005）

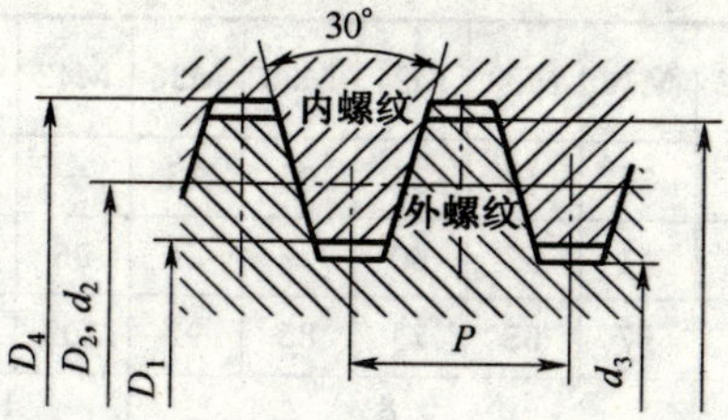

标记示例

公称直径为 40mm，螺距为 7mm，右旋的单线梯形螺纹：Tr40×7

公称直径为 40mm，导程为 14mm，螺距为 7mm，左旋的双线梯形螺纹：Tr40 × 14 (P7) LH

mm

公称直径 d		螺距	中径	大径	小径		公称直径 d		螺距	中径	大径	小径	
第一系列	第二系列	P	$d_2=D_2$	D_4	d_3	D_1	第一系列	第二系列	P	$d_2=D_2$	D_4	d_3	D_1
8		1.5	7.25	8.3	6.2	6.5	28		5	25.5	28.5	22.5	23
	9	2	8	9.5	6.5	7		30	6	27	31	23	24
10		2	9	10.5	7.5	8	32		6	29	33	25	26
	11	2	10	11.5	8.5	9		34	6	31	35	27	28
12		3	10.5	12.5	8.5	9	36		6	33	37	29	30
	14	3	12.5	14.5	10.5	11		38	7	34.5	39	30	31
16		4	14	16.5	11.5	12	40		7	36.5	41	32	33
	18	4	16	18.5	13.5	14		42	7	38.5	43	34	35
20		4	18	20.5	15.5	16	44		7	40.5	45	36	37
	22	5	19.5	22.5	16.5	17		46	8	42	47	37	38
24		5	21.5	24.5	18.5	19	48		8	44	49	39	40
	26	5	23.5	26.5	20.5	21		50	8	46	51	41	42

注：1. 本标准规定了一般用途梯形螺纹基本牙型，公称直径为 8～300mm（本表仅摘录 8～50mm）的直径与螺距系列以及基本尺寸。

2. 应优先选用第一系列的直径。

3. 在每一个直径所对应的诸螺距中，本表仅摘录应优先选用的螺距和相应的基本尺寸。

附表 4　六角头螺栓

六角头螺栓—A 和 B 级（GB/T 5782—2000）　　六角头螺栓—全螺栓—A 和 B 级（GB/T 5783—2000）

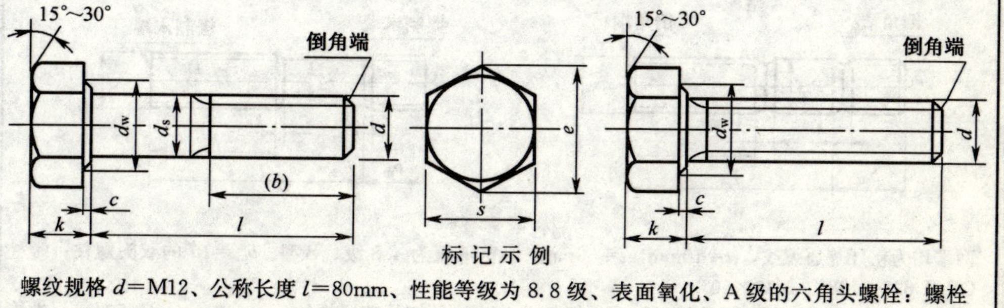

标记示例

螺纹规格 d=M12、公称长度 l=80mm、性能等级为 8.8 级、表面氧化、A 级的六角头螺栓：螺栓　GB/T 5782—2000　M12×80

螺纹规格 d=M12、公称长度 l=80mm、性能等级为 8.8 级、表面氧化、全螺纹、A 级的六角头螺栓：螺栓　GB/T 5783—2000　M12×80

（续）

mm

螺纹规格	d	M4	M5	M6	M8	M10	M12	M16	M20	M24	M30	M36	M42	M48
b 参考	$l \leqslant 125$	14	16	18	22	26	30	38	46	54	66	78	—	—
	$125 < l \leqslant 200$	—	—	—	28	32	36	44	52	60	72	84	96	108
	$l > 200$	—	—	—	—	—	—	57	65	73	85	97	109	121
c_{max}		0.4	0.5		0.6			0.8					1	
k		2.8	3.5	4	5.3	6.4	7.5	10	12.5	15	18.7	22.5	26	30
d_{smax}		4	5	6	8	10	12	16	20	24	30	36	42	48
S_{max}		7	8	10	13	16	18	24	30	36	46	55	65	75
e_{min}	A	7.66	8.79	11.05	14.38	17.77	20.03	26.75	33.53	39.98	—	—	—	—
	B	—	8.63	10.89	14.2	17.59	19.85	26.17	32.95	39.55	50.85	60.79	72.02	82.6
d_{wmin}	A	5.9	6.9	8.9	11.6	14.6	16.6	22.5	28.2	33.6	—	—	—	—
	B	—	6.7	8.7	11.4	14.4	16.4	22	27.7	33.2	42.7	51.1	60.6	69.4
l 范围	GB 5782	25～40	25～50	30～60	35～80	40～100	45～120	55～160	65～200	80～240	90～300	110～360	130～400	140～400
	GB 5783	8～40	10～50	12～60	16～80	20～100	25～100	35～100	40～100				80～500	100～500
l 系列	GB 5782	20～65（5进位）、70～160（10进位）、180～400（20进位）												
	GB 5783	8、10、12、16、18、20～65（5进位）、70～160（10进位）、180～500（20进位）												

注：1. P 螺距。末端按 GB/T—2001 规定。

2. 螺纹公差：6g；力学性能等级：8.8。

3. 产品等级：A级用于 $d \leqslant 24$ 和 $l \leqslant 10d$ 或者 $l \leqslant 150$mm（按较小值）；

B级用于 $d > 24$ 或 $l > 10d$ 或 $l > 150$mm（按较小值）。

附表5 双头螺柱

$b_m = 1d$（GB/T 897—1988） $b_m = 1.25d$（GB/T 898—1988） $b_m = 1.5d$（GB/T 899—1988）

$b_m = 2d$（GB/T 900—1988）

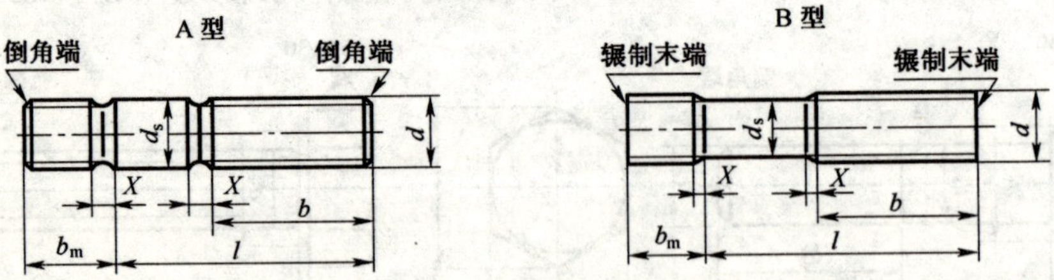

标记示例

两端均为粗牙普通螺纹，$d=10$mm，$l=50$mm，性能等级为4.8级、B型、$b_m=1d$ 的双头螺柱：螺柱 GB/T 897—1988 M10×50

旋入一端为粗牙普通螺纹，旋螺母一端为螺距 $P=1$mm 的细牙普通螺纹，$d=10$mm，$l=50$mm，性能等级为4.8级、A型、$b_m=1d$ 的双头螺柱：螺柱 GB/T 897—1988 AM10 - M10×1×50

旋入一端为过渡配合的第一种配合，旋螺母一端为粗牙普通螺纹，$d=10$mm，$l=50$mm，性能等级为8.8级、B型、$b_m=1d$ 的双头螺柱：螺柱 GB/T 897—1988 GM10 - M10×50 - 8.8

（续）

mm

螺纹规格 d		M4	M5	M6	M8	M10	M12	M16	M20	M24	M30	M36	M42	M48
b_m	GB 897	—	5	6	8	10	12	16	20	24	30	36	42	48
	GB 898	—	6	8	10	12	15	20	25	30	38	45	52	60
	GB 899	6	8	10	12	15	18	24	30	36	45	54	65	72
	GB 900	8	10	12	16	20	24	32	40	48	60	72	84	96
d_s		A 型 d_s＝螺纹大径　B 型 d_s≈螺纹中径												
x		1.5P												
$\frac{l}{b}$		16～22/8 25～40/14	16～22/10 25～50/16	20～22/10 25～30/14 32～75/18	20～22/12 25～30/16 32～90/22	25～28/14 30～38/16 40～120/26 130/32	25～30/16 32～40/20 45～120/30 130～180/36	30～38/20 40～55/30 60～120/38 130～200/44	35～40/25 45～65/35 70～120/46 130～200/52	45～50/30 55～75/45 80～120/54 130～200/60	60～65/40 70～90/50 95～120/60 130～200/72 210～250/85	65～75/45 80～110/60 120/78 130～200/84 210～300/97	70～80/50 85～110/70 120/90 130～200/96 210～300/109	80～90/60 95～110/80 120/102 130～200/108 210～300/121
l 系列		16、(18)、20、(22)、25、(28)、30、(32)、35、(38)、40、45、50、(55)、60、(65)、70、(75)、80、(85)、90、(95)、100、110、120、130、140、150、160、170、180、190、200、210、220、230、240、250、260、280、300												

附表 6　Ⅰ型六角螺母

Ⅰ型六角螺母—A 和 B 级（GB/T 6170—2000）　　Ⅰ型六角螺母—C 级（GB/T 41—2000）

允许制造的型式

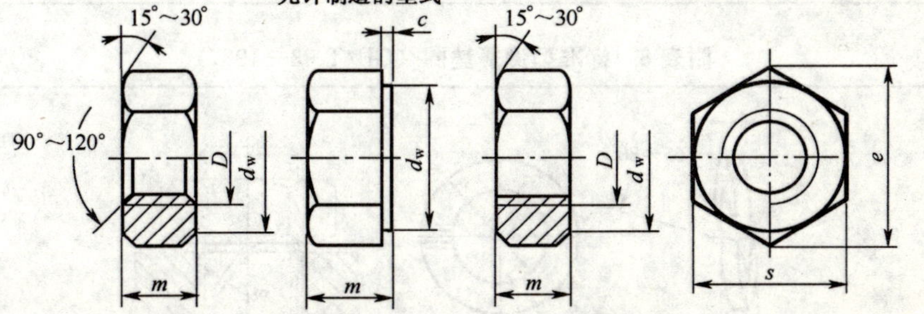

A 和 B 级　　C 级

标 记 示 例

螺纹规格 D=M12、性能等级为 10 级、不经表面处理、A 级的Ⅰ型六角螺母：螺母　GB/T 6170—2000　M12

螺纹规格 D=M12、性能等级为 5 级、不经表面处理、C 级的Ⅰ型六角螺母：螺母　GB/T 41—2000　M12

mm

螺母规格 D		M4	M5	M6	M8	M10	M12	M16	M20	M24	M30	M36	M42	M48
c		0.4	0.5		0.6			0.8				1		
s_{max}		7	8	10	13	16	18	24	30	36	46	55	65	75
e_{min}	A、B 级	7.66	8.79	11.05	14.38	17.77	20.03	26.75	32.95	39.55	50.85	60.79	72.02	82.6
	C 级	—	8.63	10.89	14.2	17.59	19.85	26.17	32.95	39.55	50.85	60.79	72.02	82.6
m_{max}	A、B 级	3.2	4.7	5.2	6.8	8.4	10.8	14.8	18	21.5	25.6	31	34	38
	C 级	—	5.6	6.1	7.9	9.5	12.2	15.9	18.7	22.3	26.4	31.5	34.9	38.9

（续）

螺母规格 D		M4	M5	M6	M8	M10	M12	M16	M20	M24	M30	M36	M42	M48
d_{wmin}	A、B级	5.9	6.9	8.9	11.6	14.6	16.6	22.5	27.7	33.2	42.7	51.1	60.6	69.4
	C级	—	6.9	8.7	11.5	14.5	16.5	22	27.7	33.2	42.7	51.1	60.6	69.4

注：1. A级用于 $D \leqslant 16$ 的螺母；B级用于 $D>16$ 的螺母；C级用于 $D \geqslant 5$ 的螺母。

2. 螺纹公差：A、B为6H，C级为7H；力学性能等级；A、B级为6、8、10级，C级为4、5级。

附表 7 平垫圈

平垫圈—A级（GB/T 97.1—2002）　　平垫圈 倒角型 A级（GB/T 97.2—2002）

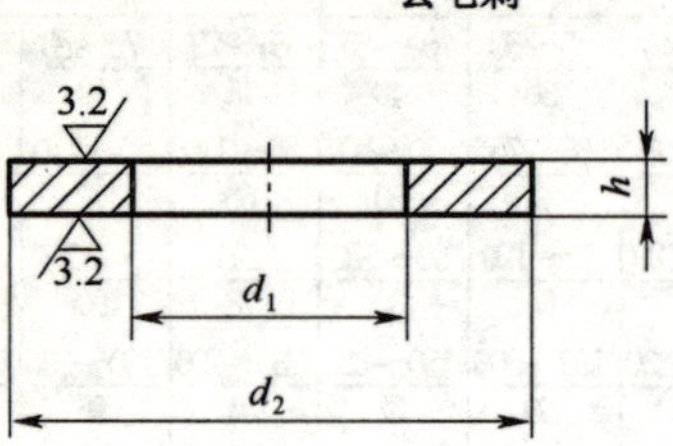

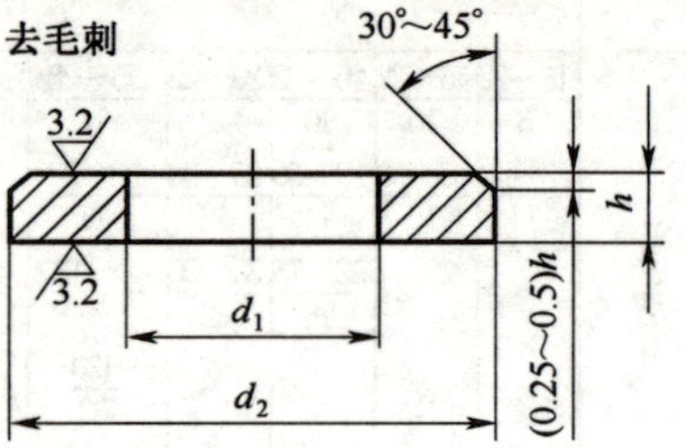

标 记 示 例

标准系列、公称尺寸 $d=8$mm、性能等级为140HV级、不经表面处理的平垫圈：

垫圈 GB/T 97.1—2002 8—140HV

mm

公称尺寸（螺纹规格）d	3	4	5	6	8	10	12	14	16	20	24	30	36
内径 d_1	3.2	4.3	5.3	6.4	8.4	10.5	13	15	17	21	25	31	37
外径 d_2	7	9	10	12	16	20	24	28	30	37	44	56	66
厚度 h	0.5	0.8	1	1.6	1.6	2	2.5	2.5	3	3	4	4	5

附表 8 标准型弹簧垫圈（GB/T 93—1987）

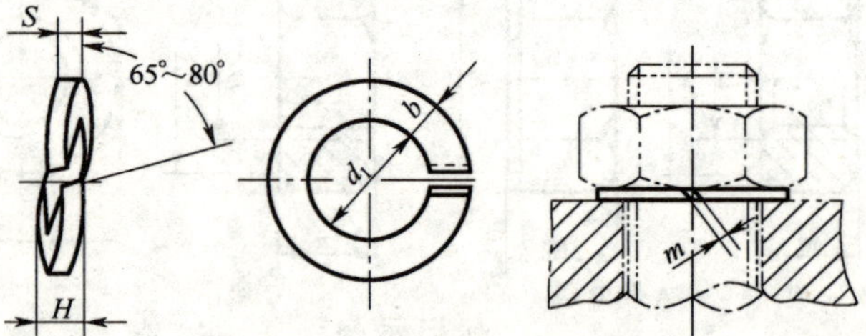

标 记 示 例

规格16mm、材料为65Mn、表面氧化的标准型弹簧垫圈：垫圈 GB/T 93—1987 16

mm

规格（螺纹大径）	4	5	6	8	10	12	16	20	24	30	36	42	48
$d_{1\min}$	4.1	5.1	6.1	8.1	10.2	12.2	16.2	20.2	24.5	30.5	36.5	42.5	48.5
$S=b$ 公称	1.1	1.3	1.6	2.1	2.6	3.1	4.1	5	6	7.5	9	10.5	12
$m \leqslant$	0.55	0.65	0.8	1.05	1.3	1.55	2.05	2.5	3	3.75	4.5	5.25	6
$H_{\max}$	2.75	3.25	4	5.25	6.5	7.75	10.25	12.5	15	18.75	22.5	26.25	30

附表 9　螺钉

开槽圆柱头螺钉（GB/T 65—2000）

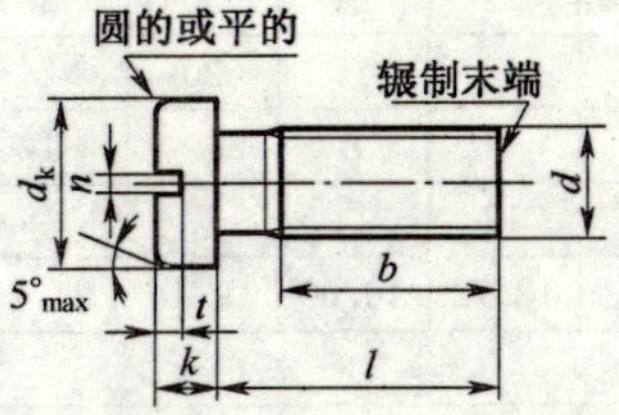

开槽盘头螺钉（GB/T 67—2000）

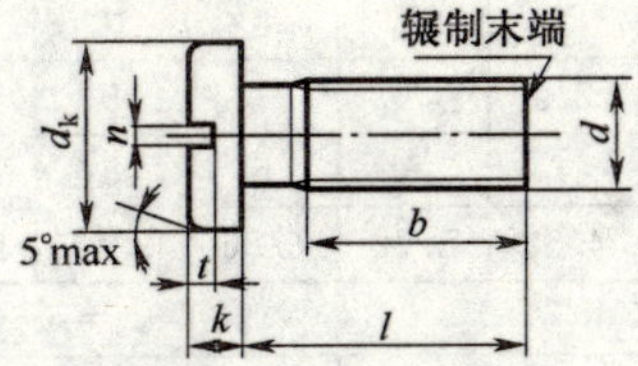

开槽沉头螺钉（GB/T 68—2000）

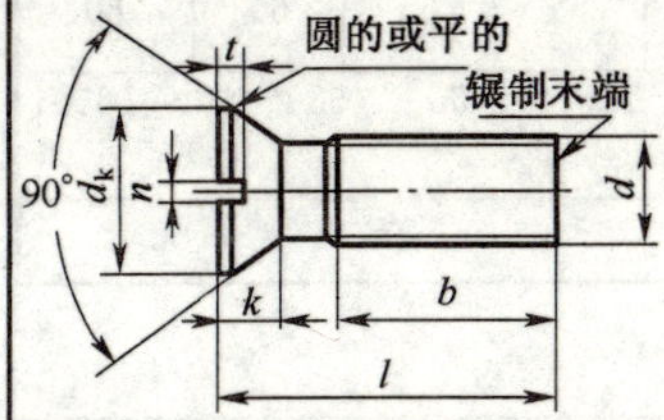

开槽半沉头螺钉（GB/T 69—2000）

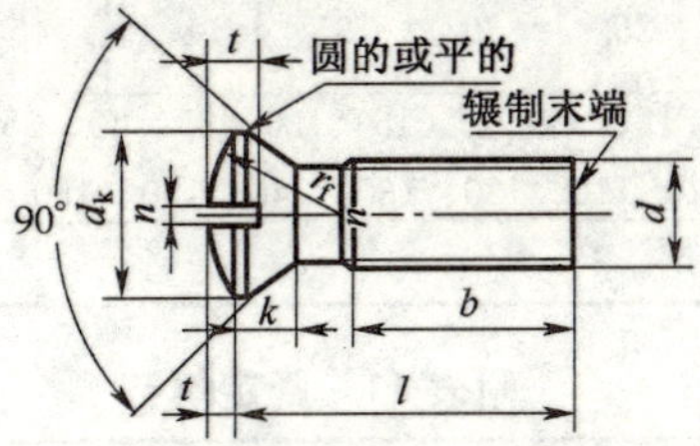

无螺纹部分杆径≈中径或=螺纹大径

标记示例

螺纹规格 d=M5、公称长度 l=20mm、性能等级为4.8级、不经表面处理的开槽圆柱头螺钉：

螺钉　GB/T 65—2000　M5×20

mm

螺纹规格 d	P	b_{min}	n 公称	f	r_f	k_{max}			d_{max}			t_{min}				l 范围
				GB69	GB69	GB65	GB67	GB68 GB69	GB65	GB67	GB68 GB69	GB65	GB67	GB68	GB69	
M3	0.5	25	0.8	0.7	6	2.0	1.8	1.65	5.5	5.6	5.5	0.85	0.7	0.6	1.2	4～30
M4	0.7	38	1.2	1	9.5	2.6	2.4	2.7	7	8	8.4	1.1	1	1	1.6	5～40
M5	0.8	38	1.2	1.2	9.5	3.3	3.0	2.7	8.5	9.5	9.3	1.3	1.2	1.1	2	6～50
M6	1	38	1.6	1.4	12	3.9	3.6	3.3	10	12	11.3	1.6	1.4	1.2	2.4	8～60
M8	1.25	38	2	2	16.5	5	4.8	4.65	13	16	15.8	2	1.9	1.8	3.2	10～80
M10	1.5	38	2.5	2.3	19.5	6	6	5	16	20	18.3	2.4	2.4	2	3.8	12～80
l 系列		4、5、6、8、10、12、(14)、16、20、25、30、35、40、50、(55)、60、(65)、70、(75)、80														

附表 10　内六角圆柱头螺钉（GB/T 70.1—2008）

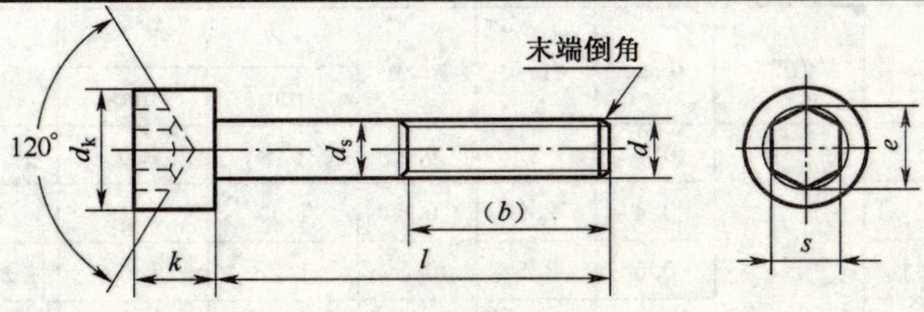

标　记　示　例

螺纹规格 d=M5、公称长度 l=20mm、性能等级为 8.8 级、表面氧化的内六角圆柱头螺钉：螺钉 GB/T 70.1—2000　M5×20

mm

螺纹规格 d	M3	M4	M5	M6	M8	M10	M12	M14	M16	M20	M24
P（螺距）	0.5	0.7	0.8	1	1.25	1.5	1.75	2	2	2.5	3
b 参考	18	20	22	24	28	32	36	40	44	52	60

（续）

螺纹规格 d	M3	M4	M5	M6	M8	M10	M12	M14	M16	M20	M24
d_{kmax}	5.5	7	8.5	10	13	16	18	21	24	30	36
k_{max}	3	4	5	6	8	10	12	14	16	20	24
t_{min}	1.3	2	2.5	3	4	5	6	7	8	10	12
s 公称	2.5	3	4	5	6	8	10	12	14	17	19
e_{min}	2.87	3.44	4.58	5.72	6.86	9.15	11.43	13.72	16.00	19.44	21.73
d_{smax}	$d_s=d$										
l 范围	5~30	6~40	8~50	10~60	12~80	16~100	20~120	25~140	25~160	30~200	40~200
$l\leqslant$表中数值时，制出全螺纹	20	25	25	30	35	40	45	55	55	65	80
l 系列	5、6、8、10、12、(14)、(16)、20、25、30、35、40、45、50、(55)、60、(65)、70、80、90、100、110、120、130、140、150、160、180、200										
注：括号内规格尽可能不采用。											

附表 11 紧定螺钉

开槽锥端紧定螺钉（GB/T 71—1985）

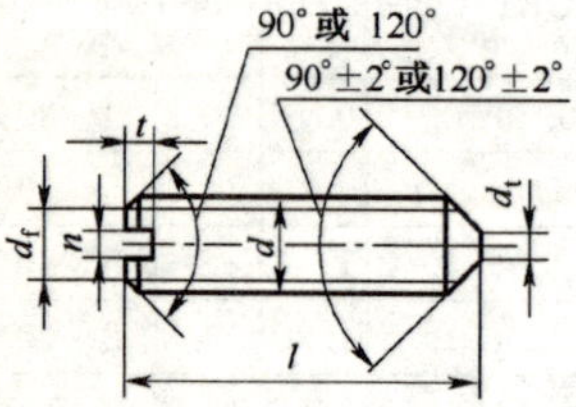

开槽平端紧定螺钉（GB/T 73—1985）

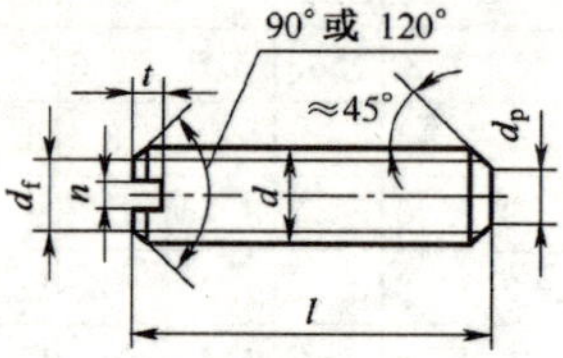

开槽长圆柱端紧定螺钉（GB/T 75—1985）

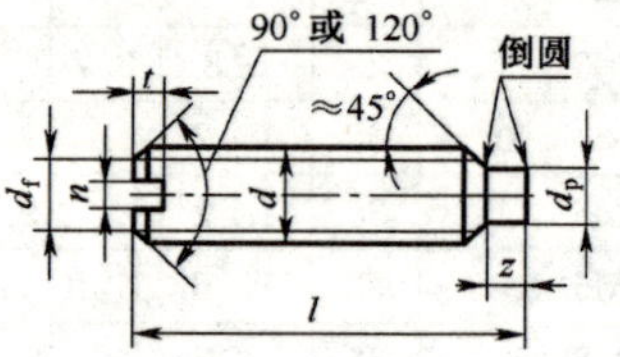

标 记 示 例

螺纹规格 d=M10、公称长度 l=20mm、性能等级为 14H 级、表面氧化的开槽锥端紧定螺钉：螺钉 GB/T 71—1985 M10×20

mm

螺纹规格 d	P	$d_f\approx$	d_{tmax}	d_{pmax}	n 公称	l min	l max	z_{min}	l 公称
M3	0.5	螺纹小径	0.3	2	0.4	0.8	1.05	1.5	4~16
M4	0.7		0.4	2.5	0.6	1.12	1.42	2	6~20
M5	0.8		0.5	3.5	0.8	1.28	1.63	2.5	8~25
M6	1		1.5	4	1	1.6	2	3	8~30
M8	1.25		2	5.5	1.2	2	2.5	4	10~40
M10	1.5		2.5	7	1.6	2.4	3	5	12~50
M12	1.75		3	8.5	2	2.8	3.6	6	14~16
l 系列	4、5、6、8、10、12、(14)、16、20、25、30、40、45、50、(55)、60								

附表 12 普通平键

GB/T 1095—2003 平键及键槽的断面尺寸

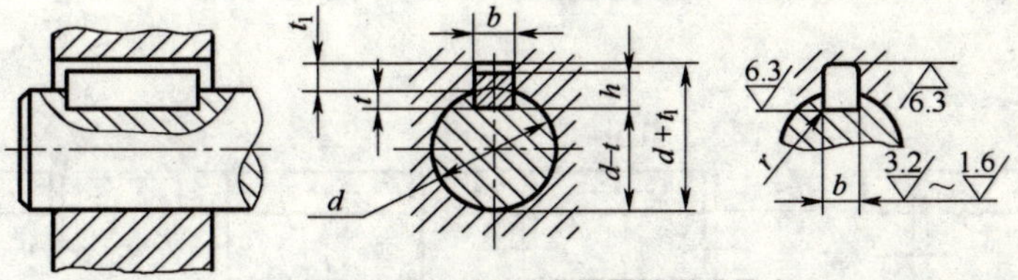

GB/T 1096—2003 普通平键型式尺寸

标 记 示 例

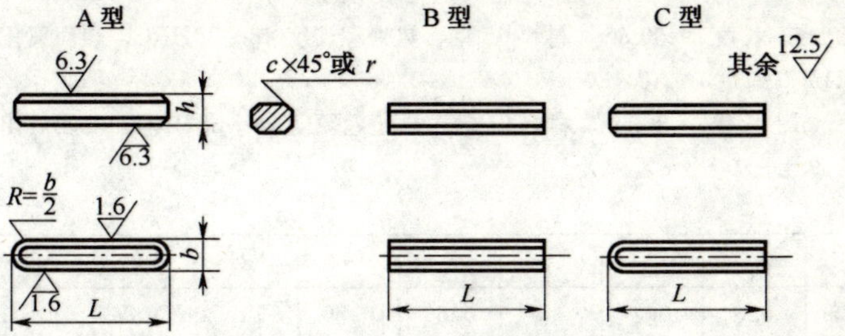

平头普通平键、B 型、b=16mm、h=10mm、L=100mm；键 B16×100 GB/T 1096—2003

mm

轴径 d	键的公称尺寸			键槽											
				宽度 b						深度				半径 r	
				b	偏差					轴		毂			
					较松键连接		一般键连接		较紧键连接						
	b	h	L		轴 H9	毂 D10	轴 N9	毂 Js9	轴和毂 P9	t	偏差	t_1	偏差	最小	最大
6~8	2	2	6~20	2	+0.025 0	+0.060 +0.020	−0.004 −0.029	± 0.0125	−0.006 −0.031	2		1			
>8~10	3	3	6~36	3						1.8		1.4		0.08	0.16
>10~12	4	4	8~45	4						2.5	+0.1 0	1.8			
>12~17	5	5	10~56	5	+0.030 0	+0.078 +0.030	0 −0.030	±0.015	−0.012 −0.042	3.0		2.3			
>17~22	6	6	14~70	6						3.5		2.8		0.16	0.25
>22~30	8	7	18~90	8	+0.036 0	+0.098 +0.040	0 −0.036	±0.018	−0.015 −0.051	4.0		3.3			
>30~38	10	8	22~110	10						5.0		3.3			
>38~44	12	8	28~140	12						5.0	+0.2 0	3.3	+0.2 0		
>44~50	14	9	36~160	14	+0.043 0	+0.120 +0.050	0 −0.043	± 0.0215	−0.018 −0.061	5.5		3.8		0.25	0.40
>50~58	16	10	45~180	16						6.0		4.3			
>58~65	18	11	50~200	18						7.0		4.4			
l 系列	6、8、10、12、14、16、18、20、22、25、28、32、36、40、45、50、56、63、70、80、90、100、110、125、140、160、180、200														

注：($d-t$) 和 ($d+t_1$) 的偏差按相应的 t 和 t_1 的偏差选取，但 ($d-t$) 的偏差值应取负号。

附表 13 圆柱销（GB/T 119.1—2000）

A型 $d_{公差}$：m6　　B型 $d_{公差}$：h8　　C型 $d_{公差}$：h11　　D型 $d_{公差}$：u8

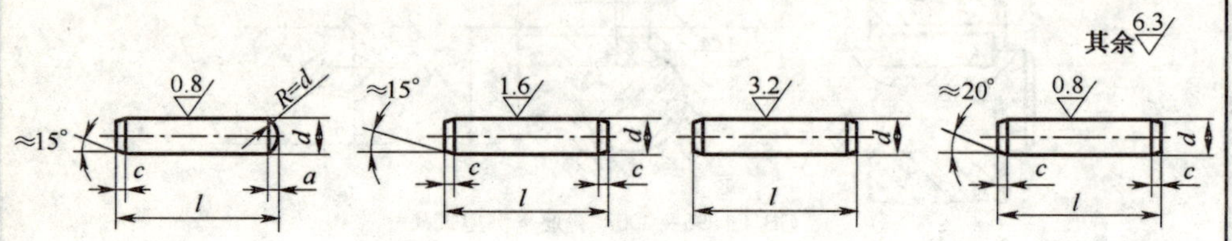

标 记 示 例

公称直径 d=8mm、长度 l=30mm、材料 35 钢、热处理硬度 28～38HRC、表面氧化处理的 A 型圆柱销：销 GB/T 119.1—2000 A8×30

公称直径 d=8mm、长度 l=30mm、材料 35 钢、热处理硬度 28～38HRC、表面氧化处理的 B 型圆柱销：销 GB/T 119.1—2000 8×30

mm

d 公称	2	2.5	3	4	5	6	8	10	12	16	20
a≈	0.25	0.3	0.4	0.5	0.63	0.80	1.0	1.2	1.6	2.0	2.5
c≈	0.35	0.40	0.50	0.63	0.80	1.2	1.6	2.0	2.5	3.0	3.5
l（商品范围）	6～20	6～24	8～30	8～30	10～50	12～60	14～80	16～95	22～140	26～180	35～200
l 系列	6、8、10、12、14、16、18、20、22、24、26、28、30、32、35、40、45、50、55、60、65、70、75、80、85、90、95、100、120、140、160、180、200										

附表 14 圆锥销（GB/T 117—2000）

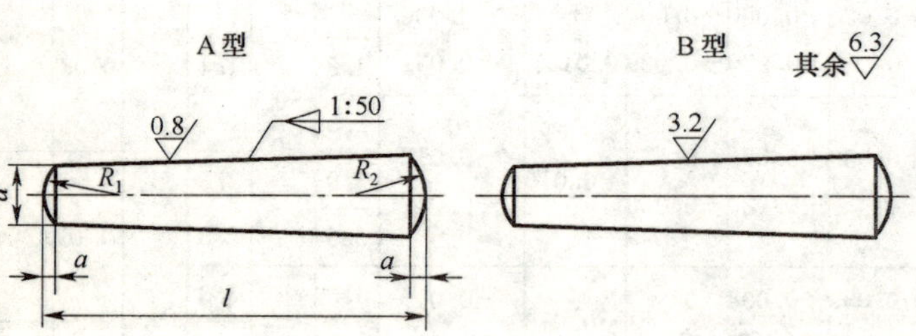

$R_1 \approx d$　$R_2 \approx d + \frac{l-2a}{50}$

标 记 示 例

公称直径 d=10mm、长度 l=60mm、材料 35 钢、热处理硬度 28～38HRC、表面氧化处理的 A 型圆锥销：

销 GB/T 117—2000 A10×60

mm

d 公称	2	2.5	3	4	5	6	8	10	12	16	20
a≈	0.25	0.3	0.4	0.5	0.63	0.8	1	1.2	1.6	2	2.5
l（商品范围）	10～35		12～45	14～65	18～60	22～90	22～120	26～160	32～180	40～200	45～200
l 系列	10、12、14、16、18、20、22、24、26、28、30、32、35、40、45、50、55、60、65、70、75、80、85、90、95、100、120、140、160、180、200										

附表 15　深沟球轴承（GB/T 276—1994）

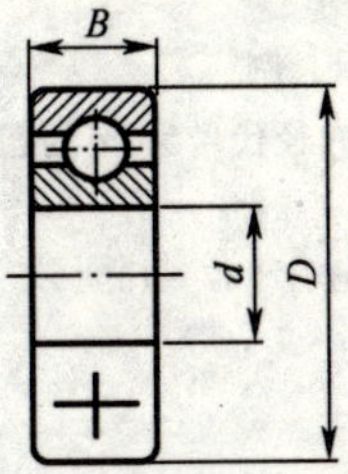

标 记 示 例

类型代号　　尺寸系列代号为（02）、内径代号为

6　　06 的深沟球轴承：

滚动轴承　6206　GB/T 276—1994

mm

轴承代号		外形尺寸			轴承代号		外形尺寸		
		d	*D*	*B*			*d*	*D*	*B*
	6004	20	42	12		6304	20	52	15
	6005	25	47	12		6305	25	62	17
	6006	30	55	13		6306	30	72	19
	6007	35	62	14		6307	35	80	21
	6008	40	68	15		6308	40	90	23
	6009	45	75	16		6309	45	100	25
	6010	50	80	16		6310	50	110	27
01	6011	55	90	18	03	6311	55	120	29
系	6012	60	95	18	系	6312	60	130	31
列	6013	65	100	18	列	6313	65	140	33
	6014	70	110	20		6314	70	150	35
	6015	75	115	20		6315	75	160	37
	6016	80	125	22		6316	80	170	39
	6017	85	130	22		6317	85	180	41
	6018	90	140	24		6318	90	190	43
	6019	95	145	24		6319	95	200	45
	6020	100	150	24		6320	100	215	47
	6204	20	47	14		6404	20	72	19
	6205	25	52	15		6405	25	80	21
	6206	30	62	16		6406	30	90	23
	6207	35	72	17		6407	35	100	25
	6208	40	80	18		6408	40	110	27
	6209	45	85	19		6409	45	120	29
	6210	50	90	20		6410	50	130	31
02	6211	55	100	21	04	6411	55	140	33
系	6212	60	110	22	系	6412	60	150	35
列	6213	65	120	23	列	6413	65	160	37
	6214	70	125	24		6414	70	180	42
	6215	75	130	25		6415	75	190	45
	6216	80	140	26		6416	80	200	48
	6217	85	150	28		6417	85	210	52
	6218	90	160	30		6418	90	225	54
	6219	95	170	32		6419	95	240	55
	6220	100	180	34		6420	100	250	58

附表 16 圆锥滚子轴承（GB/T 297—1994）

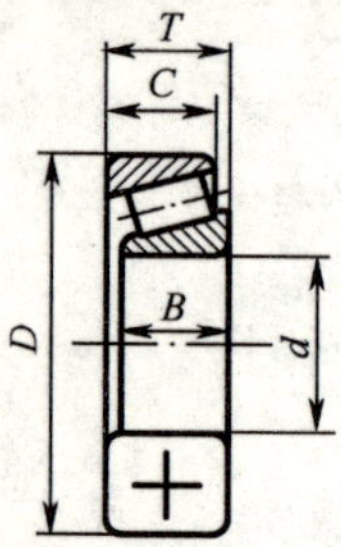

类型代号

3

标 记 示 例

尺寸系列代号为03、内径代号为12 的圆锥滚子轴承：

滚动轴承 30312 GB/T 297—1994

mm

轴承代号		外形尺寸					轴承代号		外形尺寸				
		d	*D*	*T*	*B*	*C*			*d*	*D*	*T*	*B*	*C*
	30204	20	47	15.25	14	12		32204	20	47	19.25	18	15
	30205	25	52	16.25	15	13		32205	25	52	19.25	18	16
	30206	30	62	17.25	16	14		32206	30	62	21.25	20	17
	30207	35	72	18.25	17	15		32207	35	72	24.25	23	19
	30208	40	80	19.75	18	16		32208	40	80	24.75	23	19
	30209	45	85	20.75	19	16		32209	45	85	24.75	23	19
	30210	50	90	21.75	20	17		32210	50	90	24.75	23	19
02系列	30211	55	100	22.75	21	18	22系列	32211	55	100	26.75	25	21
	30212	60	110	23.75	22	19		32212	60	110	29.75	28	24
	30213	65	120	24.75	23	20		32213	65	120	32.75	31	27
	30214	70	125	26.25	24	21		32214	70	125	33.25	31	27
	30215	75	130	27.25	25	22		32215	75	130	33.25	31	27
	30216	80	140	28.25	26	22		32216	80	140	35.25	33	28
	30217	85	150	30.50	28	24		32217	85	150	38.50	36	30
	30218	90	160	32.50	30	26		32218	90	160	42.50	40	34
	30219	95	170	34.50	32	27		32219	95	170	45.50	43	37
	30220	100	180	37	34	29		32220	100	180	49	46	39
	30304	20	52	16.25	15	13		32304	20	52	22.25	21	18
	30305	25	62	18.25	17	15		32305	25	62	25.25	24	20
	30306	30	72	20.75	19	16		32306	30	72	28.75	27	23
	30307	35	80	22.75	21	18		32307	35	80	32.75	31	25
	30308	40	90	25.25	23	20		32308	40	90	35.25	33	27
	30309	45	100	27.25	25	22		32309	45	100	38.25	36	30
	30310	50	110	29.25	27	23		32310	50	110	42.25	40	33
03系列	30311	55	120	31.50	29	25	23系列	32311	55	120	45.50	43	35
	30312	60	130	33.50	31	26		32312	60	130	48.50	46	37
	30313	65	140	36	33	28		32313	65	140	51	48	39
	30314	70	150	38	35	30		32314	70	150	54	51	42
	30315	75	160	40	37	31		32315	75	160	58	55	45
	30316	80	170	42.50	39	33		32316	80	170	61.50	58	48
	30317	85	180	44.50	41	34		32317	85	180	63.50	60	49
	30318	90	190	46.50	43	36		32318	90	190	67.50	64	53
	30319	95	200	49.50	45	38		32319	95	200	71.50	67	55
	30320	100	215	51.50	47	39		32320	100	215	77.50	73	60

附表 17　推力球轴承（GB/T 301—1995）

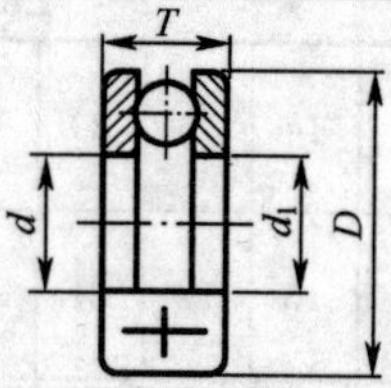

类型代号

5

标 记 示 例

尺寸系列代号为 13、内径代号为 10 的推力球轴承：

滚动轴承　51310　GB/T 301—1995

mm

轴承代号		外形尺寸				轴承代号		外形尺寸			
		d	D	T	$d_{1\min}$			d	D	T	$d_{1\min}$
11系列	51104	20	35	10	21	13系列	51304	20	47	18	22
	51105	25	42	11	26		51305	25	52	18	27
	51106	30	47	11	32		51306	30	60	21	32
	51107	35	52	12	37		51307	35	68	24	37
	51108	40	60	13	42		51308	40	78	26	42
	51109	45	65	14	47		51309	45	85	28	47
	51110	50	70	14	52		51310	50	95	31	52
	51111	55	78	16	57		51311	55	105	35	57
	51112	60	85	17	62		51312	60	110	35	62
	51113	65	90	18	67		51313	65	115	36	67
	51114	70	95	18	72		51314	70	125	40	72
	51115	75	100	19	77		51315	75	135	44	77
	51116	80	105	19	82		51316	80	140	44	82
	51117	85	110	19	87		51317	85	150	49	88
	51118	90	120	22	92		51318	90	155	50	93
	51120	100	135	25	102		51320	100	170	55	103
12系列	51204	20	40	14	22	14系列	51405	25	60	24	27
	51205	25	47	15	27		51406	30	70	28	32
	51206	30	52	16	32		51407	35	80	32	37
	51207	35	62	18	37		51408	40	90	36	42
	51208	40	68	19	42		51409	45	100	39	47
	51209	45	73	20	47		51410	50	110	43	52
	51210	50	78	22	52		51411	55	120	48	57
	51211	55	90	25	57		51412	60	130	51	62
	51212	60	95	26	62		51413	65	140	56	68
	51213	65	100	27	67		51414	70	150	60	73
	51214	70	105	27	72		51415	75	160	65	78
	51215	75	110	27	77		51416	80	170	68	83
	51216	80	115	28	82		51417	85	180	72	88
	51217	85	125	31	88		51418	90	190	77	93
	51218	90	135	35	93		51420	100	210	85	103
	51220	100	150	38	103		51422	110	230	95	113

附表 18　紧固件通孔及沉头座尺寸（GB/T 152.2～152.4—1988　GB/T 5277—1985）

mm

螺纹规格 d				4	5	6	8	10	12	14	16	20	24
通孔直径 d_1 GB/T 5277—1985		精装配		4.3	5.3	6.4	8.4	10.5	13	15	17	21	25
		中等装配		4.5	5.5	6.6	9	11	13.5	15.5	17.5	22	26
		粗装配		4.8	5.8	7	10	12	14.5	16.5	18.5	24	28
六角头螺栓和螺母用沉孔	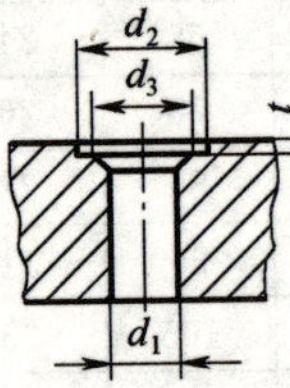 GB/T 152.4—1988	用于螺栓及六角螺母	d_2 (H15)	10	11	13	18	22	26	30	33	40	48
			d_3	—	—	—	—	—	16	18	20	24	28
			t	锪平为止									
圆柱头用沉孔	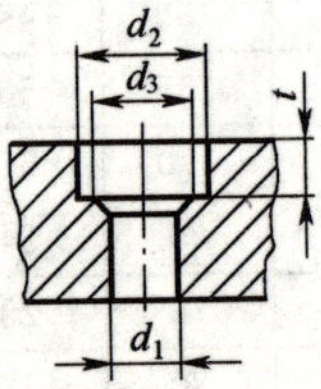 GB/T 152.3 —1988	用于内六角圆柱头螺钉	d_2 (H13)	8	10	11	15	18	20	24	26	33	40
			d_3	—	—	—	—	—	16	18	20	24	28
			t (H13)	4.6	5.7	6.8	9	11	13	15	17.5	21.5	25.5
		用于开槽圆柱头及内六角圆柱头螺钉	d_2 (H13)	8	10	11	15	18	20	24	26	33	—
			d_3	—	—	—	—	—	16	18	20	24	—
			t (H13)	3.2	4	4.7	6	7	8	9	10.5	12.5	—
沉头用沉孔	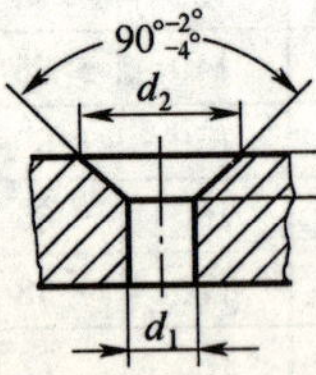 GB/T 152.2—1988	用于沉头及半沉头螺钉	d_2 (H13)	9.6	10.6	12.8	17.6	20.3	24.4	28.4	32.4	40.4	—
			$t\approx$	2.7	2.7	3.3	4.6	5	6	7	8	10	—

注：尺寸下带括号的为其公差带。

附表 19　倒角和倒圆（GB/T 6403.4—1986）

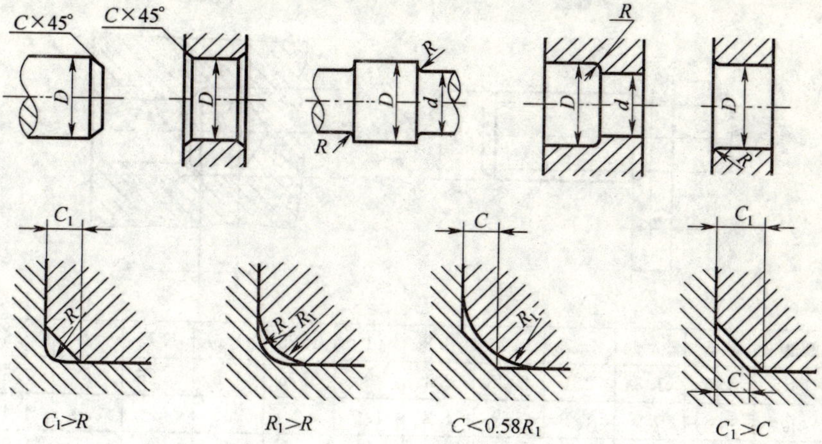

mm

直径 D	>3～6	>6～10	>10～18	>18～30	>30～50	>50～80	>80～120	>120～180
R 或 C	0.4	0.6	0.8	1	1.6	2	2.5	3
R_1 或 C_1	0.8	1.2	1.6	2	3	4	5	6

注：倒角一般采用 45°，也可采用 30°或 60°。

附表 20　砂轮越程槽（GB/T 6403.5—1986）

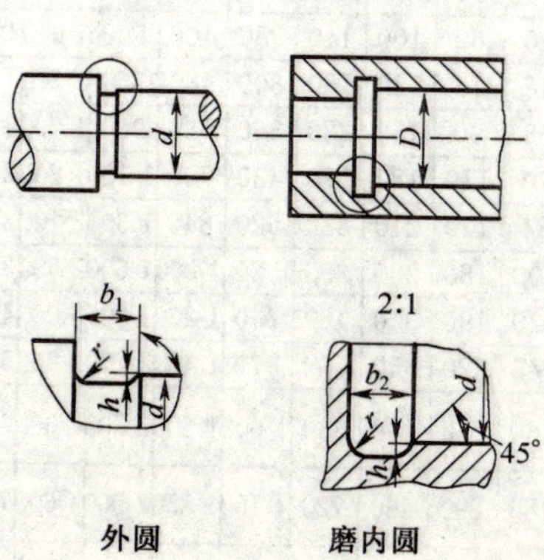

mm

d	～10			>10～15		>50～100		>100	
b_1	0.6	1.0	1.6	2.0	3.0	4.0	5.0	8.0	10
b_2	2.0	3.0		4.0		5.0		8.0	10
h	0.1	0.2		0.3	0.4		0.6	0.8	1.2
r	0.2	0.5		0.8	1.0		1.6	2.0	3.0

附表 21 普通螺纹退刀槽和倒角（GB/T 3—1997）

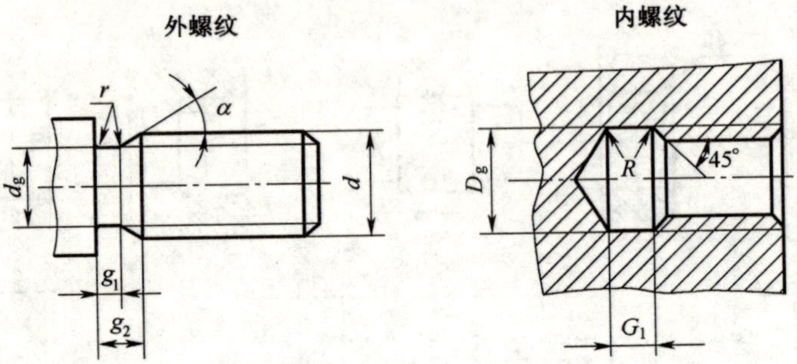

	螺距 P	0.5	0.6	0.7	0.75	0.8	1	1.25	1.5	1.75	2	2.5	3
外螺纹	$g_{2\max}$	1.5	1.8	2.1	2.25	2.4	3	3.75	4.5	5.25	6	7.5	9
	$g_{1\min}$	0.8	0.9	1.1	1.2	1.3	1.6	2	2.5	3	3.4	4.4	5.2
	d_g	$d-0.8$	$d-1$	$d-1.1$	$d-1.2$	$d-1.3$	$d-1.6$	$d-2$	$d-2.3$	$d-2.6$	$d-3$	$d-3.6$	$d-4.4$
	$r\approx$	0.2	0.4	0.4	0.4	0.4	0.6	0.6	0.8	1	1	1.2	1.6
	始端端面倒角一般为 45°。也可采用 60°或 30°；深度应大于或等于螺纹牙型高度；过渡角 α 不应小于 30°												
内螺纹	G_1	2	2.4	2.8	3	3.2	4	5	6	7	8	10	12
	D_g	$D+0.3$					$D+0.5$						
	$R\approx$	0.2	0.3	0.4	0.4	0.4	0.5	0.6	0.8	0.9	1	1.2	1.5
	入口端面倒角一般为 120°，也可采用 90°；端面倒角直径为（1.05～1）D。其中 D 为螺纹公称直径代号												

附表 22 基本尺寸小于 500mm 的标准公差

μm

基本尺寸/mm	公差等级																			
	IT01	IT0	IT1	IT2	IT3	IT4	IT5	IT6	IT7	IT8	IT9	IT10	IT11	IT12	IT13	IT14	IT15	IT16	IT17	IT18
≤3	0.3	0.5	0.8	1.2	2	3	4	6	10	14	25	40	60	100	140	250	400	600	1 000	1 400
>3～6	0.4	0.6	1	1.5	2.5	4	5	8	12	18	30	48	75	120	180	300	480	750	1 200	1 800
>6～10	0.4	0.6	1	1.5	2.5	4	6	9	15	22	36	58	90	150	220	360	580	900	1 500	2 200
>10～18	0.5	0.8	1.2	2	3	5	8	11	18	27	43	70	110	180	270	430	700	1 100	1 800	2 700
>18～30	0.6	1	1.5	2.5	4	6	9	13	21	33	52	84	130	210	330	520	840	1 300	2 100	3 300
>30～50	0.7	1	1.5	2.5	4	7	11	16	25	39	62	100	160	250	390	620	1 000	1 600	2 500	3 900
>50～80	0.8	1.2	2	3	5	8	13	19	30	46	74	120	190	300	460	740	1 200	1 900	3 000	4 600
>80～120	1	1.5	2.5	4	6	10	15	22	35	54	87	140	220	350	540	870	1 400	2 200	3 500	5 400
>120～180	1.2	2	3.5	5	8	12	18	25	40	63	100	160	250	400	630	1 000	1 600	2 500	4 000	6 300
>180～250	2	3	4.5	7	10	14	20	29	46	72	115	185	290	460	720	1 150	1 850	2 900	4 600	7 200
>250～315	2.5	4	6	8	12	16	23	32	52	81	130	210	320	520	810	1 300	2 100	3 200	5 200	8 100
>315～400	3	5	7	9	13	18	25	36	57	89	140	230	360	570	890	1 400	2 300	3 600	5 700	8 900
>400～500	4	6	8	10	15	20	27	40	63	97	155	250	400	630	970	1 550	2 500	4 000	6 300	9 700

附表 23　基本尺寸至 500mm

代号	c	d		e		f		g		h							js
基本尺寸/mm	公差																
	11	8	9	7	8	7	8	6	7	5	6	7	8	9	10	11	6
≤3	−60 −120	−20 −34	−20 −45	−14 −24	−14 −28	−6 −16	−6 −20	−2 −8	−2 −12	0 −4	0 −6	0 −10	0 −14	0 −25	0 −40	0 −60	±3
>3 ~6	−70 −145	−30 −48	−30 −60	−20 −32	−20 −38	−10 −22	−10 −28	−4 −12	−4 −16	0 −5	0 −8	0 −12	0 −18	0 −30	0 −48	0 −75	±4
>6 ~10	−80 −170	−40 −62	−40 −76	−25 −40	−25 −47	−13 −28	−13 −35	−5 −14	−5 −20	0 −6	0 −9	0 −15	0 −22	0 −36	0 −58	0 −90	±4.5
>10 ~14 >14 ~18	−95 −205	−50 −77	−50 −93	−32 −50	−32 −59	−16 −34	−16 −43	−6 −17	−6 −24	0 −8	0 −11	0 −18	0 −27	0 −43	0 −70	0 −110	±5.5
>18 ~24 >24 ~30	−110 −240	−65 −98	−65 −117	−40 −61	−40 −73	−20 −41	−20 −53	−7 −20	−7 −28	0 −9	0 −13	0 −21	0 −33	0 −52	0 −84	0 −130	±6.5
>30 ~40 >40 ~50	−120 −280 −130 −290	−80 −119	−80 −142	−50 −75	−50 −89	−25 −50	−25 −64	−9 −25	−9 −34	0 −11	0 −16	0 −25	0 −39	0 −62	0 −100	0 −160	±8
>50 ~65 >65 ~80	−140 −330 −150 340	−100 −146	−100 −174	−60 −90	−60 −106	−30 −60	−30 −76	−10 −29	−10 −40	0 −13	0 −19	0 −30	0 −46	0 −74	0 −120	0 −190	±9.5
>80 ~100 >100 ~120	−170 −390 −180 −400	−120 −174	−120 −207	−72 −107	−72 −126	−36 −71	−36 −90	−12 −34	−12 −47	0 −15	0 −22	0 −35	0 −54	0 −87	0 −140	0 −220	±11
>120 ~140 >140 ~160 >160 ~180	−200 −450 −210 −460 −230 −480	−145 −208	−145 −245	−85 −125	−85 −148	−43 −83	−43 −106	−14 −39	−14 −54	0 −18	0 −25	0 −40	0 −63	— −100	0 −160	0 −250	±12.5
>180 ~200 >200 ~225 >225 ~250	−240 −530 −260 −550 −280 −570	−170 −242	−170 −285	−100 −146	−100 −172	−50 −96	−50 −122	−15 −44	−15 −61	0 −20	0 −29	0 −46	0 −72	0 −115	0 −185	0 −290	±14.5
>250 ~280 >280 ~315	−300 −620 −330 −650	−190 −271	−190 −320	−110 −162	−110 −191	−56 −108	−56 −137	−17 −49	−17 −69	0 −23	0 −32	0 −52	0 −81	0— −130	0 −210	0 −320	±16
>315 ~355 >355 ~400	−360 −720 −400 −760	−210 −290	−210 −350	−125 −182	−125 −214	−62 −119	−62 −151	−18 −54	−18 −75	0 −25	0 −36	0 −57	0 −89	0 −140	0 −230	0 −360	±18
>400 ~450 >450 ~500	−440 −840 −480 −880	−230 −327	−230 −385	−135 −198	−135 −232	−68 −131	−68 −165	−20 −60	−20 −83	0 −27	0 −40	0 −63	0 −97	0 −155	0 −250	0 −400	±20

优先常用配合轴的极限偏差表

k		m		n		p		r		s		t		u	v	x	y	z
等级																		
6	7	6	7	5	6	6	7	6	7	5	6	6	7	6	6	6	6	6
+6 0	+10 0	+8 +2	+12 +2	+8 +4	+10 +4	+12 +6	+16 +6	+16 +10	+20 +10	+18 +14	+20 +14	—	—	+24 +18	—	+26 +20	—	+32 +26
+9 +1	+13 +1	+12 +4	+16 +4	+13 +8	+16 +8	+20 +12	+24 +12	+23 +15	+27 +15	+24 +19	+27 +19	—	—	+31 +23	—	+36 +28	—	+43 +35
+10 +1	+16 +1	+15 +6	+21 +6	+16 +10	+19 +10	+24 +15	+30 +15	+28 +19	+34 +19	+29 +23	+32 +23	—	—	+37 +28	—	+43 +34	—	+51 +42
+12 +1	+19 +1	+18 +7	+25 +7	+20 +12	+23 +12	+29 +18	+36 +18	+34 +23	+41 +23	+36 +28	+39 +28	—	—	+44 +33	—	+51 +40	—	+61 +50
															+55 +39	+56 +45	—	+71 +60
+15 +2	+23 +2	+21 +8	+29 +8	+24 +15	+28 +15	+35 +22	+43 +22	+41 +28	+49 +28	+44 +35	+48 +35	—	—	+54 +41	+60 +47	+67 +54	+76 +63	+86 +73
												+54 +41	+62 +41	+61 +48	+68 +55	+77 +64	+88 +75	+101 +88
+18 +2	+27 +2	+25 +9	+34 +9	+28 +17	+33 +17	+42 +26	+51 +26	+50 +34	+59 +34	+54 +43	+59 +43	+64 +48	+73 +48	+76 +60	+84 +68	+96 +80	+110 +94	+128 +112
												+70 +54	+79 +54	+86 +70	+97 +81	+113 +97	+130 +114	+152 +136
+21 +2	+32 +2	+30 +11	+41 +11	+33 +20	+39 +20	+51 +32	+62 +32	+60 +41	+71 +41	+66 +53	+72 +53	+85 +66	+96 +66	+106 +87	+121 +102	+141 +122	+163 +144	+191 +172
								+62 +43	+73 +43	+72 +59	+78 +59	+94 +75	+105 +75	+121 +102	+139 +120	+165 +146	+193 +174	+229 +210
+25 +3	+38 +3	+35 +13	+48 +13	+38 +23	+45 +23	+59 +37	+72 +37	+73 +51	+86 +51	+86 +71	+93 +71	+113 +91	+126 +91	+146 +124	+168 +146	+200 +178	+236 +214	+280 +258
								+76 +54	+89 +54	+94 +79	+101 +79	+126 +104	+139 +104	+166 +144	+194 +172	+232 +210	+276 +254	+332 +310
+28 +3	+43 +3	+40 +15	+55 +15	+45 +27	+52 +27	+68 +43	+83 +43	+88 +63	+103 +63	+110 +92	+117 +92	+147 +122	+162 +122	+195 +170	+227 +202	+273 +248	+325 +300	+390 +365
								+90 +65	+105 +65	+118 +100	+125 +100	+159 +134	+174 +134	+215 +190	+253 +228	+305 +280	+365 +340	+440 +415
								+93 +68	+108 +68	+126 +108	+133 +108	+171 +146	+186 +146	+235 +210	+277 +252	+335 +310	+405 +380	+490 +465
+33 +4	+50 +4	+46 +17	+63 +17	+51 +31	+60 +31	+79 +50	+96 +50	+106 +77	+123 +77	+142 +122	+151 +122	+195 +166	+212 +166	+265 +236	+313 +284	+379 +350	+454 +425	+549 +520
								+109 +80	+126 +80	+150 +130	+159 +130	+209 +180	+226 +180	+287 +258	+339 +310	+414 +385	+499 +470	+604 +575
								+113 +84	+130 +84	+160 +140	+169 +140	+221 +196	+242 +196	+313 +284	+369 +340	+455 +425	+549 +520	+669 +640
+36 +4	+56 +4	+52 +20	+72 +20	+57 +34	+66 +34	+88 +56	+108 +56	+126 +94	+146 +94	+181 +158	+190 +158	+250 +218	+270 +218	+347 +315	+417 +385	+507 +475	+612 +580	+742 +710
								+130 +98	+150 +98	+193 +170	+202 +170	+272 +240	+292 +240	+382 +350	+457 +425	+557 +525	+682 +650	+822 +790
+40 +4	+61 +4	+57 +21	+78 +21	+62 +37	+73 +37	+98 +62	+119 +62	+144 +108	+165 +108	+215 +190	+226 +190	+304 +268	+325 +268	+426 +390	+511 +475	+626 +590	+766 +730	+936 +900
								+150 +114	+171 +114	+233 +208	+244 +208	+330 +294	+351 +294	+471 +435	+566 +530	+696 +660	+856 +820	+1 036 +1 000
+45 +5	+68 +5	+63 +23	+86 +23	+67 +40	+80 +40	+108 +68	+131 +68	+166 +126	+189 +126	+259 +232	+272 +232	+370 +330	+393 +330	+530 +490	+635 +595	+780 +740	+960 +920	+1 140 +1 100
								+172 +132	+195 +132	+279 +252	+292 +252	+400 +360	+423 +360	+580 +540	+700 +660	+860 +820	+1 040 +1 000	+1 290 +1 250

附表 24　基本尺寸至 500mm

代号	C	D		E		F		G		H						
基本尺寸/mm	公差等级															
	11	9	10	8	9	8	9	6	7	6	7	8	9	10	11	12
≤3	+120 +60	+45 +20	+60 +20	+28 +14	+39 +14	+20 +6	+31 +6	+8 +2	+12 +2	+6 0	+10 0	+14 0	+25 0	+40 0	+60 0	+100 0
>3 ~6	+145 +70	+60 +30	+78 +30	+38 +20	+50 +20	+28 +10	+40 +10	+12 +4	+16 +4	+8 0	+12 0	+18 0	+30 0	+48 0	+75 0	+120 0
>6 ~10	+170 +80	+76 +40	+98 +40	+47 +25	+61 +25	+35 +13	+49 +13	+14 +5	+20 +5	+9 0	+15 0	+22 0	+36 0	+58 0	+90 0	+150 0
>10 ~14 >14 ~18	+250 +95	+93 +50	+120 +50	+59 +32	+75 +32	+43 +16	+59 +16	+17 +6	+24 +6	+11 0	+18 0	+27 0	+43 0	+70 0	+110 0	+180 0
>18 ~24 >24 ~30	+240 +110	+117 +65	+149 +65	+73 +40	+92 +40	+53 +20	+72 +20	+20 +7	+28 +7	+13 0	+21 0	+33 0	+52 0	+84 0	+130 0	+210 0
>30 ~40	+280 +120	+142 +80	+180 +80	+89 +50	+112 +50	+64 +25	+87 +25	+25 +9	+34 +9	+16 0	+25 0	+39 0	+62 0	+100 0	+160 0	+250 0
>40 ~50	+290 +130															
>50 ~65	+330 +140	+174 +100	+220 +100	+106 +60	+134 +60	+76 +30	+104 +30	+29 +10	+40 +10	+19 0	+30 0	+46 0	+74 0	+120 0	+190 0	+300 0
>65 ~80	+340 +150															
>80 ~100	+390 +170	+207 +120	+260 +120	+126 +72	+159 +72	+90 +36	+123 +36	+34 +12	+47 +12	+22 0	+35 0	+54 0	+87 0	+140 0	+220 0	+350 0
>100 ~120	+400 +180															
>120 ~140	+450 +200	+245 +145	+305 +145	+148 +85	+185 +85	+106 +43	+143 +43	+39 +14	+54 +14	+25 0	+40 0	+63 0	+100 0	+160 0	+250 0	+400 0
>140 ~160	+460 +210															
>160 ~180	+480 +230															
>180 ~200	+530 +240	+285 +170	+335 +170	+172 +100	+215 +100	+122 +50	+165 +50	+44 +15	+61 +15	+29 0	+46 0	+72 0	+115 0	+185 0	+290 0	+460 0
>200 ~225	+550 +260															
>225 ~250	+570 +280															
>250 ~280	+620 +300	+320 +190	+400 +190	+191 +110	+240 +110	+137 +56	+186 +56	+49 +17	+69 +17	+32 0	+52 0	+81 0	+130 0	+210 0	+320 0	+520 0
>280 ~315	+650 +330															
>315 ~355	+720 +360	+350 +210	+440 +210	+214 +125	+265 +125	+151 +62	+202 +62	+54 +18	+75 +18	+36 0	+57 0	+89 0	+140 0	+230 0	+360 0	+570 0
>355 ~400	+760 +400															
>400 ~450	+840 +440	+385 +230	+480 +230	+232 +135	+290 +135	+165 +68	+223 +68	+60 +20	+83 +20	+40 0	+63 0	+97 0	+155 0	+250 0	+400 0	+630 0
>450 ~500	+880 +480															

优先常用配合孔的极限偏差表（GB/T 3—1997）

Js		K	M		N		P		R		S		T		U	
公差等级																
7	8	6	7	7	8	6	7	6	7	6	7	6	7	6	7	6
±5	±7	0 −6	0 −10	−2 −12	−2 −16	−4 −10	−4 −14	−6 −12	−6 −16	−10 −16	−10 −20	−14 −20	−14 −24	—	—	−18 −24
±6	±9	+2 −6	+3 −9	0 −12	+2 −16	−5 −13	−4 −16	−9 −17	−8 −20	−12 −20	−11 −23	−16 −24	−15 −27	—	—	−20 −28
±7	±11	+2 −7	+5 −10	0 −15	+1 −21	−7 −16	−4 −19	−12 −21	−9 −24	−16 −25	−13 −28	−20 −29	−17 −32	—	—	−25 −34
±9	±13	+2 −9	+6 −12	0 −18	+2 −25	−9 −20	−9 −23	−15 −26	−11 −29	−20 −31	−16 −34	−25 −36	−21 −39	—	—	−30 −41
±10	±16	+2 −11	+6 −15	0 −21	+4 −29	−11 −24	−7 −28	−18 −31	−14 −35	−24 −37	−20 −41	−31 −44	−27 −48	—	—	−37 −50
														−37 −50	−33 −54	−44 −57
±12	±19	+3 −13	+7 −18	0 −25	+5 −34	−12 −28	−8 −33	−21 −37	−17 −42	−29 −45	−25 −50	−38 −54	−34 −59	−43 −59	−39 −64	−55 −71
														−49 −65	−45 −70	−65 −81
±15	±23	+4 −15	+9 −21	0 −30	+5 −41	−14 −33	−9 −39	−26 −45	−21 −51	−35 −54	−30 −60	−41 −66	−42 −72	−60 −79	−55 −85	−81 −100
										−37 −56	−32 −62	−53 −72	−48 −72	−69 −88	−64 −94	−96 −115
±17	±27	+4 −18	+10 −25	0 −35	+6 −48	−16 −38	−10 −45	−30 −52	−24 −59	−44 −66	−38 −73	−64 −86	−58 −93	−84 −106	−78 −113	−117 −139
										−47 −69	−41 −76	−72 −94	−66 −101	−97 −119	−91 −126	−137 −159
±20	±31	+4 −21	−12 −28	0 −40	+8 −55	−20 −45	−12 −52	−36 −61	−28 −68	−56 −81	−48 −88	−85 −110	−77 −117	−115 −140	−107 −147	−163 −188
										−58 −83	−50 −90	−93 −118	−85 −125	−127 −152	−119 −159	−183 −208
±23	±36	+5 −24	−13 −33	0 −46	+9 −63	−22 −51	−14 −60	−41 −70	−33 −79	−68 −97	−60 −106	−113 −142	−105 −151	−157 −186	−149 −195	−227 −256
										−71 −100	−63 −109	−121 −150	−113 −159	−171 −200	−163 −209	−249 −278
										−75 −104	−67 −113	−131 −160	−123 −169	−187 −216	−179 −225	−275 −304
±26	±40	+5 −27	+16 −36	0 −52	+9 −72	−25 −57	−14 −66	−47 −79	−36 −88	−85 −117	−74 −126	−149 −181	−138 −190	−209 −241	−198 −250	−306 −338
										−89 −121	−78 −130	−131 −193	−150 −202	−231 −263	−220 −272	−341 −373
±28	±44	+7 −29	+17 −40	0 −57	+11 −78	−26 −62	−16 −73	−51 −87	−14 −98	−97 −133	−87 −144	−179 −215	−169 −226	−257 −293	−247 −304	−379 −415
										−103 −139	−93 −150	−197 −233	−187 −244	−283 −319	−273 −330	−424 −460
±31	±48	+8 −32	+18 −45	0 −63	+11 −86	−27 −67	−17 −80	−55 −95	−45 −108	−113 −153	−103 −166	−219 −259	−209 −272	−317 −357	−307 −370	−477 −517
										−119 −159	−109 −172	−239 −279	−229 −292	−247 −287	−337 −400	−527 −567

附表 25　常用金属材料

标准、名称	牌号	应用举例	说　明
GB/T 700—2006 碳素结构钢	Q215A Q214A - F	金属结构构件、拉杆、套圈、铆钉、螺栓、短轴、心轴、凸轮（载荷不大的）、吊钩、垫圈；渗碳零件及焊接件	Q 为钢材屈服点“屈”字汉语拼音首位字母，数字表示屈服强度（MPa）A、B、C、D 为质量等级，F 表示沸腾钢
	Q235	金属结构构件，心部强度要求不高的渗碳或氰化零件；吊钩、拉杆、车钩、套圈、气缸、齿轮、螺栓、螺母、连杆、轮轴、楔、盖及焊接件	
	Q275	转轴、心轴、销轴、链轮、刹车杆、螺栓、螺母、垫圈、连杆、吊钩、楔、齿轮、键以及其他强度需较高的零件。这种钢焊接性尚可	
GB/T 699—1999 优质碳素结构钢	15	塑性、韧性、焊接性和冷冲性均良好，但强度较低。用于制造受力不大、韧性要求较高的零件，紧固件、冲模锻件及不要热处理的低负荷零件，如螺栓、螺钉拉条、法兰盘及化工储器、蒸气锅炉等	牌号的两位数字表示碳的平均质量分数，45 钢即表示碳的平均质量分数为 0.45% 含锰量较高的钢，须加注化学元素符号“Mn”
	20	用于不受很大应力而要求很大韧性的各种机械零件，如杠杆、轴套、螺钉、拉杆、起重钩等。也用于制造压力＜6MPa、温度＜450℃的非腐蚀介质中使用的零件，如管子、导管等	
	35	性能与 20 钢相似，用于制造曲轴、转轴、轴销、杠杆、连杆、横梁、飞轮、圆盘、套筒、钩环、垫圈、螺钉、螺母等。一般不作焊接用	
	45	用于强度要求较高的零件，如汽轮机的叶轮、压缩机、泵的零件等	

（续）

标准、名称	牌号	应用举例	说明
GB/T 699—1999 优质碳素结构钢	60	这种钢的强度和弹性相当高，用于制造轧辊、轴、弹簧圈、弹簧、离合器、凸轮、钢绳等	牌号的两位数字表示碳的平均质量分数，45钢即表示碳的平均质量分数为0.45％ 含锰量较高的钢，须加注化学元素符号“Mn”
	75	用于板弹簧、螺旋弹簧以及受磨损的零件	
	15Mn	性能与15钢相似，但淬透性及强度和塑性比15钢都高些。用于制造中心部分的机械性能要求较高，且须渗碳的零件。焊接性好	
	45Mn	用于受磨损的零件，如转轴、心轴、齿轮、叉等。焊接性差。还可做受较大载荷的离合器盘、花键轴、凸轮轴、曲轴等	
	65Mn	强度高，淬透性较大、脱碳倾向小，但有过热敏感性。易生淬火裂纹，并有回火脆性。适用于较大尺寸的各种扁、圆弹簧，以及其他经受摩擦的农机具零件	
GB/T 11352—1989 工程铸钢	ZG200 - 400	用于制造受力不大、韧性要求高的零件，如机座、变速箱体等	“ZG”表示铸钢，是汉语拼音铸钢两字首位字母。ZG后两组数字是屈服强度（MPa）和抗拉强度（MPa）的最低值
	ZG270 - 500	用于制造各种形状的零件，如飞轮、机架、水压机工件缸、横梁等	
	ZG310 - 570	用于制造重负荷零件，如联轴器、大齿轮、缸体、机架、轴等	
GB/T 9439—1988 灰铸铁	HT100	低强度铸铁，用于制造把手、盖、罩、手轮、底板等要求不高的零件	“HT”是灰铁两字汉语拼音的首位字母。数字表示最低抗拉强度（MPa）
	HT150	中等强度铸铁，用于一般铸件，如机床床身、工作台、轴承座、齿轮、箱轮、阀体、泵体等	

（续）

标准、名称	牌号	应用举例	说　明
GB/T 9439—1988 灰铸铁	HT200 HT250	较高强度铸铁，用于较重要铸件，如齿轮、齿轮箱体机座、床身、阀体、汽缸、联轴器盘、凸轮、带轮等	"HT"是碳铁两字汉语拉音的首位字母。数字表示最低抗拉强度（MPa）
	HT300 HT350	高强度铸铁，制造床身、床身导轨、机座、主轴箱、曲轴、液压泵体、齿轮、凸轮、带轮等	
GB/T 1348—1998 球墨铸铁	QT400 - 15 QT450 - 10 QT500 - 7	具有中等强度和韧性，用于制造油泵齿轮、轴瓦、壳体、阀体、气缸、轮毂等	"QT"表示球墨铸铁，它后面的第一组数值表示抗拉强度值（MPa），第二组数值为最小伸长率（%）
	QT600 - 3 QT700 - 2 QT800 - 2	具有较高的强度，用于制造曲轴、缸体、滚轮、凸轮、气缸套、连杆、小齿轮等	
GB/T 9440—1988 可锻铸铁	KTH300 - 06	具有较高的强度，用于制造受冲击、振动及扭转负荷的汽车、机床零件等	"KTH"、"KTZ"、"KTB"分别表示黑心、珠光体和白心可锻铸铁，第一组数字表示抗拉强度（MPa），第二组数值为最小伸长率（%）
	KTZ550 - 04 KTB350 - 04	具有较高强度、耐磨性好，韧性较差，用于制造轴承座、轮毂、箱体、履带、齿轮、连杆、轴、活塞环等	
GB/T 1176—1987 黄铜	Z CuZn38	一般用于制造耐蚀零件，如阀座、手柄、螺钉、螺母、垫圈等	铸黄铜，$w_{Zn}=38\%$
GB/T 1176—1987 锡青铜	Z CuSn5Pb5Zn5	耐磨性和耐蚀性能好，用于制造在中等和高速滑动速度下工作的零件，如轴瓦、衬套、缸套、齿轮、蜗轮等	铸锡青铜，锡、铅、锌质量分数各为5%
	ZCuSn10Pb1		铸锡青铜，$w_{Sn}=10\%$，$w_{Pb}=1\%$
GB/T 1176—1987 铝青铜	ZCuAl9Mn2	强度高、耐蚀性好，用于制造衬套、齿轮、蜗轮和气密性要求高的铸件	铸铝青铜，$W_{AL}=9\%$，$w_{Mn}=2\%$

（续）

标准、名称	牌号	应用举例	说明
GB/T 1173—1995 铸造铝合金	ZAlSi7Mg	适用于制造承受中等负荷、形状复杂的零件，如水泵体、汽缸体、抽水机和电器、仪表的壳体等	铸造铝合金，w_{Si}约7%，w_{Mg}约0.35%
	ZAlSi5Cu1Mg	用于风冷发动机的气缸头、机闸、油泵体等225℃以下工作的零件	
	ZAlCu4	用于中等载荷、形状较简单的200℃以下工作的小零件	

附表 26　常用热处理方法及应用

名称	说明	目的与适用范围
退火（焖火）	将钢件加热到临界温度以上30～50℃，保温一段时间，然后缓慢地冷却下来（例如在炉中冷却）	用来消除铸、锻、焊零件的内应力，降低硬度，改善加工性能，增加塑性和韧性，细化金属晶粒，使组织均匀。适用于w_C在0.83%以下的铸、锻、焊零件
正火（正常化）	将钢件加热到临界温度以上，保温一段时间，然后在空气中冷却下来，冷却速度比退火快	用来处理低碳和中碳结构钢及渗碳零件，使其晶粒细化，增加强度与韧性，改善切削加工性能
淬火	将钢件加热到临界温度以上，保温一定时间，然后在水、盐水或油中（个别材料在空气中）急速冷却下来，使其增加硬度、耐磨性	用来提高钢的硬度、强度及耐磨性。但淬火后会引起内应力及脆性，因此淬火后的钢铁必须回火
回火	将淬火后的钢件，加热到临界温度以下的某一温度，保温一段时间，然后在空气中或油中冷却下来	用来消除淬火时产生的脆性和内应力，以提高钢件的韧性和强度
调质	淬火后进行高温回火（450℃～650℃）	可以完全消除内应力，并获得较高的综合力学性能。一些重要零件淬火后都要经过调质处理，如轴、齿轮等
表面淬火	用火焰或高频电流将零件表面迅速加热至临界温度以上，急速冷却	使零件表层有较高的硬度和耐磨性，而内部保持一定的韧性，使零件既耐磨又能承受冲击，如重要的齿轮、曲轴、活塞销等

（续）

名称	说 明	目的与适用范围
渗碳	将低、中碳（w_C＜0.4%）钢件，在渗碳剂中加热到900℃～950℃，保温一段时间，使零件表面渗碳层达0.4～0.6mm，然后淬火	增加零件表面硬度、耐磨性、抗拉强度及疲劳极限。适用于低碳、中碳结构钢的中小型零件及大型重负荷、受冲击、耐磨的零件
渗氮	使零件表面增氮，氮化层为0.025～0.8mm。氮化层硬度极高（达1 200HV）	增加零件的表面硬度、耐磨性、疲劳极限及抗蚀能力。适用于含铝、铬、钼、锰等合金钢，如要求耐磨的主轴、量规、样板、水泵轴、排气门等零件
时效处理	天然时效：在空气中长期存放半年到一年以上 人工时效：加热到200℃左右，保温10～20h或更长时间	使铸件或淬火后的钢件慢慢消除其内应力，而达到稳定其形状和尺寸，如机床身等大型铸件
发蓝发黑	用加热方法使零件工作表面形成一层氧化铁组成的保护性薄膜	防腐蚀、美观，用于一般紧固件